RAYS 全媒体教材

铁路货运组织

（第 3 版）

主　编　蔡　昱

副主编　王　雪　　赵阳阳　　魏　彬

主　审　李　晟

西南交通大学出版社
·成　都·

图书在版编目（CIP）数据

铁路货运组织 / 蔡昱主编. --3 版. -- 成都：西南交通大学出版社，2024.6（2025.7 重印）
ISBN 978-7-5643-9847-7

Ⅰ. ①铁… Ⅱ. ①蔡… Ⅲ. ①铁路运输 – 货物运输 – 组织工作 Ⅳ. ①U294.1

中国国家版本馆 CIP 数据核字（2024）第 108816 号

Tielu Huoyun Zuzhi
铁路货运组织
（第 3 版）

主编　蔡　昱

责任编辑　　王　旻
封面设计　　何东琳设计工作室

出版发行　西南交通大学出版社
　　　　　（四川省成都市金牛区二环路北一段 111 号
　　　　　西南交通大学创新大厦 21 楼）
邮政编码　　610031
营销部电话　028-87600564　028-87600533
网址　　　　http://www.xnjdcbs.com
印刷　　　　四川煤田地质制图印务有限责任公司

成品尺寸　　185 mm×260 mm
印张　　　　21.5
字数　　　　534 千
版次　　　　2017 年 8 月第 1 版
　　　　　　2020 年 9 月第 2 版
　　　　　　2024 年 6 月第 3 版
印次　　　　2025 年 7 月第 8 次
定价　　　　56.00 元
书号　　　　ISBN 978-7-5643-9847-7

第 3 版前言

随着我国铁路装备的快速升级，铁路生产组织、作业方式和作业规章再次发生较大变化，铁路运输企业对铁路货运技术技能人才的培养质量提出了更高要求，为了更好满足企业需求，将铁路运输企业新技术、新规章纳入人才培养之中，我们修订了本教材。

立德树人是教育的根本任务，专业课程必须与思想政治理论同向同行。本教材注重对学生素养的培养，融入了思政元素，旨在大力弘扬工匠精神。

本教材为校企"双元"合作联合开发，组建了产教融合、分工协作的教材编写团队。教材第 3 版是在 2020 年第 2 版的基础上进行的修订，与现行的全国铁路货运改革与规章同步，将铁路货运业务与最新货运改革相结合，以"门到门"的全程物流工作流程重构教材内容。在第 3 版修订过程中，根据国铁集团最新的《铁路货物运价规则》《铁路货物运输损失处理规则》《铁路集装箱运输规则》《铁路货物运输规程》《铁路货物装卸安全技术要求》《铁路危险货物运输技术要求》，更新了相对应的知识点，使教材更适合教学。

第 3 版共包括 6 个学习情境 19 个子情景，基本涵盖了铁路货运组织工作所必须具备的各种能力。可作为铁道交通运营管理专业和铁路物流管理专业的教学用书，还可作为从事铁路货运营销、业务受理、货场管理、运输组织等工作的技术人员的培训教材和参考用书。

本书由陕西铁路工程职业技术学院蔡昱担任主编，王雪、赵阳阳、魏彬担任副主编，中国铁路西安局集团有限公司西安西站副段长李晟担任主审。学习情境一由陕西铁路工程职业技术学院蔡昱、崔虎编写；学习情境二由赵阳阳编写；学习情境三由王雪和中国铁路西安局集团有限公司罗敷站站长来大鹏编写；学习情境四由魏彬和中国铁路武汉局集团有限公司襄阳车站张燕编写；学习情境五由崔虎编写；学习情境六由赵阳阳编写；全书由蔡昱统稿。

本书在编写过程中参阅了大量同行专家的有关著作、教材及案例，在此表示感谢。同时向关心、支持和帮助本书编写的有关领导和专家致以衷心的感谢。

由于编者水平有限，疏漏失误之处恳请批评指正。

课件汇总　　　习题集　　　在线答题

作　者

2024 年 1 月

第 2 版前言

作为我国陆路现代综合交通运输体系的骨干，铁路现已成为国民经济发展的重要基础设施，在交通运输综合体系中发挥着重要作用，具有战略意义。在国家统一规划、统一组织下，中国铁路初步形成了"八纵八横"的路网主骨架的格局。拥有基本覆盖全国的设施网络、信息网络和经营网络，具有较强的设施设备基础和运力资源条件，拥有众多边境口岸站、港口站等物流运输设施，是构建集装箱海陆多式联运系统最有效的载体，在构建了沟通国内东、中、西部地区物流通道的同时，通过第二亚欧大陆桥构建了沟通东亚与中亚、欧洲的国际物流通道。到目前为止，我国的运输量位居世界前列。

"铁路货运组织"是高等职业院校铁道交通运营管理专业和铁路物流管理专业的核心课程之一，主要培养学生正确安排运输计划，合理运用运输设备，科学制订货物运输条件等职业能力，能安全、迅速、经济、便利地组织货物运输，从事铁路货运工作。

伴随着全国铁路货运改革，发展"门到门"的全程物流服务，对运输方式、经营机制以及铁路职工的思想观念，思维方式，能力素质都提出了新的要求，在能力素质方面需要掌握铁路运输基本业务，熟悉运输生产组织流程、铁路货运信息技术和现代物流发展，具备铁路货流组织、货场管理、配送、货运计划编制、车辆调度、货物装载加固以及货运信息管理等能力，同时具有良好的客户开发、沟通和服务技能。

教材第 2 版是在 2017 年第 1 版的基础上进行的修订，与现行的全国铁路货运改革与规章同步，将铁路货运业务与货运改革、货运营销相结合，以"门到门"的全程物流工作流程重构教材内容。在第 2 版修订过程中，删除和重新修订了部分学习情境的内容，根据最新的《铁路货物运价规则》和《铁路货物运输损失处理规则》增加了部分新知识点，并将第 1 版的部分内容进行了合并，使教材更适合教学。

第 2 版共包括 6 个学习情境 19 个子情景。基本涵盖了铁路货运组织工作所必需具备的各种能力。可作为铁道交通运营管理专业和铁路物流管理专业的教学用书，还可作为从事铁路货运营销、业务受理、货场管理、运输组织等工作的技术人员的培训教材和参考用书。

本书由陕西铁路工程职业技术学院蔡昱担任主编，王雪、赵阳阳、魏彬担任副主编，中国铁路西安局集团有限公司渭南火车站来大鹏担任主审。学习情境一由陕西铁路工程职业技术学院蔡昱、崔虎编写；学习情境二由赵阳阳编写；学习情境三由王雪和渭南火车站王锐编写；学习情境四由魏彬和中国铁路西安局集团有限公司西站李建国编写；学习情境五由崔虎编写；学习情境六由赵阳阳编写；全书由蔡昱统稿。

在本书编写过程中参阅了大量同行专家的有关著作、教材及案例，在此表示感谢。同时向关心、支持和帮助本书编写的有关领导和专家致以衷心的感谢。

由于编者水平有限，疏漏失误之处恳请批评指正。

作 者

2020 年 6 月

第 1 版前言

"铁路货运组织"是高等职业院校铁道交通运营管理专业和铁路物流管理专业的核心课程之一，主要培养学生正确安排运输计划，合理运用运输设备，科学制订货物运输条件等职业能力，能安全、迅速、经济、便利地组织货物运输，从事铁路货运工作。

伴随着全国铁路货运改革，铁路运输企业货运岗位人才需求规格也发生了很大变化，要求铁路货运工作人员掌握铁路运输基本业务，熟悉运输生产组织流程、铁路货运信息技术和现代物流发展，具备铁路货流组织、仓储、配送、货运计划编制、车辆调度、货物装载加固以及货运信息管理等能力，具有良好的客户开发、沟通和服务技能。

教材与最新的全国铁路货运改革同步，将铁路货运业务与货运改革、货运营销相结合，基于门到门的铁路货运业务工作流程重构教材内容，共包括 6 个学习情境 19 个子情景。基本涵盖了铁路货运组织工作所必需具备的各种能力。可作为铁道交通运营管理专业和铁路物流管理专业的教学用书，还可作为从事铁路货运营销、业务受理、仓储管理、运输组织等工作的技术人员的培训教材和参考用书。

本书由陕西铁路工程职业技术学院蔡昱担任主编，王雪、赵阳阳、魏彬担任副主编，中国铁路西安局集团有限公司渭南火车站货运车间来大鹏担任主审。学习情境一由陕西铁路工程职业技术学院蔡昱、崔虎编写；学习情境二由赵阳阳编写；学习情境三由王雪和渭南火车站货运车间王锐编写；学习情境四由魏彬和西安西站新筑车站货运车间李建国编写；学习情境五由崔虎编写；学习情境六由赵阳阳编写。

在本书编写过程中参阅了大量同行专家的有关著作、教材及案例，在此表示感谢。同时向关心、支持和帮助本书编写的有关领导和专家致以衷心的感谢。

由于编者水平有限，疏漏失误之处恳请批评指正。

编　者

2017 年 6 月

多媒体知识点目录

序号	章	节	资源名称	资源类型	页码
1	学习情境一	学习子情境 1.1	视频演示：接待与引导	视频	P2
2		学习子情境 1.2	扫码下载 1.2 节 PPT	PPT	P12
3			PPT 讲解视频：承运受理	视频	P13
4	学习情境二	学习子情境 2.1	扫码下载 2.1 节 PPT	PPT	P36
5			PPT 讲解视频：货场管理认知	视频	P36
6		学习子情境 2.2	扫码下载 2.2 节 PPT	PPT	P42
7			PPT 讲解视频：货场设备管理	视频	P42
8		学习子情境 2.3	扫码下载 2.3 节 PPT	PPT	P56
9			PPT 讲解视频：货场作业管理	视频	P56
10		学习子情境 2.4	扫码下载 2.4 节 PPT	PPT	P65
11			PPT 讲解视频：专用线管理	视频	P65
12	学习情境三	学习子情境 3.1	扫码下载 3.1 节 PPT	PPT	P71
13			PPT 讲解视频：货物运输基本认识	视频	P71
14		学习子情境 3.2	扫码下载 3.2 节 PPT	PPT	P118
15			PPT 讲解视频：散堆装货物运输	视频	P118
16		学习子情境 3.3	扫码下载 3.3 节 PPT	PPT	P135
17			PPT 讲解视频：成件货物运输	视频	P135
18		学习子情境 3.4	扫码下载 3.4 节 PPT	PPT	P149
19			PPT 讲解视频：集装箱运输	视频	P149
20	学习情境四	学习子情境 4.1	扫码下载 4.1 节 PPT	PPT	P162
21			PPT 讲解视频：阔大货物运输	视频	P163
22		学习子情境 4.2	扫码下载 4.2 节 PPT	PPT	P204
23			PPT 讲解视频：鲜活货物运输组织	视频	P205
24		学习子情境 4.3	扫码下载 4.3 节 PPT	PPT	P237
25			PPT 讲解视频：危险货物运输	视频	P237

序号	章	节	资源名称	资源类型	页码
26	学习情境五	学习子情境 5.1	扫码下载 5.1 节 PPT	PPT	P286
27			PPT 讲解视频：配送系统规划设计	视频	P286
28		学习子情境 5.2	扫码下载 5.2 节 PPT	PPT	P295
29			PPT 讲解视频：配送运输管理	视频	P295
30	学习情境六	学习子情境 6.1	扫码下载 6.1 节 PPT	PPT	P311
31			PPT 讲解视频：市场调研与分析	视频	P311
32			拓展阅读：收集原始数据的方法	PDF	P313
33		学习子情境 6.2	扫码下载 6.2 节 PPT	PPT	P317
34			PPT 讲解视频：营销战略与决策	视频	P317
35			拓展阅读：目标市场的选择形式	PDF	P319
36		学习子情境 6.3	扫码下载 6.3 节 PPT	PPT	P323
37			PPT 讲解视频：营销实现	视频	P323
38		学习子情境 6.4	扫码下载 6.4 节 PPT	PPT	P328
39			PPT 讲解视频：客户管理	视频	P328

多媒体资源使用帮助：

多媒体资源目录中所有资源在书中相应位置都设有二维码，读者可以使用手机微信扫描该二维码，成功关注西南交通大学出版社官方微信平台"交大 e 出版"后，直接点击阅读/获取相应资源。

目　录

学习情境一 业务受理

✵ 一、情境描述

你是一名顶岗实习学生,将要到中国铁路西安局集团有限公司(以下简称西安局集团公司)西安货场进行实习,作为一名合格的前台接待货运人员,你将承担前台电话、现场接待引导业务及业务受理工作。

💡 二、素质目标

(1)强化商务礼仪,践行礼仪素养、服务素质、情商管理。
(2)养成敬业、专注、追求极致的职业品质。
(3)强化欧亚班列开行背景,增强民族自豪感。

🎓 三、知识目标

(1)掌握前台电话业务受理的流程及服务技巧。
(2)掌握现场业务受理的流程及服务技巧,包括接待引导、握手、奉茶等礼仪。
(3)掌握电话业务处理流程。
(4)掌握货物承运受理环节。

✒ 四、能力目标

(1)具备货物业务电话和现场业务受理的能力。
(2)具备货物承运货物运单、货票制作的能力。
(3)具备货物运到期限计算的能力。
(4)具备资料收集整理能力,分析货运问题及解决货运业务受理问题的能力。

五、知识点导入

5 种货运业务受理方式：

（1）客户直接拨打各铁路货运站受理电话。

（2）客户拨打铁路客户服务中心 95306 客服电话。

（3）在铁路客户服务中心网站（即 95306 网站）点击"我要发货"。

（4）到铁路货运营业场所直接办理。

（5）由铁路营销人员直接上门服务，提供最直接、简便、快捷的办理方式。

学习情境	子情境	知识点
学习情境一　业务受理	1.1 接待与引导	1. 电话服务礼仪 2. 现场接待及引导礼仪
	1.2 承运受理	1. 受理方式 2. 货物及货物运输种类 3. 货物运到期限 4. 运单的填写与审查 5. 运单的填写与审查

视频演示
接待与引导

学习子情境 1.1　接待与引导

📖 任务描述

你是西安局集团公司西安货场实习生，领导将你分配到了前台，告知你主要的工作为前台电话、现场接待引导业务。今天，你遇到了以下接待任务：

1. 有一名客户张军打电话来询问货运代理的相关事宜。

2. 陕西龙岗企业代表来货运营业厅洽谈业务，需要运输一批钢材到上海。

知识点 1　电话服务礼仪

一、学习目标

熟悉电话接待业务流程和服务用语，掌握电话接待业务应急处理技巧及注意事项，具备电话接待及业务处理的能力。

二、知识引导

（一）接打电话原则

为了正确地使用电话，树立良好的"电话形象"，无论是发话人还是受话人，都应遵循接打电话的一般要求：

1. 态度礼貌友善

不论通话的另一方是什么人，你在通电话时都要注意态度友善、语调温和、讲究礼貌。不论是在公司还是在家里，根据通话时讲话的方式，就可以基本判断出一个人的"教养"。

2. 传递信息简洁

由于现代社会中信息量大、人们的时间概念强，因此，商务活动中的电话内容要简洁、准确，忌海阔天空地闲聊和不着边际的交谈。

3. 控制语速语调

由于主叫和受话双方语言上可能存在差异，因此，要控制好自己的语速，以保证通话效果；语调应尽可能平缓，忌过于低沉或高亢。善于运用、控制语气、语调是打电话的一项基本功。要语调温和、音量适中、咬字清楚、吐字比平时略慢一点。为让对方容易听明白，必要时可以把重要的话重复一遍。

4. 使用礼貌用语

对话双方都应该使用常规礼貌用语，忌言语粗鲁或通话过程中夹带不文明的口头禅。

（二）拨打电话的礼仪

1. 选好通话的时间

拨打电话，首先要考虑在什么时间最合适。如果不是特别熟悉或者有特殊情况，一般不要在早 7 点以前、晚 10 点以后打电话，也不要在用餐时间和午休时打电话，否则，有失礼貌，也影响通话效果。

2. 礼貌的开头语

当对方拿起听筒后，应当有礼貌地称呼对方，亲切地问候"您好"。同时，只询问别人，不报出自己的单位、部门或姓名，也是不礼貌的。如果需要讲的内容较长，可问："现在与您谈话方便吗？"

3. 用声调传达感情

讲话时语言流利、吐字清晰、声调平和，能使人感到舒适。再加上语速适中、声调清朗、富于感情、热情洋溢，使对方能够感觉到你在对他微笑，这样富于感染力的电话，一定能打动对方，并使其乐于与你对话。

4. 有所准备，简明有序

如果要谈的内容较多，可在纸上列出。尤其是业务电话，内容涉及时间、数量、价格，有所记录是非常必要的。

5. 电话 3 分钟原则

在正常的情况下，一次打电话的全部时间应当不超过 3 分钟。除非有重要问题必须字斟句酌地反复解释、强调，一般在通话时都要有意识地简化内容，尽量简明扼要。通话不超过 3 分钟的做法又称"打电话的 3 分钟原则"。一般来讲，在打电话时要贯彻 3 分钟原则，主要的决定权在发话人手里，因为在通话时先拿起、先放下话筒的通常都是发话人。在通话时，切忌没话找话、不谈正题、东拉西扯，更不要在电话里跟别人玩"捉迷藏"，说什么"你猜猜我是谁""你知道我在哪儿""想知道我在干什么吗""不想问一问还有谁跟我在一起吗"等。为了节省通话时间，不但通话时要长话短说，而且在拨电话时，也要少出或不出差错。需要总机接转时，应主动告知分机号码，不要等对方询问。若不知分机号码，则应提供受话人的部门和姓名。若对此不清楚，则最好不要去麻烦话务员。

6. 礼貌的结束语

打完电话，应当有礼貌地寒暄几句"再见""谢谢""祝您成功"等恰当的结束语。

（三）接听电话的礼仪

1. 及时、礼貌地接听电话

电话铃响了，要及时去接，不要怠慢，更不可接了电话就说"请稍等"，然后撂下电话半天不理对方。如果确实很忙，可表示歉意，说："对不起，请过 10 分钟再打过来，好吗？"

在正式的商务交往中，接电话时拿起话筒所讲的第一句话，也有一定的要求，常见的有以下 3 种形式：

（1）以问候语加上单位、部门的名称以及个人的姓名。这种形式最为正式，例如，"您好！货运公司业务部刘翔　　，请讲。"

（2）以问候语加上单位、部门的名称。它适用于一般场合，例如："您好！货运公司业务部，请讲。"或者："您好！办公室，请讲。"后一种形式主要适用于由总机接转的电话。

（3）以问候语直接加上本人姓名。它仅适用于普通的人际交往。例如："您好！余文，请讲。"需要注意的是，在商务交往中，不允许接电话时以"喂，喂"或者"你找谁呀"作为"见面礼"。特别是不允许一张嘴就毫不客气地查一查对方的"户口"，一个劲儿地问人家"你是谁"或"有什么事儿呀"。

2. 自报家门

自报家门是一个于人方便、自己方便，且节约时间、提高效率的好方式。

3. 认真倾听，积极应答

接电话时应当认真听对方说话，而且不时有所表示，如"是""对""好""请讲""不客气""我听着呢""我明白了"等，或用语气词"唔""嗯""嗨"等，让对方感到你在认真倾听。漫不经心、答非所问，或者一边听一边同身边的人谈话，都是对对方的不尊重。

4. 认真清楚地记录

在电话中传达有关事宜，应重复要点，对于号码、数字、日期、时间等，应再次确认以免出错。随时牢记"5W1H"技巧，即 When（何时），Who（何人），Where（何地），What（何事），Why（为什么），How（如何进行）。在工作中这些资料都是十分重要的，对打电话、接电话具有相同的重要性。电话记录既要简洁又要完备，这有赖于"5W1H"技巧。

5. 友善对待打错的电话

如果对方打错了电话，应当及时告之，口气要和善，不要讽刺挖苦，更不要表示出恼怒之意。正确处理打错的电话，有助于提升组织形象。

6. 正确代接电话

替他人接电话时，要询问清楚对方的姓名、电话以及单位名称，以便在接转电话时为受话人提供便利。在不了解对方的动机、目的时，请不要随便说出指定受话人的行踪和其他个人信息，比如手机号等。

7. 巧问对方姓名

如果对方没有报上自己的姓名，而直接询问上司的去向，应礼貌、客气地询问对方："对不起，您是哪一位？"

8. 礼貌地挂断电话

挂电话一般由上级、长辈先挂，双方职级相当时，一般由主叫方先挂。挂断电话前的礼貌不可忽视，要确定对方已经挂断电话，才能轻轻挂上电话。

三、任务实施

【实训项目】

角色扮演前台工作人员，完成电话接待工作。

【实训目标】

① 增强对电话接待的感性认识。② 培养电话接待及电话服务的能力。

【实训内容与要求】

今天一名托运人（货主张军）由于特殊原因不能前往货运营业厅办理托运业务，打电话问询，想向甘肃托运大米 2 000 袋，质量约为 52 t，你作为货运营业厅服务人员该如何应对？请利用电话礼仪的相关知识处理以上问题。

【成果与检测】

① 完成简要书面分析报告；② 课后在班级组织一次交流与讨论；③ 教师根据分析报告与讨论表现进行评估打分。

四、拓展训练

托运人 A 向货运站电话问询，想要托运箱装水泵 200 件，水泵单件质量 90 kg，尺寸为 0.23 m×0.18 m×0.4 m，希望将其托运至乙站，如果你是车站负责受理货物托运的工作人员，请利用电话礼仪的相关知识处理以上问题。

知识点 2　现场接待及引导礼仪

一、学习目标

熟悉现场接待业务流程，熟悉现场接待业务服务用语，掌握现场接待业务应急处理技巧及注意事项，具备现场接待及业务受理的能力。

二、知识引导

（一）握手礼仪

1. 握手礼仪注意事项（见图 1-1）

图 1-1　正确握手礼仪

（1）伸出右手，手掌与地面垂直，五指并拢。

（2）稍用力握住对方的手掌，持续 3~5 s。

（3）身体稍前倾，双目注视对方，面带微笑。

（4）说寒暄的话，并与表情配合。

（5）七词口诀：大方伸手、虎口相对、目视对方、面带微笑、力度七分、男女平等、三秒结束。

2．握手礼仪禁止事项（见图 1-2）

（1）握手时不可与第三者说话、目视他人。

（2）握手时不可戴手套或手不清洁。

（3）不可滥用双手或交叉握手。

（4）不可向下压、用力过度或摆动幅度过大。

与第三者说话（目视他人）

戴手套或手不清洁

交叉握手

摆动幅度过大

图 1-2　错误握手礼仪

（二）递接名片

换名片时，先用双手将自己的名片递上，文字正面朝向对方，后双手接过对方名片。接过名片仔细浏览后，将其慎重地放在合适的地方，不可随意乱放或拿在手中玩弄。递接名片流程如图 1-3 所示。

递送名片的注意事项：

（1）名片一般都放在衬衫的左侧口袋或西装的内侧口袋，最好不要放在裤子口袋。

（2）名片正面朝向他人。

（3）拿取名片时要用双手去拿，拿到名片时轻轻地念出对方名字，以让对方确认无误；如果念错，要说对不起。拿到名片后，可将其放置于自己的名片夹内。

（4）同时交换名片时，可以右手递交名片，左手接拿对方名片。

（5）不要无意识地玩弄对方的名片。

（6）不要当场在对方名片上写备忘事情。

（1）客人递过来名片　　　（2）伸出双手接收　　　（3）仔细地阅读名片

（4）放进上衣上部的口袋　　　（5）对方索要没有名片时，委婉说明

图 1-3　正确递接名片流程

（三）引导礼仪

1. 行进指引

当客人认识路时，一般来讲，走在前面的人，地位应高。请客人走在前面，让客人先进先出，先坐先起。所以在领导、贵客认识路时，请领导、贵客走在前面。

当客人不认识路时，应在前进方向的右前方引导（一般是靠右行走），如图 1-4 所示。

2. 方向指引

为客户指示方向时，上身略向前倾，手臂伸直，五指自然并拢，掌心稍稍向上，目光面向客户方向，以肘关节为支点指向目标方向，如图 1-5 所示。

3. 阅读指示

为客户进行阅读指示时，五指并拢，指向阅读内容，面带微笑，同客户有目光交流，并有语言配合，如图 1-6 所示。

图 1-4　行进指引

图 1-5　方向指引

图 1-6　阅读指示

（四）引导上下楼梯

上下楼梯时要靠右行。脚步轻放，速度均匀。若遇来人，应主动靠对方左侧让。引导客

人上楼时，应让客人走在前面，接待工作人员走在后面；下楼时，应该由接待工作人员走在前面，客人在后面。上下楼梯时，应注意客人的安全。上楼梯，宜单行行进，宜尊者在前右上；下楼梯，宜尊者在后，右上，确保安全第一，如图1-7所示。

图 1-7　上下楼梯引导

（五）引导上下电梯

（1）平面式电梯：单行右站。

（2）无人操作升降电梯：陪同人员应先进后出。

陪同人员先进后出，以便控制电梯。先进去可以把按钮摁住，让客人进去方便，不会有被夹的危险，同时更方便帮客人按楼层按钮。

（3）有人操作升降电梯：陪同人员应后进后出。

让客人先进先出，把选择方向的权利让给地位高的人或客人陪同人员，但也不绝对，比如电梯里人太多，你最后进来已经堵在门口了，如果你还硬要最后出去，那别人就没法出去了。

（六）引导入座

1. 座次安排

引导或陪同客人去面见领导时，到达接待室后应将客人引至上座的位置上。引导就座时，长沙发优于单人沙发，沙发椅优于普通椅子，较高的座椅优于较低的座椅，距离门远的为最佳的座位，如图1-8所示。

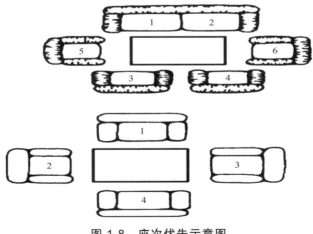

图 1-8　座次优先示意图

2. 示意入座

示意客户入座时，四指并拢，拇指微微张开，掌心向上，指向座椅，面带微笑，目光注视客户，并配有热情亲切的语言请客户入座，如图1-9所示。

图1-9　示意入座

（七）奉茶礼仪

待客时，应该为客人准备茶水、咖啡或饮料等。通常以茶待客的方式较多，因此，应掌握必要的敬茶礼仪。奉茶要领如下：茶倒七、八分满，注意温度，两杯以上要用托盘，勿以手碰触杯缘，茶杯搁置在客人右手边。

1. 奉茶的方法

上茶时间应在主客未正式交谈前。正确的方法是：双手端茶从客人的左后侧奉上；要将茶盘放在邻近客人的茶几上，然后右手拿着茶杯的中部，左手托着杯底，杯耳应朝向客人，双手将茶递给客人，同时要说："您请用茶。"如图1-10所示。

2. 奉茶的顺序

上茶应讲究先后顺序，一般应为：先客后主，先女后男，先长后幼。

图1-10　正确的奉茶方法

3. 奉茶的禁忌

尽量不要用一只手上茶，尤其不能用左手。切勿让手指碰到杯口。为客人倒的第一杯茶，通常不宜斟得过满，以杯深的2/3处为宜。继而把握好续水的时机，以不妨碍宾客交谈为佳，不能等到茶叶见底后再续水。

（八）递送物品

在递送物品时，以双手递物为最佳，如图1-11所示；递给客户的物品，以直接交到客户手中为好。服务人员在递物于客户时，应为客户留出便于接取物品的地方。

如需客户签名，应把笔套打开，用右手的拇指、食指和中指轻握笔杆，笔尖避免对着客户，递至客户的右手中，如图1-12所示。

图 1-11　递送物品 　　　　　　　 图 1-12　递送签字笔

（九）引导服务用语

1. 谈话与倾听礼仪

客运服务人员与旅客谈话或倾听旅客讲话，应注意：

（1）谈话或倾听过程中全神贯注，不要左顾右盼、心不在焉。

（2）谈话中采用提问、赞同、表示同意的方法等，比如："您的看法如何？""再详细谈谈好吗？""我很理解""想象得出"等，总之，鼓励对方把自己的话说完。

（3）在不清楚对方全部的真实意图，不可贸然提出反驳或刁难的话，不可中途打断对方，或针对对方的话武断进行评论。

（4）热情耐心，并显示出对旅客谈话内容的兴趣。

（5）谈话中不要使用外语与方言。

（6）谈话避免出现沉默，适时插入适当话题。

（7）谈话中不可能总处于"说"的位置上，只有善于聆听，才能真正做到有效地双向交流。

2. 劝告与说服语言礼仪

在工作中，服务人员会遇到各种旅客，应注意：

（1）充分了解、体谅对方心态。

（2）部分地承认或称赞对方的说辞，使拒绝易于接受，比如"是，是，不过……"等。

（3）把握说服的时机。

（4）谈话避免出现沉默，适时插入适当话题。

（5）掌握说服技巧。

3. 应答语言礼仪

（1）答询用语要求热情有礼、认真负责、耐心细致。

（2）把握回答要领，讲究回答技巧。

（3）回答后，要了解旅客是否明白或满意。

（4）不能直接拒绝，也不能置之不理，更不能说生硬的话，比如"这事不归我管""不知道"等。

三、任务实施

【实训项目】

现场接待及引导礼仪。

【实训目标】

① 增强对现场接待的感性认识；② 培养现场接待和引导服务的能力。

【实训内容与要求】

货运站主任电话通知你，今天会有陕西龙岗企业代表来货运营业厅洽谈钢材运输的问题，让你接待。企业代表来货场，握手致礼，相互认识后互换了名片。随后引导企业代表上电梯，上电梯前遇到另一位货主问及托运货物的问题，之后进入电梯碰到同事。到货运主任办公室门口，敲门进入。引导企业代表入座，奉茶。将协议文件递交给货运主任，并为其提供笔来修改。事情办完，引导企业代表下电梯时，停电（或电梯故障），引导企业代表下楼梯，道别。

请演示整个现场接待流程。

【成果与检测】

① 完成现场接待演示视频及剧本编制工作；② 课后在班级组织一次交流与讨论；③ 由教师根据分析演示与讨论表现评估打分。

四、拓展训练

你是西安车站货运车间的一名实习生，主任电话通知你今天会有陕铁院一名老师来车站协商校企合作协议的事情，让你接待。你与老师电话联系确定了来站时间。车站见到老师，握手致礼，相互认识后互换了名片，随后引导教师上电梯，上电梯前有旅客前来投诉厕所卫生差的问题，之后进入电梯碰到同事。到站长办公室门口，敲门进入。引导老师入座，奉茶。将协议文件递交给站长，并为其提供笔来修改。事情办完，引导教师下电梯时，停电（或电梯故障），引导教师下楼梯，道别。

学习子情境 1.2　承运受理

扫码下载
1.2 节 PPT

📖 任务描述

你是西安局集团公司西安西站的实习生，领导将你分配到了前台担任客服人员，你主要的工作是针对托运人以不同方式提出的运输需求办理货物承运受理作业。今天，你遇到了以下货物承运受理任务。

（1）有一名客户张三打电话到西安西站要求向兰州托运一批煤炭，询问货物承运受理的相关事宜。

（2）有一名客户李四通过 95306 客服电话要求向太原托运一批木材，询问货物承运受理的相关事宜。

（3）领导让你处理网络托运订单，询问货物承运受理的相关事宜。

（4）陕西龙岗企业来西安西站要求向广州托运一批钢材，询问货物承运受理的相关事宜。

（5）有一名客户赵海与西安西站联系，要求客服人员上门受理承运一批危险货物，询问货物承运受理的相关事宜。

知识点 1　受理方式

PPT 讲解视频
承运受理

一、学习目标

掌握货运组织改革后 5 种货运受理方式。能够针对不同的货运受理方式办理货物承运。

二、知识引导

为了加快铁路走向市场的步伐，切实解决铁路货运服务方面存在的问题，把铁路全天候、大运力、低运价、节能环保的优势展现出来，充分发挥铁路在综合交通体系中的骨干作用，中国国家铁路集团有限公司（以下简称国铁集团）实施了货运组织改革，推动铁路货运全面走向市场，努力为全社会提供更加方便、快捷的铁路货运服务。

这次铁路货运组织改革的最大亮点就是随到随办，除了由国家规定的有特殊运输限制的货物之外，铁路对各类货物运输需求敞开受理，随到随办。"门到门"全程物流服务，实行"一口报价、一张货票核收"。所有收费严格执行国家的运价政策，坚持依法合规收费，而且所有收费必须明码标价，公开透明，给广大客户提供最直接、最方便、最快捷的服务。

在这次货运组织改革中，从简化受理方式，方便客户办货出发，推出了 5 种货运受理方式，如表 1-1 所示。客户可通过其中任何一种方式提出运输需求，铁路客服人员会直接受理，帮助客户办理全部发货手续。

表 1-1　5 种货运受理方式

95306 网站	客服电话	营业厅电话	货运营业厅	上门服务
客户在互联网铁路客户服务中心网上页面，点击××局集团公司页面，点击"我要发货"即可	客户拨打当地区号＋95306 电话，提出运输需求	客户拨打货运营业厅电话，提出运输需求	客户在就近车站货运营业厅提出货物运输需求	铁路营销人员直接上门服务，受理货物

一是点击 95306 网站"我要发货"。客户登录中国铁路客户服务中心网站（www.95306.cn），进入中国铁路货运电子商务平台，选择"××局集团公司"后点击"我要发货"，简单填写相关信息并提报，系统即反馈查询码。铁路客服人员会主动联系客户，询问详细需求信息，进行报价；客户认可后，由铁路客服人员代客户填写货物运单，办理业务，如图 1-13 所示。客户可凭查询码随时查询需求受理情况。

二是拨打 95306 客服电话。客户拨打 95306 客服电话，根据语音提示，选择"2"进入"货运服务"，再选择"1"进入"我要发货"，向客服人员提出发货需求。客服人员询问详细需求信息，进行报价；客户认可后，由铁路客服人员代客户填写货物运单，办理业务，如图 1-14 所示。

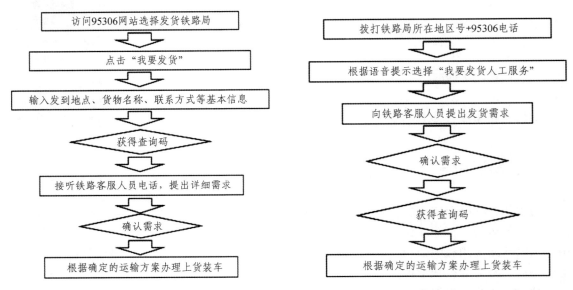

图 1-13　访问 95306 网站办理流程　　　　图 1-14　拨打 95306 客服电话办理流程

三是拨打货运营业厅受理服务电话。客户向货运站客服人员提出发货需求，客服人员询问详细需求信息，进行报价；客户认可后，铁路客服人员代客户填写货物运单，办理业务。各大铁路局集团有限公司（以下简称铁路局集团公司）通过货运营销平台公布该铁路局集团公司的主要货运办理站的电话，客户可登录网站查询。

四是到货运营业场所办理。客户可到铁路货运营业场所提出运输需求，铁路客服人员与客户面对面进行沟通，确认客户需求，进行报价，客户认可后，由客服人员代客户填写货物运单，办理业务，如图 1-15 所示。

五是上门服务。客户可与铁路部门联系，由铁路客服人员上门受理运输需求，上门后由铁路客服人员代客户填写货物运单，办理业务，如图 1-16 所示。

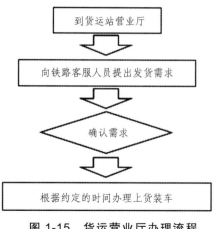

图 1-15　货运营业厅办理流程

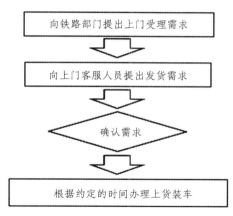

图 1-16　上门服务办理流程

三、任务实施

【实训项目】

不同货运受理方式办理流程。

【实训目标】

① 掌握不同货运受理方式的办理流程；② 培养不同货运受理方式的办理能力。

【实训内容与要求】

有一名客户张三打电话到西安西站要求向兰州托运一批煤炭，你作为西安西站实习生该如何应对？请进行角色扮演，利用不同的货运受理方式解决以上业务受理问题。

【成果与检测】

① 完成不同受理方式的办理流程视频及剧本编制工作；② 课后在班级组织一次交流与讨论；③ 由教师根据演示视频与讨论表现评估打分。

四、拓展训练

有一名客户李四通过 95306 客服电话要求向太原托运一批木材，你作为西安西站实习生该如何应对？请利用不同的货运受理方式进行角色扮演处理以上业务受理问题。

知识点 2　货物及货物运输种类

一、学习目标

掌握货物及货物运输的种类，具备对货物进行分类的能力。

二、知识引导

（一）铁路运输货物

铁路运输货物的分类如下：

（1）按品类分为 28 个品类，即煤、石油、焦炭、金属矿石、钢铁及有色金属、非金属矿石、磷矿石、矿物性建材、水泥、木材、粮食、棉花、化肥及农药、盐、化工品、金属制品、工业机械、电子电气机械、农业机具、鲜活货物、农副产品、饮食烟草制品、纺织皮毛制品、纸及文教用品、医药品、其他货物、零担、集装箱。铁路运输货物分类如图 1-17 所示。

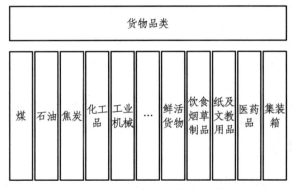

图 1-17　铁路运输货物分类

（2）按货物外部形态，可分为成件货物、大件货物、散堆装货物。铁路运输货物按外部形态分类如图 1-18 所示。

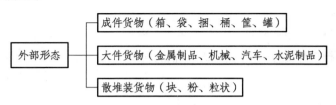

图 1-18　铁路运输货物按外部形态分类

（3）按照货物对运输条件要求的不同，可分为按一般条件运输的货物（如煤炭、钢材、粮食等）和按特殊条件运输的货物（如大型锅炉、爆炸品、活牛等货物）。一般条件是指在铁路货物运输组织过程中，不需要提供特别的（如冷藏、押运、特殊安全防护、特殊加固等）运输条件的普通货物。特殊条件是指铁路在运输有别于普通货物的阔大货物、危险货物、鲜活货物等特种货物过程中，需要特别提供的运输条件，该类货物的运输组织工作危险性大、复杂、难度较高。

（二）货物运输种类

铁路运送的货物，虽然种类繁多，但根据托运人托运货物的数量、性质、形状等条件并结合现有铁路货车的实际情况，可以将铁路运输的货物划分为整车、零担和集装箱 3 种。

1. 整车货物运输

一批货物的质量、体积、形状或性质需要以一辆以上货车运输的，应按整车托运。我国大多数的货物运输是使用整车运输方式的。

下列货物，由于性质特殊，或需特殊照料，或受铁路现有设备条件的限制，尽管不够整车运输条件，但亦不得按零担托运：

① 需要冷藏、保温或加温运输的货物。

② 规定按整车办理的危险货物。

③ 易于污染其他货物的污秽品。

④ 蜜蜂。

⑤ 不易计算件数的货物。

⑥ 未装容器的活动物（铁路局集团公司规定在管内可按零担运输的除外）。

⑦ 一件货物质量超过 1 t，体积超过 2 m³ 或长度超过 5 m 的货物。

为了更好地利用运输资源，在条件容许的情况下，整车运输可采取整车分卸，途中装卸，站界内搬运和准、米轨间直通运输 4 种。

（1）整车分卸。

整车分卸是整车运输的特殊形式，其目的是为解决托运的数量不足一车而又不能按零担办理的货物的运输。其装在同一货车内作为一批托运的货物，虽然途中进行几次卸车，但只是货物的减量而不能视为分批。由于运输途中需要分卸，对铁路运输组织工作的影响较大，因此铁路对整车分卸规定了必要的限制条件：

① 托运的货物必须是：危险货物、易于污染其他货物的污秽品、未装容器的活动物，一件货物质量超过 2 t，体积超过 3 m³ 或长度超过 5 m 的货物。

② 到达分卸站的货物数量不够一车，到站必须是同一经路上 2 个或 3 个到站。

③ 必须在站内卸车。

④ 在发站装车必须装在同一货车内作为一批托运的货物。

按整车分卸办理的货物，除派有押运人外，托运人必须在每件货物上拴挂标记，分卸站卸车后，对车内货物必须整理，以防偏重或倒塌。

（2）途中装卸。

途中装卸是指在两个车站之间的区间或不办理货运营业的车站装卸车。

途中装卸货物的发站或到站，是将托运人指定的途中装卸地点的后方或前方办理货运营业的车站作为发站或到站。限制条件如下：

① 按整车运输的货物。

② 只限在铁路局集团公司管内办理。

③ 危险货物不得办理。

（3）站界内搬运。

站界内搬运是指在站界内铁路营业线上或站线与专用线之间的运输。

其搬运种类如下：

① 从车站内某一地点搬运到另一地点。

② 从车站内某一地点搬运到本站出岔的专用线或专用铁路的某一地点。

③ 从本站出岔的专用线或专用铁路的某一地点搬运到本站出岔的另一专用线或专用铁路的某一地点。

其限制条件与途中装卸的限制条件相同。

（4）准、米轨直通运输。

我国铁路线路主要是标准轨距（1 435 mm），但昆明局集团公司管内还有部分米轨铁路。为了方便物资运输，减少托运人或收货人在运输途中的作业手续，铁路还开办了整车货物准、米轨间直通运输，即使用一份运输票据，跨及准轨与米轨铁路，将货物从发站直接运送至到站。国铁与地铁间也能办理直通运输，即国家铁路与地方铁路间货物一票直通的运输方式。办理直通运输的车站，国铁为由国铁集团公布在《货物运价里程表》内，办理货运业务的正式营业站。

2. 集装箱运输

集装箱是一种现代化运输设备，使用集装箱进行的货物运输，称为集装箱运输。集装箱适用于运输精密、贵重、易损、怕湿的货物。凡适箱货物均应采用集装箱运输。集装箱运输是发展中的运输方式。《集装箱适箱货物品名表》中规定的适箱货物共有 13 个品类，175 个品名。集装箱适用货物品名表如表 1-2 所示。

表 1-2 集装箱适用货物品名表

序号	分类	具体物品
1	交电类	机动车零配件、非机动车零配件、低压电器及元件、电冰箱、空调机、冷热风机、电风扇、排烟机、洗衣机、吸尘器、电热器、电熨斗、灯具、灯泡、灯管、小型通信设备、录像机、摄像机、电视机、录音机、收音机、收录机、音响设备、电视天线、显像管微型电子计算机及外部设备、电子计算机、电子元件器
2	仪器仪表类	自动化仪表、电工仪表、显微镜、望远镜、分析仪器、实验仪器、教学仪器、其他仪器仪表、钟表、量具、小型衡器
3	小型机械类	千斤顶、电（手）动葫芦、小型泵、电工工具、风动工具、机械设备零部件、缝纫机及零配件、医疗器械、电影机械、幻灯机、投影机、复印机、照相机及照相器材、打字机、油印机
4	玻璃陶瓷建材类	玻璃仪器 玻璃器皿保温瓶、杯（胆）其他玻璃制品、日用瓷器、日用陶器、卫生陶瓷、轻质建筑材料、油毡、石棉布、瓷砖
5	工艺品类	玉雕、木雕等雕塑工艺品，景泰蓝、金银摆件等金属工艺品，竹、藤、草等编织工艺品，刺绣工艺品，抽纱工艺品，手工织染工艺品，地毯，壁毯，工艺陶瓷，其他手工艺品，其他工艺美术品，展览品
6	文教体育用品类	纸张、书籍、报纸、杂志、本册、图画、其他印刷品、文具、教学模型和标本、乐器、音像制品、体育用品、玩具、游艺器材
7	医药类	西药、中成药、药酒、中药材、生物制品、畜用药、其他医药品

序号	分类	具体物品
8	烟酒食品类	卷烟、烟草加工品、酒、无酒精饮料、固体饮料罐头、蜂蜜、糖果、蜜饯、糕点、饼干、方便食品、挂面粉丝、腐竹、干果、干菜、调味品、茶叶、乳制品、代乳品
9	日用品类	化妆品、牙膏、香皂、鞋油、合成洗涤剂、日用搪瓷制品、日用铝制品、日用不锈钢制品、日用塑料制品、鞋、帽、手套、提包（箱）、伞、其他日用百货
10	化工类	有衬垫的普通油漆颜料、涂料、染料、化学试剂食品添加剂、树脂、有机玻璃、塑料颗粒、合成橡胶、胶片、磁带、人造革、合成草、地板革、塑料地板、塑料编织布（袋）、塑料薄膜
11	针纺织品类	棉布、混纺布、化纤布、麻布、毛巾等棉织品，棉毛衫裤等棉织品，呢绒，毛线，毛毯，毡制品，服装，毛皮人造毛
12	小五金类	合页，拉手，插销，水暖零件，锁，刀剪，理发用具，钉子，螺丝等紧固件，金属切削工具，手工工具，焊条，装饰五金
13	其他适合集装箱装运的货物	1. 食品类 杂豆、大豆、白芸豆、芸豆、绿豆、芝麻、鸡酱、酱菜、牛肝菌、坚果仁、盐渍牛肝菌、青刀豆罐头、罐头、白糖、绵白糖、红糖、冰糖、砂糖、白砂糖、糖果、淀粉、饮料、花生米、牛奶、食品（酸角）、挂面、调味品、海带、菠萝干、香料、姜片、食品、泡菜、香精、瓶装白酒、酒、小米辣、乳制品、酱油、盐渍龙爪菜、盐梅、盐渍蕨菜 2. 化肥类 磷酸氢钙、三聚磷酸钠、粒钙、过磷酸钙、钙镁磷肥、磷酸一铵、磷酸二铵、饲料级磷酸氢钙、普钙、重钙、富钙、钙镁磷肥、冲施肥、复合肥料 3. 金属机电类 铜渣、废铁、废钢、铁渣、汽配、锡锭、锌锭、铝锭、生铁、标准件、钛精矿、金属扣件、机床配件、铁合金、空压机、刹车鼓、煤气灶配件、钢丝、切割机配件、螺栓、螺丝、钢管、紧固件、锁具配件、农机配件、汽车零配件、阀门、钢坯、标准件、电机配件、锡产品、弹簧、电子元件零件、铁钉、钢球、工业机械零配件、氧化铝、硫酸锌、柴油机配件、电机壳、七水硫酸锌、三氧化二锑 4. 矿石类 高钛渣、高钛矿、石板材、铜矿渣、磷矿粉、磷矿砂、锌矿砂、铜精矿、铜精粉、铁矿石、硫精矿、磷精矿、钛矿砂、二氧化硅微粉、钛白粉、石子、石粉、高岭土 5. 木材类 木材、锯材、菜板、实木门、成品地板条、地板条、拼板、成品指接板、橡胶、工具柄、复合地板、成品柚木地板、胶合板、胶板 6. 陶瓷装饰类 瓷砖、耐火砖、大理石、建筑配件、装饰材料、涂料、陶土、油漆、玻璃珠 7. 饲料类 矿物质饲料、饲料粉、碎玉米饲料、兽药、添加剂、蛋白粉、棉籽蛋白粉 8. 棉麻橡胶纸张类 橡胶、胶带、纱布、麻绳、塑料、玻纤布、塑料薄膜、内胎、自行车内胎外胎、烟用乳胶、棉布、塑料原粉、胶管纸张、书本、帆布、卷烟纸、印刷品、纸浆、平膜 9. 其他类 甲基紫罗兰酮、牙膏粉、烤烟、焊剂、木炭、砂轮、石蜡、线材、润滑油、炉盖、电料、糖稀、松香、活化剂、透明皂、丙纶、熟松香、三七、干牛皮、灭火剂、黄磷、添加剂、新电瓶、羧甲基纤维素、三醋酸甘油酯、中药材、拼箱货物

（三）一批

1. 一批的概念

一批是铁路承运货物和计算运费的一个单位。具体讲，指使用一张货物运单和一份货票（整车分卸每一分卸站另增加2份货物运单），按照同一运输条件运送的货物。

2. 按一批办理的条件

托运人、收货人、发站、到站和装卸地点必须相同（整车分卸货物除外）。

按运输种类的不同，一批的具体规定是：

（1）整车货物每车为一批，跨装、爬装及使用游车的货物，每一车组为一批。跨装、爬装及使用游车的货物如图1-19所示。

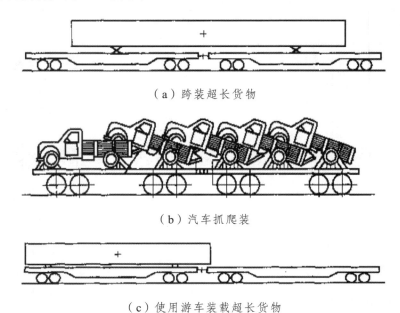

（a）跨装超长货物

（b）汽车抓爬装

（c）使用游车装载超长货物

图1-19 跨装、爬装及使用游车的货物

（2）批量及集装箱运输的货物，以每张货物运单为一批。

使用集装箱运输的货物，每批必须是同一箱型、同一标重、同一箱主、同一箱态，至少一箱，最多不得超过铁路一辆货车所能装运的箱数。

军事运输中，同一发送（或接收）单位、发到站（含加装分卸），车数在一车及其以上，一次发运者为一批运输，一批运输使用一个军运号码。

3. 按一批办理的限制

由于货物性质各不相同，其运输条件也不一样。为保证货物安全运输，规定下列货物不得按一批托运：

（1）易腐货物与非易腐货物。

（2）危险货物与非危险货物（另有规定者除外）。

（3）根据货物的性质不能混装运输的货物。

（4）按保价运输的货物与不按保价运输的货物。

（5）投保运输险的货物与未投保运输险的货物。

（6）运输条件不同的货物。

三、任务实施

【实训项目】

角色扮演货运员判定不同货物运输种类。

【实训目标】

① 掌握不同货物运输种类的判断依据；② 具备不同货物运输种类的判断能力。

【实训内容与要求】

西安西站托运人李某欲向兰州托运一批服装 265 箱，每箱质量为 35 kg，每箱尺寸 0.85 m × 0.65 m × 0.4 m，你作为西安西站实习生该如何应对？请根据不同货物运输种类判断以上货物的业务受理问题。

【成果与检测】

① 完成简要书面分析报告；② 课后在班级组织一次交流与讨论；③ 由教师根据分析报告与讨论表现评估打分。

四、拓展训练

托运人张某在 × × 站托运摩托车 100 辆，每件质量为 85 kg，纸箱包装，托运人在运单"托运人记载事项"栏内记明每件尺寸为 2 m × 0.6 m × 0.9 m，要求按零担运输，该站能否受理？为什么？

知识点 3　货物运到期限

一、学习目标

掌握货物运到期限的计算方法，具备不同货物运到期限的计算能力。

二、知识引导

（一）货物运到期限的概念

货物运到期限是铁路将货物由发站运至到站的最长时间限制，其意义在于：

（1）货物运到期限是对托运人或收货人合法权益的保护，可使托运人、收货人明确货物运到时间，以便安排经济活动。

（2）货物运到期限是对承运人的要求和约束，可督促铁路提高工作效率，在规定期限内将货物送到。

（3）货物运到期限是货运工作质量指标之一。

（4）货物运到期限可用来判定易腐货物和"短寿命"放射性货物是否可以承运。（条件：$T_容 - T \geqslant 3$ 日）

（二）货物运到期限的计算

货物运到期限（T）按日计算，起码天数为3日，即算出的运到期限不足3日按3日计算。它由3部分组成：

1. 货物发送时间（$T_发$）

货物发送时间统计为1日，指车站完成货物发送作业的时间，它包括发站从货物承运、装车到挂出的全部时间。

2. 货物运输时间（$T_运$）

货物运输时间是指货物在途中的运输时间。运价里程每250 km或其未满为1日；按快运办理的整车货物，运价里程每500 km或其未满为1日。

3. 特殊作业时间（$T_特$）

特殊作业时间是指为了满足某些货物在运输途中进行特殊作业的需要所规定的时间。

并非所有货物都有这种作业，具体规定如下：

（1）整车分卸货物，每增加一个分卸站，另加1日。这项时间用于分卸站进行甩挂、取送、卸车作业。

（2）准、米轨间直通运输的整车货物，另加1日。这项时间用于换装站进行换装作业。

（3）需要途中加冰的货物，每加冰1次，另加1日。

（4）运价里程超过250 km的零担货物和1 t、5 t型集装箱货物，另加2日；超过1 000 km加3日。

（5）一件货物质量超过2 t、体积超过3 m³或长度超过9 m的零担货物，另加2日。

（6）笨重零担货物和危险零担货物，另加2日。

上述6项特殊作业时间应分别计算，当一批货物同时具备几项时，应累计相加计算。即

$$T = T_发 + T_运 + T_特$$

货物实际运到日数的计算：起算时间从承运人承运货物的次日（指定装车日期的，为指定装车日的次日）起算。终止时间，到站由承运人组织卸车的货物，到卸车完成时止；由收货人组织卸车的货物，到货车调到卸车地点或货车交接地点时止。

货物运到期限，起码天数为3日。

【例1-1】 武汉北承运到石家庄站整车分卸货物一车，质量为60 t，两个分卸站，请计算运到期限。（已知：运价里程为904 km）

【解】（1）$T_发 = 1$日；

（2）$T_运 = 904 / 250 = 3.616$，计4日；

（3）两个分卸站另加2日。

即这批货物的运到期限为：$T = T_发 + T_运 + T_特 = 1 + 4 + 2 = 7$（日）。

（三）货物容许运输期限

货物容许运输期限（$T_容$）是由托运人提出的货物运输时限，承运人据此确定在规定的运到期限内该货物是否可以承运。货物容许运输期限至少须大于货物运到期限3日，方可承运。

托运易腐货物、"短寿命"放射性货物时，应记明货物的容许运输期限。

（四）货物运到逾期

所谓货物运到逾期，是指货物的实际运到日数超过规定的运到期限。

实际运到日数，应从货物承运次日起算，至到站交付时终止。

起算时间：指承运人承运货物的次日（指定装车日期的，为指定装车日的次日）。

终止时间分两种情况：

第一，在到站由铁路组织卸车的，至卸车完了时终止；

第二，在到站由收货人组织卸车的，至货车调到卸车地点或交接地点时终止。

1. 逾期违约金的支付

若货物运到逾期，则铁路应向收货人支付违约金。逾期违约金按如下规定支付：

（1）货物运到期限在3~10日，违约金支付比例如表1-3所示。

表1-3　运到逾期违约金支付比例（一）

运到期限	逾期总日数					
	1日	2日	3日	4日	5日	6日以上
3日	15%	20%				
4日	10%	15%	20%			
5日	10%	15%	20%			
6日	10%	15%	15%	20%		
7日	10%	10%	15%	20%		
8日	10%	10%	15%	15%	20%	
9日	10%	10%	15%	15%	20%	
10日	5%	10%	10%	15%	15%	20%

（2）货物运到期限在 11 日及其以上时，违约金支付比例如表 1-4 所示。

表 1-4　运到逾期违约金支付比例（二）

逾期总日数占运到期限的比例	违约金占运费的比例/%
不超过 1/10 时	5
超过 1/10，但不超过 3/10 时	10
超过 3/10，但不超过 5/10 时	15
超过 5/10 时	20

（3）快运货物逾期，按表 1-5 所示比例退还货物快运费。此外，货物运输时间按 250 km 运价里程或其未满为 1 日计算运到期限，仍超过时，应按表 1-3 和 1-4 中的规定向收货人支付违约金。

表 1-5　退还货物快运费比例

发到站间运输里程	超过运到期限天数	退还货物快运费/%
1 801 km 以上	1 日	30
	2 日	60
	3 日以上	100
1 201～1 800 km	1 日	50
	2 日以上	100
1 200 km 以下	1 日以上	100

2. 不支付违约金的货物

（1）超限、限速运行和免费运输的货物以及货物全部灭失。

（2）从铁路发出催领通知的次日起（不能实行催领通知或会同收货人卸车的货物为卸车的次日起），如收货人在 2 日内未将货物领出，即失去要求铁路支付违约金的权利。

3. 货物滞留时间

货物在运输过程中，由于下列原因之一造成的滞留时间，应从实际运到日数中扣除：

（1）因不可抗力的原因引起的。

（2）由于托运人的责任致使货物在途中发生换装、整理所产生的（如托运人自装货物未加固好等原因）。

（3）因托运人或收货人要求运输变更产生的。

（4）运输活动物，由于途中上水所产生的。

（5）其他非承运人的责任发生的。

上述情况均为非承运人原因造成的滞留，发生滞留的车站，应在货物运单"承运人记载事项"栏内记明滞留时间和原因。到站应将各种情况所发生的滞留时间加总，加总后不足 1 日的尾数进整为 1 ヨ。

三、任务实施

【实训项目】

角色扮演货运员计算货物的运到期限。

【实训目标】

① 掌握不同货物运到期限的计算方法；② 培养不同货物运到期限的办理能力。

【实训内容与要求】

2019 年 6 月 10 日，托运人张三在丰台站按慢运托运冷冻的牛肉一批，到站广州南（运价里程 2 288 km）。6 月 23 日运至到站，24 日卸车完了。你作为丰台站实习生该如何应对？请利用货物运到期限相关知识，判定是否逾期？如果逾期，应如何向收货人支付运到逾期违约金？

【成果与检测】

① 完成简要书面分析报告；② 课后在班级组织一次交流与讨论；③ 由教师根据分析报告与讨论表现评估打分。

四、拓展训练

今天一名托运人（货主李浩）来到西安西站，欲托运一批快运易腐货物，运价里程 1 293 km，托运人在货物运单"托运人记载事项"栏内注明"容许运到期限 4 天"。你作为西安西站实习生，请判断可否承运并说明原因。

知识点 4　运单的填写与审查

一、学习目标

掌握货物运单的填写及审查的方法，具备货物运单填写及审查的能力。

二、知识引导

（一）货物运单

1. 运单的概念

托运人和承运人为运输货物签订的一种运输合同（或运输合同的组成部分）。

2. 运单的作用

运单作用主要有：确认运输过程中各方的权利、义务与责任；是运输货物的申请书；是承运人承运货物核收运费、填制货票、编制记录的依据。

3. 运单种类

铁路货物运单，是铁路货物运输合同或运输合同的组成部分，也是铁路收取货物运输费用的结算单据之一，系一整套票据，由带编号的 6 联和不带编号的需求联组成，可以按照需求分别打印各联。各联打印规格均为 A4（297 mm×210 mm）。各联用途如表 1-6 所示，货物运单如表 1-7 所示。

表 1-6　铁路货物运单各联用途

序号	各联名称	领收人	用途	备注
第 1 联	货物运单正本（发站存查联）	发站	发站留存的已生效的运输合同	
第 2 联	货物运单副本（收款人报告联）	发站	发站收款的已生效的运输合同（财务凭证）	
第 3 联	货物运单正本（托运人存查联）	托运人	托运人留存的已生效的运输合同	相同的运单号
第 4 联	货物运单副本（到站存查联）	到站	到站留存的已生效的运输合同	
第 5 联	货物运单副本（收货人存查联）	收货人	收货人留存的已生效的运输合同	
第 6 联	货物运单副本（领货凭证联）	收货人	收货人在到站办理领货的凭证	
第 7 联	货物运单（需求联）	发站	记录客户提报需求，发站留存	无运单号

4. 运单填写说明

（1）货物运单右上角打印运单号码和对应的条形码。运单号码由 5 位字母（3 位车站电报码，1 位票种代码，1 位窗口代码）和 7 位数字（7 位循环顺序号）组成。运单上的条形码，供自动识别。

（2）根据托运人选择的运输方式，在货物运单右上角分别自动打印"整车、集装箱、批量、零散"等字样。

（3）货物运单左上角打印铁路货运统一标识、APP（手机应用）下载使用的二维码等相关内容。货物运单底部打印收货人签章、车站接（交）货人签章、制单人、制单日期等栏目。货物运单框内左半部分为托运人填写部分，右半部分为承运人填写部分，以黑色加粗折线分隔。

（4）托运人填写部分说明，带"*"的栏目为必填项，如表 1-8 所示。

表 1-7 货物运单

铁路货运
CHINA RAILWAY FREIGHT

中国铁路 × × 局集团有限公司
货物运单

需求号：201708HY6660660001

BKHZA0123456
（整车、集装箱、批量、零散）

第　　联　　　　　联

托运人	发站（公司）			专用线		货区			货位		
	名称							车种车号			
	□上门取货 取货地址		专用线					取货里程/km			
收货人	到站（公司）					运到期限			标重		
	名称					施封号					
	□上门送货 送货地址					篷布号					
经办人	手机号码	联系电话				送货里程/km					
经办人	手机号码	联系电话				装车方			施封方		

领货方式　□电子领货　□纸质领货

付费方式　□现金　□支票　□银行卡　□预付款　□汇总支付

承运人确定　重量/kg　体积/m³

货物名称	包装	件数	重量/kg	货物价格/元	箱型箱类	箱号	集装箱施封号	运价号	计费重量/kg
合计					费目		费目	金额/元	税额/元

选择服务
□上门装车　□上门卸车
□上门取货　□上门送货
□保价运输　□装载加固材料
□仓储　　　□冷藏（保温）
其他服务

增值税
发票类型　受票方名称：
□普通票　纳税人识别号：
□专用票　地址、电话：
　　　　　开户行及账号：

费用合计

大写：

承运人记事：

托运人记事：　　　　　　　签章

货运员

卸货时间　　月　日　时　　到站收费据号码
通知时间　　月　日　时　　领货人身份证号码
签章　　　　　　　　　　　　车站日期戳

027

托运人须知

1. 托运人在铁路托运货物，在本单签字或盖章，即证明愿意遵守《中华人民共和国合同法》《中华人民共和国铁路法》以及《铁路货物运输规程》等铁路规章的有关规定。

2. 托运人应签署《货物托运安全承诺书》，不得匿报、谎报货物品名，不得托运或在所托运货物中夹带国家禁止运输的物品，不得在普通货物中夹带危险货物，不得在危险货物中夹带禁止配装的货物。

3. 托运人在本单所记载的货物名称、件数、包装、价格、重量等事项应与货物的实际完全相符，并对其真实性负责。

4. 货物的内容、品质和价格是托运人提供的，承运人在接收和承运货物时并未全部核对。

5. 托运人应善保管电子领货凭证，并及时将电子领货密码或领货凭证密码和领货凭证寄交收货人，收货人凭电子领货密码或领货凭证密码在到站领取货物。

6. 托运人选择电子领货方式时，应在电子运单中正确填记收货人的经办人姓名、身份证号码、手机号码和电子领货密码。

7. 托运人选择保价运输时，应填写货物的实际价格，作为计算"保价金额"的依据。当货物在运输过程中发生损失时，承运人对保价货物，按规定的保价金额和损失比例赔偿，对非保价货物，按规定的限额赔偿。

8. 托运人应凭本单于次月底前开具增值税发票。

9. 本单于托运人和承运人双方签字或盖章之时起生效。

收货人须知

1. 收货人应妥善保管电子领货密码或领货凭证，接到货物到达通知后，及时领取货物。

2. 收货人凭电子领货密码领货时，收货人应登录铁路货运网上营业厅，正确填记被委托领货密码和委托人领货信息，手机号等电子领货密码和本人身份证原件提货。

收货人凭证件领货时，应同时出示身份证原件；委托他人领货时，被委托人凭身份证复印件，除提供经办人身份证原件外，还需提供加盖单位公章的委托书。

3. 收货人应按规定支付相关费用。

4. 收货人凭收货时，发现货物损失应立即向承运人提出。

5. 货物交付完毕，合同即为履行完毕；此后发生问题，承运人不承担责任。

货物托运安全承诺书

根据《中华人民共和国铁路法》《铁路货物运输安全管理条例》，托运货物必须遵守国家关于禁止或者限制运输物品的规定；托运人托运货物，不得匿报、谎报货物品名、性质、重量，不得在普通货物中夹带危险货物，不得在危险货物中夹带禁止配装的货物。

依据《铁路安全管理条例》第九十六条规定，托运人托运货物时，将危险货物匿报或者谎报为普通货物托运的，或在普通货物中夹带危险货物，由铁路监督管理机构依法处置。依据《中华人民共和国铁路法》第六十条规定，以非危险品名托运危险品，导致发生重大事故的，依照刑法有关规定追究刑事责任。

本公司（本人）已阅知上述法律法规规定。承诺申报的货物品名和物品清单所填事项真实，与实际货物相符，没有匿报、错报瞒报，谎报货物的混装。违反此承诺造成的一切法律责任及后果由本公司（本人）承担。

托运人（盖章/签字）：

年　　月　　日

表 1-8　托运人填写部分说明

栏号	栏目名称		内容填写说明
1	托运人	发站(公司)*	发站按《铁路货物运价里程表》规定的站名完整填记，不得简称。(公司)名，为系统自动生成
2		专用线	在专用线或专用铁路装车时，填写该专用线全称
3		名称*	填写托运单位的完整名称，如托运人为个人时，则应填记托运人姓名和身份证号码
4		经办人	填写经办人姓名。姓名超过 5 个汉字时，根据经办人要求填记姓名简称，并在托运人记事栏内填记姓名全称
5		手机号码	填写经办人手机号码
6		取货地址	选择上门取货服务时，应详细填写取货地点所在省、直辖市、自治区城镇街道和门牌号码或乡、村名称及取货联系人姓名
7		联系电话	选择上门取货服务时，应填写取货联系人电话号码
8	收货人	到站(公司)*	到站按《铁路货物运价里程表》规定的站名完整填记，不得简称。(公司)名，为系统自动生成
9		专用线	在专用线或专用铁路卸车时，填写该专用线全称
10		名称*	填写收货单位的完整名称，如收货人为个人时，则应填记收货人姓名
11		经办人	填写经办人姓名。姓名超过 5 个汉字时，根据经办人要求填记姓名简称，并在托运人记事栏内填记姓名全称
12		手机号码	填写经办人手机号码
13		送货地址	选择上门送货服务时，应详细填写送货地点所在省、直辖市、自治区城镇街道和门牌号码或乡、村名称及收货联系人姓名
14		联系电话	选择上门送货服务时，应填写收货联系人电话号码
15	付费方式*		客户可选择现金、支票、银行卡、预付款、汇总支付等方式，选择汇总支付或预付款的，应填写汇总支付或预付款的凭证号码
16	领货方式*		客户可选择纸质领货或电子领货，选择电子领货时，须设置领货经办人身份证号码、领货验证码等信息
17	货物名称*		应按《铁路货物运价规则》(简称《价规》)附件三 "铁路货物运输品名检查表"，危险货物则按《铁路危险货物品名表》所列的货物名称完整、正确填写。托运危险货物并应在品名之后用括号注明危险货物编号。"铁路货物运输品名检查表"或《铁路危险货物品名表》内未经列载的货物，应填写生产或贸易上通用的具体名称，但须用《价规》附件一 "铁路货物运输品名分类与代码表"相应类项的品名加括号注明。 　　按一批托运的货物，不能逐一将品名填记在货物运单内时，须另填物品清单，承运后由车站打印一式两份，加盖车站承运日期戳，托运人签章，一份由发站存查，一份交托运人。 　　需要说明货物规格、用途、性质的，在"货物描述"中加以注明

栏号	栏目名称	内容填写说明
18	件数*	应按货物名称及包装种类，分别记明件数，"合计件数"栏填写货物的总件数。 承运人只按重量①承运的货物，则在本栏填记"堆""散""罐"字样
19	包装	记明包装种类，如"木箱""纸箱""麻袋""条筐""铁桶""绳捆"等。按件承运的货物无包装时，填记"无"字。使用集装箱运输的货物或只按重量承运的货物，本栏可以省略不填
20	货物价格/元	应填写该项货物的实际价格，全批货物的实际价格为确定货物保价金额的依据。（托运人选择保价运输时，为必填项）
21	重量/kg*	应按货物名称及包装种类分别将货物实际重量（包括包装重量）用千克记明，"合计重量"栏，填记该批货物的总重量
22	箱型箱类	箱型填集装箱对应箱型，如"20""25""40""45""50"。箱类填集装箱对应箱类，如"通用标准箱""35 t 敞顶箱"等
23	箱号	填写包括箱主代码在内的 11 位集装箱箱号
24	集装箱施封号	填写集装箱的铁路施封锁号码
25	选择服务 上门装车	选择上门装车的，需详细填记货物单件规格、重量等特约事项
26	上门卸车	选择上门卸车的，需详细填记货物单件规格、重量等特约事项
27	保价运输、装载加固材料、仓储、冷藏（保温）	托运人根据需要选择相应服务
28	其他服务	托运人、承运人双方认可的其他服务事项
29	增值税发票类型	需要开具增值税发票的，选择填记"普通票""专用票"并填记受票方名称、纳税人识别号、地址、电话、开户行及账号等信息
30	托运人记事	填写需要由托运人声明的事项。例如： 1. 货物状态有缺陷，但不致影响货物安全运输，应将其缺陷具体注明。 2. 需要凭证明文件运输的货物，应将证明文件名称、号码及填发日期注明。 3. 托运人派人押运的货物，注明押运人姓名和证件名称及号码。 4. 托运易腐货物或"短寿命"放射性货物时，应记明容许运期限。选择冷链（保温）运输时，应记明具体运输条件、要求。 5. 使用自备货车或租用铁路货车在营业线上运输货物时，应记明"××单位自备车"或"××单位租用车"。使用自备篷布时，应记明自备篷布号码。 6. 国外进口危险货物，按原包装托运时，应注明"进口原包装"。 7. 托运零散快运货物时，应注明单件最大重量和单件最大长、宽、高。 8. 托运人要求办理铁路货物运输保险时，应注明"已投保运输险"。 9. 其他按规定需要由托运人在运单内记明的事项。 10. 经办人姓名超过 5 个汉字时，应填记姓名全称
	签章*	托运人将货物运单打印完毕，并确认无误后，在此栏盖章或签字

---

① "重量"实际指物品质量，因实际工作中习惯用"重量"一词代指质量，故书中对此不做修改。

（5）承运人填写部分说明（见表 1-9）。

表 1-9　承运人填写部分说明

栏号	栏目名称	内容填写说明
31	货区	填写货物堆存货区
32	货位	填写货物堆存货位
33	车种车号	填写货物装载的铁路货车车种、车型和车号
34	取货里程/km	根据托运人填写的取货地址确定的取货里程
35	运到期限	填写按规定计算的货物运到期限日数
36	标重	填写铁路货车对应的标记载重
37	施封号	填写货车的施封号码
38	篷布号	填写所苫盖的铁路货车篷布号码
39	送货里程/km	根据托运人填写的送货地址确定的送货里程
40	装车方	根据装车组织人，填写"托运人"或"承运人"
41	施封方	根据施封负责人，填写"托运人"或"承运人"
42	承运人确定重量/kg	除一件重量超过车站衡器最大称量的货物外，其他货物由承运人确定货物重量，按货物名称及包装种类分别填记。"合计重量"栏填记该批货物总重量
43	体积/m³	按货物名称及包装种类分别填记。"合计体积"栏填记该批货物总体积
44	运价号	填记货物名称对应的运价号
45	计费重量/kg	整车货物填记货车标记载重量或规定的计费重量；零散货物填记按规定处理尾数后的重量或起码重量
46	计费科目、金额/元、税额/元	按规定的计费科目及费用填写
47	费用合计	填写所有费用合计的小写金额
48	大写	填写所有费用合计的大写金额
49	承运人记事	填记需要由承运人记明的事项，例如： 1. 货车代用记明批准的代用命令。 2. 途中装卸的货物，记明计算运费的起讫站名。 3. 需要限速运行的货物和自有动力行驶的机车，记明铁路局集团公司承认命令。 4. 对危险货物或鲜活货物，应按货物性质，在记事栏中选择"爆炸品""氧化性物质""毒性物质""腐蚀性物质""易腐货物"等记事，以及经铁路局集团公司批准按普通货物运输的危险货物记载事项。 5. 机械冷藏等有工作车的成组货车装车时，记载工作车车号。 6. 托运人要求办理铁路货物运输保险时，应记载保险单号码。 7. "卸货时间"由到站按卸车完毕的时间填写。 8. "通知时间"按发出领货（送货）通知的时间填写。 9. 填写"到站收费票据号码"和"领货人身份证号码"。 10. 需要由承运人记明的其他事项
50	签章	收货人签章：收货人领货时签字或盖章。 车站接（交）货人签章：发站上门取货人员名章、到站上门送货人员名章

（二）货物的受理

车站对托运人提出的货物运单，经审查符合运输要求，在货物运单上签订货物搬入或装车日期后，即为受理。

1. 审查货物运单

车站受理托运人提出的货物运单时，应认真审查货物运单内填记的事项是否符合铁路运输条件，审查的主要内容有：

（1）货物运单各栏填写是否齐全、正确、清楚，领货凭证与运单是否一致。

（2）整车运输有无批准的计划号码，计划外运输有无批准命令；实行承运日期表的零担货物和集装箱货物是否符合日期表规定的去向。

（3）到站的营业办理限制（包括临时停限装）和起重能力。

（4）货物名称是否正确，是否可以承运。这关系到铁路运输货物的安全和运费的计算。

（5）需要的证明文件是否齐全、有效。根据中央或省、直辖市、自治区法令需要证明文件运输的货物，托运人应将证明文件与货物运单同时提出并在货物运单托运人记载事项栏注明文件名称和号码。车站在证明文件背面注明托运数量，并加盖车站日期戳，退还托运人或按规定留发站存查。

（6）有无违反按一批托运的限制。

（7）托运易腐货物和"短寿命"放射性货物时，其容许运输期限是否符合要求。

按规定托运易腐货物和"短寿命"放射性货物时，应记明货物的容许运输期限。容许运输期限至少须大于货物运到期限 3 日。

（8）需要声明事项是否在"托运人记载事项"栏内注明，例如派有押运人的货物，托运人应在"托运人记载事项"栏内注明押运人姓名、证明文件名称和号码。

2. 签证货物运单

货物运单经审查符合要求后，进行签证。

（1）整车货物。在站内装车者，在货物运单上签证计划号码、货物搬入日期及地点，将货物运单交还托运人，凭此搬入货物；在专用线装车者，在货物运单上签证计划号码和装车日期，将货物运单交指定的包线货运员，按时到装车地点检查货物。

（2）零担货物和集装箱运输的货物。在货物运单上签证运输号码、搬入日期及地点，将运单交还托运人，凭此搬入货物。

（3）加盖受理章和经办人名章。

（三）制票和承运

整车货物装车后，零担货物过秤完毕，集装箱货物装箱后或接收重箱后，托运人交付运费，并办理制票和承运业务。

1. 填制货票

（1）货票的作用。

货票是铁路运输货物的凭证，是一种具有财务性质的票据。它是清算运输费用、确定货物运到期限、统计铁路所完成的工作量和计算货运工作量指标的依据，因此必须正确填制。货票是有价证券并带有号码，须妥善包藏，不得遗失。

（2）货票的组成。

货票有现付和后付两种，其中现付货票（见表1-10）一式四联。甲联为发站存查联；乙联为报告联，由发站每日按顺序订好，定期上报发局；丙联为承运凭证，交托运人凭以报销；丁联为运输凭证，随货物递交到站存查。除丁联背面，各联正面内容完全相同。

表 1-10　货　票

计划号码			××铁路局 货票				NO：A000000			
运单号码							丁联　运输凭证：发站→到站存查			

发站		专用线名称（代码）					车种车号		货车标重	
到站（局）		专用线名称（代码）				装车	费别	金额	费别	金额
经由			实封或篷布号码							
运价里程					运到期限					
托运人	名称			经办人		电话				
	地址					邮编				
	取货地址		里程	联系人		电话				
收货人	名称			经办人		电话				
	地址					邮编				
	送货地址		里程	联系人		电话				
服务内容							费用合计			
货物名称	品名代码	件数	包装	保价金额	托运人填报重量/千克	承运人确定重量/千克	计费重量	运价号	运价率	集装箱箱型	集装箱箱号	集装箱施封号
合计												
记事												

卸货时间　　月　日　　时	收货人签章或签字	到站交付日期戳　　　　经办人章	发站承运日期戳　　　　经办人章
催领通知方法			
催领通知时间　月　日　　时	领货人身份证件号码		
到站收费票据号码			

（3）制票。

填制货票由货运室使用微机制票。整车货物是先装车后制票或平行进行，零担和集装箱是先制票后装车。货票应根据货物运单记载的内容填写，填写错误时按作废处理。货票各栏填写要求与运单类同。

（4）核收运费。

车站在货物运单和货票上加盖车站日期戳并收清费用后，即将领货凭证和货票丙联一并交给托运人。

2．承　运

（1）承运的概念。

集装箱在发站验货后，整车装车完毕，并核收运费，发站在运单上加盖承运日期戳，即为承运。集装箱先承运后装车，整车先装车后承运。

（2）承运的意义。

承运意味着运输合同的生效，铁路开始对货物负责任。

从承运时起承托双方就要分别履行运输合同的义务和责任。因此，承运意味着铁路负责运输的开始，是承运人与托运人双方划分责任的时间界限。同时，承运标志着货物正式进入运输过程。

三、任务实施

榜样人物

【实训项目】

角色扮演货运员填制货物运单。

【实训目标】

① 掌握不同货物的货物运单的填写过程；② 培养不同货物运单的办理能力。

【实训内容与要求】

今天一名托运人（货主张军）来到西安西站，欲向郑州托运一批豆制品 600 件共 38 000 kg，纸箱包装。收货人郑州市食品公司，保价 25 万元。用 P613101234 装运，施封锁两枚（059207、059208），运价里程 1 057 km，请为其填写货物运单。

【成果与检测】

① 填写完成的货物运单；② 课后在班级组织一次交流与讨论；③ 由教师根据分析报告与讨论表现评估打分。

四、拓展训练

今天一名托运人（货主李浩）来到西安西站，欲向哈尔滨托运一车配件 290 件，木箱包装，保价 50 万元。用 P643671294 装运，施封锁两枚（069247、069248），运价里程 2 351 km，请为其填写货物运单。

学习情境二 货场管理

❉ 一、情境描述

你是一名顶岗实习学生，到某铁路局集团公司货场进行实习，为了更好地完成各实习岗位的工作，你要熟悉自己的工作环境，了解货场分类与配置、货场设备管理、货场作业和专用线管理等内容。

💡 二、素质目标

（1）培养学生爱岗敬业、严谨负责的职业态度，让学生深刻理解铁路货场管理工作对保障货物运输安全、促进经济发展的重要意义，树立 "人民铁路为人民" 的服务理念。

（2）传承和弘扬新时代铁路人的担当精神、工匠精神与奉献精神，以王婷婷等榜样人物为标杆，引导学生在未来工作中勇于担当、精益求精、乐于奉献，具备强烈的责任感和使命感。

（3）增强学生的团队协作意识，使其明白货场管理工作需要各岗位人员密切配合，培养学生在团队中积极沟通、主动协作的素质，为实现货场高效运转贡献力量。

🎓 三、知识目标

（1）掌握铁路货场管理的基本概念、基本原则和重要作用，了解货场在铁路货运系统中的地位以及与其他环节的关联。

（2）熟悉铁路货场的布局规划知识，包括货场功能分区、作业区域划分、装卸设备布置等内容，明确合理布局对提高货场作业效率的重要性。

（3）理解《铁路货物运输规程》等相关规章制度中关于货场作业的具体要求。

（4）了解货场信息管理系统的基本功能和操作原理，掌握货场作业数据统计、分析及信息传递的相关知识。

🖋 四、能力目标

（1）掌握货物存储规划能力，能根据货物的性质、数量、存储要求等，合理安排货位，确保货物存储安全、有序，便于装卸和管理，提高货场空间利用率。

（2）拥有货场装卸作业组织与协调能力，能够合理调配装卸设备和人员，制定科学的装卸作业计划，保障装卸作业高效、安全进行，避免出现拥堵和事故。

（3）掌握货场信息管理系统的操作能力，能够熟练运用系统进行货物信息录入、查询、跟踪和统计分析，为货场管理决策提供数据支持。

（4）培养问题解决能力，面对货场管理中出现的货物破损、设备故障、作业效率低下等问题，能运用所学知识和技能，结合实际情况制定合理的解决方案。

🖋 五、知识点导入

学习情境	子情境	知识点
学习情境二 货场管理	2.1 货场管理认知	1. 货场管理概述 2. 货场的分类和配置
	2.2 货场设备管理	1. 货场设备认知 2. 场库设备 3. 作业区和货位 4. 装卸机械
	2.3 货场作业管理	1. 货场作业 2. 货运日常工作组织
	2.4 专用线管理	专用线管理

学习子情境 2.1　货场管理认知

扫码下载
2.1 节 PPT

📖 任务描述

你是某铁路局集团公司某货场实习生，到货场后首先对货场进行了参观，其次学习了该货场管理的相关规定。今天，师傅要求你绘制所在货场的布置图。

知识点 1　货场管理概述

PPT 讲解视频
货场管理认知

一、学习目标

了解货场管理的重要性，熟悉货场管理的内容和货运管理细则。

二、知识引导

（一）货场管理概念

货场管理，一般指对车站有关货运作业场所全部货物运输生产过程进行计划、组织、指挥、协调和控制，从而使整个车站的货运生产有秩序、有节奏地进行。

车站货场是铁路运输企业的营业窗口，是铁路办理货物运输的场所。铁路运输的货物，在货场进行承运、保管、装卸和交付作业。货场内不仅有很多不同工种的铁路内部工作人员协同工作，而且有托运人、收货人等路外作业人员及各种短途运输工具参加货场的运输活动。搞好货场管理，不仅对合理利用货场设备，充分发挥货场作业能力，提高服务质量，安全、迅速、经济、便利地运输货物有着重要意义，而且对提高铁路经济效益和社会效益也有着深远的意义。

（二）货场管理的主要内容

货场管理的主要内容包括以下5个方面：
（1）货场计划管理，包括装车计划和卸车计划。
（2）货场作业管理，包括进货装车作业、卸车出货作业、出车作业和取送车作业。
（3）货场设备管理，包括场库与配线、货区与货位管理、装卸设备及其他货运设备的运用管理。
（4）货场安全管理，包括职工安全和业务教育、制订货运安全管理制度以及货运事故的防止和处理等。
（5）专用线（专用铁路）管理，包括专用线（专用铁路）管理，制订专用线（专用铁路）运输协议及专用线共用等。

（三）车站货运管理组织机构

铁路货场作为铁路运输企业的营业窗口，完善经营机制，优化运力配置，改善服务环境，提高管理水平，不但是铁路运输企业适应市场经济发展的内在要求，也是社会的强烈需要、货主的迫切愿望。为了充分发挥铁路货场的功能，为货主提供安全、迅速、经济、便利的服务。铁路车站货场必须建立有效的内部生产管理机构。

货场营业部（货装车间）由经理负责，设安全技术员、货运计划员、货运核算员、货装值班员、货运调度员、货运员（内外勤）、货运安全员、计量检测员（称重）、装卸工等。

（四）车站货运管理细则

为进一步规范和强化货运基础管理，明确和协调货场内各种工作关系，确保货运安全生产，根据《铁路货物运输管理规则》（以下简称《管规》）的规定，车站（车务段）应根据实际情况编制《车站货运管理细则》。

《车站货运管理细则》应包括以下内容：

1. 总　则

《车站货运管理细则》的编制、运用范围、解释与修改、实施时间。

2. 车站货场概况

（1）货场位置、占地面积、作业性质、设计能力、实际运量（年度）、主要货物品类。

（2）货区、货位的数量、面积、分布及分工，各种货运设备、装卸机具、消防设施的数量、分布及能力（包括货场、专用线等平面图）。

（3）办理营业范围。

（4）货场、专用线平面图。

3. 货运、装卸组织系统

（1）货运组织机构和指挥系统。

（2）装卸组织机构和指挥系统。

（3）货运车间职责。

（4）装卸车间职责。

（5）货运人员配备和分工。

（6）装卸人员配备和分工。

4. 货运计划管理

（1）整车、批量、集装箱运输计划编制方法、步骤，计划的受理与审批制度。

（2）装卸车方案、日班计划的编制、审核与执行。

（3）直达（班列）及成组装车的组织。

5. 货场基本作业管理制度

上述所列举的基本作业管理制度等。

6. 货场单项管理办法

单项管理办法包括安全、防火、设备、规章、文电、业务教育、计算机、篷布、军运、票据、施封用具、上水、货车洗刷除污、专用线、竞赛奖励以及其他需要单独明确的办法。

7. 各工种岗位责任制

货场内各相关工种的岗位责任制，如货运主任岗位责任制、货装值班员岗位责任制、货运员岗位责任制等。

8. 各项作业基本程序、内容和质量标准

货运作业标准，如《铁路货物运输服务质量标准》《铁路运输货物堆码标准》《铁路车站货运作业》（整车、专用线、货检）、《铁路货物装载加固技术要求》《铁路车站集装箱货运作业标准》《铁路货运事故处理作业》《铁路车站货车篷布运用管理作业标准》；货运技能标准，如中华人民共和国国家职业标准《货运值班员》《货运员》等；铁路局集团公司各项

作业标准，如《鲜活易腐货物运输作业标准》《危险货物运输作业标准》《铁路车站货场门卫巡守作业标准》等。

9. 检查及考核办法

制订安全生产、生产竞赛、日常考核办法，以及建立奖惩、奖励制度。

10. 附　件

其他相关文件，如《货装职工守则》《关于严禁以车以票谋私的规定》《路风建设管理办法》《货运职工道德规定》等。

三、任务实施

【实训项目】

介绍货场概况。

【实训目标】

增强对货场的感性认识和理性认识。

【实训内容与要求】

通过网上浏览图片、视频、文字等资料或选择附近的车站货场进行参观等方式完成对货场概况的介绍。

【成果与检测】

① 完成简要书面报告；② 由教师根据分析报告评估打分。

四、拓展训练

对比不同同学的货场概况介绍，改进自己的货场介绍。

知识点 2　货场的分类和配置

一、学习目标

掌握货场的分类及货场配置的类型，能正确划分货场的种类，判定货场的布置类型。

二、知识引导

（一）货场分类

货场按办理货物品类不同，可分为综合性货场和专业性货场。

1. 综合性货场

综合性货场是指办理整车、批量、集装箱两种以上运输种类及多种品类货物作业的货场。

综合性货场根据年办理货运量分为大、中、小型货场。大型货场年货运量 100 万 t 以上；中型货场年货运量 30 万 t 以上未满 100 万 t；小型货场年货运量不满 30 万 t。

2. 专业性货场

专业性货场是指专门办理单项运输种类或单一货物品类的货场，有整车货场、危险品货场、粗杂品货场、集装箱场等。

专业性货场的设置应根据货物性质及业务繁简、设备条件等实际情况确定。

货运量大、发到货物品类多的车站，为避免作业过于集中和便于管理，可分设几个货场。当在同一车站设有多个货场时，各货场间可按货物运输种类或办理货物的品类、方向进行合理分工。

（二）货场配置

货场配置类型基本上可分为尽端式、通过式和混合式 3 种。

1. 尽端式货场

尽端式货场是由一组以上尽头式装卸线组成的货场。其装卸线一端连接车站的站线，另一端是设置车挡的终端，如图 2-1 所示。

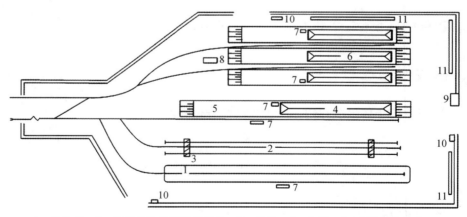

1—货物线；2—笨重货物及集装箱场地；3—门吊；4—仓库；5—普通货物站台；
6—雨棚；7—货运员办公室；8—货运办公室；9—货运营业室；
10—门卫室；11—货场其他办公用房。

图 2-1 尽端式货场布置

此类货场的优点：布局紧凑，货场线路和通道都较短，车辆取送和货物搬运距离相对较短；线路呈扇形分布，线路与通道交叉少，因而进出货的搬运车辆和取送车作业干扰少，有利于作业安全；运量增加时，货场扩建比较方便。

其缺点：车辆取送作业只能在货场一端进行，使作业车辆的取送受到较大限制；取送车作业与装卸作业有干扰。

2. 通过式货场

通过式货场是由一组以上贯通两端的装卸线组成的货场，其装卸线两端均连接车站站线，如图 2-2 所示。

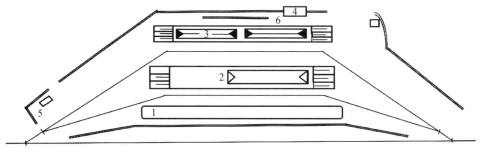

1—堆放场；2—雨棚、站台；3—仓库；4—货运办公室；
5—门卫室；6—其他办公用房。

图 2-2　通过式货场布置

通过式货场的优点：货场两端均可进行取送车作业，这对无配置调车机的中间站，利用本务机车取送时，上、下行方向均可作业，十分方便；取送车与装卸作业干扰少；利于办理成组、整列的装卸作业。

通过式货场的缺点：货场线路较长，建设投资相对较大；取送零星车辆时走行距离较长；货场通道和装卸线交叉较多，取送车与搬运作业易产生干扰。

3. 混合式货场

混合式货场是根据办理货物的种类、作业方法，将装卸线一部分修成尽端式，一部分修成通过式，所以混合式货场同时具有尽端式货场与通过式货场的优、缺点。混合式货场如图 2-3 所示。

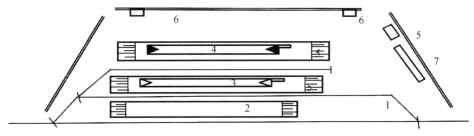

1—堆放场；2—站台；3—雨棚；4—仓库；5—货运办公室；
6—门卫室；7—其他办公用房。

图 2-3　混合式货场布置

对混合式货场的布局和使用，应根据货物品类和运量大小来确定。一般地，对运量较小的货物，在尽端式装卸线作业；对较大运量的货物，在通过式装卸线作业。

三、任务实施

【实训项目】

绘制货场布置图。

【实训目标】

① 熟悉货场各类设施的配置；② 能根据货场配置图了解其作业特点。

【实训内容与要求】

绘制本地货场的布置图。

【成果与检测】

① 完成货场布置图；② 由教师根据布置图完成情况评估打分。

四、拓展训练

根据所绘制的布置图分析该货场的业务类型。

学习子情境 2.2　货场设备管理

扫码下载
2.2 节 PPT

📖 **任务描述**

你是某铁路局集团公司货场的实习生，师傅在带你熟悉货场的各类设备，并要求你：
（1）了解不同设备的管理方法。
（2）进行设备需要量的计算。

PPT 讲解视频
货场设备管理

知识点 1　货场设备认知

一、学习目标

熟悉货场的基本设备，能根据设施设备名称找到相应位置。

二、知识引导

铁路货运场站功能包括基本功能、增值功能和配套功能3类。

基本功能主要包括：货物到发、中转、装卸搬运、暂存、信息服务和安全检测监控等。

增值功能主要包括：仓储、堆存、配送、联运、储运包装、销售包装、流通加工、运输代理、物流咨询与方案设计、市场交易、贸易代理、商品展示、金融物流、专业物流定制服务、设施设备租赁、物流培训和清关报关、保税等。

配套功能主要包括：工商税务、银行、海关、检验检疫、后勤服务、维修服务等。

铁路货场应具备全部基本功能，根据市场需求和实际条件选择设置增值功能和配套功能。

铁路货运设备应能保证实现铁路货运场站功能。为了加强货运设备管理，车站要设专职或兼职人员管理货运设备。

（一）主要货运设备

（1）场库设备，包括货物仓库及雨棚、各种货物站台、低货位、高架线、各种滑坡仓与漏斗仓。

（2）装卸线。

（3）装卸机械、索具集装化用具等。

（4）信息系统及设备，如电话、铁路内网、互联网、门禁系统、无线通信网络等。

（5）视频监控和计量安全检测设备，如视频监控设备、电子汽车衡、台秤、车号识别器、轨道衡、超偏载检测装置、超限检测仪等。

（6）动力设施、充电间。

（7）维修设施。

（8）房舍，如货运营业厅、货运员办公室、门卫室、值班室、工间休息室、工具室、生活设施、环保设施存放间等。

（9）货物照明设备及通风采暖设备。

（10）消防设施，如消火栓、灭火器、避雷设备、报警设备等。

（二）货运设备的编号

1. 货　场

一个车站只有一个货场时，即以站名命名；有两个以上货场时，以车站为中心按方位命名，如东货场、南货场等。

2. 货物线

一般以车站线路为基准向外顺序编号，如货1、货2；如果划分货区的货场，可按货区再具体划分，如散1、散2等。

3. 货物站台

以邻近线路名称命名，如货 1 站台。当一股线路上有两座以上站台时，应按顺序编排，如货 5 一号站台、货 5 二号站台等。

4. 货物仓库及雨棚

按顺序以数字编号，如 1 号货棚、2 号库。也可按运输种类或用途顺序编号，如整车到达 1 号库、整车到达 2 号库等。

5. 货　位

一般用 3 位数字表示，如 508 货位中 5 为线路编号，08 为货位编号。以单、双号区别一侧。

三、任务实施

【实训项目】

货场设备编号。

【实训目标】

能对货场设备进行正确编号。

【实训内容与要求】

根据货场布置图或参观实际情况对货场设备进行编号。

【成果与检测】

① 完成绘制货场设备编号图；② 由教师根据分析报告与讨论表现评估打分。

四、拓展训练

某车站货场的货物主要为箱装、袋装货物和集装箱，请列出该货场需要的货运设备。

知识点 2　场库设备

一、学习目标

熟悉场库设备的分类和功能，能计算场库面积需要量和装卸线有效长度。

二、知识引导

（一）仓库和雨棚

1. 仓 库

仓库是为存放怕受自然条件影响的货物、危险货物和贵重货物而修建在普通站台上的封闭式建筑物（见图2-4）。

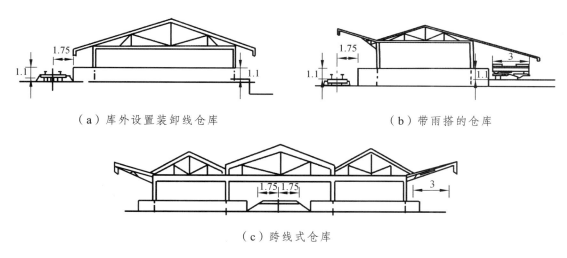

（a）库外设置装卸线仓库　　　　　　　　（b）带雨搭的仓库

（c）跨线式仓库

图2-4　仓库示意图（单位：m）

仓库一般设计成库外布置装卸线路。但在雨雪多、风沙大、气候严寒的地区，作业量大时，也可设计为跨线仓库。其优点是货车在库内作业，不仅改善了装卸工人的劳动条件，还可保证雨雪天不中断作业，避免货物遭受湿损。

2. 雨 棚

雨棚是为避免货物受自然条件影响而修建在普通站台上的带有顶棚的建筑物。雨棚主要用于存放怕湿、怕晒货物。在多雨雪地区，作业量大的货物可根据需要采用跨线雨棚。

3. 雨 搭

雨搭是仓库、雨棚的辅助防雨设备。为避免货物在装卸和搬运作业时遭受湿损，雨搭一般应伸至站台边缘。多雨地区且作业繁忙的，装卸线一侧雨搭可伸至线路中心线以远；搬运站台一侧的雨搭一般应伸出站台边缘3 m为宜。

（二）货物站台

货物站台是为了便于装卸车作业，主要用以存放不受自然条件影响的货物而修建的建筑物。货物站台按其结构及高度可分为普通站台和高站台两种。

1. 普通站台

普通货物站台是指站台面距轨面高度 1.1 m 的站台。

普通货物站台按其与装卸线的配置形式可分为：侧式站台和尽端式站台。

尽端式站台通常用来装卸能自行移动的带轮子货物，如汽车、坦克、拖拉机等。

尽端式站台可以单独设置，也可以与普通货物站台合并设置，如图 2-5 所示。

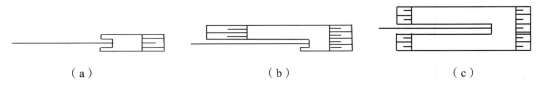

（a） （b） （c）

图 2-5　尽端式站台

2. 高站台

凡站台面距轨面的高度大于 1.1 m 的站台，统称为高站台。它有利于散堆装货物及不易破碎的小型货物装入敞车的作业，可以节省劳力并加速货物的装车作业速度。高站台分平顶式、滑坡式和跨线漏斗式 3 种（后两种一般在企业内采用），如图 2-6 所示。

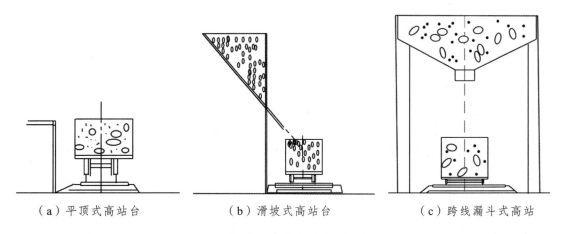

（a）平顶式高站台　　　　（b）滑坡式高站台　　　　（c）跨线漏斗式高站

图 2-6　高站台示意图

（三）堆放场

堆放场是主要用来装卸并短期存放煤炭、砂石、木材等散堆装货物、长大笨重货物的场所。按其与装卸线的水平位置分为平货位和低货位两种。

1. 平货位堆放场

平货位堆放场即一般常见的堆放场。地面用块石、沥青或混凝土筑成，地面与路基相平，如图 2-7 所示。

2. 低货位堆放场

货物堆放场的地面低于线路路肩的，称为低货位堆放场，即低货位。低货位适用于散堆装货物的卸车作业。利用低货位卸车，可以减轻劳动强度，提高劳动效率，如图 2-8 所示。

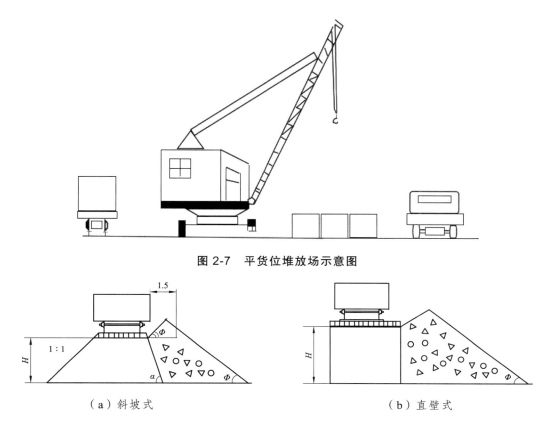

图 2-7　平货位堆放场示意图

（a）斜坡式　　　　　　　　　　　（b）直壁式

图 2-8　低货位示意图（单位：m）

（四）场库设备能力的计算

1. 场库面积需要量计算

场库的面积，分有效面积和辅助面积两部分。有效面积是指直接用于堆放货物的面积；辅助面积是指用以搬运、装卸和检查货物的走行通道、货位间隔以及设置衡器等所需要的面积。场库面积可按式（2-1）计算其需要量（F）：

$$F=\frac{Q\cdot\alpha\cdot T}{365P}\quad（m^2）\tag{2-1}$$

式中　Q——仓库、雨棚、货物站台或堆货场年度货运量，t；

　　　α——货物发送或到达的月度不均衡系数，大、中型货场一般可采用 1.2 ~ 1.3，小型货场一般可采用 1.5 ~ 2.0，季节性特别显著和有特殊情况的货场按实际情况计算；

　　　T——货物保管期限，以昼夜计，一般可采用表 2-1 的数值；

P——仓库、雨棚、货物站台或堆货场单位面积堆货量，t/m²，一般可采用表 2-1 的数值。

表 2-1　货场设备使用面积计算中的有关技术参数

货运设备名称	单位面积堆货量 P/(t/m²)	货物保管期间 T/d	
		发送前	到达后
整车仓库	0.50	2	3
危险货物仓库	0.50	2	3
混合仓库	0.30	2	3
货物站台	0.40	2	3
笨重货物堆货场	1.00	2	4
散堆装货物堆货场	1.00	2	3

2. 装卸线有效长的确定

装卸线是指办理各类货物装卸车作业用的线路。货场装卸线有效长度应同时满足取送车和货位容量要求。

（1）平均一次来车需要的长度 $L_铁$ 可按式（2-2）计算：

$$L_铁 = \frac{Q \cdot \alpha \cdot l}{365q \cdot c} \quad （m） \tag{2-2}$$

式中　Q——年度货运量，t；

α——月度货物发送或到达不均衡系数；

l——货车平均长度，m，采用 14 m；

q——货车平均净载重，t；

c——每昼夜取送车次数。

（2）存放货物需要的场地长度 $L_货$ 可按式（2-3）计算：

$$L_货 = \frac{F}{d} = \frac{Q \cdot \alpha \cdot t}{365P \cdot d} \quad （m） \tag{2-3}$$

式中　F——存放货物需要的面积，m²；

d——货物装卸线一侧或两侧货位的总宽度，m。

按式（2-2）、式（2-3）计算的结果，当两者较为接近时，取较大者；当两者相差较大时，则应做适当调整后确定。一般取 14 m（容纳 1 车）的整数倍。

直线型仓库有效长度一般容纳 10～15 车为宜，即 140～210 m。

3. 仓库、雨棚、站台、堆放场的宽度

仓库的宽度应根据货物运量、货物品类、作业性质、装卸机械类型、取送车组长度以及仓库结构确定。小型仓库、雨棚一般以 9～12 m 为宜，大中型仓库、雨棚不小于 15 m；库外

铁路线侧宽 4 m、站台边缘距线路中心线 1.75 m，汽车线一侧宽 3.5 m、汽车位宽 3 m。

普通货物露天站台宽度一般不小于 12 m。

平顶高站台，单面站台宽 12 ~ 18 m，双面站台宽 20 ~ 30 m。

堆放场货位宽，堆放长大笨重货物 6 m，散堆装货物 5 m（按 60 t 车计算）。

三、任务实施

【实训项目】

计算场库面积需要量。

【实训目标】

会计算场库面积需要量。

【实训内容与要求】

某货场拟新建一座整车发送仓库，其年度货运量统计为 800 000 t，其中有 40% 的运量在专用线发送，货场内直装比重为 5，场库需要多大面积？

【成果与检测】

① 完成计算题，要求计算过程完整；② 可与同学交流与讨论；③ 由教师根据成果评估打分。

四、拓展训练

某站煤的到达年货运量为 300 000 t，货车平均长度为 14 m，货车平均净载重为 61 t，煤昼夜取送车 2 次，货物装卸线采用两侧货位，堆放场总宽度为 24 m，要求：

（1）计算平均一次送车需要装卸线有效长度。

（2）计算堆放场的需要长度。

知识点 3　作业区和货位

一、学习目标

熟悉货区、货位管理方面的知识，能计算货位平均周转时间。

二、知识引导

（一）货物作业区管理

1. 货场作业区的划分

货运量较大的大、中型货场，根据装卸线路的分布、装卸机械的配备、货物运输种类、作业性质、货物品类等情况，把货场划分为若干区。如按货物运输种类分为整车、集装箱作业区。按办理种别分发送、到达、中转作业区。按货物品类分为成件包装货物、散堆装货物、粗杂品、笨重货物、危险货物、鲜活货物作业区。也有按东、南、西、北、中方位分区的。每个货区设一名货装值班员，负责该货区管理及货运组织工作。货场作业区划分时，还应考虑下列因素：

（1）货物性质。不同性质的货物对设备要求不同。包装货物一般属贵重、怕湿货物，应存放在仓库和雨棚内。堆装货物属不贵重、不怕湿货物，应存放在露天堆货场。笨重货物和集装箱货物，需用起重机械装卸，可集中在一个作业区，避免起重机械远距离地走动，提高起重设备的运用效率。鲜活货物需要上水，应集中在有上水设备的线路上。

（2）货物流向。在有几个方向的枢纽站及有两个以上货场时，可按方向划分货场作业。在批量发送量大的货场可按上、下行分库，同一去向货物不要分开。

（3）运输方式。不同的运输方式，对作业区的划分有不同的要求。整车货物要求按货物性质分区。

（4）减少取送车次数和有利于双重作业。

（5）有利于货物进出和搬运作业，对大宗货物和笨重货物应固定在道路平坦和搬运距离较近的地方，同时要考虑与取送车作业不相干扰。

货场分区的目的在于合理运用货场设备，保证货物安全，便于取送车和搬运作业，促进货区、仓库、线路的专业化，使职工熟悉业务、加强责任心、提高工作质量，加快货物运输和车辆周转。

2. 货场作业区和装卸线的固定

货场作业区和装卸线的固定就是固定作业区和装卸线的使用范围。货场作业区和装卸线固定有以下优点：

（1）作业地点固定，任务明确，互不干扰。

（2）工作专业化，便于提高作业效率。

（3）便于固定装卸机械的使用。

（4）便于实施计划管理和贯彻岗位责任制。

（二）货位管理

货位是场库在装车前和卸车后暂时存放一辆货车装载的货物或集结一个到站或方向的货物所需要的面积。正确地划分和合理地使用货位，直接关系货场作业能力的大小。

1. 货位划分和标记

货位的划分是根据货场的具体条件因地制宜地划分。整车货位原则上要求能容纳一车的货物，其面积为 80~100 m²，每个货位宽度为 6~8 m。集装箱货位适当增大。

货位的标记方法。整车货物货位一律采用号码制，即仓库、站台和堆货场分别按照顺序编号。货位标记应标在货位明显处，使工作人员容易看到。标记的方法：可用油漆写在墙壁上，也可以用木牌或金属牌悬挂在铁丝上或钉在枕木头上。

2. 货位的使用和掌握

货位的布局与线路的配列形式，通常有平行式和垂直式两种。平行式的配列，即货位长的一边与线路平行，一般在堆货场中划分货位时采用；垂直式的配列，即货位长的一边与线路垂直，短的一边与线路平行，一辆车长内可有几个货位，一般适用于仓库、雨棚、站台划分货位时采用。

在同一条线路上，装车和卸车货位的使用要有利于卸后车辆的利用，提高双重作业比重；有利于人身、货物、设备安全，便于装卸作业和取送车作业；有利于提高调车作业效率，按方案组织成组挂线装车。其使用形式有以下几种，如图 2-9 所示。

（1）一线两侧装卸货位。线路一侧为装车货位，另一侧为卸车货位。其优点是一批作业车数多，便于双重作业，进出货不干扰。适用于运量大且发、到量相等的车站。

（2）一线装卸间隔货位。在一条装卸线上，装车与卸车货位间隔固定。其优点是便于双重作业，卸后利用时，车辆移动距离短。缺点是调送车辆需拉开空当，进出货相互干扰。适用运量小、装卸少、线路一侧有货位且无调车机的车站。

（3）一线装卸混合货位。在一条线上，一半为装车货位，一半卸车货位。优点是卸后利用时调车行程短。缺点是一次送入作业车数少，不适合大组车作业。适用于一批作业车不多又无调车机的车站。

（4）一侧装卸平列货位。在线路的一侧外面是装车货位，里面是卸车货位。优点是一次作业车数多，卸后无须调动车辆就可直接装车。缺点是装车搬运距离长，进出货相互干扰。适用于受地形限制、线路不多、一侧地面宽度较大的山区站。

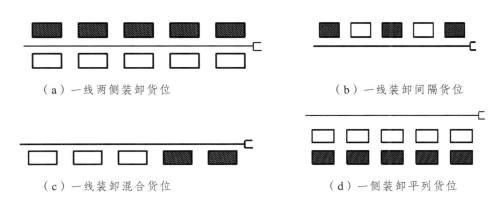

（a）一线两侧装卸货位　　　　　　　　　　（b）一线装卸间隔货位

（c）一线装卸混合货位　　　　　　　　　　（d）一侧装卸平列货位

图 2-9　货位配置

货场内的进货、装卸和取送车作业，都是根据货位占用情况编制计划的。因此，货位的占用情况必须掌握。货位的占用情况，由车站货调或货装值班员掌握。准确地掌握货位的占用情况，有助于正确指挥货场进出货、装卸车和取送车作业。

3. 货位占用周转时间的计算

货位占用周转时间是指货位第一次被占用时起，至该次被占用完了（即货位完全腾空）时止的一段时间。它是衡量货位利用效率的主要指标，货位占用周转时间短，表示货位周转快、运用效率高。

货位占用周转时间（$T_货$）的计算有以下两种方法：

（1）累积计算法。

累积计算法是以一定时期内发送及到达货物占用货位的总时间（按货位分别统计，单位为 h）除以该时期的装车与出货车数之和。即

$$T_货 = \frac{T_发 + T_到}{V_装 + V_出} \times \frac{1}{24} \tag{2-4}$$

式中　$T_发$——一定时期内发送货物占货位总时间，h；

　　　$T_到$——一定时期内到达货物占用货位总时间，h；

　　　$V_装$——一定时期内的装车数；

　　　$V_出$——一定时期内的出货车数。

这种方法准确，但需进行细致的统计工作，使用上不方便，一般不采取，只是在查标时采用。

（2）近似计算法。

不按货位分别统计，每天只在 6:00 和 18:00 分别统计一次重货位数。其计算方法：

$$T_货 = \frac{早 6:00 重货位数 + 晚 18:00 重货位数}{2 \times (V_装 + V_出)}$$

（　　　　　　2　　　　　　-　　　　　5　　　　　　）

式中　$V_装$——当日装车数；

　　　$V_出$——当日搬出车数。

在车站日常统计工作中，只统计整车到达货物货位占用周转时间，发送货物货位占用周转时间不统计。这是因为发送货物占用货位的时间车站可以控制。整车到达货物货位占用周转时间可按下式计算：

$$到达整车货物平均占用货位时间 = \frac{早 6:00 到达货物占用货位数 + 18:00 到达货物占用货位数}{2 \times 当日货物搬出}$$

这种方法的优点是统计方便，缺点是不够准确，对长期占用的货位不能反映出来，应用统计表或货位示意图重点加以掌握。

三、任务实施

【实训项目】

计算货位平均周转时间。

【实训目标】

会计算货位平均周转时间。

【实训内容与要求】

某货场 4 月上旬货位使用情况如表 2-2 所示。

表 2-2　4 月上旬货位使用情况

日期	重货位数		装车数	出货车数
	6 点	18 点		
1	76	68	22	18
2	64	50	16	15
3	69	81	20	24
4	83	57	18	13
5	78	65	22	22
6	72	45	24	18
7	86	56	16	20
8	62	60	15	20
9	80	50	18	16
10	70	68	19	14

该货场共有货位 100 个，货位有效利用系数为 80%，每昼夜直装直卸不占用货位平均车数为 5 车，请计算 4 月上旬该货场货位平均周转时间。

【成果与检测】

① 完成计算题，要求计算过程完整；② 可与同学交流与讨论；③ 由教师根据成果评估打分。

四、拓展训练

计算表 2-2 所列货场的货位能力。

知识点 4　装卸机械

一、学习目标

了解货场和专用线装卸机械的功能，能够根据货物特点挑选合适的装卸机械。

二、知识引导

装卸作业是货物运输过程的重要组成部分。装卸作业的机械化，是完成装卸作业任务的重要手段。合理配置装卸机械，做好装卸机械的"管、修、用"，对提高货场装卸能力和装卸效率，减轻劳动强度，保证货物安全，加速车辆周转有着极重要的作用。

（一）装卸机械分类

装卸机械根据技术特征和使用特点可分为以下两类。

1. 间歇作业的装卸机械

间歇作业的装卸机械常见的有：手推车、叉式车、铲车、门式起重机、轨道起重机、桥式起重机、轮胎起重机、履带式起重机、汽车起重机等，如图 2-10、图 2-11 所示。

图 2-10　叉车

（a）桥式起重机

（b）门式起重机

（c）汽车起重机　　　　　　　　　　（d）门座式起重机

图 2-11　起重机械

2．连续作业的装卸机械

连续作业的装卸机械能不间断地进行装卸作业。常见的有斗式联合卸煤机、螺旋卸煤机、装砂机、皮带运输机等，如图 2-12 所示。

（二）包装货物的装卸机械

包装货物品种繁多，如家电产品、日用百货、食品、五金类等。这类货物一般价值高，对装卸搬运的质量要求高，具有大小形状不同、单件质量不大的特点。装卸作业一般在仓库、雨棚、货物站台及棚车内进行。根据这些特点，广泛采用叉式车作为装卸包装货物的机械。

图 2-12　输送设备

叉式车种类多，按起重能力可分为：0.5 t，1 t，1.5 t，…，55 t；按动力不同可分为电瓶式叉车（具有操作简便、无杂音、无污染的特点，但每天需充电，对作业路面要求平坦）、内燃式叉车（具有起升、走行速度快，不需充电的特点，利用率相对较高，但操作复杂、杂音大、污染作业环境）。

（三）长大笨重货物装卸机械

长大笨重货物一般单件货物质量、体积比较大，如大型机电产品、铸件、混凝土构件及成捆原木等，因而对装卸机械的要求应坚固、稳定、起重能力大，并配备必要的索具，以扩大作业范围，做到一机多能，提高机械使用效率。

目前货场采用的长大笨重货物装卸机械一般有门式起重机、桥式起重机等。运量较小的货场，则采用轮胎式起重机、汽车式起重机等。

（四）散堆装货物装卸机械

散堆装货物运输在铁路总运量中占有很大比重。对散堆装货物的装卸利用机械作业具有现实意义。

在专用线、专用铁路内的散堆装货物的装卸，大量采用漏斗仓、滑坡仓。部分车站，砂、石一般采用装砂机，煤炭用各式卸煤机。

三、任务实施

【实训项目】

装卸设备选择。

【实训目标】

① 能正确认知各种装卸设备的用途；② 根据货物的特点分析评价设备选择情况。

【实训内容与要求】

认知设备实物，参观就近货场，并找出其中的装卸设备。

【成果与检测】

① 完成简要书面分析报告；② 课后在班级组织一次交流与讨论；③ 由教师根据分析报告与讨论表现评估打分。

四、拓展训练

你实习的车站货场运输的货物主要为箱装、袋装货物和集装箱，请根据以上信息，为该货场配置装卸设备。

学习子情境 2.3　货场作业管理

扫码下载
2.3 节 PPT

📱 任务描述

你是某铁路局集团公司货场实习生，在对货场设备熟悉之后，师傅带你熟悉货场作业。师傅要求你学习一段时间后，能够根据货场设备现状，提出切实可行的提高货场作业能力的方法。

知识点 1　货场作业

PPT 讲解视频
货场作业管理

一、学习目标

了解货场作业的内容，熟悉货场作业基本管理制度。

二、知识引导

（一）货场作业内容

货场作业主要由货场内部作业、取送车作业、进出货搬运作业三方面组成。

1. 货场内部作业

发送的货物，由托运人向铁路提出运货要求，车站货场提供各种发送运输服务，除开始由托运人参与完成的货物交接工作外，从验货检斤、制票结算到装车完毕，均为货场内部作业。到达货物，从车辆送到卸货地点开始，组织卸车，为收货人提供各种到达服务，直至货物交付完毕，均为货场内部作业。中转货物的中转组织工作，均为货场内部作业。

货场内部作业由货运、装卸及提供运输服务的单位共同来完成。货场内部作业，应在认真执行铁路货物运输规章制度的前提下，有效地利用各种设备、工具经济合理使用货车，不断改进劳动组织。不仅应为托运人、收货人提供优质服务，而且应从铁路生产特点和高效要求出发，加强货运组织。比如组织成组挂线装车，组织开行"五定"班列，以不断提高铁路运输效率和效益。

加强各环节间的内部衔接，实行一个窗口办理、一次收取费用、一张支票结算。开办货运信息服务项目，利用电话、电传、计算机网络等现代化手段，为货主提供进货、到货、运费等信息咨询。

2. 取送车作业

对货场作业车辆的及时、均衡取送是保证货场均衡作业、提高货场能力的重要保证，取送车作业由货运、运转部门共同配合、共同完成。车站应根据货场作业量和装卸能力及调车机取送能力的大小，制订货场取送车作业制度。货运、装卸部门应保证在计划时间内，完成装卸车工作（含关好车门，保证货位距离）。特别对按列车编组计划和日班计划确定的挂线装车，应重点掌握，保证按时装车完毕。运转部门应做到按时、按量取送车辆对好货位。为了保证货场内交接班后立即可以作业，上一个班交班前应向货场内送好待装、待卸的"基础车"。

3. 进出货搬运作业

做好货场进出货搬运工作，对保证发送货物及时装车、保证货物畅通有重要意义。铁路开展运输全过程服务，即把货物从托运人的仓库运抵收货人指定的接收（存放）地点的全过程的服务，货场的进出货作业是完成铁路货物运输产品的重要组成部分。从这一概念出发，进出货作业的完成，不仅由托送人、收货人的交通运输工具及交通运输部门的各种工具车辆来完成，而且铁路货场也应积极参与进出货作业。通过接取送达、送货上门等方式，为托运人、收货人提供全方位的服务，满足货主"人在家中坐、收发全国货"的需求。

（二）货场作业基本管理制度

货场是铁路与托运人、收货人、短途搬运部门联系的"窗口"。为保证货场工作有秩序地进行，经济合理地利用货运设备，加速车、货周转，必须结合货场设备、作业性质、运量和货场定员等具体情况建立健全各种作业管理制度，使规章规定落实到每一部门、每一工种和每一职工，使整个货场工作协调而有秩序地进行。主要基本作业管理制度如下：

1. 货装分工负责制

装卸车作业是铁路货运工作的主要生产环节，是由货运员、装卸工组共同完成的。为了保证货运质量，提高效率，必须建立装卸车作业中的货运员、装卸工组的分工负责制。货运员应按货运规章的规定进行监装卸；装卸工组在货运员的指导下进行装卸作业，保证货物装卸质量，提高作业效率。

2. 包区、包库或包线负责制

货场内的货区、仓库或作业线路，实行货运员包保负责制，做到分工清楚，责任明确，保证货物安全。货运员对负责包保的区、库、线，应做到：

（1）掌握线路内作业车停留及货位使用情况。

（2）货场内做好监督装卸工作，专业线内做好装卸指导工作。

（3）认真执行规章制度，保证货物安全。

（4）认真填记有关表、簿，编制记录。

3. 运输票据、货物检查交接制

交接检查是货运部门工作的基本内容之一。各种运输票据在各作业环节中的传递，应建立登记簿进行签字交接。对货物（车）在承运、装车、卸车、保管、交付以及在中转作业中各作业班组间，都应认真核对，办理签证交接。企业与铁路之间也应按规定办理交接。交接检查制的目的，是为了划清双方责任界限，保证货物安全。

4. 货物堆码、货位管理制

为了保证货物安全和调车作业安全，便于货物的清点交接，货场内的货物堆码应符合货物堆码标准及有关规定。货物堆码要做到稳固整齐。整车货物要定型堆码，保持一定高度，危险货物要按《危险货物运输规则》规定隔离存放。线路两侧堆放货物距钢轨头部外侧不得少于 1.5 m，站台上码放的货物距站台边缘不得少于 1 m。原货物堆码制还必须与货位管理制相结合，才能保证货物安全和良好的作业秩序。货位管理制要求：整车货物以一车货物占用一个货位为原则，不得一车货物占用两个货位，一车货物不得在线路两侧卸车，除了集中收货统一分配的货物外，不准把不同的货物混卸在一起。要全面掌握货位的运用情况，缩短货位周转时间。对长期积压待装的货物，应与有关部门及时联系，采取措施，及时装出或搬出，加快货位周转，保持货场畅通。

5. 取送车作业制

车站应做好日班装车作业计划和卸车预确报工作，并根据装卸作业、待装货物和货位情况，确定取送车计划，及时取送。送车要对准货位。装卸作业始末时间和取送车始末时间，均应有汇报和登记制度。

6. 站车交接检查制

为保证行车安全和货物安全，对运输中的货物（车）和运送票据，要进行交接检查。列车货运票据实行封票交接。由车站负责捆绑加封后，交予机车乘务员。机车乘务员负责将货运票据带到下一个编组站、区段站或到站，并保证票据完好。到站接车人员向机车乘务员办理交接，并填好交接记录。货物（车）检查，应在列车的始发站、终到站、货运检查站进行。货物（车）的检查工作，由货运检查员负责。

7. 保价运输管理制

车站应贯彻《中华人民共和国铁路法》，切实执行《铁路货物保价运输办法》，根据《铁路货物保价运输管理办法》建立保价运输管理制。由专人负责组织货运保价工作，完成保价收入任务。

8. 施封锁请领、发放、使用、保管制

车站应建立施封锁的领取、发放、使用和销毁制度，按封印号码进行登记，责任落实到个人。

9. 门卫、巡守、消防制

车站应明确门卫职责、巡守员职责，消防设施的设置、使用制度，确保货场安全。

10. 衡器使用、维修、保管制

车站应建立衡器的配备、使用、管理制度。

11. 统计分析制

车站对完成任务的情况应定时、定期进行统计分析，及时反馈相关信息以发挥其认识、指导监督作用。

三、任务实施

【实训项目】

编制提高货场作业能力方案。

【实训目标】

① 能综合确定货场作业能力；② 了解提高货场作业能力的措施。

【实训内容与要求】

选择附近的车站货场进行分析，利用网络、实地调研等办法综合确定货场的作业能力，并提出提高货场作业能力的措施。

【成果与检测】

① 完成简要书面分析报告；② 课后在班级组织一次交流与讨论；③ 由教师根据分析报告与讨论表现评估打分。

四、拓展训练

组织同学根据各自编写的方案进行讨论，得出书面报告一份。

知识点 2　货运日常工作组织

一、学习目标

了解货运日常工作组织的原则和各类工作组织内容，做好货运日常工作组织。

二、知识引导

根据国家有关运输方针政策及铁路运输组织原则，与运输调度及货运计划部门紧密衔接，通过装车工作组织、卸车工作组织、货运调度工作组织，努力挖潜提效，高质量、高标准地完成铁路运输生产经营计划和重点物资运输任务。

（一）货运日常工作组织的原则

（1）贯彻执行国家运输政策和铁路运输法律及规章制度。

（2）贯彻"统筹安排、保证重点"的方针，优先安排关系国民经济、国防需要和人民日常生活必需品等重点物资及重点企业、重点用户的物资运输。

（3）坚持运输集中统一指挥的原则。

（4）坚持"一卸、二排、三装"的运输组织原则。

（5）坚持计划运输、直达运输和均衡运输的原则。

（二）装车工作组织

1. 日常货源情况

各级货运日常工作部门负责掌握日常货源情况，包括：

（1）纳入"五定"班列和大宗货物直达列车的货物。

（2）月计划、旬计划、日计划。

（3）国铁集团、铁路局集团公司命令批准必须紧急装运的货物。

2. 建立货源核实制度

装车站、重点物资装车站、港口站和口岸站应根据具体情况，以各种方式进行货源核实。遇货源发生较大变化时，应及时逐级上报。

3. 装车组织

（1）积极挖掘货源、货流，最大限度地组织"五定"班列、大宗货物直达列车的开行。

（2）在均衡运输的基础上，本着"可远勿近、可多勿少、可整勿零"的原则，大力组织直达运输。

（3）严格使用车去向。按照国铁集团下达的定量交接数，安排发往通过限制区段的装车；按照使用车去向计划数，均衡组织到达各铁路局集团公司装车，尤其是到达主要钢厂、电厂、港口及联运出口货物的装车。

（4）充分考虑其他运输工具的衔接，装车为卸车创造条件。

（三）重点物资装车组织

1. 重点物资

重点物资指国家明确指定运输的物资和关系国计民生需紧急运输的各类物资。

（1）国家明确指令运输的煤炭、石油、粮食、棉花等能源和战略性物资及军用物资。

（2）防洪抗旱、抢险救灾、支农（化肥、农药）等急需运输的物资。

（3）铁路生产和建设急需的钢轨、轨枕、桥梁、道岔、建筑材料、机械设备等路用材料。

（4）国务院各部委和各省、自治区、直辖市政府提出的关系工农业生产和人民生活急需运输的各类物资。

（5）对外贸易急需运输的国际联运、进口、出口的物资。

（6）"五定"班列、大客户和国铁集团确定的跨局大宗直达货物。

（7）国铁集团临时指定运输的其他物资。

2. 日常装车组织要求

（1）对于列入月度货物运输计划（包括日常货运计划）的各类重点物资，日常工作中都要坚持"三优先"，即优先安排去向、优先安排空车、优先安排挂运，保证及时运输。除特殊情况或托运人原因外，要保质保量完成计划，不得欠装。

（2）对国铁集团下达的专项运输任务和必须运输的救灾物资，各级运输部门接到通知后，都要指定专人负责，主动与有关部门联系，落实货源，安排好装车日期和日历进度，保证按期完成。

（3）国铁集团下达的装车命令中指定装运的重点物资，各铁路局集团公司都要优先组织装运，按期装出。

3. 装车命令

对部分急需运输的物资，若需跨局的，国铁集团以装车命令下达有关铁路局集团公司。局管内的由铁路局集团公司以调度命令下达有关站段。

（1）国铁集团装车命令的办理依据为：跨铁路局集团公司运输的重点物资；铁路用料由归口单位提出的书面申请；国务院各部委，各省、直辖市、自治区政府有关部门的书面证明文件、电传文件、信函或领导书面批示。

（2）国铁集团装车命令的办理要求：

① 经办人在发布命令前，要依据清楚、手续齐全。

② 命令必须由国铁集团货工处长（副处长），调度处长（副处长）审核会签后，报请国

铁集团调度部主任（副主任）签发。

③ 经办人对所发出的每条命令，都要记载留存（留存时间按《铁路运输调度规则》规定办理）。

铁路局集团公司装车命令的依据、办理要求，由铁路局集团公司结合实际自定，报国铁集团备案。

（四）卸车工作组织

卸车是保证运输连续不断再生产的关键环节。货运日常组织工作中必须贯彻"一卸、二排、三装"的运输组织原则，以卸保排，以卸保装。

1. 有预见地安排卸车

（1）各铁路局集团公司间于每月 26 日前通过计算机传输相互交换次月卸车资料。铁路局集团公司、车务段、直属车站根据到卸资料，制订次月卸车安排和接卸措施。

（2）卸车量较大的车站，每月 5 日前要召开收货单位和地方运输部门会议，或采取其他方式落实卸车安排和接卸措施。每旬向装车站了解到达本站的装车安排。装车站应及时提供有关资料。

（3）同一车站同日装车，到达同一到站、同一收货人的货物达到 50 车以上时，发站在装车前应及时电告到站，以做好接卸准备。

（4）开行"五定"班列的车站，"五定"班列始发后应及时将车次、发车时刻、编组内容等通过调度逐级上报，同时电告有关铁路局集团公司和卸车站。

2. 卸车站的组织

（1）根据到卸资料及厂矿港口专用线、专用铁道技术作业过程查定的有效作业时间，确定每日卸车计划，制订取送车作业方案，做到快取快送，压缩待取待送时间，加速车辆周转。

（2）对专用线及车站内由收货单位自行卸车的货物，车站接到预报后，要及时通知收货单位做好卸车准备。

（3）密切与收货单位和地方运输部门的协作，组织好地方搬运工作，做到随到随卸，随卸随搬，及时腾空货位，防止货物堵塞。

（4）加强夜间卸车组织，夜间卸车比重要达到 45% 以上。

3. 大点车的掌握

大点车系指在站停留超过 48 h 的待卸车。车站应按 18:00 待卸车分析表填记大点车的积压日期和时间，并建立台账，注明未卸原因，提出处理意见。铁路局集团公司对待卸车超过 48 h 的大点车，按 18:00 大点车待卸车报告（运货 8）逐日登记，并报国铁集团货运调度。

4. 停装或限装

由于重车积压卸车困难，要求发站必须停装或限装时，可采取限制装车、停止装车的措施。

（1）采取限制装车、停止装车的情况：

① 装车数超过区段通过能力和编组站作业能力时。

② 装车数超过卸车地的卸车能力时。

③ 因自然灾害、发生事故、线路、轮渡封闭中断行车时。

④ 因其他原因发生车辆积压或堵塞时。

（2）申请程序：

① 卸车站要求发站停装和限装时，应说明原因和要求及具体时间，并标明是否为"五定"班列或大宗货物直达列车的卸车站，以"停限装请求报告"逐级上报。

② 各级货运调度收到"停限装请求报告"后，有关人员应及时处理。

③ 停装或限装必须以调度命令批准，逐级下达。

④ 车站接到停装或限装命令后，要及时将停限装的原因和具体时间通知发货单位。

（3）批准权限：

① 发站、到站为同一铁路局集团公司管内的停限装由铁路局集团公司批准。

② 发站、到站跨局的停限装由国铁集团批准；国际联运和出口的货物必须经国铁集团批准。"五定"班列、口岸站进口物资原则上不准停装，特殊情况必须停装时，须报国铁集团批准。铁路局集团公司报国铁集团的"停限装请求报告"，需由货工科长或调度所主任批准。

对已到达卸车站收货人拒卸的重车，车站应查明原因协调解决，未经国铁集团批准，任何单位不得原车退回发站。

（五）货运调度工作

1. 货运调度的基本任务

编制、执行货运日班计划，及时了解和掌握装、卸车及重点物资运输情况，组织货流车流紧密衔接，质量良好地完成装、卸车和重点物资运输任务。

调度等生产部门及站段负责旬日历装车方案的日常组织，努力确保装车兑现。

2. 货运调度员的工作

（1）认真掌握管内工作车去向。重点掌握 18:00 在站待发和在途运行的管内工作车的移动情况；对分界口接入管内重车，特别是整列重车，应及时向卸车站通报，并检查落实卸车准备工作。

（2）按阶段检查包括使用车在内的装车去向。对发往限制区段的去向必须严格掌握，不得任意超装。

（3）按阶段检查落实重点物资装运情况，掌握货源和空车来源，确保重点物资按计划完成。

（4）按阶段了解掌握主要厂矿、港口、口岸站的取送车、换装作业等情况，确保完成日班计划。

（5）必须紧急运输的军用、防洪、抢险、救灾、防疫、抗旱、排涝、抢种、抢收等货物，可不受日计划装车的限制，分别以铁路局集团公司、国铁集团调度命令批准后组织装运。无月度货物运输计划的，装车后要及时补办计划手续。

（6）各级货运调度人员负责电传、接收"停限装请求报告"。铁路局集团公司经运输处货工科长批准、国铁集团经运输局调度部货工处长批准，发布停限装调度命令。

（7）各级货运调度应及时、准确、清晰地发布有关调度命令、填记各种报表，按规定逐级上报，并对本班工作做出简要分析。

（六）货运日常工作分析与考核

货运日常工作分析与考核的基本任务：掌握历年运输生产任务完成情况、重点物资完成情况、本年度任务完成进度和当前关键任务的完成情况，找出问题，总结经验，提出建议，不断提高货运日常工作组织水平。

1. 货运日常工作分析内容

下列指标按阶段（旬、月、季、年）与计划及上年同期比较，总结好的做法，分析未完成原因，并按期报国铁集团。

（1）货物发送量（装车数、静载重）完成情况。

（2）使用车去向完成情况。

（3）分品类装车完成情况。

（4）装车命令指定装运的重点物资完成情况。

（5）口岸站进出口货物装卸车及主要品类完成情况。

（6）港口站装卸车及主要品类完成情况。

（7）应卸车完成情况。

（8）主要卸车站的卸车及停时完成情况。

（9）直达列车（"五定"班列、大宗货物直达、始发、阶梯直达）、成组装车完成情况。

（10）针对某一时期工作中关键问题的专题分析。

2. 货运日常工作考核内容

（1）装车计划兑现率 = (实际装车数/装车计划数)×100%。

（2）分品类装车兑现率 = (品类装车数/品类计划数)×100%。

（3）直达车比重 = (实际直达车数/实际装车数)×100%。

（4）重点物资装车命令兑现率 = (实际装车数/指定装车数)×100%。

（5）卸车兑现率 = (实际卸空车数/应卸车数)×100%。

（6）夜间卸车比重 = (6:00 实际卸空车数/应卸车数)×100%。

（7）待卸率 = (18:00 待卸车数/实际卸空车数)×100%。

3. 资料台账

各级货运日常组织部门应掌握和建立以下资料台账：

（1）装车资料。

（2）卸车资料。

（3）主要卸车站卸车能力资料。

（4）口岸站完成任务及能力资料。

（5）主要港口完成任务及能力资料。

（6）重点物资完成资料。

（7）某一时期重点专项任务完成资料。

三、任务实施

【实训项目】

撰写日常工作分析报告。

【实训目标】

① 能统计本旬、月、季、年的指标；② 能与计划及上年同期比较后，总结好的做法，分析未完成原因。

【实训内容与要求】

（1）根据所学，上网搜集相关数据信息，编制本旬（或月、季、年）的工作量完成情况。

（2）计算货运日常工作考核内容各数据。

（3）与计划及上年同期比较，总结好的做法，分析未完成原因。

【成果与检测】

① 完成简要书面分析报告；② 课后在班级组织一次交流与讨论；③ 由教师根据分析报告与讨论表现评估打分。

四、拓展训练

将实训项目做成一个报告提交。

学习子情境 2.4　专用线管理

扫码下载
2.4 节 PPT

📖 任务描述

你是某营业站的实习生，该营业站拥有专用线运输业务，现有一列装载散堆装货物需要运输，请按规定正确办理专用线交接作业。

知识点　专用线管理

PPT 讲解视频
专用线管理

一、学习目标

了解专用线管理基本知识，能合理组织铁路专用线运输。

二、知识引导

（一）专用线、专用铁路的概念

专用线是指厂矿企业自有的线路，与铁路营业网相衔接，并由铁路负责车辆取送作业的企业铁路。

专用铁路是指货运量较大的厂矿企业自有的线路，与铁路营业网相衔接，具有相应的运输组织管理系统，以自备机车动力办理车辆取送作业的专用线。

对专用线、专用铁路一般统称为专用线。

铁路车站应该配合厂矿企业做好专用线的运输组织和管理工作。凡货主在运单上指明到达专用线卸车，不得强制在货场或其他专用线卸车。凡货主未指定专用线卸车的，不得强制送往专用线。专用线装卸车时，铁路要加强交接检查，确保装载质量。

（二）专用线管理的基本要求

专用线运输是铁路运输的重要组成部分。专用线运输组织和安全管理要以《铁路专用线专用铁路管理办法》为依据，在站长的领导下统一进行。

车站专用线货运员和企业运输员（即企业办理运输的人员），均应经过铁路的专业培训，合格后持证上岗，并应保持人员的相对稳定。

专用线办理的货物运输品类，应符合《铁路专用线专用铁路名称表》的规定。需要变更时，需经铁路局集团公司批准，由国铁集团公布。在专用线内组织直达整零车运输，需经铁路局集团公司同意。专用线办理铁路集装箱的运输时，需经国铁集团批准。办理自备集装箱的运输时，按《铁路集装箱运输规则》和《铁路集装箱运输管理规则》的规定执行。

专用线内应有足够的装卸车能力，设有专人值班，做到随到随卸，随到随装。专用线货位要专用化，不得随意变更和挪用。

专用线管理的基本要求是：

① 要具有良好的技术设备和科学的管理方法，保证企业不间断的生产，装卸车作业昼夜不停地进行，而且能保证行车安全、车辆和货物的完整。

② 要以运输方案为中心编制统一技术作业过程，大力组织定点、定线、定编组内容的"三定"列车和成组装车。在编制运输方案时，不仅要考虑提高运输效率，而且要满足企业的生产需要。

③ 为保证专用线的安全，应建立健全必要的规章制度，使专用线逐步做到作业标准化、工作制度化、卫生清扫经常化、管理货场化，达到安全、整洁、畅通的基本要求。

④ 实行经济管理。铁路和专用线要划分经济责任，建立健全统计分析制度，做到日有统计、旬有分析、月有总结。

（三）专用线基本制度

1. 岗位责任制

车站与专用线产权单位分别对进入专用线工作的铁路调车人员、货运员和企业运输员、装卸工等制定岗位责任制，明确工作内容、分工和责任。

2. 分区、分线、分库使用制

股道较多、作业量大的专用线，可根据设备的特点和作业性质，实行划分货位、线路固定使用及仓库分库管理负责制。

3. 检查交接制

对在专用线内作业的货物、车辆、篷布等，路企双方必须制订检查交接制度，明确内容和责任。铁路和企业双方应正确填写货车调送单，按规定办理交接。

4. 预确报制度

车站与企业应制订预确报制度，双方指定专人负责。车站向企业通报装车计划、到货情况和取送车预确报。企业向车站通知装卸车完了时间。

5. 统计分析制度

各级铁路货运管理部门和人员，要认真编制和填写报表，建立设备和统计台账。铁路局集团公司在每年 1 月将上一年度的"专用线运用情况表"报国铁集团。

（四）专用线作业管理

1. 送车作业

车站应按企业使用车要求拨配状态良好的货车。车站在向专用线送车前，按协议规定时间，向专用线发出送车预、确报。内容包括：空、重车数，车种，货物品名，收货人，去向，编组顺序，送车时间。专用线接到预报后，应立即确定装、卸车地点，并做好接车准备。专用线运输员接到确报后，应及时打开门栏，提前到线路旁准备接车。货车送进后向调车人员指定停车位置，调车人员按其指定股道、货位停车。

货车送到后，企业应对货车上部设备进行检查，检查门、窗、底板、端侧板是否完好，门鼻、门搭扣是否齐全，车内是否干净，有无异味及回送洗刷、消毒标志等，确定是否适合所装货物。如不适用应采取改善措施，必要时，可向车站提出调换。

2. 装车作业

装车时，应充分利用货车的载重能力和容积，但不得超过货车容许载重量。货物的装载必须防止超载、偏载、集重、亏吨、倒塌、超限和途中坠落。

企业运输员要负责监装，向装车人员说明注意事项，随时检查装载加固是否符合规定。

装车后，企业运输员负责检查车门、窗、盖、阀是否关闭妥当，需要施封的货车按规定施封，需苫盖篷布的货物，按规定苫盖好篷布。填写装车登记簿，通知车站装车完毕时间。

3. 卸车作业

卸车时，企业运输员要向卸车人员说明注意事项，提示卸车重点，检查安全防护设施，并负责监卸。

卸车后，企业应负责将车辆清扫干净，需要洗刷、消毒、除污的应按规定及时处理，如有困难可向车站提出协助处理，费用由委托方承担。关好车门、窗、盖、阀。拆除车辆上的支柱、挡板、三角木、铁线等，恢复车辆原来状态。检查货物堆码状态及与线路的安全距离。卸下的篷布应检查是否完整良好，需晾晒的要晾晒，并按规定将铁路货车篷布送回车站指定地点。

企业运输员要正确填写卸车登记簿，通知车站卸车完了时间。

4. 专用线的交接

铁路专用线货运员会同企业运输员，在运输协议规定的地点，使用货车调送单按铁路规定办理交接。施封的货车凭封印交接；不施封的货车、棚车、冷藏车凭车门、窗关闭状态交接；敞车、平车、砂石车不苫盖篷布的，凭货物装载状态或规定标记交接；苫盖篷布的，凭篷布现状交接。

铁路货车篷布、企业自备篷布及需要回送的货车装备物品和加固装置，应在货车（物）交接的同时一并办理交接。上列物品，企业按有关规定或协议妥善保管或回送。上述物品丢失、短少、破损时，应于交接时向车站提出，由车站专用线货运员核实后，按规定编制记录。

专用线内装车的货物，车站发现有下列状况之一时，应加以改善，达到标准后接收：

（1）凭封印交接的货车，发现封印脱落、损坏、不符、印文不清或未按施封技术要求进行施封。

（2）凭现状交接的货物，发现货物装载加固状态或所做的标记有异状或有灭失、损坏痕迹。

（3）规定应苫盖篷布的货物而未苫盖、苫盖不严、使用破损篷布或篷布绳索捆绑不牢固。

（4）车门、车窗未关严（需要通风运输的货物除外），车门插销未插牢固。

（5）使用敞车、平车或砂石车装载的货物，违反《铁路货物装载加固规则》（以下简称《加规》）的要求。

（6）违反铁路规定的货车使用限制或特定区段装载限制。

（五）专用线共用

专用线共用（不包括专用铁路）是指在保证专用线产权单位运输需要和专用线既有设备能力富余的前提下，与其吸引范围内的单位，共同使用该专用线办理铁路货物发到业务。

开展专用线共用是为了缓解铁路货场能力不足，保证货场畅通，挖掘专用线潜力，满足国民经济发展的需要。必须遵循下列原则：

（1）凡铁路运营主业货场工作量不饱和的，不准办理专用线共用。

（2）应坚持自愿互利、有偿共用和就地、就近、方便货主的原则。

（3）专用线办理共用的货物品类和业务范围，原则上不应与其原设计时办理的内容有别。严格控制专用线办理危险货物，超限、超长和集重货物的共用。

在保证专用线产权单位运输的条件下，由共用单位、产权单位、车站3方签订共用协议。车站在签订协议前应征得铁路局集团公司的同意。专用线产权单位要向当地经贸委（经委、计经委、交委、交办）申报。临时性共用要签订临时共用协议。协议签订后，必须严格执行，各负其责，组织实施。

实行共用的专用线，车站与专用线产权单位、共用单位间取送车作业和货物（车）交接，同于专用线运输的各项要求。专用线共用管理要逐步走向货场化、规范化、制度化。

总之，组织专用线共用，可以提高专用线的使用效率，减少短途搬运的距离，既提高了运输效率，又减轻了货场负担，缓和了运量与运能之间的矛盾，从而更好地为企业服务。

榜样人物

三、任务实施

【实训项目】

编制运输协议。

【实训目标】

① 增强对专用线运输的认知；② 能编写专用线运输协议。

【实训内容与要求】

车站与其接轨的专用线（专用铁路）产权单位，于每年 12 月底以前，签订下年度专用线（专用铁路）运输协议。运输协议规定了铁路与厂矿企业双方的权利、义务和责任，是路企双方为保证质量良好地完成运输任务所应共同遵循的准则。运输协议的基本内容包括：设备状况，交接地点和方法，一次（批）作业车数，装卸作业时间，预确报制度，货车清扫、洗刷、消毒工作，运输生产安全措施及费用清算等。车站在与企业签订运输协议前应征得铁路局集团公司同意，站企双方签字盖章后生效，并报铁路局集团公司备案。

网上搜索相关资料，编制运输协议一份，货物名称等情况自拟。

【成果与检测】

① 完成简要书面分析报告；② 课后在班级组织一次交流与讨论；③ 由教师根据分析报告与讨论表现评估打分。

四、拓展训练

熟悉专用线运输内容，按规定模拟组织专用线货物运输。

学习情境三　普通条件货物运输

一、情境描述

作为一名某铁路局集团公司某车站货运员，在了解货物运输的基本知识后，需完成散堆装货物、成件货物及集装箱货物的运输组织过程。

二、素质目标

（1）培养学生严谨细致的工作态度，让学生理解普通条件运输货物发送、途中、到达各环节工作对保安全的重要意义。

（2）弘扬和传承最美铁路人劳动精神、工匠精神和奋斗精神，以薛胜利为标杆，以精湛技能和极致责任心，严守货物装载加固作业标准，筑牢货运运输安全意识。

（3）唤起学生参与国际联运集装箱业务知识学习热情，提升服务"一带一路"的民族的自信心、自尊心和民族自豪感。

三、知识目标

（1）掌握铁路货车选用的基本原则以及货车增载的相关规定。

（2）掌握铁路整车、零担、集装箱货物、快运货物运费及杂费计算规定。

（3）掌握铁路货运损失的定义及分类、铁路货运损失的处理流程及相关赔偿规定。

（4）掌握铁路货运装载加固材料的选择规定及常见货物的装载加固方法。

（5）掌握铁路整车货物的运输组织流程。

（6）掌握铁路集装箱货物的运输组织流程。

四、能力目标

（1）能根据货物性质合理选择车型。

（2）能正确计算铁路货物运费及杂费。

（3）能正确填写货运速报及货运记录。

（4）能正确组织整车货物运输。

（5）能正确计算国际联运集装箱货物运费。

（6）能正确组织集装箱货物运输。

五、知识点导入

学习情境	子情境	知识点
学习情境三 普通条件货物运输	3.1 货物运输基本知识	1. 货车的选用 2. 货物运输费用的计算 3. 货运损失的处理 4. 货物装载加固
	3.2 散堆装货物运输	1. 整车货物运输 2. 煤炭运输组织
	3.3 成件货物运输	1. 卷钢运输 2. 木材运输 3. 袋装货物运输 4. 载重汽车运输
	3.4 集装箱运输	1. 集装箱认知及运输 2. 通用集装箱装载加固 3. 专用集装箱装载加固

学习子情境 3.1 货物运输基本知识

扫码下载 　　 PPT 讲解视频

3.1 节 PPT 　 货物运输基本认识

📖 任务描述

通过本次任务要求学生能根据货物的重量合理选取货车、学会计算货物运输费用、掌握货物的装载加固并能处理货运中的损失，具体如下：

（1）掌握货车的选用原则。

（2）掌握整车、快运、集装箱货物运输费用的计算。

（3）掌握货运损失的处理流程。

（4）掌握货物的装载加固方案的内容及加固材料性能和使用方法。

一、学习目标

熟悉货车选用的原则，掌握货车增载的相关规定，能够针对不同的货运情况按照《铁路货物运输规程》（以下简称《货规》）标准进行货车选用。

二、知识引导

（一）货车选用的原则

货物装车前应正确选择车辆，遵守货车使用限制表（见表 3-1）及有关规定。未经批准，各类货车装载的货物不得超出货车的设计用途范围。

表 3-1　货车使用限制表

顺号	货物名称	车种								备注
		棚车	敞车	底开门车	有端侧板平车	无端侧板平车	有端板无侧板平车	铁地板平车	共用车	
1	散装的煤、灰、焦、炭、砂、石、土、矿石、砖	×				×	×	×	×	无端侧板平车或有端板（渡板）无侧板平车（共用车除外），在使用有挡板或竹笆作围挡并安有支柱时，可装运煤、灰、砂、石、土、砖
2	金属块			×		×	×	×	×	无端侧板平车或有端板（渡板）无侧板平车（共用车除外），在使用有挡板或竹笆作围挡并安有支柱时，可装运散装的金属块
3	空铁桶				×	×	×	×	×	应加固并外罩绳网
4	木材				×	×	×	×	×	原木不得使用棚车装运
5	集装箱	×		×				×		1 t 集装箱可装棚车
6	超长货物	×	×	×				×		
7	超限货物	×		×				×		
8	钢轨	×		×				×		
9	组成的机动车辆	×	×	×				×		组成的摩托车、手扶拖拉机及小型车辆可使用棚车，在到站有起重能力时，可使用敞车

货车的技术参数由国铁集团运输局公布，常用敞车、平车、长大货物车，技术参数参见相关规定。凡货车车体上的标记技术参数与规定不一致时，以车体上的标记技术参数为准。货车制造、检修单位应确保货车车体上涂打的标记技术参数的准确性。

凡未经国铁集团运输局公布的、技术参数不全的敞车、平车及长大货物车，一律不得使用。

（二）货车容许载重量的定义

货车容许重量包括以下三部分的重量：

（1）货车的标记载重量（$P_标$）。

（2）特殊情况可以多装的重量（$P_特$）。即货物包装、防护物重量影响货物净重或机械装载不易计算件数的货物，装车后减吨有困难时可以多装，但不得超过货车标记载重量的2%。

（3）货车的增载重量（$P_增$）。

（三）货车容许增载的规定

（1）允许增载货车车型、装载的货物重量如表3-2所示。对于符合《货规》第26条特定情况的货物，还可以多装，多装部分不得超过货车标记载重量的2%。

表 3-2　增载货车车型、适装货物品类及允许增载重量表

序号	增载货车车型	适于增载货物品类	最大允许增载/t
1	C_{61}（含 C_{61T}、C_{61K}）、C_{62B}（含 C_{62BK}、C_{62BT}）、C_{63}（含 C_{63A}）、C_{64}（含 C_{64A}、C_{64H}、C_{64K}、C_{64T}）型敞车	《价规》附件一中 01 类煤，03 类焦炭，04 类金属矿石中 0410 铁矿石、0490 其他金属矿石，05 类 0510 生铁，06 类非金属矿石中 0610 硫铁矿、0620 石灰石、0630 铝矾土、0640 石膏，07 类磷矿石，08 类矿物性建筑材料中 0811 中泥土、0812 砂、0813 石料、0898 灰渣等中的散堆装货物	3
2	C_{61}（含 C_{61T}、C_{61K}）、C_{62B}（含 C_{62BK}、C_{62BT}）、C_{64}（含 C_{64A}、C_{64H}、C_{64K}、C_{64T}）型敞车	除序号1所述品类外的其他适合敞车装运的货物	2
3	C_{62A}、（含 C_{62AK}、C_{62AT}）型敞车	适合敞车装运的货物	2
4	C_{16}（含 C_{16A}）、C_{5D}、C_{61Y}（含 C_{61YK}）、C_{62}（含 C_{62M}）、C_{65}、CF 型敞车； 企业自备车中标记载重 60 t 及其以上的敞车	《价规》附件一中 01 类煤	2
5	P_{62N}（含 P_{62NK}、P_{62NT}）、P_{63}（含 P_{63K}）、P_{64}（含 P_{64A}、P_{64AK}、P_{64AT}、P_{64GH}、P_{64GK}、P_{64GT}、P_{64K}、P_{64T}）、P_{65}（含 P_{65S}）型棚车	适合棚车装运的货物	1 （行包专列中 P_{65} 的装载重量按有关规定执行）

注：C_{70} 型、C_{76} 型、C_{80} 型系列货车（均含企业自备车）不允许增载，其容许载重量为货车标记载重量，同时不得依照《货规》第26条进行增载。

（2）标重 60 t 的平车装载军运特殊货物允许增载 10%。

（3）国际联运的中、朝、越铁路货车，可增载 5%。

（三）货车禁止增载的规定

以下货车禁止增载：

（1）企业自备车中标记载重 60 t 级敞车外的其他车种车型。

（2）P_{13}、P_{60}、P_{61}、P_{62}（含 P_{62K}、P_{62T}）、P_{70} 等型棚车。

（3）N_6、N_{15}、N_{16}、N_{17}（含 N_{17A}、N_{17K}、N_{17AK}、N_{17AT}、N_{17G}、N_{17GK}、N_{17GT}、N_{17T}）、N_{60} 等型平车。

（4）罐车（G）、矿石车（K）、家畜车（J）、水泥车（U）、粮食车（L）、保温车（B）、集装箱车（X）、共用车（NX）、毒品车（W）、长大货物车（D）以及长钢轨运输车（T）。

（5）涂打有禁增标记的货车。

（6）装有危险货物的车辆。

（四）案 例

（1）使用 60 t C_{62A} 型敞车装载货物，其容许载重量有下列两种情况：

① 在特殊情况下可以多装的货物（如糖）时，其容许载重量为：$60 + 60 \times 2\% + 2 = 63.2$（t）。

② 装载其他货物（如机械零件）时，其容许载重量为：$60 + 2 = 62$（t）。

（2）使用 60 t C_{62B} 型敞车装载货物，其容许载重量有下列 3 种情况：

① 在装载煤、铁矿石、硫铁矿、石灰石、铝矾土、石膏、磷矿石、泥土、砂、石料等品类货物时，其容许载重量为：$60 + 60 \times 2\% + 3 = 64.2$（t）。

② 在装载上述品类以外的特殊情况下可以多装的其他货物时，其容许载重量为：$60 + 60 \times 2\% + 2 = 63.2$（t）。

③ 装载其他货物时，其容许载重量为：$60 + 2 = 62$（t）。

三、任务实施

【实训项目】

计算容许载重量。

【实训目标】

熟悉货车容许载重量的计算方法。

【实训内容与要求】

使用 60 t 禁增敞车装载货物时，其容许载重量为多少？

【成果与检测】

① 计算书；② 由教师根据计算书评估打分。

四、拓展训练

查阅相关规定，总结铁路货车关于增载的规定有哪些。

知识点 2　货物运输费用的计算

一、学习目标

掌握货物运费的内容及计算方法，能够针对不同的货物按照《价规》的标准计算其运费。

二、知识引导

铁路货物运输费用是国家运价政策的体现，也是对铁路运输企业所提供的各项生产服务消耗的补偿。不同的运输种类及运输条件对货物运输组织有着不同的影响。铁路运费是根据国家规定的费率，考虑运价里程、运价号、计费质量等具体因素对整车、快运、集装箱货物的运费及杂费和其他专项费用进行核算。正确地计算运费对于保证铁路运输收入有着重要意义。

（一）货物运费的概念

铁路货物运输费用是对铁路运输企业所提供的各项生产服务消耗的补偿，包括车站费用、运行费用、服务费用和额外占用铁路设备的费用等，由铁路运输企业使用货票和运费、杂费收据核收，除军事运输（后付）、国际铁路联运过境运输及其他国铁集团另有规定的货物运输费用外，国铁营业线的货物运输，都按《价规》规定计算货物运输费用。

（二）货物运费基本内容

铁路货物运费包括各种货物运费、杂费和代收费用及国际铁路联运货物国内段的专项运输费用。《价规》作为计算国铁货物运输费用的依据，用以规定承运人和托运人、收货人之间的行为。

《价规》包含的 4 个附件及 4 个附录是计算铁路货物运输费用的主要依据。其中：

附件一为"铁路货物运输品名分类与代码表"，是判定货物品类代码和确定运价号的工具，用以计算货物运输费用的依据之一。

附件二为"铁路货物运价率表"，是用来查找不同运价号货物的运价率的。

附件三为"铁路货物运输品名检查表"，是用以确定货物适用的运价号。

附件四为"货物运价里程表",是用以计算出发站至到站的运价里程。

附录一为"铁路电气化附加费核收办法",用以查找电气化附加费的计费重量、费率、计费里程、计算方法与尾数的处理方法等。

附录二为"新路新价均摊运费核收办法"（目前费率暂为零）。

附录三为"铁路建设基金计算核收办法"。

附录四为"超重货物分级表"。

（三）货物运费计算程序

（1）按附件四计算出发站至到站的运价里程。

（2）根据货物运单上填写的货物名称按附件一、附件三确定适用的运价号。

（3）整车、零担货物按货物适用的运价号（其中，集装箱货物根据箱型、冷藏车货物根据车种）分别在附件二中查出适用的运价率（即基价1和基价2，以下同）。

（4）货物适用的基价1加基价2与货物的运价里程相乘之积后，再与按本规则确定的计费重量（集装箱为箱数）相乘，计算出运费。

（5）杂费按《价规》的相关规定计算。

（四）运费基本条件确定

1. 运价里程的确定

运价里程根据"货物运价里程表"按照发站至到站间国铁正式营业线最短径路（与国家铁路办理直通的合资、地方铁路和铁路运输企业临管线到发的货物也按发、到站间最短径路）计算，但"货物运价里程表"内或国铁集团规定有计费经路的，按规定的计费经路计算运价里程。运价里程不包括专用线、货物支线的里程。通过轮渡或其他特定桥梁、线路等特殊区段时，应将规定的计费里程加入运价里程内计算。执行统一运价的营业线与执行特殊运价的营业线办理货物直通运输，运价里程分别计算。下列情况发站在货物运单内注明，运价里程按实际经由计算：

（1）因货物性质（如鲜活货物、超限货物等）必须绕路运输时。

（2）因自然灾害或其他非铁路责任，托运人要求绕路运输时。

（3）属于"五定"班列运输的货物，按班列经路运输时。

承运后的货物发生绕路运输时，仍按货物运单内记载的经路计算运输费用。

2. 运价号的确定

我国现行铁路货物运价实行分号运价制。市场调节下整车（不含冷藏车）货物运价号分为6个（1～6）；零担货物运价号分为2个（21、22）；集装箱货物运价号分为2个（20 ft、40 ft）。按照货物运单上填写的货物品名，查找"铁路货物运输品名检查表"，确定出该批货物适用的运价号。

（1）先查附件三。使用该表时，首先从品名首字汉语拼音索引表或品名首字笔画索引表中查出该品名在检查表中的页数，再根据检查表查出该品名的拼音码、代码和运价号。

（2）检查表中有具体名称时，按具体名称判断代码和运价号。不属该具体名称的不能比照。但由于货物的别名、俗名、地方名称等不同，而实际属于该具体名称的，仍应按该具体名称判断适用类别和运价号。

（3）检查表中无该具体名称时，则按"铁路货物运输品名分类与代码表"中概括名称判定类别和运价号。必须遵守以下规定：

① 适用制材和加工工艺的概括名称的，除明定者外，均不分用途。如货物具有两种以上制材时，则按其主要制材判定类别和运价号。

② 适用用途的概括名称的，除明定者外，均不分制材。如货物具有多种用途时，按托运人在运单上声明的用途和铁路有关规定判定类别和运价号。

③ 适用自然属性的概括名称的，除明定者外，均不分用途、制材、形态、品种。

（4）半成品除明定者外，均按制成品适用类别和运价号。

（5）在分类表和检查表中既无货物的具体名称，又无概括名称时，按小类—中类—大类的顺序逐层次判定其归属的收容类目。各类均不能归属的货物，则列入总收容类目——9990未列名的其他货物。对于检查表未列的品名，当确定了该品名归属的品类后，在品名代码栏填记该小类的收容品名（末3位为999），在货物名称栏填记货物实际品名。对于这些品名字典中未列的品名，铁路局集团公司须将其货物名称、制作材料、用途、形态、价格、批量、运量及其他有关参考资料报国铁集团，由国铁集团定期整理，统一核定和补充品名字典。

3. 运价率的确定

整车、零担货物按货物适用的运价号，集装箱货物根据箱型、机械冷藏车货物根据车种分别在"铁路货物运价率表"中查出适用的运价率（即包含基价1和基价2），如表3-3所示。基价1是指货物在发站及到站进行发到作业时单位重量（或箱数）的运价（即车站费用），只与计费重量有关，与运价里程无关。基价2是指货物在途期间单位重量（或箱数）每一运价公里的运价（即运行费用），它既与计费重量有关，又与运价里程有关。因为定价权限不同，铁路货物运价率分为政府指导价和市场调节价两类，需根据货物品名及运输种类等确定对应的运价率。

表 3-3　市场调节铁路货物运价率表

办理类别	运价号	基价 1		基价 2	
		单位	标准	单位	标准
整车	1	—	—	元/（轴·km）	0.525
	2	元/t	9.50	元/（t·km）	0.086
	3	元/t	12.80	元/（t·km）	0.091
	4	元/t	16.30	元/（t·km）	0.098
	5	元/t	18.60	元/（t·km）	0.103
	6	元/t	26.00	元/（t·km）	0.138
零担	21	元/10 kg	0.220	元/（10 kg·km）	0.001 11
	22	元/10 kg	0.280	元/（10 kg·km）	0.001 55
集装箱	20ft①箱	元/箱	440.00	元/（箱·km）	3.185
	40 ft 箱	元/箱	532.00	元/（箱·km）	3.357

注：整车货物每吨运价 = 基价1 + 基价2 × 运价公里；零担货物每10 kg运价 = 基价1 + 基价2 × 运价公里；集装箱货物每箱运价 = 基价1 + 基价2 × 运价公里。

---

① ft（ft）1ft = 0.304 8 m。

货物运费按照承运货物当日实行的基准运价率计算，针对特定货物或特定运输条件的，对运价率实施加减成。除特殊规定外，一批货物，运价率适用两种以上减成率计算运费时，只适用其中较大的一种减成率；当运价率适用两种以上加成率时，应将不同的运价率相加之和作为适用的加成率；运价率同时适用加成率和减成率时，应以加成率和减成率相抵后的差额作为适用的加（减）成率。货物快运费按"铁路货物运价率表"规定的该批货物适用运价率的 30% 计算核收。

4. 计费重量的确定

用来计算运输费用的货物重量称为计费重量，计费重量是根据货物实际重量、体积等因素，结合各种运输种类、货物品类、运输工具的计费重量折算要求确定的重量，一般情况下均大于或等于货物的实际重量。整车货物运费计费重量单位为 t（吨，以下四舍五入）、轴；零担货物计费重量单位为 10 kg（不足 10 kg 进整为 10 kg）；集装箱计费以箱为单位。

5. 尾数处理

在计算运输费用时，每项费用的最终结果需进行四舍五入处理。

此外，实行特殊运价的营业线，货物基准运价率根据货物运输种类、品类等条件选取该营业线规定的对应货物基准运价率及计费规则计算运费。

（五）整车货物运费

$$每批运费 = （基价1 + 基价2 \times 运价里程）\times 计费重量$$

1. 计费重量

整车货物除下列情况外，均按货车标记载重量（简称标重，标重尾数不足 1 t 时四舍五入）计算。货物重量超过标重时，按货物重量计费。特殊情况下，使用规定车种车型装运特定货物，计费重量按表 3-4 所列规定计算，货物重量超过规定计费重量的按货物重量计费。

（1）使用矿石车、平车、砂石车，经铁路局集团公司批准装运"铁路货物运输品名分类与代码表"中"01""0310""04""06""081"和"14"类货物按 40 t 计费，超过时按货物重量计费。

（2）表 3-4 所列货车装运货物时，计费重量按表中规定计算，货物重量超过规定计费重量的，按货物重量计费。

（3）使用自备冷板冷藏车装运货物时按 50 t 计费；使用自备机械冷藏车装运货物时按 60 t 计费；使用标重不足 30 t 的家畜车，计费重量按 30 t 计算；使用标重低于 50 t、车辆换长小于 1.5 的自备罐车装运货物时按 50 t 计费（表 3-4 中明确规定的车种车型按第 2 项办理）。

（4）始发、中途均不加冰运输的加冰冷藏车和代替其他货车装运非易腐货物的铁路冷藏车，均按冷藏车标重计费。

（5）车辆换长超过 1.5 m 的货车（D 型长大货物车除外），未明定计费重量的，按其超过部分以每米（不足 1 m 的部分不计）折合 5 t 与 60 t 相加之和计费。

（6）米、准轨间换装运输的货物，均按发站的原计费重量计费。

表 3-4　整车货物规定计费重量表

车种车型	计费重量/t	车种车型	计费重量/t
B$_6$　B$_{6N}$　B$_{6A}$　B$_7$（加冰冷藏车）	38	QD$_3$（凹底平车）	70
B$_{SY}$（冷板冷藏车）	40	GY$_{95S}$　GY$_{95}$　GH$_{40}$　GY$_{40}$　GH$_{95/22}$ GY$_{95/22}$（石油液化气罐车）	65
B$_{18}$（机械冷藏车）	32	JSQ$_7$（汽普两用车）	100
B$_{19}$（机械冷藏车）	38	JSQ$_8$（关节式双层运输汽车专用车）	240
B$_{20}$　B$_{21}$（机械冷藏车）	42	GY$_{100S}$ GY$_{100}$ GY$_{100-I}$　GY$_{100-II}$（石油液化气罐车）	70
B$_{10}$（机械冷藏车）	44	J6SQ	60
B$_{22}$　B$_{23}$（机械冷藏车）	48	JSQ$_5$	100
B15$_E$（冷藏车改造车）	56	JSQ$_6$	100
SQ$_1$（小汽车专用平车）	80	GY$_{80S}$	56
SQ$_4$	60	DK$_{36A}$ 型落下孔车	360

2. 整车运价率

按一批办理的整车货物，运价率不同时，按其中高的运价率计费。

【案例 3-1】

（1）托运人在某站托运一批货物，其中空调 50 台，运动器材 100 套。试确定运价率。

【解】　查出空调为 6 号运价，运动器材为 5 号运价，因其按一批托运，故按 6 号运价率计费。

（2）某托运人从安阳托运一台机器，重 26 t，使用 60 t 货车一辆装运至徐州北。计算其运费。

【解】　查里程表安阳至徐州北的运价里程为 556 km；查品名分类与代码表，机器运价号为 6 号运价；查运价率表，6 号运价的基价 1 为 26 元/t，基价 2 为 0.138 元/（t·km），计费重量 60 t。

$$运费 = (26 + 0.138 \times 556) \times 60 = 6\,163.68 \approx 6\,163.70（元）$$

（六）零担货物运费

$$每批运费 = （基价 1 + 基价 2 \times 运价里程） \times 计费重量$$

1. 计费重量

零担货物的计费重量以 10 kg 为单位，不足 10 kg 进为 10 kg，具体来讲分为以下 3 种情况：

（1）有规定计费重量的，按规定的计费重量计费，如表 3-5 所示。

（2）按货物重量计费。"铁路货物品名分类表"例如"童车""室内健身车""209 其他鲜活货物""9914 搬家货物、行李""9960 特定集袋化运输工具"等裸装运输时按货物重量计费。

（3）按货物重量或者货物体积折合重量择大计费。即每立方米重量不足 500 kg 的轻浮货物，按每立方米体积折合重量 500 kg 计算。外形不规则的货物的体积，应按紧密堆码状态的外廓尺寸组成的立方体确定。

表 3-5　零担货物规定计费重量表

货物名称	计费单位	规定计费重量/kg
组成的摩托车： 双轮	每辆	750
三轮（包括正、侧带斗的，不包括三轮汽车）	每辆	1 500
组成的机动车辆、拖斗车（单轴的拖斗车除外）： 车身长度不满 3 m	每辆	4 500
车身长度 3 m 以上，不满 5 m	每辆	15 000
车身长度 5 m 以上，不满 7 m	每辆	20 000
车身长度 7 m 以上	每辆	25 000
组成的自行车	每辆	100
轮椅，折叠式疗养车	每（辆）件	60
牛、马、骡、驴、骆驼	每头	500
未装容器的猪、羊、狗	每头	100
灵柩、尸体	每具（个）	1 000

2. 零担运价率

零担货物的运价率按承运当日的"零担货物运价率"确定。具体来讲分为以下几种情况：

（1）运价率不同的零担货物在一个包装内或按总重量托运时，按该批或该项货物中运价率高的计费。

（2）在货物运单内分项填记重量的零担货物，应分项计费，但运价率相同时，重量应合并计算。

（3）托运人自备的可折叠（拆解）的专用集装箱、集装笼、托盘、货车篷布、装运钢卷、带钢、钢丝绳的座架、玻璃集装架和爆炸品保险箱及货车围挡用具，凭收货人提出的特价运输证书回送时，零担按 22 号率计费。

【**案例 3-2**】　某托运人从西安西站发往兰州北站货物一批，其中课本 4 件，挂图 2 件，总重 358 kg、总体积 0.94 m³，按总重量托运。试计算其运费。

【**解**】　查里程表可知，运价里程为 722 km。该批货物按体积折合重量为 $500 \times 0.94 = 470 \text{ kg} > 358 \text{ kg}$，所以计费重量取 470 kg，查附件一、附件三可知，课本运价号为 21，挂图运价号为 22，根据以上规定，选择 22 号运价所对应的运价率，运费为

$$运费 = (0.28 + 0.001\,55 \times 722) \times 470 / 10 \approx 65.76 （元）$$

（七）集装箱货物运费

$$每箱运费 = 基价1 + 基价2 \times 运价里程$$

集装箱（不含 20 ft 35 t 敞顶箱）运费按箱计费，不再考虑箱内所装货物重量，但所装货

物重量与自重之和不得超过集装箱总重。集装箱内单件货物重量超过 100 kg 时，必须在货物运单托运人记载事项栏内注明。

集装箱货物的运费按照使用的箱数和"铁路货物运价率表"中规定的不同箱型的运价率计费。但下述情况除外：

（1）对于一些特殊集装箱箱型和装运危险货物时，运费需要加成。

（2）自备集装箱空箱运价率按"铁路货物运价率表"规定重箱运价率的 40% 计算。承运人利用自备集装箱回空捎运货物，按集装箱重箱适用的运价率计费，在货物运单承运人记事栏内注明，免收回空运费。

（3）装运危险货物的集装箱分别适用两种加成率时，只适用其中较大的一种加成率。

（4）20 ft 35 t 敞顶箱货物运费按所装货物适用的整车运价号、基准运价率及运价里程计费。除整车规定的实重计费品类外，装运其他品类货物的计费重量按 32 t 计算，装运实重计费品类时，按实际重量计算，但货物重量低于 19 t 时，按 19 t 计算。

（5）自备集装箱重空联运、空重联运（国际联运除外）时，空重运费按重箱费率 10% 计费，20 ft 35 t 敞顶箱在自备空箱运距小于重箱运距时，免收回空运费。

【案例 3-3】　西安站发兰州北站一批教学仪器，使用 2 个 20 ft 集装箱装运，计算其运费。

【解】　查货物运价表，最短径路为 727 km，则

$$运费 = (440.0 + 3.185 \times 727) \times 2 \approx 5\ 510.99\ （元）$$

（八）超长、超限货物运费

1. 超长货物运费计算

超长货物运送时，在一些情况下，除使用负重的主车负担货物重量外，还需使用游车满足货物对长度的需要，因而需要多使用车辆，要核收多使用的游车运费。游车运费按下列规定计算：

（1）游车不装货物时，游车运费按主车货物运价率和游车标重计费。

（2）利用游车装运货物，按所装货物运价率与主车货物运价率高的核收游车运费。

（3）两批货物共同使用游车时，游车运费各按主车货物的运价率及游车标重的 1/2 计费。

（4）运输超限货物或需要限速运行的货物使用游车时，游车运费不加成。

（5）自轮运转的轨道机械，以企业自备货车或租用铁路货车作游车时，按整车 7 号率核收游车运费；自轮运转的轨道机械，以铁路货车作游车时，按整车 6 号运价率和游车标重核收游车运费。

（6）D 型长大货物车运输货物需用隔离车时，隔离车不另核收运费。隔离车加装货物时，按所加装货物适用的运价率核收运费。

【案例 3-4】　（1）攀枝花站发往昆明东钢管一批重 51 t，使用一辆 60 t 平车一端突出装运，另使用一辆 60 t 平车做游车，托运人利用游车装载了一箱医用仪器一起运输，试计算运费。

【解】　主车：计费重量为 60 t，钢管运价号为 5，查里程表为 358 km，则

$$主车运费 = (18.6 + 0.103 \times 358) \times 60 = 3\ 328.44\ （元）$$

游车：计费重量为 60 t，运价率在钢管与医用仪器中选择高的，医用仪器运价号为 6 号，大于钢管运价号，因此游车运价号为 6 号。

$$游车运费 = (26.0 + 0.138 \times 358) \times 60 = 4\ 524.24（元）$$

$$运费 = 主车运费 + 游车运费 = 3\ 328.44 + 4\ 524.24 = 7\ 852.68（元）$$

2．超限、限速货物运费计算

由于超限货物和需要限速运行的货物运输条件特殊，办理手续复杂，影响铁路运输效率，增加运输成本。因而运送这类货物时，其运费计算按下列规定进行。

（1）一级超限：按运价率加 50% 计费。

（2）二级超限：按运价率加 100% 计费。

（3）超级超限：按运价率加 150% 计费。

（4）限速运行的货物（不包括仅通过桥梁、隧道、出入站线限速运行），按运价率加 150% 计费，需限速运行的超限货物，只核收 150% 的加成运费，不另核收超限货物加成运费。

【案例 3-5】 山海关站发沈阳西站机床一件，重 26 t，装车后为二级超限，重车重心高 2 260 mm，需要限速运行，运价率如何确定，计算其运费。

【解】 查货物运价里程表运价里程为 405 km，限速货物运价率加成 150%，不再核收超限货物加成运费。查附件一"铁路货物运输品名分类与代码表"，机床运价号为 6。

$$运费 = (26.0 + 0.138 \times 405) \times (1 + 150\%) \times 60 = 12\ 283.5（元）$$

（九）货物快运运费

$$每批运费 = 基本运价率（元/t）\times 计费重量（t）。$$

1．运价率

零散货物的基本运价率按照市场价格、运输成本等因素确定，按方式对外报价。

2．计费重量

零散货物快运按货物实际重量或货物体积折合重量择大计费，每吨轻浮货物，按每立方米体积折合重量 333 kg 计算。批量货物快运按货合重量，择大作为计费重量。重质货物为每立方米重量达到 333 kg 及际重量计费，每批最低按 40 t 计费。轻浮货物为每立方米重量不足 33 米体积折合重量 333 kg 计算，每批最低按 27 t 计费。铁路运输企业可算重量，但每立方米重量不得低于 250 kg。一批货物涉及两个及以上的货物重量或体积折合重量择大，确定该批货物的计费重量。

（十）杂费的核收办法

在铁路运输的货物自承运至交付的全过程中，铁路运输企业向托运人、收货人提供的辅助作业和劳务，以及托运人或收货人额外占用铁路设备、使用用具和备品所发生的费用，均属于货物运输杂费，简称为货运杂费。

1. 铁路货运营运杂费

① 铁路货物运输营运中的杂费按实际发生的项目和表 3-6 所示的"铁路货运营运杂费费率表"的规定核收。

表 3-6　铁路货运营运杂费费率表

顺号	项　目		单　位	费率
1	取送车费	整　车	元/(车·km)	8.1
		40 ft 集装箱	元/(箱·km)	8.1
		20 ft 集装箱	元/(箱·km)	4.05
2	机车作业费		元/0.5 h	90
3	押运人乘车费		元/(人·100 km)	3
4	接取送达费	起码里程 10 km 整　车	元/t	13
		零担货物	元/100 kg	1.3
		20 ft 集装箱	元/箱	300
		40 ft 集装箱	元/箱	450
		超过起码里程 整　车	元/(t·km)	0.6
		零担货物	元/(100 kg·km)	0.06
		20 ft 集装箱	元/(箱·km)	20
		40 ft 集装箱	元/(箱·km)	30

2. 延期使用运输设备、违约及委托服务费用

延期使用铁路运输设备或违约以及委托铁路提供服务发生的杂费，按实际发生的项目和表 3-7 所示的"延期使用运输设备、违约及委托服务杂费费率表"的规定核收。包括过秤费、货物暂存费、专用线、专用铁路货车使用费、D 型长大货物车延期使用费、货车篷布延期使用费、集装箱延期使用费、冷藏车（取消托运时）空车回送费、机械冷藏车制冷费、货物运输变更手续费、清扫除污费。

表 3-7　延期使用运输设备、违约及委托服务杂费费率表

顺号	项　目			单　位	费率
1	货车延期占用费			按相关规定核收	
2	集装箱延期使用费	20 ft 箱	前 5 日	元/(箱·日)	10
			第 6 日起	元/(箱·日)	60
		40 ft 箱	前 5 日	元/(箱·日)	20
			第 6 日起	元/(箱·日)	120
3	货车篷布延期使用费			元/(张·日)	60
4	运杂费迟交金		按运杂费（包括垫付款）	—	1‰
5	违约金			按违约金额计算	
6	赔偿费	集装箱	丢失或因损坏报废	按市场重置价格赔偿	
			损坏	按实际发生费用赔偿	
		篷布	损坏报废或丢失时	按当年篷布购置价格赔偿	
		车辆配件	损坏丢失时	按铁路运输企业内部零部件价格和车辆维修费用标准赔偿	

3. 租、占用运输设备费用

租用或占用铁路运输设备发生的杂费，按实际发生的项目和表3-8所示的"租、占用铁路运输设备杂费费率表"的规定核收。国铁货车进入铁路工程在建线、临管线或合资、地方铁路时，分别向其管理单位核收合资、地方铁路及在建线货车占用费。

【案例3-6】 某专用线按照"专用线运输协议"约定一批作业车数10辆，卸车标准时间2 h，专用线里程为7.6 km，专用线内有装卸作业线1条。8月10日14：55送入该专用线5辆敞车铁矿石，15：00又送入5辆敞车铁矿石，卸车结束时间分别为15：50、16：00、16：30、17：00、17：30、18：00、18：30、19：00、19：30、20：00，车站于23：00点挂出，请问应核收的运杂费用。

【解】 （1）取送车费：取送车里程为7.6×2＝15.2（km），按照16 km计算，取送车费率8.1元/（车·km）。取送车费应为：16×8.1×10＝1 296（元）。

（2）货车延期占用费：确定卸车时间，作业线作业按批计算，调到时间以最后一钩调到时间15：00为准，卸完时间以最后一辆卸完时间20：00为准，实际作业时间5 h减去卸车标准时间2 h，延迟了3 h；货车延期占用费应为：5.7×3×10＝171（元）。应核收运杂费合计：1 296＋171＝1 467（元）。

表3-8　租、占用铁路运输设备杂费费率表

顺号	项　目		单　位	费率
1	合资、地方铁路及在建线货车占用费	冷藏车	元/（车·h）	6.5
		D型长大货物车	元/（车·h）	10
		其他货车	元/（车·h）	5.7
2	合资、地方铁路货车篷布占用费		元/（张·日）	60
3	自备或租用货车停放费		元/（车·日）	40
4	车辆使用服务费	在营业线上　罐车，散装水泥、粮食专用车	元/（t·日）	3.6
		在营业线上　其他货车（机冷车、D型长大货物车除外）	元/（t·日）	3
		在专用线、专用铁路上　罐车，散装水泥、粮食专用车	元/（t·日）	7.2
		在专用线、专用铁路上　其他货车（机冷车、D型长大货物车除外）	元/（t·日）	6
		机械冷藏车　单节型	元/（车·日）	160
		机械冷藏车　5辆型	元/（车组·日）	660
		长大货物车　标重超过180 t	元/（t·日）	8.6
		长大货物车　标重不足180 t	元/（t·日）	5

4. 杂费计算及尾数处理

$$杂费＝杂费费率×杂费计费单位$$

各项杂费不满一个计算单位的，均按一个计算单位计算（另定者除外）。货运杂费按实

际发生核收，未发生的项目不准核收。杂费的尾数不足 1 角时按四舍五入处理。

【案例 3-7】 某车站专用线里程为 5.3 km。试计算 C_{64} 一辆的取送车费。

【解】 取送车费率 8.10 元/（车·km），车数 1 车，专用线往返里程为 $5.3 \times 2 = 10.6$（km），进整取 11 km。

$$取送车费 = 8.10 \times 1 \times 11 = 89.1（元）$$

5. 其他货运杂费

（1）换装费。进口货物在国境站的换装，按货物运输种类收取换装费：普通货物 16 元/t，集装箱按国内标准规定计算，笨重危险货物按普通货物标准加 50% 计算。

（2）换轮作业费。进口货物在国境站的换轮作业，按 319 元/轴收取换轮费。

（3）声明价格费。进、出口货物声明价格，收取声明价格费，按运单记载的声明价格的 3‰计算。

（4）货车滞留费。进、出口货物由于托运人、收货人原因，造成货车在国境站上滞留时，应按货车滞留日数（不包括铁路正常办理手续的时间，从货车到达次日起），按 120 元/车日核收货车滞留费（滞留不足 12 h 的免收）。危险货物货车滞留费在普通货物基础上加成 10%。

（5）货运杂费。有关管理规定货运杂费是货运价格的重要组成部分，货运杂费的收费项目和标准由国铁集团制定。部分货运杂费项目允许铁路局集团公司根据市场和客户需求等情况在一定的权限内进行调整。除另有规定外，货运杂费按发生当日实行的费率核收。零散快运杂费按照零担有关标准执行，批量快运杂费按照整车有关标准执行，20 ft 35 t 敞顶箱杂费按照集装箱有关标准执行。

（十一）铁路建设基金

1. 计算公式

货物经由国家铁路正式营业线和实行统一运价的运营临管线时应核收铁路建设基金。其计算公式为：

$$铁路建设基金 = 费率 \times 计费重量（箱数或轴数）\times 运价里程$$

式中　费率——铁路建设基金费率，见《价规》附录三中附表 3；

　　　计费重量——整车、零担货物按该批货物运费的计费重量计算，集装箱货物按箱计费，货物运单内分项填记重量的货物，按运费计费重量合并计算；

　　　运价里程——按国铁正式营业线和实行统一运价运营临管线的运价里程计算。

2. 减免收取建设基金的规定

特定运输条件及支农物资运输等特定货物，减免收铁路建设基金：

（1）免收运费的货物、站界内搬运的货物免收铁路建设基金。

（2）整车黄磷、豆饼、豆粕、籽棉、皮棉免收铁路建设基金。

（3）整车运输的稻谷、小麦等粮食类货物，除经山海关入关及铁路运输出口外，免收铁路建设基金。

（4）整车化肥除出口化肥及用于工业生产的化工品(不含用于混配复合肥生产的化肥)外，免收铁路建设基金。

（5）经兰新、南疆等铁路运往内地方向的鲜活、农副产品等，经兰新线红柳河—乌鲁木齐段入疆的玻璃、钢材等货物，免收相关区段铁路建设基金。

（6）经山海关入关的稻谷、小麦、大米、小麦粉、玉米、大豆整车运输，按每吨 18 元收取铁路建设基金。

3．其他规定

（1）国际联运货物的国内段铁路建设基金，出口货物由发站核收，进口货物由国境站核收。军事运输货物也按规定的费率核收铁路建设基金。

（2）货物承运后发生运输变更时，铁路建设基金按照货物运费的方法处理。

（3）到站发现货物的实际重量超过发站确定的计费重量时，对超过部分应按正当铁路建设基金补收差额。

（十二）印花税

印花税属铁路代收费用，印花税按运费的 5‰ 核收。印花税以元为单位，精确至分，分以下四舍五入。印花税起码价为 1 角。运费不足 200 元的货物，免收印花税。

【案例 3-8】 包头东运往广安门铝锭一车，用 60 t C_{62} 车装运。试计算运费、铁路建设基金和印花税。

【解】 包头东至广安门运价里程为 798 km。查费率表，运价号 5，运价率 18.60 元/t、0.103 元/（t·km），计费重量 60 t。铁路建设基金费率为 0.033 元/（t·km）。

（1）运费 = (18.60 + 0.103 × 798) × 60 = 6 047.64（元）。

（2）铁路建设基金 = 0.033 × 60 × 798 = 1 580.04 ≈ 1 580.00（元）。

（3）印花税 = 6 047.64 × 5/10 000 ≈ 3.02（元）。

三、任务实施

【实训项目】

计算货物运费。

【实训目标】

熟悉货物运费的计算方法。

【实训内容与要求】

甲站发乙站聚乙烯 1 车，60 t，使用一辆 P_{62} 型货车装运，到站经轨道衡检斤货重 63 t。请问到站应核收哪些费用及费用金额为多少？（计费里程 783 km，电化里程 694 km。）

① 计算书；② 由教师根据计算书评估打分。

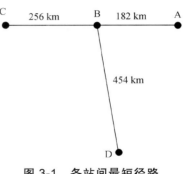

图 3-1　各站间最短径路

四、拓展训练

某托运人自 A 站发锰矿石（4 号运价）一车到 C 站，使用 C_{62AK} 装载，货票计费重量为 60 t。托运人在中途 B 站要求变更到 D 站，经 D 站确认，货物实际品名为锰硅合金（5 号）。各站间距离如图 3-1 所示，请问应如何核收运费、杂费及手续费？

知识点 3　货运损失的处理

一、学习目标

掌握货物损失的处理流程，普通记录、货运记录及货物损失速报的编制。

二、知识引导

（一）货运损失的定义

货物在铁路运输过程中（自铁路运输企业接收货物时起，至将货物交付收货人时止）发生灭失、短少或者损坏均属于货物损失。

（二）货运损失的种类

货运损失分为 5 类：
（1）火灾。
（2）被盗（有被盗痕迹）。
（3）丢失（全批未到或部分短少、漏失，没有被盗痕迹）。
（4）损坏（破裂、变形、磨伤、摔损、部件破损、湿损、冻损、腐烂、植物枯死、活动物死亡、变质、污染、染毒等）。
（5）其他（办理差错及其他原因造成的货物损失）。
其中，"火灾"是指在铁路运输过程中，由于运输物资或车辆、集装箱发生失去控制的燃烧，造成货物、仓库、货车、设施、运输物资损失等后果的灾害，"火灾损失"的原因认定以公安消防部门火灾原因认定书为准。此外，没有造成货物损失的办理差错、误运送等，不列入其他类货物损失。

（三）货运损失等级

货运损失按其性质和损失程度分为4个等级：

（1）一级损失：货物损失款额（以下简称损失款额）10万元以上的。

（2）二级损失：损失款额1万元以上未满10万元的。

（3）三级损失：损失款额1 000元以上未满1万元的。

（4）轻微损失：损失款额未满1 000元的。

货物损失等级的划分是以货物损失款额来确定的，"货物损失款额"是指货物的直接损失款额，包括税款、包装费用和已发生的运输费用等。

（四）常见货运损失的处理

1. 报告货物损失

发现货物损失后，发现人员应保护现场，立即向车站负责人和货物损失处理人员报告。

发现货物被盗、火灾等情况，发现单位（人）应立即向公安、消防部门报案。货物损失涉及铁路交通事故的，应报告铁路局集团公司列车调度、安全监督管理部门；涉及车辆技术状态的，应通知车辆部门；涉及活动物或食品污染变质的，应通知防疫、检疫部门；涉及参加保险的货物，必要时应通知保险公司；涉及海关监管的货物，应通知海关监管部门；涉及环境污染的货物，应通知环保部门；必要时还应通知托运人或收货人。

发现火灾、罐车装运的压缩气体、液化气体泄漏、剧毒品、爆炸品、放射性物品被盗丢失以及估计损失款额达到一级损失等情况时，应在1 h内逐级报告，并在24 h内向有关车站、直属站段、铁路局集团公司和有关铁路公安部门以电报形式拍发"货物损失速报"，抄送国铁集团货运部。

拍发速报时，在电文首部冠以"货物损失速报"字样，（1）～（6）项为各项代号，内容如下：

（1）损失等级、种类。

（2）发现损失的时间、地点。

（3）发站、到站、货物名称、承运日期。

（4）车种、车型、车号、运单号码、办理种别、保价或保险金额（金额前注明"保价""铁险"或"商险"字样）。

（5）损失概要。

（6）对有关单位的要求。

【案例3-9】 广州西站2012年9月2日承运到哈尔滨站电机一车，车号$P_{64}3403251$，货票号码C093921，120件，重58 t，木箱包装，托运人：广州电机总厂，收货人：哈尔滨电机销售中心，保价60万元。2012年9月13日到达四平站，四平站编17025次列车于2012年9月14日到达哈尔滨站，货检检查发现该车一侧封为广州西封456123，另一侧为四平封

000654，发站车交接 104 号电报。14 日 6:00 会同公安卸车，见车门处无货物，有凌乱脚印，清点实卸 98 件，9:00 卸完。货物损失已构成一级损失。请按上述情况编制货物损失速报（1）至（6）项内容。

【解】

货物损失速报

（1）一级损失、被盗。

（2）2019 年 9 月 14 日、哈尔滨站。

（3）广州西站、哈尔滨站、电机、2019 年 9 月 2 日。

（4）$P_{64}3403251$、C093921、整车、保价 60 万元。

（5）广州西装哈尔滨整车，货检一侧广州西 456123 号封，另一侧为四平封 000654，施封均有效，已发 104 号电报在案，会同公安人员共同卸车，开启车门见车门处无货物，有凌乱脚印，实卸 98 件，较货票记载不足 22 件。车内可容少件，车卸空未见少件，估计损失在 10 万元以上，详见我站 451747 号货记。

（6）该案已构成一级损失，请有关单位速校补封及承装情况，并复处理意见。

哈尔滨站
2012 年 9 月 2 日

2．勘查货运损失

勘查货物损失应如实记录损失状况和现场情况，充分利用现代化设备（照相机、音视频记录设备等）留存关键证据影像资料，为货物损失处理提供依据。

1）火　灾

（1）货车火灾。重点勘查并记明火灾列车车次、货车种类、到达时间、编挂位置及上一责任货检站检查情况、邻车情况、牵引机车类型；车辆状态（车底板、闸瓦、防火板等）；车内货物装载现状、起火部位、四周货物烧损情况；货物装载（苫盖物）高度；可能造成起火的各种迹象。

① 棚车装运的，重点勘查并记明门窗关闭状态、施封加固及烟囱口关闭情况，并妥善保管封印。

② 敞车装运的，重点勘查并记明篷布苫盖、绳索捆绑状态，货物装载加固，包装、衬垫材料等情况。

③ 集装箱装运的，重点勘查并记明箱体状态、箱门关闭、施封加固情况。

（2）货场火灾。重点勘查并记明损失货物所处位置；着火点货位原来堆放何种货物和火源，仓库、雨棚、相邻设备及周围堆放货物等情况；货物入库（区）时间和货物交接检查情况；仓库电线、灯具情况；装卸作业用的叉车、吊车等作业机具的防火情况；人员出入情况。

以上均要记明火灾发生和扑灭的时间，被烧货物状态。

2）被盗丢失

（1）车内货物被盗丢失。重点勘查并记明列车车次、到达时间、开始作业和卸车完了时间、编挂位置及上一责任货检站检查情况；车（箱）体状态、施封状态；车内货物装载现状，车（箱）内货物装载状态，是否装满（能否容下少件），有无明显被盗痕迹；包装破损内货短少时记明破损货件装载位置，破口尺寸，短少货物的具体品名、数量（无法判明短少数量时，应记明现有数量或现状），涉及重量时应检斤，并记明现有重量。

① 棚车、冷藏车、罐车装运的，重点勘查并记明车体、门窗关闭状态、施封加固情况。其中棚车装运的，车窗处被盗丢失时，记明货物装于车窗位置以及该车窗锁闭状态；货车两侧或一侧上部施封时，记明下部门扣是否损坏、封印的站名和号码；车门缝处货物被盗割的，记明货物现状。

② 敞车装运的，重点勘查并记明篷布苫盖、绳索捆绑状态，货物装载情况，表层货物现状；篷布有破口时，记明破口位置、尺寸，新旧痕迹和破口处货物的状态，对篷布绳索明显被割断或割断后再接的，也要如实记明绳索现状。

③ 集装箱装运的，重点勘查并记明箱号、箱体和箱门状态、破损部位的尺寸、新旧痕迹和箱门密封情况；施封加固及集装箱在车内的装载位置和箱距，箱内货物装载现状及容积、现有数量或短少数量。

（2）货场内货物被盗丢失。重点勘查并记明卸车入库（区）时间，卸车班组、货运员、库区货运员的交接情况；包装破损内货短少时，查明损失货件在库区堆码情况及周围货物出库情况。

3）损　坏

重点勘查并记明损坏货物的损坏程度、部位、数量，包装损坏状态、破损部位、新痕旧痕、内货固定及衬垫情况，加固材料质量、加固方法，包装上标明的装卸方式；装载方法、码放位置及周围货物；在货车内或集装箱内的装载位置、高度及所接触货物有无窜动或冲撞痕迹。特别是对机械类货物包装出现破损时，记明底托、支架立柱、横梁等有无折断或变形，货物裸露表面是否有破裂、变形、零部件明显折断等现状，以及周围衬垫材料破损、脱落、丢失情况，要对该处货物裸露部位表面进行检查，记明包装上的储运标志，起重工具及吊卸方式是否符合规定。敞、平车装运的货物要记明篷布质量和苫盖、捆绑加固状态，加固材料质量、规格、加固方案是否符合《加则》的规定。

（1）货物湿损。重点勘查并记明湿损货物在货车或集装箱内的装载位置、湿损数量及程度；车辆、集装箱的定检修单位和时间，车体或箱体不良部位和尺寸，是否透光，箱门配件及密封条等情况。敞车装运苫盖篷布的，记明货物装载状况、篷布质量、苫盖、绳索捆绑等情况，篷布所属单位。货物在库（区）内发生湿损时，记明卸车时间、仓库是否漏雨，露天存放的货物是否苫盖篷布及篷布质量，有无衬垫。

（2）货物变质。重点勘查并记明运输条件、到达时间、承运时间、卸车时间和货物运单、列车编组顺序表记载的容许运到期限、实际运到时间、易腐货物及标识等有关事项。机械冷藏车、冷藏箱装运的，记明车（箱）内外温度、货物温度，车（箱）门胶条密封现状，车（箱）门加固、施封情况，货物在车（箱）内装载方式、高度、变质货件装载位置、货物包装及内部衬垫方式、质量；机械冷藏车还需乘务员出具的普通记录证明和机械冷藏车作业单作为附件。棚、敞车装运的，记明有无采取防寒、保温、隔热、通风等措施，货物装载方法、包装及内部衬垫和加固、苫盖、隔离等情况。

（3）活动物死亡。重点勘查并记明检疫证明的名称和号码，车辆安插货车表示牌情况，货物运单的记事内容，货物列车的编组隔离等情况。

（4）货物污染。重点勘查并记明损失货物在货车（箱）内装载位置、包装状况，周围货件装载情况及有无洒漏情况；接触本批货物的车地板、端侧墙状态；被污染货物和污染源货物的性质、名称，污染物（源）位置、面积、包装情况与被污染货物距离，车辆内外是否贴有"铁路货车洗刷回送标签"及车辆清扫、衬垫情况。多批货物混装时，污染物和被污染货物应分别编制货运记录。

4）集装货物

外部状态发生被盗、丢失、损坏可比照 2）、3）项内容填记，还应记明集装用具状态、堆码方式。货物散落时，应检查清点并记明现有数量，若无法清点数量的可检斤，并记明全批复查重量。集装货物拆盘（捆）卸车时，要对每盘（捆）件数清点。

同一集装件内重量、规格、件数不同的货物发生被盗、丢失、损坏时，要记明该集装件全批货物重量，并分别记明完好和损坏的各种规格货件的重量、件数。

5）其　他

（1）发现有货物无运单信息，应记明货物来源；有运单信息无货物时，应记明货物运单信息记载内容；无标记货物，应重点勘查并记明包装特征或具体货物名称、件数和重量。

（2）误运送应记明判别误运送的依据，货物（车）的发站及正确到站。

（3）到站卸车发现货物包装完整，件数相符，重量短少或多出，按《货规》规定在货物运单内注明，交付时收货人提出检斤或指出包装有异状，经检斤重量不足或发现内品短少，编制货运记录，由到站调查处理。

3. 货损鉴定

货物发生损失需要鉴定时，按《货规》规定办理。交付前车站应会同收货人（托运人）或物流企业进行检查确认，必要时邀请有鉴定能力的第三方进行鉴定。损失鉴定应在发现站现场就地进行，现场难以鉴定时，经与收货人（托运人）协商同意后，可以移至适当的场地进行鉴定。

损失货物鉴定时，应按批编制"货物损失鉴定书"，如图 3-2 所示。货物损失鉴定书应加盖处理站货物损失处理专用章或单位公章，参加人员应签字或盖章，第三方参加鉴定的，还需加盖鉴定单位的印章或附出具的货物损失鉴定报告。

铁 路 局

货 物 损 失 鉴 定 书

_____ 站 　　　　　　　　　　　　　　　　　　　　　第____号

一、编制于　　　年　　月　　日系补充　　　站编第　　　　号		

货运记录　　　　　　　　　站发　　　　　站运单　　　号品名

发生　　　　　　　　　情况的鉴定书

二、鉴定分析结论	（1）货物的性质和价格	
	（2）货物的损失程度和款额	
	（3）损失货物能否修理或者配换及所需费用，残留价值	
	（4）损失货物是否适用于原来的用途或作他用，对其价值有无影响	
	（5）货物损失的原因	甲：货物损失和包装的关系； 乙：货物损失和货物性质的关系； 丙：其他原因	

三、鉴定费用

四、参加鉴定人员职务及签章	鉴定单位	铁　路	托运人	收货人	其　他

日期：　　　　　　　　　　　　　　　编制人：

本鉴定书一式二份：一份交托运人或收货人，一份留鉴定站存查。规格：A4 纸竖印（210 mm×297 mm）

图 3-2　货物损失鉴定书

车站组织货物损失鉴定时应由货运负责人、货物损失处理人员等 2 人以上参加鉴定。

鉴定一般应自编制货运记录之日起 10 日内完成，以"货物损失查复书"（以下简称查复书，见图 3-3）送有关单位。情况特殊需要延期时，应以查复书或电报说明原因通知有关单位，但最长不得超过 30 日。鉴定所支出的费用（包括整理、化验等费用），应在货物损失鉴定书中记明，属于收货人（托运人）责任的，由收货人（托运人）支付；属于承运人责任的，由责任单位承担。

货物损失查复书

记　录 编制单位		记　录 编制日期		办理种别	
记　录 号　码		车种车型 车号		运单号码	
发　站		到　站		货物名称	
损失种类		保价（险） 金额		货物损失款额 /全批价值	

_____（单位）_____年____月____日查复书接悉

_____

_____

_____

_____

_____

_____

_____

_____

_____

_____

_____

_____

_____

_____

_____公司_____站（章）

年　　　月　　　日

图 3-3　货物损失查复书

4. 编制记录

"货运记录"为一页绿色 A4 纸（货主页）和一页白色 A4 纸（存查页），如图 3-4 所示。带号码的普通记录每组一式两页，第一页为编制单位存查页，第二页为交给接方的证明页，如图 3-5 所示。货运记录及号码由保价系统生成。

货运记录（包括商务记录）为货物发生损失时的证明。凡是货物在铁路运输过程中发生货物损失的，车站均应在发现损失次日内按批（车）编制货运记录。遇有下列情况时也应编制货运记录：

××铁路局

货 运 记 录

(　　　　)

补充编制货运记录时记入 补充＿＿＿＿＿公司＿＿＿＿＿站所编第＿＿＿＿＿号＿＿＿＿＿记录

一、一般情况

办理种别＿＿＿＿＿运单号码＿＿＿＿＿＿＿＿＿＿于＿＿年＿＿月＿＿日承运

发　　站＿＿＿＿＿发公司＿＿＿＿＿托运人＿＿＿＿＿＿＿＿＿装车单位＿＿＿＿＿

到　　站＿＿＿＿＿到公司＿＿＿＿＿收货人＿＿＿＿＿＿＿＿＿卸车单位＿＿＿＿＿

车种车型＿＿＿＿＿车号＿＿＿＿＿标　重＿＿＿＿＿吨

＿＿＿＿＿年＿＿月＿＿日第＿＿＿＿＿次列车到达

＿＿＿＿＿年＿＿月＿＿日＿＿时＿＿分卸车＿＿年＿＿月＿＿日＿＿时＿＿分卸完

封印：施封单位＿＿＿＿＿／＿＿＿＿＿施封号码＿＿＿＿＿／＿＿＿＿＿

篷布：篷布号码＿＿＿＿＿保价/保险＿＿＿＿＿货物价格＿＿＿＿＿元

二、货损情况

项目	货物名称	件数	包装	重量/kg		托运人记载事项
				托运人	承运人	
票据原记载						
按照实际						
货物损失详细情况						

三、参加人签章

车站负责人＿＿＿＿＿编制人＿＿＿＿＿审核人＿＿＿＿＿

公安人员＿＿＿＿＿收货人＿＿＿＿＿其他人员＿＿＿＿＿

四、交付货物时收货人意见

＿＿＿＿＿＿＿＿＿＿＿＿＿＿＿＿＿＿＿＿＿＿＿＿＿＿＿＿＿＿＿＿＿＿＿＿＿＿

＿＿＿＿＿年＿＿月＿＿日货运记录（货主页）已交由＿＿＿＿＿＿＿＿＿＿领取。

＿＿＿＿＿年＿＿月＿＿日编制　　　　　　　　　　＿＿＿＿＿＿＿＿＿＿公司＿＿＿＿＿站（章）

注：1. 收货人（或托运人）应在车站交给本记录的次日起180天内提出赔偿要求。

　　2. 如需同时送一个以上单位调查时，可做成不带号码的抄件。

图 3-4　货运记录

（1）发生《货规》《管规》及其引申规则办法中所规定需要编制的情况时。

（2）自备篷布、自备集装箱运输发生损失时。

（3）一批货物中的部分货物补送或损失货物、误运送、误办理及发生其他情况货物需要回送时。

××铁路局
普 通 记 录

发站_____发公司_____托运人_____

到站_____到公司_____收货人_____

运单号码_____车种车型_____车号_____

货物名称_____

于_____年____月____日_____时_____分第_____次列车到达

厂修	
段修	
辅检	

参加人员：

车　　站：

车 辆 段：

其　　他：　　　　　　　　　　　　　　　　单位戳记

　　　　　　　　　　　　　　　　　　　　年　　　月　　　日

注：1. 带号码的普通记录，编制单位打印存查，接方打印留存作为证明。

　　2. 普通记录号码由系统自动生成。

图 3-5　普通记录

（4）发现无标记、无法交付货物，公安机关查获铁路运输中被盗、被诈骗的货物以及公安机关缴回的赃款移交车站，沿途拾得的铁路运输货物交给车站处理时。

（5）托运人组织装车，收货人组织卸车，货车施封良好，篷布苫盖和敞车、平车、砂石车货物装载外观无异状，收货人提出货物有损失经承运人确认时。

（6）集装箱运输的货物，箱体完整、施封良好，交付完毕次日内，收货人提出货物有损失经承运人确认时。

普通记录作为现状交接证明。遇有下列情况之一，须在当日按批（车）编制普通记录：

（1）发生《货规》《管规》及其引申规则办法中所规定需要编制的情况时。

（2）货物损失涉及车辆技术状态时。

（3）货车发生换装整理时。

（4）集装箱封印失效、丢失，或封印站名、号码与票据信息不一致，或未按规定使用施封锁时。

（5）卸车（换装）发现货物件数或重量较票据记载信息多出时。

（6）依据其他有关规定，需要证明时。

在办理货运检查交接作业时发现问题，按规定拍发的交接电报应视为普通记录。

货运记录根据货物损失报告编制。货物损失报告应由货运员或负责接取送达的物流企业相关人员根据现场勘查情况，在发现当日编制。货物损失报告应如实记载损失货物及有关方面的当时现状，填写字体要工整清晰，项目各栏填写齐全，并应由编制人本人签字。其他参加检查货物（车）的有关人员也应签字，同时注明其所属单位名称。货物损失报告有涂改时，在涂改处应加盖编制人员的人名章。

货物损失报告由货运值班员审核签字后，连同收集的施封锁、现场影像等相关资料，一并交货物损失处理人员。

货物损失处理人员接到货物损失报告后，应核实货物损失报告各栏填写是否齐全正确，相关资料是否齐全，并在保价系统中加载货物损失报告照片。必要时，要到现场核实损失货物情况。

货运记录由车站货物损失处理人员编制。编制记录要如实记载货物损失及有关方面的当时现状，不得在记录中作损失责任的结论，记录各栏应逐项填记。货运记录应记明车（箱）体、门窗、施封或篷布的情况，货物包装及装载加固状态，损失货物装载位置、损失程度等。

通过保价系统打印的货运记录（货主页）加盖货物损失处理专用章和带有所属单位名称的人名章后生效。非系统打印、有涂改或手写的货运记录无效。

5. 货损调查

车站发现货物损失，除按规定编制货运记录外，还应在货运记录编制当日以查复书形式，通过保价系统对货物损失的原因和责任进行调查，必要时可派人外出调查。若保价系统发生软、硬件故障，车站暂无法正常使用时，应由其主管直属站段负责处理。

（1）发站编制的货运记录。

发站编制的货运记录，由发站负责处理。如确实无法联系托运人时，应在货运记录编制当日将案卷传输到站处理。

（2）中途站编制的货运记录。

中途站编制的货运记录，应在货运记录编制当日将案卷传输到站处理，并向有关站调查，同时告知发站。

一批货物中部分货物发生损失时，应拴挂"损失货物标签"（见图3-6）继运到站。继运到站前对发生损失的货物应采取防护措施，避免扩大损失。

发生火灾，货物变质，活动物死亡，气体类危险货物泄漏，剧毒品、爆炸品、放射性物品被盗丢失，货物损失能在发现站处理的，发现站应积极处理；不能在发现站处理的，应在货运记录编制当日将案卷传输到站处理，由发现站负责查明原因。

图 3-6　损失货物标签

（3）到站编制的货运记录。

到站编制的货运记录（货主页）应及时交给收货人，收货人领取货运记录时应在存查页上签收。到站卸车时，遇有发站或中途站编制的货运记录，应按照货运记录记载的情况，认真核对现货，无论情况是否相符，均应重新编制货运记录交收货人，原记录打印留存。到站编制的货运记录，应在货运记录编制当日将案卷传输发站及有关站调查。

调查案卷传输后，件数不足的货物补送齐全，在向收货人补交时应收回原货运记录（货主页），并及时通知有关站结案。补交时发生损失的，应重新编制货运记录并调查。

整车货物变更到站，新到站检查发现货车封印或货物装载状态有异状，货物发生损失时（包括附有变更站或中途站记录的），案卷传输变更站及有关站调查。

6. 货运损失责任的划分

划分货物损失责任应以事实为根据、规章为准绳。在查明货物损失情况和原因的基础上，首先应按国家法律、行政法规及国铁集团的有关规定划清承运人与托运人、收货人之间的责任。

（1）划分承运人与托运人或收货人间责任。

①依据《中华人民共和国民法典》《中华人民共和国铁路法》《货规》等有关规定，划分承运人与托运人和收货人之间责任。

②属于承运人责任时，应主动承担责任。

③涉及托运人、收货人责任和铁路局集团公司以外其他部门（包括社会物流企业）责任时，由到站（铁路局集团公司）处理，有关铁路局集团公司积极配合。

（2）划分承运人内部责任。

铁路内部各单位之间货物损失责任划分，应以《铁路货物损失处理规则》（以下简称)《货损规则》）来确定。

对货物损失定责意见有争议，经一次往返查复不能取得一致时，争议单位应在收到对方查复书 3 日内向到站提出要求裁定的查复书，并按下列规定办理：

① 轻微损失责任，到站应在收到要求裁定的查复书之日起 3 日内裁定。

② 三级损失责任，到站应在收到要求裁定的查复书之日起 3 日内将定责意见上报主管铁路局集团公司，由到达铁路局集团公司裁定。

③ 二级损失责任，到站应在收到要求裁定的查复书之日起 3 日内将定责意见上报主管铁路局集团公司，由到达铁路局集团公司与相关铁路局集团公司协商，到达铁路局集团公司裁定。

④ 一级损失责任，到达铁路局集团公司应将定责意见连同会议纪要等材料上报国铁集团裁定。

一级损失责任，国铁集团的裁定为最终裁定。二级、三级损失责任，到达铁路局集团公司的裁定为最终裁定。轻微损失责任，到站的裁定为最终裁定。

争议单位提出要求裁定的查复书后，到站应在规定时间内按权限做出裁定或上报。对二级、三级损失责任，到站未按规定上报的，由争议单位上报主管铁路局集团公司，协商到达铁路局集团公司处理。到达铁路局集团公司应及时提出裁定意见。

争议单位未在 3 日内提出要求裁定的查复书，不得再对定责单位提出的定责意见提出异议。

国铁集团、铁路局集团公司做出裁定意见后，应将裁定意见以查复书告知到站及相关单位。到站接到裁定意见后，应重新下达“定责通知书”，如图 3-7 所示。

货物损失定责通知书

第　　　　号

________________站（铁路局）：

关于________站________年____月____日编________号货运记录，由________站发到________站，办理种别________，货票第________号，货物品名________，发生________一案，根据________规定，由________、________、________、________负责。

________局________凭货物损失赔（补）偿通知第________号，已于____年____月____日对托运人（收货人）赔（补）偿________元（大写）________________，请予以转账。

列责：________________

____

____

清算：________________

____

____

定责单位（章）

年　　月　　日

抄送：________________

____

____

____

规格：A4 竖印

图 3-7　货物损失定责通知书

凡按规定权限定责的货物损失，责任站（铁路局集团公司）必须尊重定责意见。

对承运人责任明确的货物损失处理要坚持快速调查、快速定责。自到站编制货运记录之日起，对轻微、三级损失处理期限最长不得超过 10 日；对二级、一级损失处理期限最长不得超过 30 日。

货物损失案件应及时结案。赔偿要求人未在法定有效期间内提出赔偿要求的，法定有效期期满的次日为结案时间；赔偿要求人在法定有效期间内提出赔偿要求的，以办理完毕赔偿手续并下达"定责通知书"时间为结案时间；经调查确认非承运人责任的，以调查确认时间为结案时间。对符合结案条件的，要在保价系统内作结案处理；自然结案的，由保价系统自动结案。

责任单位收到定责通知书后，应于 10 日内确定责任部门，超过 30 日仍不能确定责任部门的，列货运部门责任（保价系统默认）。定责单位超过规定时间不调查、不定责的，列本单位货运部门责任（保价系统默认）。

7. 货物损失赔偿

车站对收货人或托运人的赔偿要求，按《货规》规定受理。但在运输途中发生的火灾、货物变质、活动物死亡等情况就地处理时，经与托运人、收货人协商同意，可由发现站受理，并通知发、到站。

受理赔偿要求时，应审核赔偿要求人的权利、有效期限、"赔偿要求书"（见图 3-8）内容，以及规定的证明文件，包括货运记录（货主页）原件、有效身份证明以及与货物损失有关的其他材料。审核无误后，在"赔偿要求书收据"上加盖货物损失处理专用章，交给赔偿要求人。

提赔单位名称或姓名				
发　站		到　站		
运单号码		货物名称		
损失数量				
提赔款额		计算方法		
记录编制单位		记录号码		
详细通信地址		电话		
		邮编		
开户银行名称及账号	收款人： 收款银行： 收款账号：			
附件名称		份　　数		
提赔单位＿＿＿＿＿＿＿＿＿＿＿＿＿＿＿＿＿＿＿＿＿（公章） 提赔人姓名及身份证号码＿＿＿＿＿＿＿＿＿＿＿＿＿（名章） 委托代理人姓名及身份证号码＿＿＿＿＿＿＿＿＿＿＿（名章） 　　　　　　　　　　　　　　　＿＿＿＿年＿＿月＿＿日提出				

图 3-8　赔偿要求书

通过铁路95306系统网上受理客户提出的赔偿要求时，受理站审核客户上传的电子赔偿材料后，需将受理情况以"客户通知书"通过铁路95306告知客户。

对非承运人责任的保价货物损失，收货人或托运人向到站或发站提出补偿要求时，比照赔偿程序受理。

轻微损失的赔偿由受理站审核办理。赔偿要求人要求以现金支付赔款的，由车站按财务规定当日完成现金赔付；赔偿要求人要求通过银行转账的，由受理站在下达"货物损失赔（补）偿通知书"（以下简称"赔通"，如图3-9所示）当日将赔偿材料报主管直属站段，由直属站段转账。轻微损失赔款备用金由车站主管直属站段财务部门按照备用金管理制度办理和监督。

主送_____：

关于_____年___月___日由_____站承运到_____站，办理种别_____，

托运人_____，收货人_____，

运单号码_____，货物名称_____，保价_____元，

发生_____货物损失，赔偿要求人于_____年____月____日，

要求铁路赔偿_____元一案，于_____年___月____日受理，

经审定同意赔（补）偿人民币_____元（大写）_____。

1. 请将上述赔款汇至：

户　　名：_____

开户银行：_____

银行账号：_____

2. 请持本通知书到_____财务领取。

收款人签字（盖章）：_____

办赔单位：_____

办赔公司：_____

办赔日期：_____

编制人员：_____

抄送：_____

_____

_____

_____

图3-9　货物损失赔（补）偿通知书

三级损失的赔偿由受理站在受理当日，以查复书写明调查过程、损失款额、赔偿金额等上报主管直属站段，抄送发、到站及相关站，由主管直属站段审核办理。

二级、一级损失的赔偿及保价货物损失补偿，由受理站在受理当日，以查复书写明调查

过程、损失款额、赔（补）偿金额等上报主管铁路局集团公司，抄送发、到站及相关站，由主管铁路局集团公司审核办理。

涉及物流总包业务的（包括客户以铁路方保证金冲抵违约金或向保函开立银行索赔违约金的），由签约单位按合同约定指定车站办理赔偿；不属车站办理权限的，由车站在受理当日，以查复书写明调查过程、损失款额、赔（补）偿金额等上报主管直属站段或铁路局集团公司，抄送发、到站及相关站，由主管直属站段或铁路局集团公司按合同约定审核办理。

办理赔（补）偿单位应填发"赔通"，并加盖货物损失处理专用章。"赔通"分为正本、副本，正本为领、付款凭证，副本为赔款通知。通过铁路货运电子商务系统网上办理赔偿的，应将"赔通"加载至铁路货运电子商务系统上告知客户。

办理赔偿的期限，自受理赔偿要求的次日起至填发"赔通"之日止为 2 个工作日。特殊情况下办理赔偿的最长期限：直属站段不超过 5 个工作日，铁路局集团公司不超过 10 个工作日。

车站上报直属站段、铁路局集团公司的赔偿资料，经审核确定不属于铁路责任时，直属站段、铁路局集团公司应说明理由与依据，告知受理站。受理站以盖有货物损失处理专用章或单位公章的函件答复赔偿要求人，同时将全部赔偿材料（赔偿要求书除外）复印留存后退还赔偿要求人，并告知有关单位。

8. 货物损失的法律纠纷处理

赔偿要求人向法院提起的诉讼案，按照国铁集团及所属企业法律纠纷案件处理的有关规定执行。法院调解或判决承运人责任生效后，由被告单位先行垫付铁路承担的款额。涉及被告单位以外铁路其他单位责任时，应根据法院的调解或判决和有关规定确定责任。

赔偿款额按照《中华人民共和国铁路法》《货规》和铁路货物保价运输的有关规定计算。

保价运输的货物发生损失时，对属于承运人赔偿责任的，应按照实际损失赔偿，赔偿额按下列标准计算：（1）全批损失时，最高不超过该批货物的保价金额。（2）部分损失时，按损失货物占全批货物的价值比例乘以保价金额计算。（3）分项填记物品名称和保价金额的，赔偿额分别计算。

未按保价运输承运的货物由于铁路责任发生损失时，铁路按实际损失赔偿，但最高不超过国铁集团规定的限额赔偿。目前规定的赔偿限额标准如下：

（1）不按件数只按重量承运的货物，每吨最高赔偿 100 元；（2）按件数和重量承运的货物，每吨最高赔偿 2 000 元；（3）个人托运的搬家货物、行李，每 10 kg 最高赔偿 30 元。如果货物的损失是由于承运人的故意行为或者重大过失造成的，则不适用赔偿限额的规定，按照实际损失赔偿。

在赔偿后又找到货物的，由货物所在站按无法交付货物处理，维持原来定责不变。

被盗丢失货物损失赔偿后，公安机关破案证明属其他单位责任时，按下列规定处理：

（1）赔款额不满一级损失的，维持原来定责不变。

（2）赔款额为一级损失的，原责任单位将原调查材料、原赔通和公安机关破案证明一并报主管铁路局集团公司审核后，自原货运记录编制之日起 180 日内，向新的责任铁路局集团公司填发"赔通"和"定责通知书"，转送上述材料。新的责任铁路局集团公司应及时转账，落实责任。超过上述期限的，仍维持原来定责不变，新的责任铁路局集团公司不予受理。

（3）货运损失统计与资料保管。车站、直属站段、铁路局集团公司对于货物损失的责任（无论是否发生赔款），均须逐件统计。货物损失按结案日期统计上报。列铁路局集团公司其他责任的，由铁路局集团公司统计上报。铁路局集团公司、直属站段根据"赔通"和"定责通知书"，检查督促管内各单位及时统计上报。

货物损失统计以一批作为一件。但由于自然灾害、火灾、行车原因，在同一车站（区间）、同一列车内、同一时间发生的多批货物损失应按一件统计，其损失等级按损失款额总和确定。一件损失由几个责任单位共同承担时，货物损失件数由主要责任单位统计；无主要责任单位的，除另有规定者外，按造成货物损失的车站顺序，由第一个责任单位统计。

因托运人、收货人责任或押运人过错使铁路运输工具、设备或第三者的货物造成损失时，分别由发站、到站统计货物损失件数，责任部门列"其他路外"。

货物在接取时发生的责任货物损失，由发站统计；货物在送达时发生的责任货物损失，由到站统计；责任部门列"接送"。货物承运前和交付后仍在车站仓储或货物仅在车站仓储时发生的责任货物损失，由提供仓储服务的车站统计，责任部门列"货运"。

货物发生的损失，凡属下列情形之一者，属非过失责任：

（1）货物在运输过程中被哄抢。

（2）在车站范围之外发生的货物被盗、丢失、损坏。

（3）非承运人过失引起的货场或列车火灾、爆炸、染毒。

（4）非承运人过失造成的货物湿损、污染。

（5）由于铁路行车原因造成的货物损失。

（6）因自然灾害，易腐货物超过容许运输期限到达而造成的腐烂。

（7）托运人派人押运的货物，既不是押运人责任又非承运人过失发生的火灾、染毒，导致货物损失。

（8）到站由收货人组织卸车的货物在货车交接时，集装箱门到门运输的货物在卸车时，发现封印失效、丢失，造成货物丢失或损坏。

（9）托运人以自备篷布苫盖货物，在运输途中自备篷布丢失、损坏及造成货物损失时。

（10）其他非承运人过失造成的但属于承运人负责赔偿的货物损失。

虽属上述情况，但查明系承运人的直接过失造成的货物损失，属过失责任。

车站、直属站段、铁路局集团公司应按月统计货物损失，于次月5日前在保价系统中统计"货物损失统计报告"和"货物损失综合统计分析报告表"。过失责任的货物损失单独统计，在"货物损失统计报告"表的相应栏内画一斜线，分子表示过失责任，分母表示过失责任与非过失责任的合计数，无过失责任时，斜线可省略。

车站、直属站段、铁路局集团公司应按季度、年度对货运安全情况进行总结分析并逐级上报。对过失责任货物损失要严格按照"损失原因不查清不放过、损失责任者得不到处理不放过、整改措施不落实不放过、教训不吸取不放过"的原则，认真组织分析：二级、三级、轻微损失的，自接到案卷之日起（自站发现的自发现之日起）10日内，由车站主管站长主持召开分析会确定责任部门，以"货物损失责任分析报告表"报告主管直属站段、铁路局集团公司；一级损失的，自责任明确之日起10日内，由责任铁路局集团公司主持召开管内货物损失责任分析会，并将结果报国铁集团货运部。

办理赔（补）偿的原始材料及货物损失案卷文档由受理站保存。货物损失赔偿材料分别由定责单位、责任单位和办理赔偿单位完整打印后保存。材料自结案的次年 1 月 1 日起，保管 3 年。

车站对施封锁（包括在专用线、专用铁路）应建立保管、请领、发放、使用、销毁或回收制度，严格做好去向登记。编有记录的施封锁，卸车站均自卸车之日起保管 180 日后方可销毁。未编有记录的施封锁保管 30 日后，方可销毁或回收。有源电子施封锁还应按时返厂。遇车站更名时，自更名之日起，原站名的施封锁可继续使用半年。

9. 无法交付货物和无标记货物的处理

（1）无法交付货物。

下列货物为无法交付货物：

① 从承运人发出领货通知次日起（不能实行领货通知的，从卸车完了的次日起），经过查找，满 30 日（搬家货物满 60 日）仍无人领取的货物。

② 收货人拒领，托运人又未按规定期限提出处理意见的货物。

③ 赔偿后又找回但收货人拒领的货物。

（2）无标记货物。

下列货物为无标记货物：

① 清仓（库、区）、清扫车底检查发现的无标记货物。

② 在铁路沿线拣拾以及公安部门交给车站的无标记货物。

③ 车站内散落的零件、货底以及其他无票据信息、无标记的货物。

（3）"两无"货物处理。

车站发现无法交付货物和无标记货物（简称"两无"货物）后，应于当日编制货运记录，核对现货、登记立卷，妥善保管。

车站自编制货运记录之日起经查找 30 日仍无线索，填写"无标记（无法交付）货物处理书"上报主管铁路局集团公司。

车站将"无标记（无法交付）货物处理书"上报铁路局集团公司后，又查找到货物的到站及收货人时，立即先用电话声明注销该项报告，然后按规定手续向到站回送。

铁路局集团公司收到车站上报的"无标记（无法交付）货物处理书"后，应及时指定车站变卖，并在保价系统内登记备查。变卖款扣除有关费用后，由变卖车站按规定上缴。

三、任务实施

【实训项目】

货物损失处理程序。

【实训目标】

熟悉货运记录及货物损失速报的编制。

【实训内容与要求】

2013 年 8 月 8 日上海铁路局集团公司合肥站承运发沈阳新民站香烟一车 300 箱,托运人新健烟草公司,收货人康康连锁超市。车号 $P_{623}107315$,货票号码 00333,运输号码 121,保价 600 万元。2013 年 8 月 18 日 10:00 到达新民站(车次 23711 次),14:20 新民站卸车时见列进方向右侧施封锁打开(F03445/03446),车门打开 500 mm。靠近车门位置有钢丝钳一把,货物堆码零乱。会同公安及有关部门卸车,16:40 卸完后清点较票记 300 箱不足 50 箱,估计损失 100 万元。

请按照规定编写货物损失速报及货运记录"事故详细情况"栏。

【成果与检测】

① 依据编写的货运记录给分;② 依据编写的货物损失速报逐项给分。

四、拓展训练

某站使用标重 60 t 棚车装运大米一车,因车辆技术状态不良,列检以车统-23 扣车,要求换装。处理站检查票据记载托运人确定重量 60 t,共 1 200 件,每件实际重量 51 kg,依据以上条件,请回答如下问题:

(1)计算该车转载量,判断其是否超载。

(2)编制普通记录,说明换装的原因和处理情况。

(3)拍发电报,抄报发、到站及发、到站货运主管部门和收入主管部门。

知识点 4 货物装载加固

一、学习目标

掌握装载加固方案的作用、种类、内容及申报审批流程,熟悉常见装载加固材料的性能指标、使用方法及注意事项,能够针对不同的货运按照《加规》标准执行。

二、知识引导

货物装载加固是保证运行安全和货物安全的重要措施,装载加固方案是一项技术工程,它包含着工程设计,是规章的具体落实。主要包括货物规格、准用货车、装载加固材料(装置)、装载方法、加固方法、其他要求等内容。我国在汲取国外好的做法的基础上,已形成了一套具有中国特色的铁路运输装载加固方案。《加规》的公布实施,对于保证铁路运输安全起到了重要作用。

（一）装载加固方案的种类和作用

铁路货物装载加固方案分为装载加固定型方案（以下简称定型方案）、装载加固暂行方案（以下简称暂行方案）和装载加固试运方案（以下简称试运方案）。

部定型方案系《加规》附件一，所列方案是国铁集团明定品名与规格的货物装载加固定型方案，此方案系列化程度较强、覆盖范围也比较广，是一个规范性的文件，与《加规》具有同等效力，是执行"按方案装车"和"装车质量签认"制度的基本依据。托运人和承运人都应该严格遵守和执行。

局定型方案是经国铁集团审查通过的铁路局集团公司明定的货物装载加固定型方案及试运方案，是对部定型方案的有效补充，这些方案很可能在适当时机被纳入部定型方案。同时，局定型方案不应与部定型方案相抵触，也不应重复。

不管部定型方案还是局定型方案，对现场来讲都具有较强的实用性和可操作性。

（二）装载加固定型方案的内容

装载加固定型方案包括 11 类 50 项，涉及货物装载品类千余种。具体分为：01 类成件包装货物；02 类集装箱、集装件及箱装设备；03 类水泥制品、料石及箱装玻璃；04 类木材、竹子；05 类起重机梁及钢结构梁、柱、架；06 类轧辊、轮对、电缆、钢丝绳、变压器及卧式锅炉；07 类金属材料及制品；08 类轮式、履带式货物；09 类圆柱形、球形货物；10 类大型机电设备；11 类口岸站进口设备。

每个货物用一个编号来编码。编号由 6 位阿拉伯数字组成。从左至右，第 1、2 位为类别代码，第 3、4 位为项别代码，第 5、6 位为顺序码。

如：020304 代表第二类集装箱、集装件及箱装设备第三项箱装设备第四个品名吊架。

每个品名的定型方案都包括以下内容：

（1）货物装载加固定型方案示意图。

（2）货物规格，指明了货物的重量范围、外形尺寸情况及货物性质。在此内容中，还应指明对货物的包装要求。

（3）准用货车，指明了车辆的使用限制情况。

（4）加固材料位置，指出所用加固材料的种类。

（5）装载方法，确定出了合理、具体的装车方案。

（6）加固方法，确定了装车后具体的加固措施，按方案加固即是严格按此条规定进行加固。

（7）其他要求。本条规定的是一些有关装载加固的特殊规定或强调装载加固后的附属工作。

（三）装载加固方案的执行

凡使用铁路敞车、平车、长大货物车及敞、平车类专用货车装运的成件货物，有定型方案、暂行方案和试运方案的，一律严格按方案装车。

无方案的，由托运人在托运货物之前向装车站申报计划装载加固方案（以下简称计划方案，含方案比照申请）和相关资料，装车站按规定报批。装车单位按批准的方案组织装车。

与定型方案和暂行方案中货物规格（包括单件重量、重心位置、外形尺寸、支重面长度和宽度等）相近，装载加固方法相同并且使用相同车辆装载的货物，托运人可向装车站申请比照该定型方案或暂行方案，经发送铁路局集团公司审查批准后方可实施。

试运方案和超过有效期的暂行方案不得比照。

此外，货物规格或外形尺寸符合定型方案（或暂行方案）的范围，但货物件数或单件重量少于方案的，车站可直接按照定型方案（或暂行方案）进行装车，可不另行申报比照方案。

（四）装载加固方案的申报和批准

1. 申报计划方案应提供的资料

托运人向装车站申报计划方案时，应详细提供货物的外形尺寸、单件重量、重心位置、支重面长度及宽度、货物运输安全的特殊要求等相关资料。

申报暂行方案时，还应同时提出装载加固计算说明书，此外还应同时提出由国铁集团认定的方案论证、技术检测机构出具的方案论证和试验报告。

托运人应在计划方案上盖章或签字，并对内容的真实性负完全责任。对货物的活动部位（部件）、货物的装载加固特殊要求以及涉及货物和运输安全方面的其他重要情况，托运人须提出书面说明。

暂行方案申请一式4份，经站段逐级审核后按规定上报审批。地方铁路、合资铁路需申报的装载加固方案由接轨站所属站段按权限负责审核、上报。铁路局集团公司将逐步开发运用装载加固方案网上审批系统。

2. 试运方案的论证和试验程序

论证和试验单位会同托运人、承运人提出试验大纲，并报国铁集团运输局核准；按核准的试验大纲进行论证、试验；提出方案论证和试验报告。试验大纲内容应包括：试运事项名称、目的、技术经济可行性研究结论，拟采用的装载加固方法或装载加固材料及装置设计方案，静、动强度试验和运行试验方案，试验方法与手段，评判依据与标准，试运承担单位安全责任划分，安全应急预案等。

重大的试运事项由国铁集团运输局组织专题研究，充分论证。

3. 受理试运方案

装车站收到托运人提出的计划试运方案、方案论证和试验报告后，逐级审核上报国铁集团运输局。

4. 组织试运

铁路局集团公司按批准的试运方案组织试运。试运工作要精心组织，根据实际情况进行押运或跟踪监测。试运结束后铁路局集团公司应按要求及时提出试运总结报告报国铁集团运输局。

5．试运方案的管理

装车站要建立试运方案管理台账，对试运方案从严掌握，在货物运单"承运人记载事项"栏和货票"记事"栏内记明方案编号。

到站要对按试运方案装车的货物装载加固状况进行重点检查和确认。

到站、中途站发现问题时，除按规定处理外，同时向国铁集团运输局及发送铁路局集团公司、发站拍发电报，电报中应记明以下事项：发站、到站、装车单位、承运日期、方案编号、存在的问题、处理情况等。

（五）装载加固方案的有效期

定型方案长期有效；试运方案不跨年度，连续试运期限一般不应超过 3 年；暂行方案有效期及比照方案有效期由铁路局集团公司规定。凡需继续执行的暂行方案（比照方案）和试运方案，方案执行单位须在有效期结束前一个月将方案执行情况（试运方案为试运总结）和下一步运用请求逐级审核上报方案批准单位，经审查批准后方可继续实施。逾期未申报者，原暂行方案（比照方案）和试运方案自行废止。暂行方案有效期以年度为单位，不跨年度，但比照方案的有效期经批准可按被比照方案有效期执行。

（六）常用装载加固材料

1．加固材料和加固装置分类

（1）按加固方式分类。

① 拉牵捆绑材料：包括镀锌铁线、盘条、钢丝绳和钢丝绳夹、固定捆绑铁索、绳索、螺旋式紧线器、84 型紧固器、腰箍。

② 衬垫材料：包括垫木和隔木、条形草支垫、稻草绳把、稻草垫、橡胶垫。

③ 掩挡类材料：包括支柱、挡木、钢挡、锅炉挡铁、掩挡、铁泥塑料挡、围挡及挡板（壁）。

④ 其他材料：包括绳网、焦炭网、绞棍、圆钢钉、扒锔钉、U 形钉、U 形夹、钢板夹。

（2）按材质分类。

① 木质类：主要用来垫或挡货物，如支柱、垫木、挡木等。

② 钢铁制品类：主要用来拉牵、捆绑、焊接加固货物，如铁线、钢丝绳、型钢等。

③ 其他材质类：主要用来防滑，如橡胶垫、草支垫等。

2．加固材料规格、性能和使用方法

（1）镀锌铁线。

镀锌铁线的质量应符合国家标准 GB/T 343《一般用途低碳钢丝》的要求。镀锌铁线的破断拉力应以产品标签上的数据为准，需用拉力取其破断拉力的 1/2。常用镀锌铁线的破断拉力和需用拉力如表 3-9 所示。

表 3-9　常用镀锌铁线的破断拉力和许用拉力

线　号	6	7	8	9	10	11	12
直径/mm	5.0	4.5	4.0	3.5	3.2	2.9	2.6
破断拉力/kN	6.7	5.4	4.3	3.29	2.75	2.26	1.82
许用拉力/kN	3.35	2.7	2.15	1.64	1.37	1.13	0.91

使用镀锌铁线拉牵加固的方式主要有：八字形、倒八字形、交叉、又字形或反又字形等。各种拉牵方式可单独使用，也可 2 种或 2 种以上组合使用。拉牵应尽可能对称。拉牵加固时，将单股或双股镀锌铁线在货物和车辆的两拴结点间往返缠绕，并应拽紧镀锌铁线使各股松紧度尽量一致。剩余部分穿插燃烧于自身绳杆后，使用绞捆绞紧，余尾朝向车内。

应合理选择货物上的拉牵位置。用于防止货物水平移动时，拉牵位置应尽量低些；用于防止货物倾覆时，拉牵位置可适当高些。

使用注意事项：

① 拉牵用镀锌铁线直径不得小于 4 mm，捆绑用镀锌铁线直径不得小于 2.6 mm。

② 镀锌铁线不得用作腰箍下压式加固，一般不用作整体捆绑。

③ 绞紧时不得损伤镀锌铁线。

④ 禁止使用 2 股以上镀锌铁线一次性缠绕的操作方法。

⑤ 禁止使用受损、使用过的镀锌铁线。

（2）盘条。

盘条主要用于拉牵加固货物，可防止货物产生倾覆、水平移动和滚动，不得用作腰箍下压式加固，可用作整体捆绑，常用盘条的破断拉力和许用拉力如表 3-10 所示。

表 3-10　常用盘条的破断拉力和许用拉力

直径/mm	5.5	6	6.5
破断拉力/kN	7.96	9.47	11.12
许用拉力/kN	3.98	4.73	5.56

使用注意事项：

① 禁止使用受损、使用过的和表面有裂纹、折叠、结疤、耳子、分层、夹杂的盘条。

② 绞紧时不得损伤盘条。

③ 拉牵时，禁止盘条两端头相互搭接缠绕。

④ 盘条不得用作腰箍下压式加固。

（3）钢丝绳和钢丝绳夹。

钢丝绳和钢丝绳夹的质量应分别符合国家标准 GB/T 20118—2017《钢丝绳通用技术条件》和 GB/T 5976—2006《钢丝绳夹》的要求。

实际使用时，钢丝绳的破断拉力应以产品标签上的数据为准，许用拉力取其破断拉力的 1/2。钢丝绳的型号规格较多，为便于现场掌握和操作，以上述标准中公称抗拉强度 1 670 N/mm^2 的 6×19（b）（1+6+12）型钢丝绳为例，列出常用钢丝绳直径及其相应的最小破断拉力和许用拉力，如表 3-11 所示。

表 3-11　公称抗拉强度 1 670 N/mm² 规格 6×19（b）钢丝绳的最小破断拉力和许用拉力

钢丝绳直径/mm	6	7	7.7	8	9	9.3	10	11	12	12.5	13
最小破断拉力/kN	18.5	25.1	31.7	32.8	41.6	45.6	51.3	62	73.8	81.04	86.6
许用拉力/kN	9.25	12.55	15.85	16.4	20.8	22.8	25.65	31	36.9	40.52	43.3
钢丝绳直径/mm	14	15.5	16	17	18	18.5	20	22	24	26	28
最小破断拉力/kN	100	126.6	131	153.27	166	182.37	205	248	295	346	402
许用拉力/kN	50	63.3	65.5	76.63	83	91.18	102.5	124	147.5	173	201

　　钢丝绳夹结构如图 3-10 所示，常用钢丝绳夹规格尺寸和适用钢丝绳最大直径如表 3-12 所示。

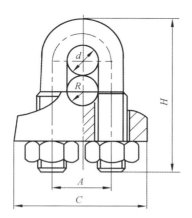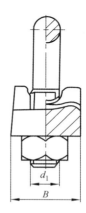

图 3-10　钢丝绳夹结构

表 3-12　常用钢丝绳夹规格尺寸和适用钢丝绳最大直径

序号	绳夹公称尺寸 d/mm	主要尺寸/mm					螺母 d_1	适用钢丝绳最大直径/mm
		A	B	C	R	H		
1	6	13	14	27	3.5	31	M6	6
2	8	17	19	36	4.5	41	M8	8
3	10	21	23	44	5.5	51	M10	10
4	12	25	28	53	6.5	62	M12	12
5	14	29	32	61	7.5	72	M14	14
6	16	31	32	63	8.5	77	M14	16
7	18	35	37	72	9.5	87	M16	18
8	20	37	37	74	10.5	92	M16	20
9	22	43	46	89	12	108	M20	22
10	24	45.5	46	91	13	113	M20	24
11	26	47.5	46	93	14	117	M20	26
12	28	51.5	51	102	15	127	M22	28

　　注：按钢丝绳直径选用相应公称尺寸的钢丝绳夹，无对应尺寸时钢丝绳夹的公称尺寸应略大于钢丝绳直径。

使用方法：

① 使用钢丝绳拉牵加固的方式主要有：八字形、倒八字形、交叉、又字形或反又字形等。各种拉牵方式可单独使用，也可2种和2种以上组合使用，拉牵应尽可能对称。

② 应合理选择货物上的拉牵位置。用于防止货物水平移动时，拉牵位置应尽量低些；用于防止货物倾覆时，拉牵位置可适当高些。

③ 拉牵加固时，将钢丝绳穿过紧线器或绕过拴结点后，绳头折回与主绳并列，使用与之匹配的钢丝绳夹固定。

④ 钢丝绳还可用于腰箍下压式加固和整体捆绑。

⑤ 固定钢丝绳端头时，使用钢丝绳夹的数量不得少于3个，并如图3-11（a）所示进行布置；两根钢丝绳搭接时，并列绳头应拉紧，用不少于4个钢丝绳夹正反扣装并紧固，如图3-11（b）所示。钢丝绳夹间的距离 A 等于 6～7 倍钢丝直径，绳头余尾长度应控制在 100～300 mm。

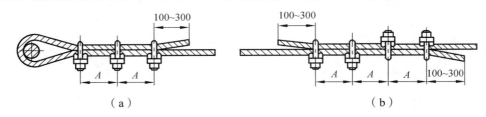

图 3-11　钢丝绳夹使用示意图

⑥ 应先紧固离拴结点最近的钢丝绳夹。

⑦ 加固时钢丝绳应松紧适度。

⑧ 搭接钢丝绳时，钢丝绳的底板必须扣装主绳一侧。

使用注意事项：

① 禁止使用受损的钢丝绳。

② 禁止使用吊车吊钩长且紧的钢丝绳。

③ 紧线器与钢丝绳串联使用时，其抗拉强度应与钢丝绳匹配。

④ 钢丝绳夹的夹座表面应光滑平整，无尖棱和冒口，不得有降低强度和有损外观的缺陷（如气孔、裂痕、疏松、夹砂、铸疤、起磷、错箱等）。

⑤ 夹座的绳槽表面应与钢丝绳的表面和捻向吻合；U 形螺栓杆部表面不允许有过绕裂纹、凹疤、斑疤、条痕、氧化皮和浮锈。

⑥ 螺纹表面不许有碰伤、毛刺、双牙尖、划痕、裂缝和丝扣不完整。

（4）绳索。

绳索的破断拉力不得小于 7.84 kN，加固轻浮货物时其破断拉力不得小于 2.94 kN，绳索 80% 破断拉力时的伸长率不大于 15%。绳索应使用优质棕、麻制作或用抗拉强度和伸长率符合要求的尼龙丝等材料制作。

使用方法：

① 据货物装载情况，绳索可采用横向下压捆绑、纵向下压捆绑、端部交叉捆绑和货件的串联捆绑等形式。横向下压捆绑应垂直下压，操作有困难时，也可采用横向扇形下压捆绑，如图 3-12 所示。

② 出车辆端侧板（墙）装载的成件包装货物可采用端部交叉捆绑，如图 3-13 所示；也可采用端部双交叉捆绑，如图 3-14 所示。

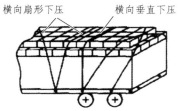

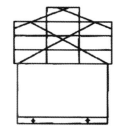

图 3-12　绳索下压捆绑　　　　图 3-13　绳索单交叉捆绑　　　　图 3-14　绳索双交叉捆绑

③ 横向下压捆绑时，绳索应拴结在车侧丁字铁或支柱槽上；纵向下压捆绑时，绳索应拴结在车辆端梁丁字铁提钩杆支座上。

④ 捆绑绳索经过手闸制动台时，应从其上方绕过；经过手闸制动杆或提钩杆时应从其内侧穿过。

⑤ 绳索拴结后，应缠绕在自身绳杆上并至少打两个死结，绳头余尾长度不得超过 300 mm，一般不小于 100 mm。

⑥ 蝴蝶套拴结法：将绳索向下拉紧并绕丁字铁的直铁一周后，做成蝶翅状圈套，套入丁字铁一段横铁拉紧；然后再做蝶翅状圈套，套入丁字铁另一端横铁拉紧。

⑦ 链扣抽结拴结法：绳索穿过支柱槽向下拉紧后绕槽壁两周，在支柱槽上方做成直径约 50 mm 的扣眼，然后将绳头绕绳杆一周并穿过扣眼向下拉紧，上述方法要连续 2 次。绳索在敞车下门折页横铁上的拴结，应采用链扣抽结拴结法拴结。

使用注意事项：

① 使用绳索捆绑加固货物时必须两人以上配合操作，一部分人理顺绳索走向，一部分人不断收拉绳索，必须使之紧实有力。也可使用紧线器收拉绳索。

② 禁止在提钩杆和制动手闸拴结。拴结需经过提钩杆和制动手闸等时，不得妨碍提钩杆和制动手闸等正常使用。

③ 车装载的货物，禁止使用绳索在车侧拴结点上拴结后，绕过货物侧面、顶面和端面与车端拴结点拴结的交叉捆绑，如图 3-15（a）所示。

④ 禁止使用绳索仅绕过货物侧面和端面，而不绕过货物顶面的捆绑，如图 3-15（b）所示。

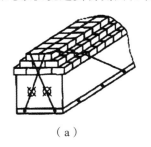
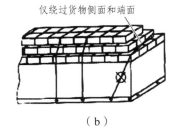

（a）　　　　　　　　　　　　　（b）

图 3-15　禁止使用的绳索拴结方法

⑤ 横向下压捆绑绳索不允许有接头，端部交叉捆绑和纵向下压捆绑绳索，每道允许有

一个接头。

⑥ 绳头余尾只准许缠绕自身绳杆，禁止攀拉其他绳杆。

（5）腰箍。

腰箍主要用于加固顺装的圆柱体货物，也可用于加固箱形货物。使用扁钢制作腰箍时，扁钢的力学性能应符合国家标准 GB/T 700—2006《碳素结构钢》、GB/T 699—2015《优质碳素结构钢》、GB/T 3077—2015《合金结构钢》的要求。扁钢截面尺寸应根据腰箍强度计算结果确定；使用钢丝绳制作腰箍时，其质量应符合国家标准 GB/T 20118—2017《钢丝绳通用技术条件》的要求，钢丝绳规格尺寸根据腰箍强度计算结果确定。

使用方法：

① 腰箍两端应分别与车辆拴结点或钢座架相连，其预紧力应达到设计要求。

② 通过螺栓张紧腰箍时须用双螺母紧固。

③ 腰箍可与螺旋式紧线器配合使用。

④ 腰箍与货物接触处可加垫橡胶垫等。

注意事项：

① 木箱包装的货物、外壳较薄易于损坏的货物不宜采用腰箍进行加固。

② 禁止使用镀锌铁线、盘条制作腰箍。

③ 禁止使用仅一端有紧固装置的扁钢腰箍。

（6）垫木和隔木。

装运货物时，为增大货物支重面的长度和宽度、降低超限等级或避免超长货物突出部分底部与游车车底板接触，必要时需使用纵横垫木；在分层装载货物时，特别是金属制品，为防止层间货物滑动，必须使用隔木。常见规格如表 3-13 所示。

表 3-13 垫木和隔木的常用规格尺寸

名 称	规格尺寸/mm			要 求
	长	宽	高（厚）	
横垫木	2 700～3 000	150	140	装载超长货物时横垫木的高度根据突出车端长度计算确定
纵垫木	—	150	140	
隔 木	—	100	35	长度不得小于货物的装载宽度

注：本表规定的规格，如不能适应所装货物需要，应在具体装载加固方案中明确。

（7）条形草支垫、稻草绳把、稻草垫、橡胶垫。

条形草支垫、稻草绳把用于支承货物并起防滑作用，既可置于车地板之上，也可置于货物层间。同层货物下衬垫的条形草支垫、稻草绳把规格应相同。稻草垫一般铺垫于货物与车地板间或货物层间用作防滑衬垫材料。条形草支垫、稻草绳把、稻草垫均限一次使用。

橡胶垫用作衬垫、防滑材料时，一般置于货物与车地板间或货物层间；用作防磨材料时，置于拉牵加固材料与货物、车辆棱角接触处；作为缓冲材料，一般置于货物与阻挡加固材料间。

条形草支垫使用注意事项：

① 禁止使用腐烂变质稻草或有伤痕、锈蚀的镀锌铁线制作的条形草支垫。

② 避免集重装载时，条形草支垫在车地板上的铺垫位置应满足《加规》有关要求。

③ 严格控制货物装车时的温度，以防条形草支垫焦煳、燃烧造成失效。

④ 条形草支垫限一次性使用。

稻草绳把使用注意事项：

① 禁止使用腐烂编制的稻草或有伤痕、锈蚀的镀锌铁线制作的稻草绳把。

② 避免集重装载时，稻草绳把在车地板上的铺垫位置应满足《加规》有关要求。

③ 严格控制货物的装车温度，以防稻草绳把焦煳、燃烧造成失效。

④ 稻草绳把限一次性使用。

稻草垫使用注意事项：

① 禁止使用腐烂编制稻草制作的稻草垫。

② 严格控制货物装车时的温度，以防稻草垫焦煳、燃烧造成失效。

③ 稻草垫限一次性使用。

橡胶垫使用注意事项：

① 橡胶垫在安放、使用过程中，应避免与油脂等油类物质以及其他对橡胶有害的物质接触。

② 橡胶垫不得使用再生橡胶制作。

（8）支柱。

支柱一般分为木支柱、钢管支柱和竹支柱 3 种，常用支柱的材质和规格如表 3-14 所示。

表 3-14　常用支柱的材质及规格

类　型	材质或树种	规格/mm		
		长度	大头直径	小头直径
木支柱	榆、柞、槐、楸、桦、栗、栎、榉、水曲柳等各种硬木	≤2 800	不小于 85 不大于 160	不小于 65
	落叶松、黄菠萝		不小于 105 不大于 160	不小于 85
	杉木、樟松		不大于 180	不小于 100
钢管支柱	普通碳素钢或其他钢种的无缝钢管或焊接钢管		不小于 65	不小于 65
竹支柱	毛　竹		不小于 80	不小于 80

注：各种材质木支柱的直径均不含树皮的厚度。

木支柱应以坚实圆直的木材制成，不允许有腐朽、死节和虫眼（表皮虫沟除外），活节不超过 2 个；钢管支柱须圆直、无裂纹、壁厚不小于 4 mm，禁止使用铸铁管制作支柱；竹支柱需用节密、瓤实、圆直的竹子制成，不得有腐朽、虫眼和裂缝。

支柱使用方法：

① 敞车使用木、竹支柱时必须倒插。

② 木支柱外插时应将其大头加工成四方形，紧插在支柱槽内，并适当露出支柱槽下，露出的长度不得超过 200 mm。

③ 钢管支柱外插使用时，其插入端应焊有挡铁，钢管支柱也可用 8 kg/m 以上的轻轨代用。

④ 竹支柱仅限装运竹子及轻浮货物时使用。

⑤ 使用敞车装载木材、竹子时，支柱的使用数量按《加规》有关规定办理。

支柱使用注意事项：

① 安插支柱不得超限。

② 支柱折断时必须更换。

③ 使用平车时，不得使用竹支柱，木支柱不得倒插。

④ 用桦木作支柱必须剥皮或蹚平。

（9）挡木、钢挡。

挡木主要用来加固平支重面货物，防止货物移动或颠覆。挡木的宽度与高度应相等，常用规格（长×宽×高）为 400 mm×100 mm×100 mm。钢挡的结构、尺寸可根据实际使用需要确定。

挡木应采用材质良好：纹理清晰、无腐朽、无木节、无裂纹的木材制作。钢挡可用型钢或钢板制作。

挡木、钢挡使用方法：

① 装载平支撑面货物时，可以在货物两端和两侧加挡木或钢挡，如图 3-16 所示。

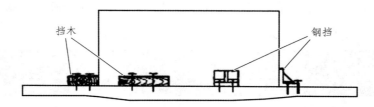

图 3-16　挡木、钢挡与车地板钉固

② 挡木、钢挡一般采用钉固或螺栓连接的方式固定，钢挡还可通过直接焊接的方式固定。

③ 固定挡木和钢挡的圆钢钉应垂直钉进，圆钢钉的长度应接近于将车地板钉穿。

在使用过程中，为防止挡木或钢挡受力后翻倒，挡木钢挡不宜过高，并且挡木不得拼接。

（10）掩挡（三角挡、掩木、方木、凹木）。

三角挡、掩木、方木、凹木等加固材料主要用来加固圆柱形货物及轮式货物，其规格应根据货物的重量、直径（或轮径）等确定。掩挡与车或垫木的联结强度必须足以防止其自身移动和倾覆。使用三角挡或掩木掩挡轮式货物时，其一侧斜面应与货物贴实，底面与车地板接触处应平整。

木制三角挡应选用无节、无裂纹、无虫眼的一级木材制作，掩木、方木、凹木应用坚实的二级及以上木材制作；凹木可用坚实的横垫木与掩木配合制作，必要时，凹木的斜面应尽可能按被掩圆柱体半径制作成弧面，并用螺栓与横垫木牢固连接，每块掩木使用的螺栓数不得少于 2 个；凹木的宽度不小于凹木低面至凹部最低点高度的 1.2 倍。其使用规格如下：

① 单独使用时，三角挡、掩木的有效高度和凹木的凹部深度按《加规》附件二公式计算确定；配合其他加固方法使用时，高度（深度）可适当降低。三角挡的底宽不得小于高度的 1.5 倍，其高度经计算不足 100 mm 时，按 100 mm 取用。

② 常用方木的规格（长×宽×高）为 500 mm×200 mm×160 mm。

（11）围挡及挡板（壁）。

围挡用于挡固敞车装载焦炭的起脊部分，常见的有竹芭、竹板、箭竹、钢网、木板围挡，如图 3-17 所示。

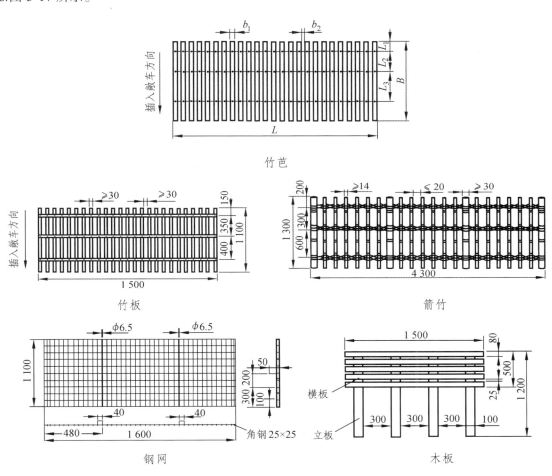

图 3-17　围挡结构

围挡及挡板（壁）安装不得超限。禁止使用腐朽的竹板、锈蚀的铁线来制作围挡。

（12）绳网、焦炭网。

绳网一般用于加固起脊装运的成件包装货物或袋装货物。绳网主要由网筋、转筋和系绳组成，根据使用特点，绳网分为上封式绳网和下捆式绳网 2 种。上封式绳网使用时，需预埋在未超出敞车端侧墙的货物下，继续装载货物至规定的层数，向上翻起绳网，拉紧系绳，将起脊货物通过绳网上的系绳捆绑成一体；下捆式绳网通常用于加固空铁桶。当空铁桶起脊装载至规定的高度后，先按要求捆绑绳索，然后苫盖下捆式绳网，拉紧系绳并将其捆绑拴结在敞车下门挂钩或丁字铁上。

使用绳网时，系绳必须拉紧拴牢，且不得拴结在制动杆或提钩杆上，绳网不得腐烂、腐蚀和使用再生材料，同一张绳网上的同种构件不应存在断筋、变形及有碍使用的编织缺陷。

焦炭网用于敞车装载焦炭起脊后，将其系绳拴结在敞车下门挂钩或车侧丁字铁上，防止焦炭坠落。焦炭网通过一般彩尼龙等聚合料绳纺织制成，分为 A 型和 B 型 2 种，如图 3-18 所示。

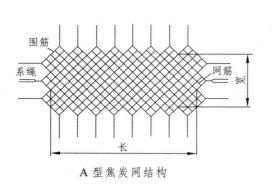 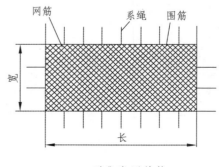

A 型焦炭网结构　　　　　　　　　　B 型焦炭网结构

图 3-18　A、B 型焦炭网结构

焦炭网网筋的破断拉力不得小于 60 N，围筋和系绳的破断拉力不小于 150 N，80% 破断拉力时的伸长率不大于 18%。

使用焦炭网时，系绳必须拉紧拴牢，且不得拴结在制动杆或提钩杆上。

（13）绞棍。

绞棍用于将缠绕后的镀锌铁线、盘条等绞紧，绞棍选用圆直坚实的硬杂木、钢管等制作，直径一般为 50 mm，长度为 600 mm，操作困难时，可根据实际需要规定。

绞棍留用时必须予以固定（见图 3-19），且不超限；绞棍不留用时可采取防松措施（见图 3-20）。绞棍绞拧不宜过紧和过松，不得操作拉牵捆绑线。

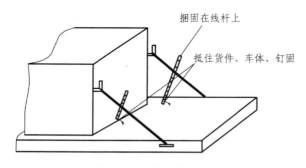

图 3-19　绞棍的固定

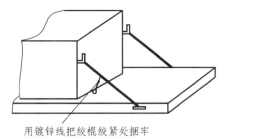
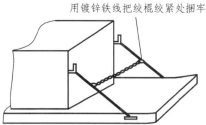

用镀锌铁线把绞棍绞紧处捆牢

用镀锌线把绞棍绞紧处捆牢

图 3-20　绞棍不留用时防松措施

（14）圆钢钉、扒锔钉。

圆钢钉、扒锔钉主要用于钉固三角挡、挡木、垫木、轮挡等加固材料。使用圆钢钉应交错布置、垂直钉入，并应避开车地板的缝隙或木板裂纹，同时圆钢钉和的长度必须保证能够接近于将车地板钉穿。使用扒锔钉应避免钉在木质加固材料同一横纹上，同时避开车地板的缝隙或木板裂纹。

常用圆钢钉的规格尺寸如表 3-15 所示。

表 3-15　常用圆钢钉的规格尺寸　　　　　　　　　　　单位：mm

直　径	5	5.5	6	6.5
长　度	100～130	120～175	150～200	160～220

三、任务实施

【实训项目】

货物装载加固。

【实训目标】

熟悉常见货物加固的材料及使用方法。

【实训内容与要求】

某站 2009 年 1 月 23 日装运一车卷钢（C$_{64}$　4828412）如图 3-21 所示，途中经超偏载仪检测发现偏重 15 t，扣车核实立装卷钢 2 件各 26 t，卷径 1 750 mm，板宽 1 800 mm，使用稻草绳把呈辐射状衬垫，2 件卷钢分别前窜 1 500 mm、1 000 mm。请指出该车装载主要存在哪些问题。

图 3-21　卷钢装载加固

【成果与检测】

①编制分析报告；②教师根据其内容量化给分。

四、拓展训练

某站使用敞车装载袋装纯碱，未按规定装载加固，在途中发生货物窜动、脱垛，危及行车安全，货检扣车整理。如图 3-22 所示是该车甩至货场揭开篷布后的现状，请根据照片指出在装载加固方面存在的主要问题，并说出正确的装载加固方法。

图 3-22　袋装纯碱装载加固

学习子情境 3.2　散堆装货物运输

扫码下载
3.2 节 PPT

📖 任务描述

本次任务要求学生能熟悉货运的各个工种，包括货运值班员、货运安全员、货运核算员、货运检查员、内外勤货运员、装卸值班员等，熟悉散堆装货物作业标准，熟悉运单和货票填制。具体如下：

（1）整车货物的运输组织过程。

（2）煤炭如何进行装载加固。

PPT 讲解视频
散堆装货物运输

知识点 1　整车货物运输

一、学习目标

掌握货运组织整车货物发送、途中和到达的作业标准，能够针对不同的货运按照整车货物作业标准执行。

二、知识引导

铁路货物运输计划是运输任务有序完成的基本保证。整车货物运输过程主要分为发送、途中、到达 3 个环节。其中发送作业主要包括受理、进货、验收、装车、制票、承运等环节；途中作业主要包括货物的交接、检查、整理换装、运输变更及运输阻碍的处理等；到达作业主要包括货物的卸车、保管、交付等。铁路整车货物作业程序图如图 3-23 所示。

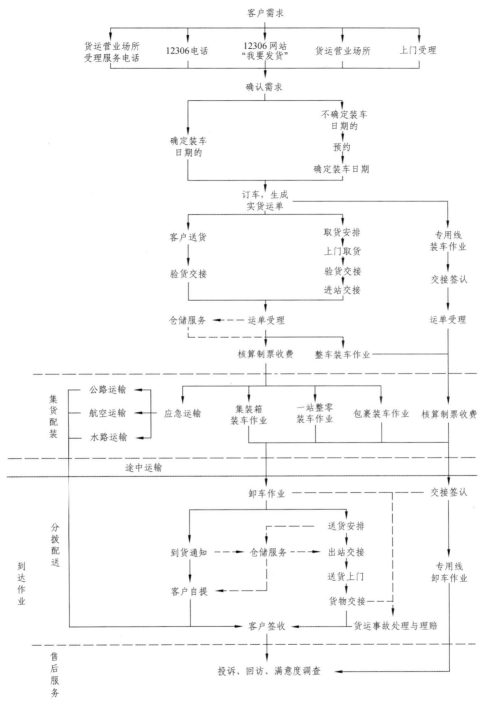

图 3-23　整车货物作业程序图

（一）整车货物发送作业标准

货物在发站所进行的各项货运作业，统称货物的发送作业。它是铁路货物运输技术作业过程的开始阶段，包括受理、进货、验收、保管、装车、制票等环节。

1. 受　理

铁路部门为客户提供多种需求受理渠道，包括：95306 客服电话、95306 网上营业厅、货运营业站（包括货运中心、营业场所，下同）受理服务电话、铁路客服人员上门服务，以及客户到铁路货运营业站直接提出运输需求。其中，95306 客服电话、95306 网站"我要发货"由 95306 货运客服人员受理；货运营业站受理服务电话、铁路客服人员上门服务由货运营业站铁路客服人员受理。客户到铁路货运营业站直接提出运输需求，由铁路客服人员面对面与客户进行沟通，受理运输需求。各渠道受理的需求全部通过 95306 货运电子商务系统（简称电商系统）进行提报。

2. 进　货

托运人凭进货通知、纸质运单需求联或需求号，在指定日期将货物搬入货场指定的位置即为进货。进货需要做好以下工作：

（1）检查货位。

检查待分配的货区货位是否清洁，确认货区货位满足货物存放需求，告知托运人、进货工组货区货位。

（2）安检查危。

根据货物特点采取合理的安检方式，检查普通货物中是否夹带危险货物，危险货物中是否夹带禁止配装的货物。

（3）查验货物。

① 货物名称、件数、重量与运单记载是否相符。

货物名称应与"铁路货物运输品名检查表"中的货物名称一致。

整车货物原则上按件数和重量承运，但有些非成件货物或一批货物件数过多而且规格不同，在货运作业中，点件费时费力，只能按重量承运，不计件数。这些货物有：

a. 散堆装货物；

b. 成件货物规格相同（规格在 3 种以内视作规格相同），一批数量超过 2 000 件；

c. 规格不同，一批数量超过 1 600 件。

有些货物价值较高，无论规格是否相同，按一批托运时，每件平均重量在 10 kg，只要托运人能按件点交给车站的，铁路都应按件数和重量承运。

货物的重量（包括货物包装重量），不仅是承运人与托运人、收货人之间交接货物和铁路计算运费的依据，而且与货车载重量的利用和列车运行的安全都有很大的关系，同时也影响铁路运营指标。因此货物重量的确定必须准确。

② 货物的状态是否良好。

货物状态有缺陷，但不致影响货物安全，可以由托运人在货物运单内具体注明后承运。

③ 货物的运输包装和标志是否符合规定。

货物的运输包装是保证货物运输安全的主要条件，包装货物是托运人应尽的义务之一。因此，托运人托运货物，应根据货物的性质、重量、运输种类、运输距离、气候以及货车装载等条件，使用符合运输要求、便于装卸和保证货物安全的运输包装。

托运的货物，应按国家包装标准或国铁集团包装标准(行业标准)进行包装。对没有统一规定包装标准的，车站应会同托运人研究制定货物运输包装暂行标准，共同执行。对于需要试运的货物运输包装，除另定者外，车站可与托运人商定条件组织试运。

货物的运输包装不符合以上要求时，应由托运人改善后承运。

3. 验　收

货场门卫人员和线路货运员对搬入货场的货物进行有关事项的检查核对，确认符合运输要求并同意货物进入场、库指定货位叫验收。验收时需要检查的内容主要有以下几项：

（1）货物名称、件数、重量与运单记载是否相符。

（2）货物的状态是否良好。货物状态有缺陷，但不致影响货物安全，可由托运人在货物运单内具体注明后承运。

（3）货物的运输包装和标志是否符合规定。货物的运输包装是保证货物运输安全的主要条件，也是托运人应尽的义务之一。因此，托运人托运货物，应根据货物的性质、重量、运输种类、气候以及货车装载等条件，使用符合运输要求、便于装卸和保证货物安全的运输包装。

托运的货物，应按国家包装标准或部包装标准（行业标准）进行包装。对没有统一规定包装标准的，车站应会同托运人研究制订货物运输包装暂时标准，共同执行。对于需要试运的货物运输包装，除另定者外，车站可与托运人商定条件组织试运。

（4）货物的标记（货签）是否齐全、正确。货签是将货件与货物运单相联系的纽带，是保证货物正确运输的重要手段，在运输过程中具有重要作用。货物标记是一种指示标记，其记载内容必须与运单对应栏目记载相符。

标记应用坚韧材料制作。在每件货物两端各粘贴或钉固一个标记。包装不适宜粘贴或钉固标记时，可适用拴挂的办法。不适宜用纸制标记的货物，应使用油漆在货件上书写标记或用金属、木质、布、塑料板等材料制成的标记。

托运行李、搬家货物除使用布质、木质、金属等坚韧的货签或书写标记外，还应在货物包装内部放置标记，以确保外部标签丢失时，能迅速判明货物的到站。

货件上与本批货物无关的运输标记和包装储运图示标志，托运人必须撤除或抹消。

（5）装载整车货物所需的货车装备物品或加固材料是否齐全。装载整车货物所需的货车装备物品(禽畜架、篷布支架、粮谷挡板、饲养用具、防寒棉被、苫垫物品)和货物加固材料均由托运人准备，并应在货物运单托运人记载事项栏内记明其名称和数量，在到站连同货物一并交付收货人。货车装备物品和货物加固材料由承运人代为准备的，核收装载加固材料费。

4. 保　管

托运人将货物搬入车站，经验收完毕后，一般不能立即装车，需在货场内存放，这就产生了保管的问题。整车货物可根据协议进行保管；零担货物和集装箱运输的货物，车站在收货完毕时即负保管责任。

5. 装　车

装车作业是铁路货物运输工作的一个重要环节。装车质量直接影响到货物安全、货物运送速度、车辆周转时间以及列车运行安全。因此，合理使用货车、合理组织劳动力和装卸机械、遵守装车作业规章制度和作业程序，对顺利完成装车作业具有重要意义。货物的装车应做到安全、迅速、满载，这是对装车作业的基本要求。在装车过程中，无论是谁负责装车都应遵守装载加固技术条件。

（1）装卸车责任的划分。

装卸车组织工作根据装卸地点和货物性质来划分承运人与托运人、收货人的责任范围。

货物装车或卸车的组织工作，在车站公共装卸场所内由承运人负责；在其他场所，均由托运人或收货人负责。但是，下列货物由于在装卸作业中需要特殊的技术或设备、工具，所以，虽在车站公共装卸场所内进行装卸作业，仍应由托运人或收货人负责组织。

① 罐车运输的货物；② 冻结的易腐货物；③ 未装容器的活动物、蜜蜂、鱼苗等；④ 一件重量超过 1 t 的放射性同位素；⑤ 用人力装卸带有动力的机械和车辆。

另外，如放射性物品、尖端保密物资、特别贵重的工艺品和展览品等，如托运人或收货人要求自己负责组织装车或卸车时，经承运人同意也可按其要求办理。

车站应同各专用铁道、专用线所有人签订运输协议，商定货车交接地点、货车取送、货车装卸、货物和备品交接等有关事项，并报主管铁路局集团公司备案。

由托运人或收货人组织装车或卸车的货车，车站应在货车调到前，将调到时间通知托运人或收货人。托运人或收货人在装卸车作业完了，应将装车完了或卸车完了的时间通知车站。托运人、收货人组织装车或卸车的货车，超过规定的装卸车时间标准或规定的停留时间标准，承运人应向托运人或收货人核收规定的货车延期使用费。

凡存放在装卸场所内的货物，应距离货物线钢轨外侧 1.5 m 以上，距离站台边缘 1 m 以上，并应堆放整齐、稳固。

（2）装车前的检查。

为了保证装车工作质量，使装车工作顺利进行，监装货运员在装车前一定要认真做好以下"三检"工作：

① 检查货物运单。检查货物运单的记载内容是否符合运输要求，有无漏填和误填。

② 检查待装货物。按照货物运单记载内容认真核对待装货物的品名、件数，检查标志、标签和货物状态是否符合要求。对集装箱还应检查箱体、箱号和封印。

③ 检查货车。主要检查货车是否符合使用条件；货运状态是否良好，包括车体、车门、车窗、盖、阀是否完整良好，车内是否干净，是否被毒物污染；货车定检是否过期，有无扣修通知、色票、货车洗刷回送标签或通行限制。货车检查时，发现有不符合使用的情况，应采取适当措施，必要时应更换车辆。

（3）货车施封和篷布苫盖。

① 货车施封。货车和集装箱施封是货物（车）交接，划分运输责任的一项手段，是贯彻责制，保证货物运输安全的重要措施。

使用棚车、冷藏车、罐车、集装箱运输的货物都应施封，但派有押运人的货物，需要通风运输的货物和组织装车单位认为不需施封的货物可以不施封。

施封的货车，应用粗铁线将两侧车门上部门扣和门鼻拧固并剪断燕尾，在每一车门下部门扣处各设施封锁一枚。施封后，须对施封锁的锁闭状态进行检查，确认落锁有效，车门不能拉开。在货物运单或者货车装载清单或货运票据封套上记明下部施封号码。

发现施封锁有下列情形之一，即按失效处理：

a. 钢丝绳的锁杆、锁芯可以从锁套中自由拔出。

b. 钢丝绳断开后再接，重新使用。

c. 锁套上无站名、号码和站名或号码不清、被破坏。

施封后，应在货物运单、票据封套和货车装载清单上记明施封及号码。

施封及拆封的技术要求，应按《货车和集装箱施封拆封的规定》办理。

② 苫盖篷布。使用敞、平车装运易燃、怕湿货物，装载堆码要成屋脊形，使用篷布时要苫盖严密、捆绑牢固。绳索余尾长度不超过 300 mm，且不少于 100mm（见图 3-24）。接缝处要顺向（按运行最远方向）压紧，且注意不能遮盖车号、车牌和手闸。

图 3-24　苫盖篷布绳索余尾

毒害品、腐蚀性物品及污染性物品不得使用铁路篷布。苫盖易于损坏篷布的货物时，装车单位须采取防护措施，防护材料由托运人提供。

（4）填写运输票据。

货车施封后，货运员应将车种、车号、货车标重、使用篷布张数、施封个数记入货物运单内。封套上各栏应按实际情况填写并加盖车站站名日期戳和带站名的经办人章。封套内运输票据的正确完整由封固单位负责，除卸车站或出口国境站外，不得拆开封套。当途中必须拆开封套时，由拆封套的单位编制普通记录证明（附入封套内），并再进行封固，在封口处加盖单位名称的经办人名章。

（5）插挂表示牌。

表示牌对车站调车人员起提示作用。对车内所装货物按规定调车时，需要"禁止溜放"或"限速连挂"的车辆，插挂表示牌加以提示，以防违反规定发生事故。

装车完毕后，按规定需插挂表示牌的车辆应在货车两侧插挂表示牌。是否插挂以及插挂哪一种是根据车内所装货物性质来确定的。具体使用范围在《铁路危险货物运输管理规则》（以下简称《危规》）、《铁路鲜活货物运输规则》（以下简称《鲜规》）中有明确规定。到站卸车完毕后表示牌应撤除。

（6）装车后的检查。

为了保证正确运送货物和行车安全，监装卸货运员还需进行装车后的检查工作，此项工作是装车作业的最后工作。具体检查内容有：

① 检查车辆装载。主要检查有无超重、偏重、超限现象，装载是否稳妥，捆绑是否牢固，施封是否符合要求，表示牌插挂是否正确。对装载货物的敞车，要检查车门插销、底开门搭扣和篷布苫盖、捆绑情况。对超限、超长、集重货物还要检查是否按规定的装载加固方案进行装载加固，对超限货物还应按装载方案测量装车后的尺寸。

② 检查运单。检查运单有无误填和漏填，车种、车号和运单记载是否相符。

③ 检查货位。检查货位有无误装或漏装的情况。

④ 检查线路。检查线路是否具备取车条件，通知装卸工组撤除防护信号。

6. 制　票

车站在货运制票系统（简称货票系统）中核对"已装车"的整车运单，按照《货物运输标准记事及说明》规定录入承运人记事，计算运输费用，打印运单发站存查联、托运人存查联、收款人报告联、领货凭证联（客户需纸质领货凭证时），作为运输合同正本和副本。发站存查联、托运人存查联、纸质领货凭证背面应有托运人、收货人须知及货物托运安全承诺书。实行运输跟踪管理的剧毒品使用黄色纸张打印运单。运单状态变为"已制票"。

（二）整车货物途中作业程序

货物在运输途中发生的各项货运作业，均称为途中作业。货物的途中作业包括货运交接检查、特殊作业及异常情况的处理。

货运交接检查是途中必须进行的正常作业。

异常情况的处理是指货车运行有碍运输安全或货物完整时须做出的处理，如货车装载偏重、超载或货物装载移位须进行的换装或整理及对运输阻碍的处理。

1. 货运交接检查

为了保证行车安全和货物安全，划清运输责任，对运输中的货物（车）和运输票据，要进行交接检查，并按规定处理。

（1）货运检查站。

货运检查站是列车运行途经有技术作业或无技术作业但停车时间在 35 min 以上的技术作业站。货运检查站分为路网性和区域性货运检查站。路网性货运检查站是指国铁集团公布的编组站。区域性货运检查站是指除路网性货运检查站外，铁路局集团公司管内货运检查作业的技术作业站。区域性货运检查站由铁路局集团公司自定，报国铁集团备案、公布。铁路局集团公司间交接货运检查站的撤销应报国铁集团批准、公布。

铁路货运检查实行区段负责制，即指在对货物列车的交接检查中，按列车运行区段划分货运检查站责任的制度。中间站停车及甩挂作业的货物列车，由车站负责看护，保证货物安全，发生问题要及时处理。中间站应保证货物列车安全继运到下一货运检查站。

（2）货运检查的内容。

① 货物列车中货物装载、加固状态。

② 货车篷布及篷布绳网苫盖、捆绑状态。

③ 施封（罐车、集装箱、SQ 型或 JSQ 型车端门处施封除外）。

④ 货车门、窗、盖、阀关闭情况，以及罐式集装箱盖、阀关闭情况。

⑤《铁路超限超重货物运输规则》（以下简称《超规》）规定的事项（不检查军用超限货物的超限超重货物运输记录）。

⑥ 设备检测发现的超偏载问题。

⑦ 货车、货物、集装箱、篷布等顶部和敞车内货物等视频监控设备可视部位的情况。

⑧ 对无列检作业的车站，还应检查自动制动机的空重位置，不符合时应进行调整。（空重车自动调整装置的空重位压力比为 1：2.5；对装有空重车手动调整装置的车辆，当车辆总重达到 40 t 时，按重车位调整。）

⑨ 国铁集团规定的其他事项。车号员核对现车、与机车司机交接票据的职能，统一由货运检查员替代并纳入岗位责任制。

（3）货运检查程序。

货运检查基本程序为计划安排和准备、到达列车预检、检查、整理。

① 计划安排和准备。货检值班员应及时收取班计划、阶段计划、变更计划，以及到发车次、股道、时刻、编组辆数等有关信息。

运用"货检应用"的车站，货检值班员通过"货检应用"接收行车预告阶段计划，确定检查列车［"货检应用"（货检小程序）自动标注重点车，自动匹配设备检测、视频监控、AEI 等信息］。

货检值班员根据计划，将工作内容、检查重点、安全事项及要求等向货检员传达、布置。

运用"货检应用"的车站，货检值班员通过实时监控列车到达视频（或及时通过录像回放查看列车到达视频）和查看设备报警信息，补充标注重点车和问题车，生成作业计划并发布。以机检代替对到达列车现场人工检查的，在确认安全无误后，直接记录作业完成时间。

货检员接收作业任务，应掌握到达(出发)列车车次、股道、时刻、编组内容及施封、重点车等情况。

运用"货检应用"的车站，货检员通过手持机接收作业计划；手持机故障时通过岗位终端接收作业计划。发现列车编组和实际不符时，货检值班员通过"货检应用"、货检员通过手持机重新匹配编组信息。

作业时，货检员应携带相关作业工具和备品。

② 到达列车预检。在列车到达前 5 min，货运检查员应出场立岗，在列车到达、通过时，对列车进行目测预检。运用"货检应用"的车站，可以通过视频监控、超偏载检测等设备对到达列车进行预检。

③ 现场检查与整理：a. 两侧货运检查员应从车列的一端同步逐车进行检查，对重点车进行记录。b. 货运检查员对车列首尾的车辆，应涂打检查标记；运用"货检应用"的车站，货检员通过手持机分别拍摄首、尾车照片，记录检查开始、完成时间。c. 货检员对检查重点内容进行记录。运用"货检应用"的车站，通过手持机对问题车、押运人证件等信息进行拍照或记录

并反馈。d. 车列检查、整理应在规定的技术作业时间内完成。e. 车列检查、整理完毕后，货运检查员应及时报告；运用"货检应用"的车站现场检查时，货检员应通过手持机及时报告检查情况；手持机故障时通过岗位终端补录信息。货检值班员核实无误后确认作业完成，记录作业完成时间。f. 在实行区段负责制的区段（有运转车长值乘的列车除外），货运检查员发现的问题，应及时妥善处理。需拍发电报时，应于列车到达后 120 min 内以电报通知上一货运检查站，必要时抄知有关单位和部门。需编制记录的，按规定编制。g. 需要甩车整理的，货检值班员应通知车站调度员（值班员）甩车处理。运用"货检应用"的车站，货检值班员还应通过"货检应用"通知整理点的货运员；货运员整理完毕后应通过"货检应用"登记处理信息并反馈。h. 检查作业和在列整理完毕后，货检值班员及时通知车站调度员（值班员）作业完成情况。

货检作业原则上应在 35 min 内完成，车站调度员（值班员）接到货检值班员检查整理完毕的报告后，撤除对货检作业的防护，方可组织发出列车。无货检作业完毕的报告，车站不得调车作业或发车，以保证货检人员的安全。

2. 异常情况的处理

（1）货车整理。

对危及行车和货物安全需甩车整理的货车，货运检查人员应通知车站值班员甩车处理。可不甩车整理的，应在列整理。预计整理时间超过技术作业时间时，货检员应及时向车站调度员(值班员)报告。

对危及行车安全，又不能在列整理的车辆，货运检查员应报告车站值班员摘车整理。摘车整理时，应做好防护工作。不允许在挂有接触网的线路（设有隔离开关的线路除外）整理车辆。摘车整理的范围如下：

① 篷布苫盖不整或缺少腰绳、篷布绳网。
② 货物发生严重倾斜、偏载、移位、窜动、坠落、倒塌和渗漏。
③ 超限货物按普通货物办理的。
④ 加固支柱折断，或装载加固材料（装置）超限。
⑤ 棚车车门脱槽，油罐车上盖张开。
⑥ 罐车发生泄漏或溢出。
⑦ 危险货物运输押运或施封等问题需甩车处理的。
⑧ 货车、货物、集装箱、篷布等顶部或车体上有异物且无法在列处理。
⑨ 火灾。
⑩ 货物明显被盗丢失。
⑪ 发生其他危及行车安全情况不能在列整理时。

（2）货物换装。

在运输中发生甩车处理的货车，不能原列安全继运的，以及因车辆技术状态不良，经车辆部门扣留需要换车时，应进行换装处理。进行换装时，应选用与原车类型和标记载重相同的货车，并按照货物运单检查货物现状，如数量不符或状态有异，应编制货运记录。对因换装整理卸下的部分货物，应予以及时补送。

换装整理的时间不应超过 2 天，如 2 天内未整理完毕时，应由换装站以电报通知到站，以便收货人查询。换装整理的费用，属于铁路责任的，由铁路内部清算；属于托运人责任的，应由到站向收货人核收。经过换装整理的货车，不论是否摘车，均应编制普通记录，证明换装整理情况和责任单位，并在货票上丁联背面记明有关事项。

（3）运输变更。

途中或到站仅受理托运人提出的货物运输变更需求。变更处理站应审核运单托运人存查联、领货凭证、货物运输变更要求书；电子领货的，验证领货验证码，打印领货凭证。

变更到站时，处理站应报铁路局集团公司同意后方可受理，在货票系统中录入货物运输变更要求书，运单状态变为"变更完成"，并在纸质运单托运人存查联、领货凭证上修改相关信息，加盖车站日期戳或带有站名的人名章后交托运人。电子领货的，向托运人申明，原领货验证码失效，凭变更后的纸质领货凭证领货。

新到站在货运站系统完成卸车操作，并通过货票系统打印运单到站存查联、收货人存查联、货物运输变更要求书，办理相关费用退补手续和交付手续。

（4）运输阻碍。

因不可抗力的原因致使行车中断，货物运输发生阻碍时，铁路局集团公司对已承运的货物，可指示绕路运输。或在必要时先将货物卸下，妥善保管，待恢复运输时再行装车继续运输，所需装卸费用，由装卸作业的铁路局集团公司负担。因货物性质特殊，绕路运输或卸下再装，可造成货物损失时，车站应联系托运人或收货人请其在要求的时间内提出处理办法。超过要求时间未接到答复或因等候答复造成货物损失时，比照无法交付货物处理，所得剩余价款，通知托运人领取。

遇自然灾害、运输阻碍等特殊情况，经调度、货运、运输等部门与托运人、收货人协商后，由铁路局集团公司调度向办理站下达调卸调度命令。车站接收调卸调度命令后，车站在货运站系统中通过股道现车、车次或手工录入车号查看调卸车辆信息，录入调度命令等调卸信息，生成调卸作业单和新的运单或装载清单作业信息。

（三）整车货物到达作业程序

货物在到站进行的各种货运作业，称为到达作业。货物经过到达作业后，货物运输作业过程即告结束，至此，运输合同即告终止。

1. 货物卸车作业

卸车是整个运输过程的重要环节之一，是到站工作组织的关键。正确及时地组织卸车作业，能够缩短货车周转时间，提高货车使用效率，保证排空任务和装车的空车来源。

车站必须认真贯彻"一卸、二排、三装"的运输组织原则，认真做好卸车工作。

（1）接车对位。

① 货运员联系货运调度员、货装值班员，掌握本线送车计划、卸车计划。

② 接到车站送车通知后，及时打开门栏，提前到线路旁准备接车对位。现场有作业的，通知装卸工组，撤出人员和防护信号。

③ 重车对位后，安设铁鞋，会同调车人员办理防溜签认工作。

④ 核对货运站系统车辆信息和现车信息是否一致。

（2）卸车前检查。

为使卸车作业顺利进行，防止误卸并确认货物在运输过程中的完整状态，便于划分责任，卸车货运员应根据货调下达的卸车计划，在卸车前认真做好以下 3 方面的检查：

① 检查货位。货运员接到货调下达的卸车计划后，应提前准备好空货位，确定卸车地点和送车顺序。

② 检查运输票据。检查货票系统票据记载内容与现车状况是否相符，与货调下达的卸车计划是否相符。发现票车不符通知货装值班员处理。

③ 检查现车。货运员应认真检查车辆、篷布苫盖、货物装载状态有无异状，施封是否完好。如发现货物有异状，应先行处理后再进行卸车，有关事项应予记录。

整车卸车前，发现货票系统显示的车号与实际现车不一致的通知行车部门处理；发现货票系统显示重车带票实际为空车的不得卸车，由车站按车票不符流程处理；发现现车系统推送的票据号码同票据库货车绑定票据号码不一致的，通知行车及相关部门处理；发现系统显示货物名称同实际货物不符的，联系票记发站处理。

（3）监卸工作。

作业开始之前，监装卸货运员应向卸车工组详细传达卸车要求和注意事项。

① 在卸车过程中货运员与装卸工组应当密切配合，正确拆封、开启车门或取下苫盖篷布。

② 逐批核对货物，清点件数，核对标记，检查货物状态。

③ 要严格按照《铁路货物装卸安全技术规则》及有关规定作业，合理使用货位，按规定堆码货物。

④ 发现货物损失，通知货装值班员及时处理。

此外，注意作业安全，加快卸车进度，加速货车周转。

（4）卸车后检查。

① 检查运输票据。检查票据上记载的货位与实际堆放货位是否相符。

② 检查货物。主要检查卸后货物安全距离、货物件数、堆码及防火、防湿措施是否正确；货车篷布是否按规定折叠整齐并送到指定地点存放；卸下的加固材料、加固装置是否整理好并与卸下的货物放于一处。

③ 检查卸后空车。检查车体是否被损坏，车内货物是否卸净并清扫干净；车门、窗及端、侧板是否已关严；罐车盖及加冰冷藏车的冰箱盖是否已盖好；失效的表示牌是否已全部撤除；等。对于按规定需要洗刷除污的货车，应按规定进行洗刷除污或者向指定洗刷除污站回送。检查车辆防溜情况，严防溜逸。

此外，还需清理好线路，托运人自备的货车装备物品和加固材料，应妥善保管。

2. 货物到达通知

货物到达后，承运人应及时向收货人发出催领通知，这是承运人履行运输合同应尽的义务，同时也是为了使货物尽快搬出货场，以腾空货位，提高场库使用效率，加速货物流转。

发出催领通知的时间，由铁路组织卸车的货物，应不迟于卸车完了的次日；通知的方式可采用电话、书信、广告等，也可与收货人商定其他通知方式。

对到达的货物，收货人有义务及时将货物搬出，铁路也有义务提供一定的免费保管期间。免费保管期间规定为：由承运人组织卸车的货物应于承运人发出催领通知的次日起算，不能实行催领通知或会同收货人卸车的从卸车次日起算，2 天内将货物搬出，不收取保管费。超过此期限未将货物搬出，对超过的时间核收货物暂存费。规定免费保管期间的目的是避免收货人长期占用货场，保持货场畅通。

根据具体情况，铁路局集团公司可以缩短免费保管期间 1 天，也可以提高货物暂存费率，但提高部分不得超过规定费率的 3 倍，并应报告当地人民政府和国铁集团备案，车站站长可以适当延长货物免费暂存期限。

货物运抵到站，收货人应及时领取。拒绝领取时，应出具书面说明，自拒领之日起，3 天内到站应及时通知托运人和发站，征求处理意见。托运人自接到通知次日起 30 天内提出处理意见答复到站。

3. 交付工作

交付工作包括内交付和外交付 2 部分。

（1）内交付。

① 到达确认。货运员正确掌握到达货物货区、货位、货车到达时间等情况，在货票系统核对电子运单，录入到达时间及卸车相关信息，打印运单到站存查联。

② 领货通知。不迟于卸车完了的次日内，内勤货运员向运单记载的收货人发出领货通知或送货通知，并在货物运单到站存查联内记明通知的方法和时间。

③ 领货办理。收货人凭纸质领货凭证领货的：收货人为个人时，还需提供收货人身份证；收货人为单位时，还需提供委托书和经办人身份证。车站在货票系统中调取运单信息，核实领货凭证、领货人身份等，采集收货人（经办人）身份证及头像影像资料，办理内交付手续。委托他人领取货物时应同时核实领货凭证、收货人身份证复印件、被委托人身份证原件和委托书。纸质领货凭证未到或丢失时，可凭有经济担保能力的企业出具的担保书办理内交付手续。

收货人凭领货验证码领货的，车站在货票系统中验证领货验证码，核实收货人身份信息，采集经办人身份证及头像影像资料，办理内交付手续。委托他人领取货物时，查验收货人在电商系统录入的被委托人姓名、身份证号码、手机号码等委托信息及领货领货验证码密码办理内交付手续。

④ 内交付完毕。车站在货票系统中补充确认到达及卸车相关信息，核收相关费用后，打印运单到站存查联、收货人存查联加盖车站日期戳。运单收货人存查联交收货人，运单到站存查联由收货人签章后留存。运单状态变为"已内交付"。

（2）外交付。

① 核对信息。货运员核对收货人提出的加盖车站日期戳的运单收货人存查联。使用货运站系统查询待交付货物所在货区货位，通知装卸工组到场作业。

② 清点验交。凭运单收货人存查联点交货物，保证品名、件数、重量与运单相符。分批领取货物时，应在运单收货人存查联上逐批记载领取货物的品名、件数、重量、时间等信息。全批点交完毕后，在运单收货人存查联加盖"货物交讫"戳记。

③ 系统操作。货运场站卸车，车站在货运站系统对"已内交付"的运单进行外交付操作。

货物运输合同的履行是从承运开始至货物交付完毕时止。因此交付完毕意味着铁路履行运输合同就此终止，铁路负责运输就此结束。

4. 货物搬出

收货人持有加盖"货物交讫"的运单将货物搬出货场，门卫对搬出的货物应认真检查品名、件数、交付日期与运单记载是否相符，经确认无误后放行。

三、任务实施

【实训项目】

整车货物发送的异常问题处理。

【实训目标】

熟悉整车货物运输作业标准。

【实训内容与要求】

日照发石家庄服装一车，票号：056234，车号 P_{61} 3152846，票记施封 2 枚"F841355/841356"，保价 50 万元。该车编 43242 次 16 位，于 3 月 11 日 8：30 到达济南站，货检员发现列进右侧无封，车门打开 500 mm 左右，可视表层货零乱，车容不满。送车站倒装。

请分析下列问题：

① 试述施封的货车的货运检查过程；② 试述该车处理过程。

【成果与检测】

① 写成简要书面分析报告；② 课后在班级组织一次交流与讨论；③ 由教师根据分析报告与讨论表现评估打分。

四、拓展训练

途中货运检查的主要内容有哪些？

知识点 2　煤炭运输组织

一、学习目标

掌握煤炭的装载加固方法。

二、知识引导

（一）划线装车

散堆装货物如煤、碎石、砂子、焦炭等货物，单位体积重量比较大，使用敞车装运都能达到货车标重或货车容许载重量。但是这些货物如果装载超载，就会严重威胁行车安全，会使运行中的车辆发生燃轴、切轴、颠覆等行车事故；而货物装载亏吨，又会浪费货车载重能力。为了正确测定货物的重量，最好利用衡器设备，如轨道衡、电子秤等。但不可能在所有的装车地点都设有这种设备，所以划线装车成了一种普遍采用的方法。即利用体积确定货物装载重量，首先要正确测定货物的单位体积重量，再按照公式计算货物应装载的高度。

1. 划线装车的计算公式

$$P_{容} = \rho L B H_{货} \qquad H_{货} = \frac{P_{容}}{\rho L B}$$

式中　$H_{货}$——货物应装载高度，m；

　　　$P_{容}$——货车容许载重量，t；

　　　L——货车内长，m；

　　　B——货车宽度，m；

　　　ρ——货物密度，（t/m³）

货物的单位体积重量应由托运人定期测定，每季度至少应测定一次。测量时要注意货物的湿度和块粒的大小，同一品种的货物要采取抽样多批测量，以求得较符合实际的平均值。

2. 划线装车的操作步骤

（1）确定货物的密度。货物密度的测定办法，由铁路局集团公司统一制订。

（2）计算出货物应装载的高度。按所装车辆的容积和货物密度，量尺划线，确定装载高度。

（3）在车辆侧板上或车厢内四周用粉笔标出应装载的高度，在车内标画应装高度线。其中，两侧各划 6 道，两端各划 2 道，每道长度不少于 200 mm。划线均匀、平直。

（4）把货物装到车内标记高度，然后平顶。要达到不压线、不超线、四角满、顶面平。划线装车如图 3-25 所示。

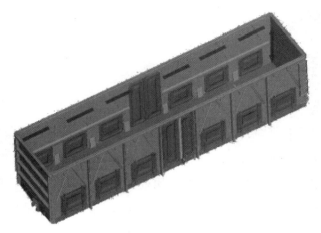

图 3-25 划线装车

（二）煤炭抑尘

在铁路散煤的运输过程中，由于运煤列车前行的速度及风力作用，其表面的煤粉颗粒很容易被吹离车体，这样既造成了煤炭资源的浪费与货主的经济损失，又污染了铁路沿线环境，尤其在客货混跑的铁路线上，扬起的煤粉颗粒还会对客运列车乘客的健康构成严重威胁。所以抑制铁路散煤运输过程中的扬尘至关重要。

1. 抑尘剂定义

煤炭抑尘剂是专业的防扬尘产品，能有效地抑制铁路散煤运输过程中的扬尘。抑尘剂由新型多功能高分子材料构成，其材料中分子间的作用力，能产生较强的吸附性，可以粘连各种粒径的颗粒，从而有效地固定尘埃。同时，产品具有良好的成膜特性，能在散煤外层形成防护膜，抑制煤粉颗粒被吹离车体。其具有如下特点：

（1）能够吸附空气中颗粒直径 2.5 μm 以上的粉尘颗粒，有效地净化空气，保护周围人群的健康。

（2）能够有效地降低和减少运输过程中的物料损耗，大大节省资源。

（3）无腐蚀性、无刺激性、不可燃，不影响散煤的物理与化学性质。

（4）可生物降解，不会造成二次污染。

（5）水溶性好，适用于各种类型的喷洒设备。

2. 抑尘剂性能要求

煤炭抑尘剂的外观与感官特性如表 3-16 所示。

表 3-16 抑尘剂外观与感官特性

项　目	性能指标	项　目	性能指标
形　态	液　体	色　泽	透明、乳白或浅色
气　味	无味或无明显刺激气体	杂　质	无外来可见机械杂质

煤炭抑尘剂的技术指标如表 3-17 所示。

表 3-17 抑尘剂技术指标

项　目		指　标	试验方法
密度/(g/cm³)(20 ℃)		1.00～1.10	GB/T 13354
黏度/(MPa·s)(25 ℃)		＞5	GB/T 10247
pH 值		6～8	GB/T 14518
固形物/%		≥1	GB/T 2793
腐蚀性	钢材平均腐蚀速率/(m/a)	≤5×10⁻⁵	JB/T 7901
	铝合金均匀腐蚀速率/(m/a)	≤3×10⁻⁵	JB/T 7901
	TCS 不锈钢平均腐蚀率/(m/a)	≤1×10⁻⁷	JB/T 7901
	车辆橡胶管均匀腐蚀/[mg/(cm²·h)]	≤1×10⁻⁷	GB/T 1690
	车辆醇酸油漆片均匀腐蚀/[mg/(cm²·h)]	≤1×10⁻⁷	SH/T 0084
皮肤刺激度		＜2.0	GB/T 21604
闪点/(℃)		＞61	GB/T 261
毒理指标/（mg/L）	总　汞	≤0.05	GB/T 7468
	总　镉	≤0.1	GB/T 7475
	总　铅	≤1.0	GB/T 7475
	总　铬	≤1.5	GB/T 7466
	总　砷	≤0.5	GB/T 7485
	甲　醛	≤5	GB/T 13197
抑尘效果	风蚀率/（%）	＜1	TB/T 3210
	固化层厚度/mm	＞10	TB/T 3210
急性经口毒性试验/（mL/kgBW）		≥60.0	GB/T 15193.3

抑尘剂对煤炭性能影响的技术指标如表 3-18 所示。

表 3-18 抑尘剂对煤炭性能影响的技术指标

项　目	指　标	项　目	指　标
高位发热量的减少量/（%）	≤0.1	低位发热量的减少量/（%）	≤0.1

3. 煤炭抑尘剂的使用要求

（1）抑尘剂需按照产品说明书进行配置。

（2）喷洒后形成的固化层厚度不小于 10 mm，喷洒量不少于 1.5 L/m²，均匀喷洒。

（3）喷洒后不遮盖车辆标记。

（4）喷洒装置及方法应符合 TB/T 3210.2—2009《铁路煤炭运输抑尘技术条件 第 2 部分：喷洒装置及方法》。

三、任务实施

【实训项目】

煤炭运输组织。

【实训目标】

①熟悉煤炭运输对于车辆的选用；②熟悉货车增载的相关规定；③掌握抑尘剂的喷洒量。

【实训内容与要求】

山西××科技股份有限公司于 2014 年 8 月 31 日在高平站托运末煤 63 t，计划号 08F00982663，使用 C62A140886 一车装运，标重 60 t，如图 3-26 所示，当日气温 –4 ℃，煤炭粒度 32 mm，含水率 5%，列车最高运行速度 100 km/h。本企业专用线装车，当日承运人负责装车，未苫盖篷布，货票号码 X091058，挂入某货运列车发往湖北枣阳车站，收货单位：枣阳××化工工业有限公司，采用站到站的运输方式。请根据以上案例回答下列问题：

①该敞车装载是否符合车辆增载规定？②指出图中煤炭装载加固存在的问题。③是否需要喷洒煤炭抑尘剂？若需要喷洒，请确定喷洒量。

图 3-26　末煤装载加固

【成果与检测】

①写成简要书面分析报告；②课后在班级组织一次交流与讨论；③由教师根据分析报告与讨论表现评估打分。

四、拓展训练

（1）使用 C62BK 型敞车装河沙，河沙密度为 1.12 t/m³，试确定装载重量和装载高度。

（2）某编组站视频监控焦炭车辆图像如图 3-27 所示，请指出该车焦炭装载加固方面存在哪些问题。

图 3-27　焦炭装载加固

学习子情境 3.3　成件货物运输

扫码下载
3.3 节 PPT

📥 任务描述

本次任务要求学生在熟悉成件货物装载加固定型方案的基础上，掌握卷钢、木材、袋装货物、载重汽车的装载方法和加固要求。具体如下：

（1）卷钢装载加固。

（2）木材装载加固。

（3）袋装货物装载加固

（4）载重汽车装载加固。

PPT 讲解视频
成件货物运输

知识点 1　卷钢运输

一、学习目标

掌握常见卷钢的加固定型方案，能够针对不同情况选择相应的卷钢装载加固方案。

二、知识引导

（一）卷钢的装载方式

卷钢（板）应使用平车和 C_{62A}、C_{62A*}、C_{62A*K}、C_{62AK}、C_{62A*T}、C_{62AT}、C_{62B}、C_{62BK}、C_{62BT}、C_{64}、C_{64A}、C_{64K}、C_{64H}、C_{64T}、C_{70} 及 C_{70H} 等敞车装载。

卷钢（板）可立装、卧装或集束立装。立装时，卷钢（板）的直径须大于本身高度；卧装时，可使用钢座架（座架须与车体加固），用木地板平车卧装时，可将相邻卷钢（板）用夹具或镀锌铁线（盘条）捆在一起，并用三角挡掩紧钉固；集束立装时，集束端最短距离应大于集束高度，卷钢（板）中部用镀锌铁线（盘条）捆绑在一起，并采取防止镀锌铁线（盘条）下滑措施。

卷钢（板）无论立装、卧装或集束立装，均应采取有效的防滑措施，卷钢（板）本身应用镀锌铁线、盘条或钢丝绳等与车体捆绑加固（装载在座架上的除外）。

（二）卷钢的卧装方案

以敞车卷钢使用钢支座卧装一车4件、一车6件、一车8件为例。

1. 一车4件（见图3-28、图3-29）

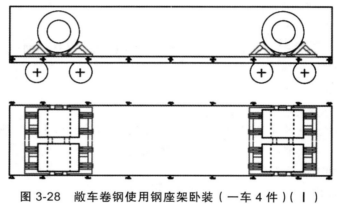

图 3-28　敞车卷钢使用钢座架卧装（一车4件）（Ⅰ）

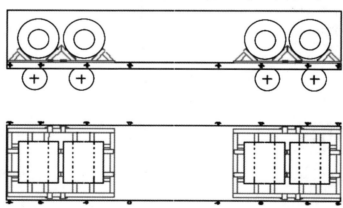

图 3-29　敞车卷钢使用钢座架卧装（一车4件）（Ⅱ）

（1）货物规格：单件重量不大于17.5 t。

（2）准用货车：60 t、61 t、70 t 通用敞车（C_{62} 除外）。

（3）加固装置：带有卡挡的卷钢单槽钢座架（钢制座架应足以防止卷钢在座架上移动和倾覆，并防止卷钢连同座架一起倾覆）。

（4）装载方法：

① 在车辆两枕梁上方各放置一个钢座架。

② 将卷钢分为 2 组，每组 2 件，每组总重量（含座架重量）不大于车辆标记载重的 1/2，两组卷钢总重量之差不大于 2 t。将 2 组卷钢分别并排装载在车辆端部的钢座架上。

③ 每一座架上并排装载的两件卷钢重量之差不大于 1 t；车辆纵中心线两侧卷钢总重量之差不大于 1 t；车辆横中心线两侧对称位置的两件卷钢重量之差不大于 1 t。

④ 全车装载重量（含座架自重）不超过车辆标记载重量。

（5）加固方法：将钢座架两侧的卡挡分别卡在车辆两侧侧墙下部的加强座上。

（6）其他要求：同一钢座架上相邻两件卷钢不得接触。

2. 一车 6 件（见图 3-30）

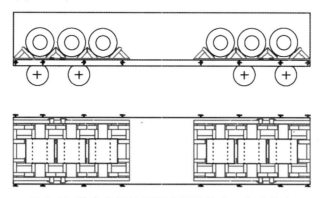

图 3-30 敞车卷钢使用钢座架卧装（一车 6 件）

（1）货物规格：单件重量不大于 13 t。

（2）准用货车：60 t、61 t、70 t 通用敞车（C₆₂ 除外）。

（3）加固装置：带有卡挡的卷钢三槽钢座架（钢制座架应足以防止卷钢在座架上移动和倾覆，并防止卷钢连同座架一起倾覆）。

（4）装载方法：

① 在车辆两枕梁上方各放置一个钢座架。

② 将卷钢分为 2 组，每组 3 件，每组总重量（含座架重量）不大于车辆标记载重的 1/2，两组卷钢总重量之差不大于 2 t。将 2 组卷钢分别居中装载在车辆端部的钢座架上，件重最大的卷钢靠车辆端部装载。

③ 车辆横中心线两侧对称位置的两件卷钢重量之差不大于 1 t。

④ 全车装载重量（含座架自重）不超过车辆标记载重量。

（5）加固方法：将钢座架两侧的卡挡分别卡在车辆两侧侧墙下部的加强座上。

（6）其他要求：同一钢座架上相邻 2 件卷钢不得接触。

3. 一车 8 件（见图 3-31）

（1）货物规格：单件重量不大于 8.5 t。

（2）准用货车：60 t、61 t、70 t 通用敞车（C₆₂ 除外）。

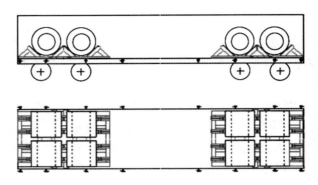

图 3-31 敞车卷钢使用钢座架卧装（一车 8 件）

（3）加固装置：带有卡挡的卷钢双槽钢座架（钢制座架应足以防止卷钢在座架上移动和倾覆，并防止卷钢连同座架一起倾覆）。

（4）装载方法：

① 在车辆两枕梁上方各放置一个钢座架。

② 将卷钢分为 2 组，每组 4 件，每组总重量（含座架重量）不大于车辆标记载重的 1/2，两组卷钢总重量之差不大于 2 t。将 2 组卷钢分别并排装载在车辆端部的钢座架上。

③ 并排装载的 2 件卷钢重量之差不大于 1 t，车辆纵中心线两侧卷钢总重量之差不大于 1 t；车辆横中心线两侧对称位置的两件卷钢重量之差不大于 1 t。

④ 全车装载重量（含座架自重）不超过车辆标记载重量。

（5）加固方法：将钢座架两侧的卡挡分别卡在车辆两侧侧墙下部的加强座上。

（6）其他要求：同一钢座架上相邻 2 件卷钢不得接触。

（三）卷钢的立装方案

（1）货物规格：$\Phi950 \sim 1380$ mm，板宽不大于直径，件重 3.5 ~ 7.5 t（货物可自带木制底托）。

（2）准用货车：60 t、61 t、70 t 通用敞车（C_{62} 除外）。

（3）加固材料：$\Phi6.5$ mm 盘条或 $\Phi12$ mm 钢丝绳（破断拉力不小于 73.8 kN）及配套钢丝绳夹、稻草垫、挂钩。

（4）装载方法（见图 3-32）：

① 将卷钢分为 2 组，每组 5 ~ 8 件，每组卷钢总重量不大于车辆标记载重量的 1/2。2 组卷钢重量之差不大于 2 t，同一组内卷钢板宽应相近，车辆纵中心线两侧卷钢总重量之差不大于 1 t。

② 全车装载 10 件时，每组 5 件。在每个枕梁内外等距离范围内按图示立装，货物重心分别落在车辆转向架中心销上方。

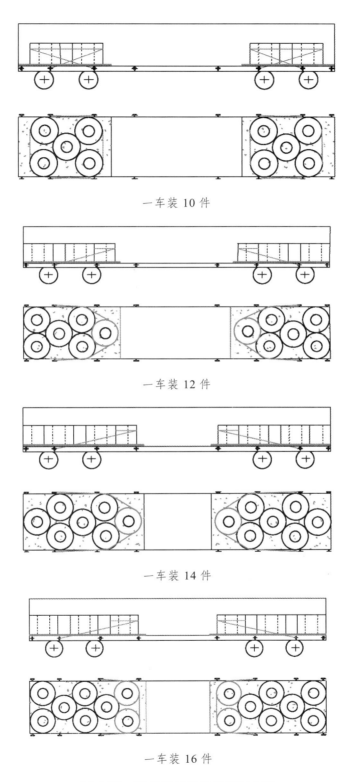

一车装 10 件

一车装 12 件

一车装 14 件

一车装 16 件

图 3-32　敞车卷钢使用钢座架立装

③ 全车装载 12 件时，每组 6 件。当每组装载长度小于 3 800 mm 时，在车辆两枕梁内外等距离范围内按图示立装，货物重心分别落在车辆转向架中心销上方；当每组装载长度不小于 3 800 mm 时，自车辆两端墙起向车辆横中心线方向按图示连续立装，横向装满车宽。

④ 全车装载 14 件时，每组 7 件。当每组装载长度小于 3 800 mm 时，在车辆两枕梁内外等距离范围内按图示立装，货物重心分别落在车辆转向架中心销上方；当每组装载长度不小于 3 800 mm 时，自车辆两端墙起向车辆横中心线方向按图示连续立装，横向装满车宽。

⑤ 全车装载 16 件时，每组 8 件。自车辆两端墙起向车辆横中心线方向按图示连续立装，横向装满车宽。

⑥ 货物间排摆紧密整齐、均衡稳固，全车装载重量不超过车辆标记载重。

（5）加固方法：

① 货物与车地板间铺垫稻草垫。

② 在车辆两枕梁内外等距离范围内装载的每组卷钢，使用钢丝绳 2 股或盘条 8 股对每组卷钢采取反又字拉牵加固，捆绑在车辆两侧丁字铁上，拉牵高度不得小于卷钢板宽的 1/2。

③ 自车辆两端墙起向车辆横中心线方向连续装载的每组卷钢，使用钢丝绳 2 股或盘条 8 股对靠近车辆横中心线一侧的卷钢采取反又字，向车端方向兜头拉牵捆绑在车辆两侧丁字铁上，拉牵高度不得小于卷钢板宽的 1/2。

④ 每组卷钢上至少在对称的两处用挂钩将拉牵绳吊挂牢固。

（6）其他要求：加固线与车辆棱角及挂钩接触处采取有效的防磨措施。

三、任务实施

【实训项目】

卷钢卧装的装载加固。

【实训目标】

① 熟悉装载加固定型方案的内容；② 熟悉卷钢卧装、立装相关规定。

【实训内容与要求】

如图 3-33 所示，某站使用一辆 C_{64K} 装运 3 件规格相同的卷钢（卷钢件重 18 t，卷径不小于 1 300 mm），按照 070301 号定型方案要求装车，请指出图中装载加固的不合理之处。

图 3-33　卷钢装载加固

【成果与检测】

① 写成简要书面分析报告；② 课后在班级组织一次交流与讨论；③ 由教师根据分析报告与讨论表现评估打分。

四、拓展训练

卷钢卧装、立装及集束立装时如何选取防滑措施？

知识点 2　木材运输

一、学习目标

掌握原木装载加固定型方案；能够针对不同的木材选择不同的装载加固方案。

二、知识引导

木材使用敞车装载时，应大小头颠倒，紧密排摆，紧靠支柱，压缝挤紧；两端木材应倾向货车中部，不准形成向外溜坡。装车后中心高度不得大于 4 600 mm，支柱底面必须与敞车地板接触。

（一）敞车装载原木

敞车装载原木（包括坑木、小径木）时，应对每垛起脊部分做整体捆绑，整体捆绑线使用直径不小于 7 mm 的钢丝绳或破断拉力不小于 21 kN 的专用捆绑加固器材；腰线使用专用捆绑加固器材时，整体捆绑线可使用直径 6.5 mm 的盘条 2 股。每道整体捆绑线的铺设位置距车辆端、侧墙顶面向下不小于 100 mm。材长大于 4 m 的，每垛整体捆绑 5 道，4 m 及以下的每垛整体捆绑 3 道。整体捆绑线的余尾部分折向车内，并用 U 形钉钉固。车辆两端安装挡板时，应使用 8 号镀锌铁线对挡板进行栏护；不使用挡板时，靠车辆两端的起脊部分的顶层，应使用 8 号镀锌铁线 2 股对原木端部向支柱方向兜头护栏，镀锌铁线与每根原木端部接触处用 U 形钉钉固。

以敞车装载 2 500～3 000 mm 原木为例，如图 3-34 所示。

（1）货物规格：2 500～3 000 mm 原木。

（2）准用货车：60 t、61 t 通用敞车。

（3）加固材料：8 号镀锌铁线，直径不小于 7 mm 的钢丝绳（最小破断拉力 25.1 kN），固定捆绑铁索，U 形钉，木支柱。

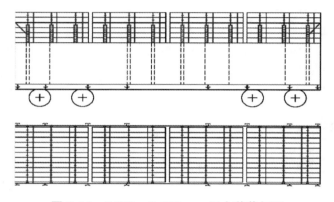

图 3-34　2 500～3 000 mm 原木装载加固

（4）装载方法：

① 全车装 4 垛，每垛使用 3 对支柱。

② 装车时应做到大小头颠倒，紧密排摆，紧靠支柱，压缝挤紧，两端原木向货车中部倾斜，不得形成向外溜坡。

③ 紧靠支柱顶部原木不得超过支柱。

④ 紧靠支柱原木两端超出支柱的长度（由支柱中心线算起）不得小于 200 mm。

（5）加固方法：

① 支柱必须选用坚实圆直木材，长度不得超过 2 800 mm。

② 每对支柱捆绑 1 道腰线，松紧适度，使上层与下层木材密贴，不得卡住车辆侧墙，腰线距支柱顶端距离不小于 100 mm。

③ 腰线均用镀锌铁线 6 股拧成 1 根，两端各 3 股交叉缠绕支柱 2 周后，拧固 3 周。使用固定捆绑铁索时，用游线 3 股穿入固定捆绑铁索环内，缠绕支柱 2 周，拧固 3 周，腰线及游线余尾折向车内。

④ 每对支柱上部捆绑封顶线 4 股（2 周），在腰线下部缠绕支柱 2 周后拧紧。

⑤ 使用钢丝绳对每垛起脊部分整体捆绑 3 道，每道整体捆绑线的铺设位置距车辆端、

侧墙顶面向下不小于 100 mm。整体捆绑线应间隔均匀。

⑥ 靠车辆两端的起脊部分的顶层，应使用镀锌铁线 2 股对原木端部兜头向支柱方向拉牵捆绑。

⑦ 封顶线、整体捆绑线及其鱼尾与顶层原木接触处，以及栏护线与顶层每根原木端部接触处使用 2 个 U 形钉钉固（原木直径小于 100 mm 时可钉 1 个 U 形钉）。

（6）其他要求：装运腐朽或有腐朽面及腐朽洞眼木材时，应按规定喷涂防火剂。

（二）敞车装载板、方材

敞车装载板、方材时，货物高度超出车辆端侧墙的，应在车辆两端安装挡板（围装除外），并使用 8 号镀锌铁线对挡板进行栏护。支柱的对数应符合表 3-19 的规定。支柱折断时，必须更换。

表 3-19　支柱对数规定

每垛木材的长度 L/mm	每垛木材使用支柱对数
2 500 ≤ L < 5 000	3
5 000 ≤ L < 8 000	4
L ≥ 8 000	5

每对支柱捆绑腰线的道数，视敞车侧墙高度而定，高度小于 1 600 mm 的不少于 3 道，1 600～1 900 mm 的为 2 道，大于 1 900 mm 的为 1 道。腰线间距适当，不得卡侧墙，捆绑松紧适度，应使上层木材与下层木材密贴，每对支柱使用封顶线 1 道。腰线及封顶线的捆绑周数应符合表 3-20 的规定。

表 3-20　腰线及封顶线的捆绑周数规定

捆绑材料	规格	腰线周数	封顶线周数
镀锌铁线	Φ 4 mm	3	2

注：1. 装载杉木时，腰线周数可按封顶线周数办理。
　　2. 每道封顶线与每根（块）木材的接触处使用 2 个 U 形钉钉固。

对于长度不足 2.5 m 的木材不能全部成捆时，需用长材或成捆材压顶。其装载方法可根据木材长度，分别采取：

（1）围装：将木材沿车辆端侧墙内侧竖立一周，超出端侧墙部分，不得大于端侧墙高度（立装木材长度）的 1/2。围板厚度不得小于 40 mm，围板四周用 8 号镀锌铁线 2 股串联，并用 U 形钉钉固。

（2）顺装：每垛内插 2 对支柱，垛间距离须小于木材本身长度的 1/5。

三、任务实施

【实训项目】

原木的装载加固流程。

【实训目标】

熟悉原木装载加固的要求。

【实训内容与要求】

湖北十堰某木材厂于 2015 年 4 月 1 日在十堰托运木材××件，总重 60 t，使用 C_{62} 3563721，货票号码：N0.19465，专用线装车，当日由承运人负责装车完毕，挂入某次列车发往安康东站，收货人安康市某家具厂，请根据以上案例完成下列任务：

① 常用的装载加固材料有哪些？② 木材应如何进行装载加固？

【成果与检测】

① 写成简要书面分析报告；② 课后在班级组织一次交流与讨论；③ 由教师根据分析报告与讨论表现评估打分。

四、拓展训练

（1）对于长 4 000～6 000 mm 的原木如何进行装车？

（2）对于竹材如何进行装载加固？

知识点 3　袋装货物运输

一、学习目标

掌握袋装货物的装载加固定型方案；能够针对不同的袋装货物选择不同的装载加固方案。

二、知识引导

袋装货物装载加固定型方案如图 3-35 所示。

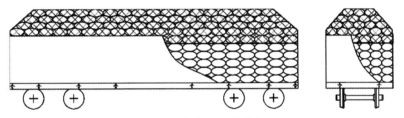

图 3-35　袋装货物装载加固

（1）货物规格：麻袋、布袋、塑料编织袋、网袋包装货物。

（2）准用货车：通用敞车。

（3）加固材料：上封式绳网。

（4）装载方法：

① 装载应排列紧密、整齐、稳固。

② 装载高度与宽度超出端侧墙时，应层层压缝，并逐层向内收缩，码放成梯形，四周货物倾向中间，袋口朝向车内。两端货物每层收缩长度不小于货物长度的 1/2，两侧货物每层收缩长度不小于货物长度的 1/4。

③ 两侧超出侧墙的宽度应一致。

④ 顶部装载应起脊，不得形成马鞍形。

（5）加固方法：

① 超出货车端侧墙 1 层及以上时，应使用上封式绳网络。

② 件重 80 kg 及其以上货物装至距货车端侧墙顶部 1 个高时加铺绳网，件重不足 80 kg 的货物装至距货车端侧墙顶部 2 个高时加铺绳网。

③ 装车完毕后，先两端、后两侧分别将绳网折回拉向车顶，用边绳穿过对侧围筋向后拉紧，捆绑牢固。

三、任务实施

【实训项目】

袋装粮食的装载加固流程。

【实训目标】

熟悉袋装粮食的装载加固的要求。

【实训内容与要求】

2015 年 6 月 3 日，托运人方某在渭南某专用线托渭南火车站运输小麦 60 t，共 2 790 件，计划号 09N00672445，使用 P₆₂ 3326326 一辆装载，标重 60 t，当日由承运人负责装车完毕。货票号码 A006550，未保价，施封号码：79969/79970，挂入某次列车发往广东茂名，收货人徐某。采用门到站运输方式。请根据案例完成如下任务：

① 在货运实训室模拟该车小麦的装载加固过程。② 袋装粮食的装载加固定型方案有哪些？

【成果与检测】

① 拍摄小麦装车的装载加固视频。② 课后在班级组织一次交流与讨论。③ 由教师根据成员表现评估打分。

四、拓展训练

某站使用棚车装运玉米，请指出如图 3-36（装车照片局部）中装载方面的违章之处。

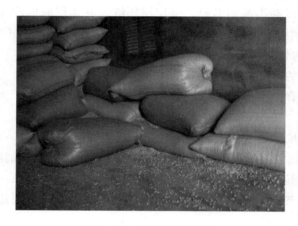

图 3-36　袋装玉米装载

知识点 4　载重汽车运输

一、学习目标

掌握载重汽车的装载加固定型方案，能够针对不同的情况选择装载加固方案。

二、知识引导

载重汽车属于轮式、履带式货物，应使用木地板平车装载（专用货车装运时除外），其本身有制动装置的，装车后应制动，门窗闭锁并将变速手柄放在初速位置，制动手柄或拉杆应用镀锌铁线固定（运输轿车时，其制动手柄应拉紧，并将挡位放在空挡或 P 挡上）。

具体加固方案如图 3-37 所示。

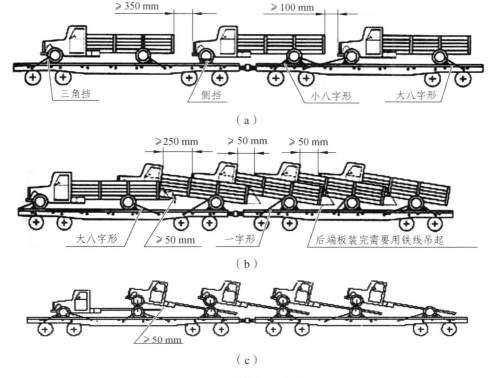

图 3-35　具体加固方案图

（1）货物规格：外形尺寸（5 300～9 845）mm×（2 265～2 500）mm×（2 000～3 020）mm，件重 2.5～8.5 t。

（2）准用货车：木地板平车。

（3）加固材料：ϕ13 mm 钢丝绳（破断拉力不小于 86.6 kN），钢丝绳夹，8 号镀锌铁线，圆钢钉，三角挡，挡木。

（4）装载方法：

① 车辆间距不得小于 100 mm，跨及两辆平车的，其头部与前辆汽车尾部间距不得小于 350 mm，如图 3-37（a）所示。

② 爬装时，跨及两辆平车的，其头部与前辆汽车驾驶室后部不得小于 250 mm，其余车辆上的汽车头部与前辆汽车驾驶室后部不得小于 50 mm。汽车后端板应用铁线吊起，与后面所装汽车底部的距离不得小于 50 mm，如图 3-37（b）所示。

③ 无车厢汽车爬装时，应将第 2 辆及其以后各辆的前轮，依次爬放在前辆汽车的后轮上，如图 3-37（c）所示。

（5）加固方法：

① 顺装时，每辆前、后轮的前后端均用三角挡掩紧钉固，并用镀锌铁线拉牵小八字形，捆绑在车辆丁字铁或支柱槽上。跨及两辆平车上的汽车，必须在距前轮外侧或内侧 50 mm 处钉固侧挡木，后轮前后均用三角挡掩紧钉固，并用钢丝绳小八字形拉牵，捆绑在车侧钉字铁或支柱槽上，如图 3-37（a）所示。

② 爬装时，爬装在前部车厢内的前轮不需加固，但后轮前后均用三角挡掩紧钉固，并用镀锌铁线斜拉（斜拉线与水平夹角不大于60°）呈小八字形拉牵加固，如图3-37（b）所示。

③ 爬装无车厢汽车时，重叠装载两轮轴应上下对齐，并捆在一起（不宜过紧），后轮前后均用三角挡掩紧钉固，并采用小八字形拉牵加固，如图3-37（c）所示。

④ 每道拉牵铁线的股数为：件重4 t及以下的12股，件重4～6 t的14股，件重6 t以上的16股。

（6）其他要求：

① 门窗锁闭，制动装置全部制动，挡位放在初速位置，制动手柄或拉杆用镀锌铁线固定。

② 用铁线将连挂车组车钩提钩杆捆牢。

③ 三角挡可用铁塑轮挡代替。

三、任务实施

【实训项目】

载重汽车的装载加固流程。

【实训目标】

熟悉载重汽车的装载加固要求。

【实训内容与要求】

陕西西安某汽车公司于2015年5月3日在西安西站托运小汽车××件，总重60 t，使用 N_{17} 1212121 车装运，如图3-38所示，货票号码：N019465，保价10万，专用线装车，当日由托运人负责装车完毕，挂入某次列车发往广铁石围塘站，收货人许某。请根据以上案例完成下列任务：

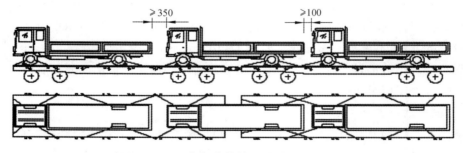

图 3-38　小汽车装载加固（单位：mm）

图中小汽车的装载加固存在什么问题？

【成果与检测】

① 写成简要书面分析报告；② 课后在班级组织一次交流与讨论；③ 由教师根据分析报告与讨论表现评估打分。

四、拓展训练

小汽车爬装运输时装载加固应该注意哪些方面？

学习子情境 3.4　集装箱运输

扫码下载
3.4 节 PPT

■ 任务描述

本任务旨在要求学生掌握集装箱运输相关知识，包括集装化的定义、集装箱发送、到达的程序、作业标准，集装箱装载加固等知识，具体任务如下：

（1）集装箱设备认知及运输组织。

（2）通用集装箱装载加固。

（3）专用集装箱装载加固。

PPT 讲解视频
集装箱运输

知识点 1　集装箱认知及运输

一、学习目标

掌握集装箱的定义、分类、标记及运输。

二、知识引导

（一）集装箱认知

1. 集装箱定义

集装箱是满足下列要求的一种运输设备：

（1）具有足够的强度，在有效使用期内可以反复使用。

（2）适于一种或多种运输方式运送货物，途中无须倒装。

（3）设有供快速装卸的装置，便于从一种运输方式转到另一种运输方式。

（4）便于箱内货物装满和卸空。

（5）内容积不小于 1 m³。

2. 集装箱的种类

集装箱的种类可以按重量尺寸、箱主、所装货物种类和箱体结构、是否符合标准等进行分类。

（1）按尺寸分类。铁路运输的集装箱按尺寸分为 20 ft 箱、40 ft 箱、45 ft 箱以及其他长度的集装箱。

（2）按箱主分类。可分为铁路箱和自备箱，其中铁路箱是承运人提供的集装箱，自备箱是托运人自有或租用的集装箱。

（3）按所装货物种类和箱体结构分类。可分为普通集装箱和特种集装箱。

① 普通集装箱。普通集装箱包括通用集装箱和专用集装箱。

通用集装箱又称干货集装箱、杂货集装箱，适合装运大多数普通货物，如文化用品、日用百货、医药、纺织品、工艺品、五金交电、电子仪器仪表、机器零件及化工制品等，该类集装箱占全部集装箱总数的 70% ~ 80%。

专用集装箱是指为便于不通过端门装卸货物或为通风等特殊用途而设有独特结构的普通货物集装箱，包括通风集装箱、敞顶集装箱、台架式集装箱和平台式集装箱。

② 特种集装箱。特种集装箱是指专门适用于运输某种状态或特殊性质的货物的集装箱，包括保温箱、罐式箱、干散货箱和按货物品名命名的集装箱等。

（4）按是否符合标准分类。可分为标准箱和非标准箱，符合国家标准、行业标准或国铁集团企业标准的为标准箱，其他为非标准箱。

3. 集装箱标记

为了便于对集装箱在流通和使用中识别和管理，便于单据编制和信息传输，所以国际标准化组织制定了集装箱标记，此标准即《集装箱的代号、识别和标记》（ISO 6346：2022），国内使用的集装箱按国家标准（GB/T 1836—2017）规定涂刷。

集装箱的主要标记包括识别标记和其他标记，具体如图 3-39 所示。

（1）识别标记。

① 箱主代号。国际标准化组织规定，箱主代号由 4 个大写的拉丁文字母表示，前三位由箱主自己规定，第四个字母一律用 U 表示。

② 顺序号，又称箱号。由 6 位阿拉伯字母组成。如有效数字不足 6 位时，则在有效数字前用 "0" 补足 6 位。如 "053842"。

③ 核对数字。是用来核对箱主代号和顺序号记录是否准确的依据。它位于箱号后，以一位阿拉伯数字加一方框表示。如 TBJU 4678326 的核对数字为数字 6。计算过程如下：

a. 首先将前四位字母对应的等效数字（见表 3-21）和后面顺序号的数字（共 10 位）采用加权系数法按如下公式进行计算。

$$S = \sum C_i \times 2^i$$
$$= 31 \times 2^0 + 12 \times 2^1 + 20 \times 2^2 + 32 \times 2^3 + 4 \times 2^4 + 6 \times 2^5 + 7 \times 2^6 + 8 \times 2^7 + 3 \times 2^8 + 2 \times 2^9$$
$$= 3\,911$$

式中　C——箱主代号和箱号的等效数字；

i——第几位，从 0 开始取值。

1—箱主代号；2—箱号；3—核对数字；4—尺寸类型代号；
5—标记总重；6—自重；7—有效载荷；
8—容积；9—铭牌。

图 3-39　集装箱标记

b. 然后以 S 除以 11，取余数，就得到核对号。本例中为 6。

表 3-21　核对号计算中箱主代码的等效数字

字母	A	B	C	D	E	F	G	H	I	J	K	L	M
数字	10	12	13	14	15	16	17	18	19	20	21	23	24
字母	N	O	P	Q	R	S	T	U	V	W	X	Y	Z
数字	25	26	27	28	29	30	31	32	34	35	36	37	38

（2）其他标记。

① 重量体积标记。额定重量即集装箱总重（MAX GROSS），自重(TARE)即集装箱空箱质量（或空箱重量），净重（NET）即集装箱内容许装载货物的最大重量，ISO 688:2020 规定应以千克（kg）和磅（lb）同时表示。体积（CU.CAP.）即集装箱最大的装货体积，单位以立方米（cu.m）和立方 ft（cu ft①）同时标出。

② 集装箱检验单位标记。国际标准化组织要求各检验机关必须对集装箱进行各种相应试验，在符合船级社检验规范及相关要求后，在集装箱门上贴上代表该检验机关的合格徽，主要检验机关有中国船级社、劳氏船级社等。

③ 国际集装箱安全公约（CSC）安全合格牌照。

④ 国际铁路联盟（UIC）标记。凡符合《国际铁路联盟条例》规定的集装箱，可以获得国际铁路联盟标记。"ic"表示国际铁路联盟，下面的数字代表各个 UIC 成员的代码（如图 3-40 所示，33 代表中国）。箱上的 ic 表示该箱申请了某个国家的国际铁路联盟（UIC）认证。

---

① 1 立方英尺 = 0.028 3 立方米，$1ft^3 = 0.028\ 3\ m^3$。

由于集装箱是全球通行的，所以只要申请了 UIC 的任何一个成员国的认证，均能在全球铁路运输得到许可。

⑤ 铭牌。普通干货箱铭牌信息包括：CCC 拍照、箱主信息、监检信息、制造厂信息、木地板防疫和 CSC 牌照，如图 3-41 所示。

图 3-40　UIC 标记

图 3-41　铭牌

（二）集装箱定检要求

集装箱应按规定进行定期检验，保证质量满足铁路运输安全要求。集装箱从出厂到第一次检验的间隔期不得超过 5 年，以后检验的间隔期不得超过 2.5 年。检验时间可提前或延后 3 个月。

（三）集装箱办理站

集装箱办理站（包括办理集装箱运输的铁路专用线、专用铁路，下同）是办理集装箱运输业务的车站。集装箱在集装箱办理站间办理运输。集装箱办理站应具备下列条件：

（1）有与其运量相适应的，适合集装箱堆存、装卸的场地。

（2）装卸线数量和长度满足生产需要。

（3）具备集装箱称重计量及安全检测条件。

（4）配备集装箱专用装卸机械，起重能力满足所装卸集装箱总重量的要求。20 ft、40 ft 集装箱起重量不小于 35 t，具备 20 ft 35 t 集装箱办理条件。装卸机械宜具备称重、超偏载检测功能。

仅办理罐式箱运输业务的，可不配备集装箱装卸机械，但应有充装、抽卸设施设备。仅办理干散货箱、敞顶箱发送业务的，可不配备集装箱装卸机械，但应有货物装载设施设备。

（5）具备良好的硬件、软件和计算机网络环境，能够应用集装箱运输相关信息系统。

（6）办理特种货物箱和专用箱时，应配备相应的生产和安全设施设备（如：站台、装卸、接充电设施设备等）。

（四）集装箱运输组织

1. 集装箱装箱

（1）托运与受理。集装箱运输以集装箱运单作为运输合同。托运人通过中国铁路 95306 网站实行网上预订。如使用自备箱运输时，由托运人直接在 95306 网站提报运输需求。

（2）空箱拨配。空箱预订成功后，托运人到车站提箱。空箱由车站安排，也可根据托运人需求挑选。托运人在使用前必须检查箱体状态，发现箱体状态不良时，应要求更换。空箱出站时，车站按规定填制"铁路箱出站单"作为出站和箱体状况交接凭证。

（3）填写运单。承运人配箱后，托运人通过 95306 网站完善运单需求部分，补充箱号信息。托运人对其在运单、物品清单内填记内容的真实性负完全责任，应准确填记货物名称、集装箱号码、施封号码、重量等各项内容。集装箱内单件货物重量超过 100 kg 时，托运人应在运单"托运人记载事项"栏内分别注明实际重量。

（4）装箱与施封。集装箱的装箱和施封工作均由托运人自己进行。

① 集装箱的装箱由托运人负责。装箱时应码放稳固，装载均衡，不超载、不集重、不偏重、不偏载、不撞砸箱体，采取防止货物移动、滚动或开门时倒塌的措施，保证箱内货物和集装箱运输安全。

② 敞顶箱装运易扬尘货物，应采取苫盖篷布或抑尘等环保措施。

③ 根据托运人要求，可在站内指定区域装箱。

④ 集装箱施封由托运人负责。托运的重集装箱应当施封（结构上无法施封的除外）；通用集装箱施封时，确认左右箱门锁舌和把手入座后，在右侧箱门把手锁件施封孔处施封一枚；其他类型集装箱根据实际情况采取适合的施封方法。托运的空集装箱可不施封，托运人须关闭箱门，确认左右箱门锁舌和把手入座。

⑤ 对已施加海关封的集装箱，可不再施加铁路封，不施加铁路封时，托运人应在货物运单托运人记事栏内注明："交接铁路集装箱使用××海关封"，施封号码填写海关施封号码。

（5）重箱进站。

① 托运人、收货人可自行安排集装箱汽车取送集装箱，也可委托车站办理，车站均应提供便利条件。

② 托运的集装箱，单箱总重不得超过其标记总重，且不得超过发站和到站的集装箱起重能力，在车上装箱、掏箱的特种货物箱、专用箱等除外。

③ 车站逐箱确定发送集装箱的箱货总重，核实集装箱空重状态。

④ 集装箱施封由托运人负责。

⑤ 车站应根据货源情况，对发送集装箱货物及装载情况进行开箱抽查，防止出现匿报货物品名、夹带危险货物、装载加固不良等问题。

（6）验收。

① 车站与托运人或收货人交接集装箱时，施封的凭箱号、封印和箱体外状交接，不施封的凭箱号和箱体外状进行交接。

② 发站在接收集装箱时，检查发现箱号或封印内容与运单记载不符或未按规定关闭箱

门、施封的，应由托运人改善后接收。箱体损坏危及货物和运输安全的不得接收。

（7）承运。

承运人对接收的集装箱，按规定向托运人核收费用，发站在货物运单上加盖日期戳，即承运开始。

2. 集装箱装车

（1）装车前。

①使用铁路货车装运集装箱前，须确认选择车辆标重符合全车集装箱总重要求，所装车辆车种符合集装箱安全运输要求。

②集装箱装车前，必须清扫干净车地板，确认箱体、车体上无杂物。

③使用集装箱专用平车或共用平车时，装车前必须确认锁头齐全、状态良好。

（2）装车时。

① 集装箱装车时，应核对箱号，检查箱体和施封情况。使用特种货物箱和专用箱的，还应检查附属件。

② 未安装 F-TR 型锁（见图 3-42）的集装箱专用平车或共用平车装运空集装箱时，必须使用 4 股及以上 8 号镀锌铁线捆绑牢固。其中，使用共用平车时，将集装箱底部角件与车辆捆绑牢固；使用专用平车时，将相邻两箱底部角件捆绑在一起，仅装运一箱时，将集装箱底部角件与车辆底架捆绑牢固。卸车前，必须将铁线剪断并清除干净，防止损坏车辆和箱体。

 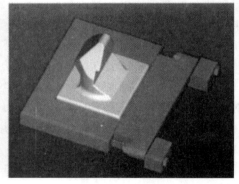

整体式锁座   分体式锁座

图 3-42　F-TR 锁

③ 端部有门的 20 ft 集装箱使用集装箱专用平车或共用平车装运时，箱门应朝向相邻集装箱；但使用 X_{3K} 和 X_{4K} 集装箱平车，两端箱位装载集装箱、中间箱位未装载集装箱时，箱门应朝向外侧门挡。

④ 使用铁路货车装运集装箱时，全车集装箱总重不得超过货车标记载重，且应符合货车装载技术条件要求，保证货车不出现超载、偏载、偏重等问题。

⑤ 集装箱不得与其他货物装入同一辆货车内。

（3）装车后。

① 装车后必须确认锁头完全入位，箱门处的集装箱专用平车门挡或共用平车端板立起。

② 核对车号、箱号等信息以及货位情况，防止装错箱。

③ 核对货车及集装箱不超载、不偏载、不偏重，无渗漏或撒漏等问题。

3.集装箱卸车作业

（1）卸车。

①制定卸车计划，确定车号、箱号后，将装卸作业单传给装卸工组，现场组织卸车。对带有 F-TR 型锁的平车作业，货运员须向装卸工组说明安全注意事项，作业时确认装卸指挥人员是否到岗指挥。

②集装箱卸车时，应核对箱号，检查箱体和施封情况。发现箱号不符时，应在集装箱管理信息系统中做卸前修改箱号，做到与实际一致。

（2）领货通知。

① 到达的集装箱，收货人应于承运人发出领货通知的次日起算，2 日内领取集装箱货物，并于领取的当日内将箱内货物掏完或将集装箱搬出。

② 为方便车站和客户，集装箱管理信息系统提供自动发送领货通知短信服务。

（3）办理交付。

① 到站应向运单记载的收货人交付集装箱。

② 交付时，收货人应按运单填记的箱号、封号与现箱核对，检查施封状态和箱体外状。如发现问题及时向车站货运员提出，当场检查，明确责任。

③ 收货人办理内交付手续，按规定缴纳有关费用后领取集装箱，外勤货运员与收货人现场交付集装箱，未提出异议，运输合同即告结束。

（4）重箱出站或站内掏箱。

① 集装箱的掏箱由收货人负责。

② 重箱出站时，车站按规定填制"铁路箱出站单"。铁路箱卸空后及时返回，车站检查后接收。

③ 站内掏箱的，应在指定区域进行，于领取的当日内掏完。

三、任务实施

【实训项目】

集装箱设备认知。

【实训目标】

掌握集装箱的标记及运输组织流程。

【实训内容与要求】

请在如图 3-43 中标出集装箱的箱主代号、箱号、总重、自重，并计算该箱的核对数字。

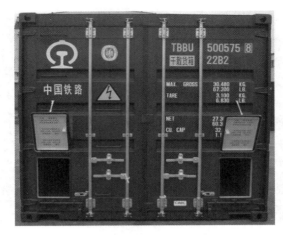

图 3-43　铁路干散货箱

【成果与检测】

　①将图片打印出来进行标记，然后贴在实训室集装箱模型上；②计算该箱的核对数字；③由教师根据表现和计算结果打分。

四、拓展训练

箱号 TBJU 462282☒、LLTU 200948☐，计算其核对数字。

知识点 2　通用集装箱装载加固

一、学习目标

掌握通用集装箱装载加固方案；能够针对不同的货运选择装载加固方案执行。

二、知识引导

以 20 ft 集装箱装载加固方案为例，如图 3-44 所示。

（1）货物规格：外形尺寸 6 058 mm×2 438 mm×2 591 mm，最大件重 20 t。

（2）准用货车：木地板平车。

（3）加固材料：ϕ6.5 mm 盘条。

（4）装箱要求：

①集装箱总重不得超过 20 t。

②货物重量在箱内应均匀分布，不得将重量集中在集装箱的一端或一侧。

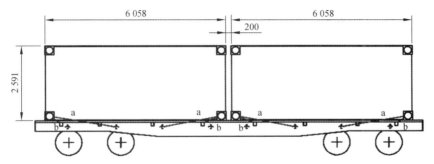

图 3-44　集装箱装载加固（编号：020103）

③ 货物在集装箱内应合理摆放，排列紧密，当货物周围较大空隙时，应采取防止货物移动的措施。

（5）装载方法：

① 每车顺装 2 箱，一空一重箱配装时，重箱的实际装货量不得超过 12 t。

② 每箱内端距车辆横向中心线 100 mm，集装箱纵中心线必须与车辆纵中心线重合，横向不偏移。

（6）加固方法：

① 在每侧集装箱底脚件栓结孔处，用盘条各倒八字形拉牵捆绑 2 道，一道为 a，一道为 b，分别拉牵捆绑在车侧不同的丁字铁或支柱槽上。

② a 道盘条 6 股，b 道盘条 6 股，栓结后捆牢拧紧。

三、任务实施

【实训项目】

20 ft 通用集装箱的装载加固流程。

【实训目标】

① 熟悉集装箱组织流程；② 熟悉通用集装箱的装载加固要求。

【实训内容与要求】

某站使用 NX17 型平车装运 2 个 20 ft 重集装箱，如图 3-45 所示途中货检发现存在问题。

图 3-45　20 ft 集装箱装载

【成果与检测】

① 写成简要书面分析报告，指出存在问题；② 由教师根据分析报告与讨论表现评估打分。

四、拓展训练

（1）下列货物能否用铁路通用集装箱运输，说明理由。

① 日用百货；② 服装；③ 生皮张；④ 电视机；⑤ 炭黑；⑥ 机械零件（零散、箱装）；⑦ 鲜桃；⑧ 钢锭；⑨ TNT 炸药；⑩ 盐。

（2）请问对于外形尺寸 3 070 mm × 2 500 mm × 2 650 mm，最大件重 10 t 的集装箱如何用木地板平车装载加固？

知识点 3　专用集装箱装载加固

一、学习目标

掌握专用集装箱装载加固方案。

二、知识引导

专用集装箱专门适用于运输特殊性质或有特殊要求的货物，如轿车、钢材、管件、活动物、毛皮、炭黑、服装、水果等。

如图 3-46 所示，以 20 ft 双层汽车集装箱试运方案为例。

图 3-46　双层汽车集装箱装载加固

（1）集装箱技术参数：

① 外形尺寸：6 058 mm×2 438 mm×3 200 mm。

② 自重：3 300 kg。

③ 总重：15 000 kg。

④ 编号：TBQU500000～500229。

（2）货物及规格：轿车，宽度≤1 900 mm，高度≤14 650 mm，轮径≤930 mm，轮距1 490～1 670 mm。

（3）准用货车：集装箱专用平车或两用平车。

（4）办理站：在公布的20 ft通用集装箱办理站或专用线间运输。

（5）装载加固要求：

① 每个集装箱双层装载2台轿车，每车装载2个集装箱；装载均衡，不得偏载、偏重。

② 每台轿车前轮前端和后轮后端用止轮器掩紧，并稳固地固定在平台或箱地板上。

③ 每台轿车的前部、尾部分别用紧固器将轿车底盘固定在平台或箱地板适当位置上。

（6）其他要求：

① 装箱前，认真检查并确保集装箱、止轮器、紧固器各部件状态良好。

② 装箱后，检查装载加固符合要求，制动装置全部制动，变速器置于初速位置，制动柄用铁线捆绑牢固，锁闭汽车门窗。

③ 重箱禁止溜放。

榜样人物

三、任务实施

【实训项目】

20 ft专用集装箱的装载加固流程。

【实训目标】

熟悉专用集装箱的装载加固要求。

【实训内容与要求】

有一罐式集装箱，其外部尺寸为：6 058 mm×2 438 mm×2 896 mm，标记最大总重为30 480 kg，自重4 950 kg，最大容许载重25 050 kg，箱号：TBJU5400001～541050，现用其装运散装水泥。请问如何装载？

【成果与检测】

① 写成简要书面分析报告；② 课后在班级组织一次交流与讨论；③ 由教师根据分析报告与讨论表现评估打分。

四、拓展训练

20 ft 罐式集装箱装运植物油时的装运要求是什么？

学习情境四　特殊条件货物运输

一、情境描述

作为一名某铁路局集团公司货运车站实习货运员，在了解各岗位工种作业程序及标准的基础之后，完成阔大货物、鲜活货物、危险货物的运输组织过程。

二、素质目标

（1）培养学生坚守岗位、勇于担当的职业精神，让学生深刻认识到特殊条件铁路货运组织对保障国家物资运输畅通、应对突发事件的重要性，树立"不畏艰难、使命必达"的责任意识。

（2）传承铁路人在极端环境和紧急情况下的奉献精神与协作理念，以孙继红、薛胜利等在超限、危险货物运输中展现卓越担当的榜样为引领，引导学生在团队中主动沟通、密切配合，形成攻坚克难的强大合力。

（3）强化学生的安全红线意识和严谨细致的工作态度，让学生明白阔大、鲜活、危险货物运输风险更高，需时刻保持警惕，严格遵守各项操作规程，将安全理念贯穿于作业全过程，保障货物、人员及运输工具的安全。

（4）激发学生的创新意识和解决复杂问题的决心，鼓励学生在面对特殊路况、紧急运输任务等情况时，积极探索新思路、新方法，以坚韧不拔的毅力攻克难题，体现新时代铁路人的进取精神。

三、知识目标

（1）掌握阔大货物装载条件的判定，掌握超长货物的判定和装载加固要求和运输要求，掌握超限货物的判定、测量方法和超限等级确定的计算方法，掌握超限、超重货物装载加固要求和运输要求。

（2）了解鲜活货物的概念及其运输特点，了解鲜活货物运输设备类型及结构，掌握鲜活货物的装载要求和运输要求。

（3）理解危险货物的判定方法和仓储要求，掌握危险货物的装载要求和运输要求，掌握危险货物办理条件、防护以及基本的应急处置，掌握罐车充装量的计算方法。

四、能力目标

（1）具备制定阔大、鲜活、危险货物运输组织方案的能力，能根据货物特性、运输环境、任务要求等，合理选择运输工具、设计装载加固方案，确保方案符合安全规范和效率要求。

（2）拥有应急处置能力，在遇到突发情况（如危险货物泄漏、鲜活货物车辆故障）时，能迅速启动应急预案，采取有效的应急措施，及时上报信息并协调相关部门进行处理，最大限度降低损失。

（3）培养对阔大、鲜活、危险货物运输组织效果的评估与优化能力，能在作业完成后总结经验教训，分析方案执行中的问题，提出改进措施，不断提升特殊条件下货运组织的效率和安全性。

五、知识点导入

学习情境	子情境	知识点
学习情境四 特殊条件货物运输	4.1 阔大货物运输	1. 阔大货物装载条件的判定 2. 超长货物运输 3. 超限超重货物运输
	4.2 鲜活货物运输	1. 鲜活货物概述 2. 易腐货物运输 3. 活动物运输
	4.3 危险货物运输	1. 危险货物的判定 2. 危险货物的性质 3. 危险货物运输设备 4. 危险品托运与承运 5. 危险品装卸作业 6. 危险品途中作业 7. 危险品到达作业

学习子情境 4.1　阔大货物运输

扫码下载
4.1 节 PPT

📱 **任务描述**

请利用本学习子情境所学知识，按题设条件与要求独立处理以下案例。

托运人 A 在甲站托运一批货物，使用 N_{16} 型平车装运，装载方案如图 4-1 所示，$Q_1 = 30\ t$，重心高为 1 400 mm；$Q_2 = 20\ t$，重心高为 1 200 mm。假设你是甲站工作人员，请检验该装载方案是否符合装载基本技术要求，若重车重心高超过 2 000 mm，请你向托运人 A 说明如何配重。（甲站有若干件可以配重的货物，每件重 2 t，重心高 500 mm。）

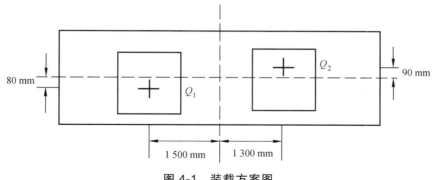

图 4-1 装载方案图

PPT 讲解视频
阔大货物运输

知识点 1 阔大货物装载条件的判定

一、学习目标

掌握阔大货物装载条件的判定，包括阔大货物运输设备、装载加固基本要求、货物重心水平位置的确定、重车重心高的确定等；会正确选择重车重心高，并采取配重措施。

二、知识引导

经由铁路运输的货物除按其适用包装不同有散装、裸装、包装和集装货物外，还有些大型机械、重型设备，如化工设备，发电、变电设备，大型锅炉，桥梁等长大笨重货物。这些货物一般具有长（长度长）、大（体积大）、笨（重量大）和杂（外形复杂）等特点，铁路上把这类货物统称为阔大货物。阔大货物通常包括超长货物、超重货物和超限货物，这 3 类货物在长度、体积、重量等方面特点不同，所适用的装载技术方法也各有侧重。

货物装载加固状况是影响重车运行安全的重要因素，直接关系着列车运行安全和货物安全，是铁路运输组织工作的重要组成部分。其主要任务是：保证货物和车辆的完整和行车安全，充分利用货车载重力的容积，安全、迅速、合理、经济地运输货物，以适应国民经济发展对铁路运输的需要。运输阔大货物时，不仅在车辆使用上要合理选配，而且在装载加固时也应严格遵守有关技术要求。《加规》是铁路货物装载加固和货车满载工作的基本依据和技术要求，托运人和承运人均应严格遵守。

（一）阔大货物运输设备

1. 用于装运阔大货物的车辆

装运阔大货物的车辆除了必须满足普通货物装载的一般要求外，还应满足货物重量大、体积大、长度长的要求。车辆应具有足够的强度，尤其是承受集中载荷的能力强；要便于对货物进行装载加固；对于超限货物还应有利于降低超限等级，以保证运输安全和车辆的正常使用寿命。目前，我国铁路装运阔大货物主要使用普通平车和长大货物车，部分货物也可使用敞车装载。

（1）普通平车。

我国铁路平车主要车型包括：N_6、N_{16}、N_{17}、N_{60}、NX_{17}。平车属于底架承载结构，底架的主要部件有中梁、侧梁，枕梁、横梁及纵向辅助梁。部分平车根据装运货物的需要设有可以全部翻下的活动墙板。为了提高平车承受集中载荷的能力，部分平车车底采用了鱼腹形梁。为了便于货物加固，侧梁外侧装设绳栓和柱插，如图 4-2 所示。

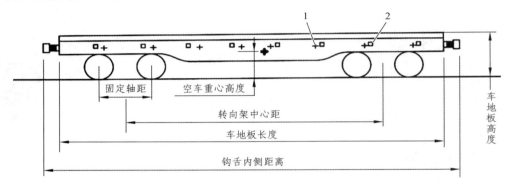

1—绳栓（丁字铁）；2—柱插（支柱槽）。

图 4-2　平车主要参数及加固部件名称

① N_{16} 型平车。通用平车，适用于运输钢材、汽车、拖拉机、成箱货物、大型混凝土桥梁及军用设备等。车辆底架上铺有 70 mm 厚的木地板，该车是有端板无侧板平车，不得用于装运散装煤、灰、焦炭、砂石、土、矿石、砖等散装货物。

② N_{17} 型平车。通用平车，适用于运输各种重型机械、型钢、板材等货物。该车采用性能良好的 GK 型三通阀和具有空重车调整装置的空气制动机。

③ NX_{17A} 型平车。集装箱两用平车，该车型是在 N_{17} 型平车基础上发展起来的。作为普通平车使用时，可供装运机器、车辆、钢材、构件、成箱货物、机械设备、大型混凝土桥梁及军用设备等。作为集装箱平车使用时，可供装载 20 ft、40 ft 国际标准集装箱。底架为全钢焊接结构，设有国际集装箱翻转式箱锁、铁标集装箱活动箱锁和铁标集装箱活动门挡以及柱插和绳拴等。

普通平车主要技术参数如表 4-1 所示（摘自《加规》）。

（2）长大货物车。

长大货物车是铁路运输中的一类特种货车，主要供装运平车无法装运的阔大货物。按照车体结构不同，我国现有的长大货物车可分为凹底平车、长大平车、落下孔车、双支承平车、钳夹车 5 种。

① D_2 型凹底平车。D_2 型凹底平车，是适用于标准轨距铁路上运输长大货物的特种车辆，具有一个中央凹下的大底架，对于重量在 160 t 以下、长度不大于 9 m 的大型设备，无须特殊要求即可承运。由于该车大底架中央凹底承载面距轨面仅 950 mm，所以，适用空间大，通用性大。

表 4-1　平车主要技术参数表

序号	车型	自重/t	载重/mm	车地板/mm			钩舌内侧距离/mm	轴数	材料	构造速度/(km/h)	转向架中心距离/mm	空车重心高度/mm	固定轴距/mm	特点
				长度	宽度	高度								
1	N_6	21.5	60	12 500	2 870	1 163	13 408	4	木	80	9 350	725	1 727	活动端、侧板
2	N_{15}	15.9	65	8 170	3 000	1 490	9 000	4	铁	100	4 900	682	1 750	运梁专用车
3	N_{16}	18.4	65	13 000	3 000	1 210	13 938	4	木	100	9 300	730	1 750	平板车
		19.7	60											
4	N_{17}	19.1	60	13 000	2 980	1 209	13 938	4	木	100	9 000	723	1 750	活动端板
		20.3												
		19.8												
		20.2												
5	N_{60}	18	60	13 000	3 000	1 170	13 938	4	木	90	9 300	715	1 720 / 1 700	活动端、侧板
6	NX_{17}	22.1	60	13 000	2 980	1 211	13 938	4	木	100	9 000	775	1 750	活动端板
7	NX_{17A}	23.0	60	13 000	2 980	1 211	13 938	4	木	100	9 000	768	1 750	活动端板
8	NX_{17B}	22.4	61	15 400	2 960	1 211	16 338	4	木	100	10 920	740	1 750	活动端板
9	NX_{17K}	22.4	60	13 000	2 980	1 212	13 938	4	木	120	9 000	730	1 750	活动端板
10	NX_{70}	23.8	70	15 400	2 960	1 216	16 366	4	木	120	10 920	738	1 830	活动端板
11	NX_{70H}	23.8	70	15 400	2 960	1 216	16 336	4	木	120	10 920	738	1 800	活动端板

② D₁₅型凹底平车。D_{15} 型 150 t 凹底平车，是株洲车辆厂研制的。该车于 2001 年 5 月开始设计，同年 12 月通过铁道部的方案评审，于 2002 年 9 月完成试制，适用于标准轨距铁路上运输电力、冶金、化工、重型机械等行业的长大货物，如大型变压器、发电机定子等。全车由 1 个凹底架、2 个小底架、4 台焊接构架一体式 2E 轴低动力转向架、液压旁承装置、手制动装置及车钩缓冲装置等部分组成。具有自重轻、载重大、凹底承载面低、运行速度高、能够顺利通过国内各种桥梁、结构简单新颖、维修方便、通用性能好等特点。

③ D₂₂型长大平车。D_{22} 型长大平车，特点是车体长，长 25 m、宽 3 m，车体车地板为木地板，多层转向架，载重 120 t，主要供运输超长货物，如 25 m 的长钢轨及其他钢材、长大机械设备等货物。

④ D₂₇型长大平车。D_{27} 型长大平车，载重 150 t，主要供运输超长货物，如 25 m 的长钢轨及其他钢材、长大机械设备等货物。该车型是在 D_{22} 型长大平车基础上设计的，因此 D_{27} 型长大平车的结构与 D_{22} 型长大平车完全相同，仅将 4D 轴转向架换装成 4E 轴转向架。

⑤ D₃₀ₐ型钳夹车。D_{30A} 型钳夹式货车由齐车公司于 1996 年设计，可用于装运电力、冶金、化工、重型机械等行业的短、粗、重、超限、超重大型货物，如大型变压器、发电机定子、轧钢机牌坊等。该车主要由小底架、大底架、制动装置、车钩缓冲装置、转向架等部分组成。空气制动装置采用 120 型控制阀、365 mm × 254 mm 制动缸、高磷闸瓦等。人力制动装置采用蜗轮蜗杆式制动机，车钩缓冲装置采用 13 号车钩及 2 号缓冲器。全车采用 4 组构架包板式 5D 轴转向架。

长大货物车的型号、主要技术参数和特点如表 4-2 所示。

2. 铁路货车超偏载检测装置

铁路货车超偏载检测装置是铁路货运计量安全检测系统的重要组成部分，是检测货车超载、偏载、偏重的主要装置之一。积极做好货车超偏载检测装置的运用管理工作，是确保铁路运输安全的有效途径。在技术手段上解决防止"三重、一超、一落"，提高货车载重和保证运输安全始终是铁路货物运输的重要课题。

（1）铁路货车超偏载检测装置的运用管理。

国铁集团货运主管部门负责指导、协调、监督、检查超偏载检测装置运用管理，组织制订偏载检测装置检修、运用相关技术条件和管理办法。国铁集团计量主管部门负责指导、监督超偏载检测装置计量技术管理，组织制订超偏载检测装置技术标准、计量检定规程。铁路局集团公司货运主管部门具体负责超偏载检测装置的选点、安装、选型、调试、维护、运用管理、监督检查和协调工作。专职超偏载监控人员 24 h 在线实时监控通过车辆及超偏载检测装置和网络信息系统的运行状态。

（2）超偏载的处理。

① 货车超偏载标准。货车超偏载分严重、一般两级，具体分级标准如表 4-3 所示。

② 处理。根据超偏载检测装置检测结果，对严重的超偏载货车，应通知货检和列检人员联合检查，车辆技术状态正常不危及行车安全的，要做出记录，重点监控运行；危及行车安全的，须立即扣车，换装整理后，方能挂运。

表 4-2　长大货物车主要技术参数表

序号	车型	自重/t	载重/t	车体长×宽/(mm×mm)	车地板至轨面高/mm	钩舌内侧距离/mm	轴数	材料	构造速度/(km/h)	转向架中心距离/mm	空车重心重心高度/mm	底盘心盘中心距/mm	特　点
1	D₂	166.7	160	23 300×2 780	2 187 中部 950	35 429	16	全钢	80	22 200	1 032		地板面距轨面低
2	D₅	31	60	16 800×2 890	1 294 中部 736	17 700	6	全钢		13 000	700		中部凹底长 8 200 mm
3	D₅	22	60	17 000×3 000	1 090 中部 630	18 022	4	全钢	100	13 500	530	13 500	中部凹底长 8 000 mm
4	D₆	60	110	21 850×2 400	860	22 782	8	全钢	80	3 250	900	15 000	中部凹底长 7 000 mm
5	D₇	102	150	30 730×2 400	1 125	31 730	12	全钢	80	4 700	900	20 700	中部凹底长 9 000 mm
6	D₈	149	180	37 800×2 400	1 200	38 700	16	全钢	80	6 350、3 250	1 100	24 600	中部凹底长 9 000 mm
7	D₁₀	45.7、47	90	20 000×3 000	1 400 中部 835	20 932	6	全钢	75	15 500	800	15 500	中部凹底长 9 000 mm
8	D₁₀	29	90	19 400×3 000	1 259 中部 777	20 308	6	全钢	80	14 800	720	14 800	中部凹底长 10 000 mm
9	D₁₀	36	90	19 400×3 000	1 350 中部 777	20 330	6	全钢	80	14 800	652	14 800	中部凹底长 10 000 mm
10	D₁₇	50	150		2 142	25 942	10	全钢	70	17 500	1 130	17 500	落下孔 10 200 mm×2 300 mm
11	D₂₂	41.4	120	25 000×3 000	1 460	25 938	8	木地板	100	2 960	770	17 800	平板式
12	D₂₇	43.2	150	25 000×3 000	1 460	25 938	8	木地板	100	2 960	770	17 800	平板式
13	D₃₅	290	350			50 128 /（空）	32	15MnVN	空 80 / 重 30		1 800		钳夹式
14	D₁₂	46.7	120	17 020×3 000	1 707 中部 850	24 338	8	全钢	100	3 100	722	16 200	中部凹底长 9 000 mm

序号	车型	自重/t	载重/t	车体长×宽/(mm×mm)	车地板至轨面高/mm	钩舌内侧距离/mm	轴数	材料	构造速度/(km/h)	转向架中心距离/mm	空车重心重心高度/mm	底盘心盘中心距/mm	特点
15	D₁₈A	135.4	180	23 540×2 800	2 259 中部 930	35 470	16	全钢	80	5 700	970	22 440	中部凹底长 9 000 mm
16	D₁₆A	45	155	19 300×3 000	1 950	27 430	8	全钢	100	3 200	920	18 600	落下孔 12 500 mm×2 400 mm
17	D₂G	148.5	210	23 800×2 780	950	36 330	16	全钢	80	6 200	1 047	22 700	中部凹底长 9 000 mm
18	D₂₃G	136	210	24 160×2 780	930	36 880	16	全钢	80	6 300	1 072	23 050	中部凹底长 9 000 mm
19	D₃₀G	142	250	26 670×2 630	1 080	40 910	16	全钢	80	7 810	1 115	25 570	中部凹底长 9 800 mm
20	D₁₉G	158.4	250	29 700×2 760	2 990	46 028	20	全钢	80	7 550	1450	28 500	落下孔 12 200 mm×2 060 mm
21	D₂₂G	41.9	120	20 400×3 000	1 210	24 670	8	木地板	80	2 960	715	17 800	平板式
22	D₂₂G	43.9	120	20 400×3 000	1 150	24 670	8	全钢	80	2 960	708	17 800	平板式
23	D₂₃G	70.7	265	19 170×3 128	1 500	30 958	16	全钢	80	5 700	794	18 000	平板式、双叉撑承载
24	D₃₀G	101	370	42 668×3 180	1 735	42 668	20	全钢	80	11 000	700	22 380	双联式
25	D₃₀A	119	300	32 668×3 000		32 668	20	全钢	80	7 460	1 280	15 800（短连接）	钳夹式
26	D₃₈	226	290	52 718×3 000		52 718	32	全钢	空80 / 重50	12 900、5 800	1 750	26 150（短连接）	钳夹式
27	D₂₆A	73.6	260	32 138×2 990	1 600	32 138	16	全钢	100	3 000	720	16 500	双联式
28	D₇₀	26.6	70	19 462×2 950	1 169	20 400	4	全钢	90	5 700	798		平板式

表 4-3　超偏载分级标准

项目分级	严　重	一　般
超　载	大于货车容许载重量 10 t	大于货车容许载重量 5 t
偏　载	货物总中心投影距车辆纵中心线距离大于 150 mm	货物总重心投影距车辆纵中心线距离大于 100 mm
偏　重	货车两转向架承受重量之差大于 15 t	货车两转向架承受重量之差大于 10 t

对一般的超载货车，可不换装整理，应记录车种、车号、发到站、货物品名、发收货人等，并将上述信息及时通知发到站，电报通知下一编组站。同时在 24 h 内，将信息上报铁路局集团公司货运主管部门，并反馈到铁路局集团公司计量主管部门。

责任铁路局集团公司在接到处理站的电报或超偏载统计资料后，应追究装车站责任，对管理混乱、恶意超载等性质严重的，除停装整顿外，要追究相关人员责任。换装整理和卸下的货物以及换装整理发生的相关费用，按《货规》《管规》《铁路货物运输事故处理规则》等有关规章处理和划分责任。

（二）货物装载的基本技术条件

1. 货物装载加固的基本要求

《加规》中规定，货物装载的要求是：使货物均衡稳定合理地分布在车地板上，不超载、不偏载、不集重、不偏重；加固的要求是：能够经受正常调车作业以及列车运行中所产生各种力的作用，在运输过程中，不发生移动、滚动、倾覆、倒塌或坠落等情况。

2. 对车辆和货物重量的要求

装载货物应正确选择车辆，遵守货车使用限制表及有关规定，定检不过期。货物装载时应充分利用货车的载重力和容积，但不得超过货车容许载重量，即不超载。

3. 货物重心水平位置的要求

在一般情况下，货物装车后其重心或总重心（一车装几件货物时）应能垂直投影到车地板纵、横中心线的交叉点上（以下简称"落在车辆中央"）。特殊情况下必须偏离时，横向偏离量不得超过 100 mm，超过时要采取配重措施；纵向偏离时，每个车辆转向架所承受的货物重量一般不得超过货车容许载重量的 1/2，且两转向架承受重量之差不得大于 10 t。

4. 重车重心高度的要求

重车重心高度是指将货物装在车上后，车和货作为一个整体，其总重心由轨面起算的高度。重车重心高度从轨面起，一般不得超过 2 000 mm，超过时可采取配重措施降低重车重心高度，否则应限制该重车的运行速度。

5. 货物突出车辆端梁的长度要求

使用平车装载长度超过车地板的货物，或由于其他原因，货物必须突出车辆端梁装载时，如果突出端货物的半宽度不大于车辆半宽时，允许突出端梁 300 mm；大于车辆半宽时，允许突出端梁 200 mm。超过此限时，必须使用游车。

（三）货物重心水平位置的确定

货物重心投影位置对超限、超重、超长货物极为重要，它是检查货物装载是否合理，正确计算货车在运行中作用于货物上的力值及需要加固材料的重要依据之一。

1. 货物重心在车辆纵向的合理位置

（1）装载一件货物时在车辆纵向的合理位置。

设货物重心纵向最大容许偏移量为 $a_{容}$，$a_{容}$ 的计算方法如下：

当 $P_{容} - Q < 10\ \text{t}$ 时，$a_{容} = \left(\dfrac{P_{容}}{2Q} - 0.5 \right) l$

当 $P_{容} - Q \geqslant 10\ \text{t}$ 时，$a_{容} = \dfrac{5}{Q} l$

式中　　$P_{容}$ ——车辆的容许载重量，t；

　　　　l ——车辆转向架中心距，mm；

　　　　Q ——车辆所装货物重量，t。

在实际工作中，根据计划装载方案，将重心纵向偏移量 $a_{实}$ 与 $a_{容}$ 进行比较，如果 $a_{实} > a_{容}$，则货物重心在车辆上的纵向位置符合货物装载的基本技术条件。

（2）装载多件货物时在车辆纵向的合理位置。

一车装载多件货物（如图 4-3 所示）可根据拟定的装载方法先求出多件货物的总重心距车辆横中心线的距离，然后按装载一件货物的方法判定装载是否符合技术条件。这个总重心是否偏移，需要通过计算才能确定，公式如下：

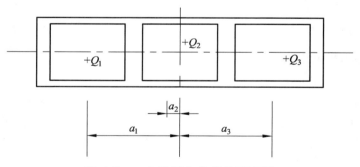

图 4-3　一车装运 3 件货物示意图

$$a_{总} = \frac{\pm Q_1 a_1 \pm Q_2 a_2 \pm \cdots \pm Q_n a_n}{Q_1 + Q_2 + \cdots + Q_n}$$

式中　$Q_1,\ Q_2,\ \cdots,\ Q_n$ ——每件货物的重量，t；

　　　$a_1,\ a_2,\ \cdots,\ a_n$ ——每件货物重心距车辆横中心线的距离，以货车横中心线为准，一侧取正号，则另一侧取负号，mm。

$a_{总}$——多件货物的总重心至车地板横中心线的距离，mm。

计算时，所有位于车地板横中心线一侧的货物重心至横中心线的距离应取同一符号。若货物重心在左侧时取"＋"号，则在右侧的货物重心就取"－"号，"＋"和"－"表示偏移的方向，计算结果 $a_{总}$ 值为"＋"，表示总重心位于横中心线左侧，$a_{总}$ 值为值为"－"，表示总重心位于横中心线右侧。

2. 货物重心在车辆横向的合理位置

货物重心在车辆横向偏离超过规定时，将会使车辆一侧弹簧负重较大，甚至压死旁承，有导致重车倾覆的危险，实验和研究证明货物重心在车辆横向偏离不超过规定的 100 mm，不致影响行车安全，超过时必须改变装载方法或采取配重措施，以调整重心位置。

（1）重心位置的确定。

一辆货车只装一件货物时，根据货物的计划装载方案或装车后直接测量即可得知偏离距离是否符合规定。

当装多件货物时，总重心位置应按下列公式计算：

$$b_{总} = \frac{\pm Q_1 b_1 \pm Q_2 b_2 \pm \cdots \pm Q_n b_n}{Q_1 + Q_2 + \cdots + Q_n}$$

式中　$b_{总}$——货物总重心至车地板纵中心线水平距离，mm；

　　　b_1，b_2，b_n——每件货物重心至车地板纵中心线的距离，mm。

计算时，所有位于车地板纵中心线同一侧的货物重心至纵中心线的距离应取同一符号，计算结果 $b_{总}$ 值的符号表示总重心所在位置，其绝对值是其偏移量。

大件货物装车时，为了避免超限或缩小超限程度，或因货物形状特殊等原因，货物重心不能位于货车纵中心线上，需要计算其距纵中心线的距离是否超过规定值 100 mm。超过时，为了确保行车和货物安全，应采取配重措施。配重后货物总重心偏离车辆纵中心线的距离为 $b_{总}$，公式如下，由此可推导出理想横向偏移量后的 $b_{配}$。

$$b_{总} = \frac{Qb - Q_{配} b_{配}}{Q + Q_{配}}$$

$$b_{配} = \frac{Qb - b_{总}(Q + Q_{配})}{Q_{配}}$$

$$Q_{配} = \frac{Q(b - b_{总})}{b_{总} + b_{配}}$$

式中　$Q_{配}$——配重货物的重量，t；

　　　$b_{配}$——配重货物重心距车辆纵中心线的距离，mm；

　　　Q——配重前的货物重量，t；

　　　b——配重前货物重心偏离车辆纵中心线的距离，mm。

（四）重车重心高的确定

重车重心高系指货物装车后，货物和车辆的总重心（即重车重心）至轨面的高度。重车重心越高倾覆力矩越大，列车运行越不稳定；反之重车重心越低倾覆力矩越小，车辆走行越稳定。所以《加规》规定："重车重心高超过 2 000 mm 时应限速运行。"

1. 一车装载一件货物

设重车重心高为 H，则

$$H = \frac{Q_{车}h_{车} + Q_{货}h_{货}}{Q_{车} + Q_{货}}$$

式中　H——重车重心高，mm；

　　　$h_{车}$——车辆重心由轨面起算的高度，mm；

　　　$Q_{车}$——车辆自重，t；

　　　$Q_{货}$——货物的重量，t；

　　　$h_{货}$——装车后货物重心自轨面起算的高度，mm。

2. 一车装载多件货物

如图 4-4 所示，重车重心高如下式计算：

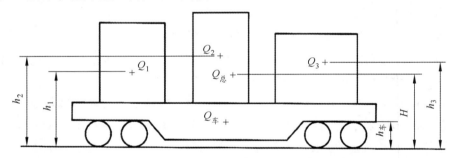

图 4-4　配重措施重车重心高示意图

$$H = \frac{Q_{车}h_{车} + Q_1h_1 + \cdots + Q_nh_n}{Q_{车} + Q_1 + \cdots + Q_n}$$

式中　H——重车重心高，mm；

　　　$h_{车}$——车辆重心由轨面起算的高度，mm；

　　　$Q_{车}$——车辆自重，t；

　　　Q_1，Q_2，$\cdots$，Q_n——每件货物的重量，t；

　　　h_1，h_2，$\cdots$，h_n——装车后每件货物重心自轨面起算的高度，mm。

3. 跨装运输

$$H = \frac{Q_{车1}h_{车1} + Q_{车2}h_{车2} + Qh}{Q_{车1} + Q_{车2} + Q}$$

式中　$Q_{车1}$，$Q_{车2}$——分别为两负重车的自重，t；

　　　　$h_{车1}$，$h_{车2}$——分别为两负重车空车重心自轨面起算的高度，mm；

　　　　Q——货物重量，t；

　　　　h——装车后货物重心自轨面起算的高度，mm。

（五）重车重心高超过规定时的组织措施

1. 降低重车重心高度

（1）选择重心高的车辆。

从重车重心高的影响因素出发，可考虑选择自重较大、空车重心高和车地板高较低的车辆，以达到降低重车重心高的目的。

（2）采取配重措施。

在实际工作中可采取配装重心较低的货物，以降低重车重心高。采取配重措施时，还应考虑是否具备配重的条件：一是车辆的载重能力有富余；二是车地板上有可供装载的位置，且符合货物装载的技术条件；三是有到达同一到站且重心又较低的货物。

欲使配重后重车重心高降至 2 000 mm，配重货物的最小重量可按下式计算：

$$Q_{配} = \frac{Q_{总}(H - 2\,000)}{2\,000 - h_{配}}$$

式中　$Q_{总}$——货车自重与主货物重量之和，t；

　　　　$Q_{配}$——配重货物重量，t；

　　　　H——未配重前的重车重心高，mm；

　　　　$h_{配}$——配重货物装车后，其重心自轨面起算的高度，mm。

根据货车载重力要求，$Q_{配} \leqslant P_{标} - Q_{货}$。

　　　　$P_{标}$——标记载重量，t；

　　　　$Q_{货}$——货物重量，t。

2. 限速运行

当重车重心高超过 2 000 mm，在无法降低重车的重心高时，按表4-4规定的速度限速运行，以保证重车运行安全。

表 4-4　速度限速运行规定

重车重心高/mm	区间限速/（km/h）	通过侧向道岔限速/（km/m）
2 000 < H ≤ 2 400	50	15
2 400 < H ≤ 2 800	40	15
2 800 < H ≤ 3 000	30	15

【案例4-1】　一件货物重 40 t，长 6 000 mm，宽 2 500 mm，重心高 1 300 mm。拟用 N_{16} 型平车装载，横垫木 140 mm，试计算重车重心高。若有到达同一到站的一件配重货物可供

选择，货物重 3 t，重心高 240 mm，试计算配重后重车重心高。

【解】 N$_{16}$ 型：$Q_{车} = 19.7 \text{ t}$，$h_{车} = 730 \text{ mm}$，车地板高 = 1 210 mm

货物重心从轨面起算的高度：$h_{货} = 1\,210 + 140 + 1\,300 = 2\,650 \text{ (mm)}$

重车重心高：$H = \dfrac{Q_{车}h_{车} + Q_{货}h_{货}}{Q_{车} + Q_{货}} = \dfrac{19.7 \times 730 + 40 \times 2\,650}{19.7 + 40} = 2\,016 \text{ (mm)}$

因重车重心高超过 2 000 mm，货车载重能力又有富余，采取配重措施，则配重后重车重心高：

$$H = \frac{Q_{车}h_{车} + Q_1h_1 + Q_2h_2}{Q_{车} + Q_1 + Q_2}$$

$$= \frac{19.7 \times 730 + 40 \times 2\,650 + 3 \times (240 + 1\,210)}{19.7 + 40 + 3}$$

$$= 1\,989 \text{ (mm)} < 2\,000 \text{ (mm)}$$

采取配重措施后，重车的重心高在规定范围内，运行时无须限速。

三、任务实施

【实训项目】

阔大货物装载条件的判定工作。

【实训目标】

掌握阔大货物装载条件的判定工作。

【实训内容与要求】

采用角色扮演法情景模拟，一人扮演铁路工作人员，另一人扮演托运人，完成对"阔大货物装载条件的判定工作"任务的成果展示。

【成果与检测】

① 小组两人拍摄视频，展示阔大货物装载条件的判定工作；② 课后在班级组织一次交流与讨论；③ 由教师根据视频内容与讨论表现评估打分。

四、拓展训练

托运人 B 在甲站托运机械设备一件，重 50 t、长 14 m、宽 3.2 m、高 2.85 m，货物重心位于货物几何中心，使用 N$_{17}$ 型平车一辆负重，下垫两根 150 mm 的横垫木。请计算重车重心高，并确定运行条件。

知识点 2 超长货物运输

一、学习目标

认知超长货物；了解专用货车配备的装载加固装置；掌握超长货物的判定方法和装载方法；掌握超长货物装载的技术条件；会核收超长货物运费。

二、知识引导

（一）认知超长货物

超长货物属于特殊条件运输的货物，货物长度通常较长，需要使用一辆以上货车装运。当货物半宽度小于或等于车地板半宽度时，货物突出货车端梁长度超过 300 mm 或当货物半宽度大于车地板半宽度时，货车突出货车端梁长度超过 200 mm 时，需要使用游车或跨装运输，称该货物为超长货物。

判定货物为超长货物时，既要考虑不同的装载方案，货车突出车辆端梁长度上的差异；又要考虑到相同装载方案时，所使用车辆车地板长度上的差异，如一件长度为 13 200 mm 的货物，分别使用 N_{60} 型平车（车地板长度 12 500 mm）和 N_{17} 型平车（车地板长度 13 000 mm）两端均衡突出装载，当使用 N_{60} 型车装载时，货物属于超长货物，而使用 N_{17} 型车装载时，货物不属于超长货物。因此，判断货物时应综合考虑货物的装载状态和所使用车辆的情况。

超长货物通常可概括为以下 3 种情况：

（1）货物的全长大于车地板的长度，只需一车负重加挂游车的货物。

（2）货物的全长大于车地板的长度，需跨装运输的货物。

（3）货物的全长小于或等于车地板的长度，但因满足货物重心纵向合理位置的需要而使用游车的货物。

【案例 4-2】 下列货车使用 N_{60} 型平车一车负重装运时，判断是否属于超长货物。

① 一件均重货物重 45 t，长 13 400 mm，宽 2 400 mm，高 2 000 mm。

② 一件均重货物重 40 t，长 15 000 mm，宽 2 000 mm，高 1 800 mm。

【解】 N_{60} 型平车技术参数：车地板长 13 000 mm，宽 3 000 mm，高 1 170 mm，转向架中心距 9 300 mm。

分析：两件货物的全长均超过车地板长度；两件货物的半宽度（1 200 mm，1 000 mm）均小于车地板的半宽度（1 500 mm），货物每端允许突出车辆端梁 300 mm，超过时，必须加挂游车。

货车可采用的合理装载方案：

① 货车重心投影落在车辆中央，两端均衡突出装载。

② 货物两端均突出端梁，并使其中一端突出车辆的长度为 300 mm。

结论：

货物①：分别采用上述两方案装载时，货物两端突出车辆端梁的长度均未超过300 mm，不需加挂游车，因此，货车①不属于超长货物。

货物②：分别采用上述两方案时，货物两端或一端突出车辆端梁的长度均超过300 mm，需要加挂两辆或一辆游车，因此，货物②属于超长货物。

（二）超长货物加固装置

常用的超长货物加固装置包括货物转向架、车钩缓冲停止器、货物支架、座架等，需合理使用其对货物进行加固。只有根据货物情况选择合适的加固装置，正确确定出合理的加固方法，才能达到经济、合理地加固货物的目的。

1. 货物转向架

货物跨装运输时，必须使用货物转向架。货物转向架的质量、性能和技术状态应符合铁道行业标准《铁路货物装载加固材料和装置 第1部分 货物转向架》（TB/T 3079.1—2016）的要求。货物转向架每副两个，一个具有死心盘，中心销孔为一圆孔；另一个具有活心盘，中心销孔为一长孔。每个转向架由上架体和下架体组成。

（1）常用货物转向架结构。

货物转向架分为普通型和专用型。普通型指通用的货物转向架，依其活心盘孔长度和能否加挂中间游车分为：跨装货物无中间游车和两车负重有中间游车两种，其规格见《加规》附件5；专用型则是只为某种超长货物专门制备的货物转向架。

货物转向架用三段代码方式编号，由所属局名简称、类型及单架承载能力代码段，车组中间能否加挂游车代码段和顺序代码段组成，并在其中用短横杠相连。除单架承载能力代码段作为类型代码的下标外，其余代码均用相同字形、字号表示。

例如，北京局管内某托运单位，两车一组不加挂中间游车、单架承载能力30 t以下的普通货物转向架，其编号为：京 P_{30}-2-0123；三车一组中间加挂游车，单架承载能力30 t以上60 t以下的专用货物转向架，其编号为：京 Z_{60}-3-0223。

"京"为局名简称，"P""Z"为普通和专用型货物转向架第一字的汉语拼音首字；下标"30""60"为单架承载能力；"2""3"表示负重车间能否加挂中间游车；"0123""0223"为顺序编码。

（2）货物转向架的基本技术要求。

① 货物转向架的强度和刚度必须与其所承受的负荷相适应。

② 货物转向架上架体必须备有能对货物实施加固的部件，下架体必须备有能与车体加固的部件。

③ 货物转向架组成后，上架体必须转动灵活，活心盘上架体还应纵向滑动灵活。

④ 活心盘中心销孔的长度系指长孔的两半圆圆心距。活心盘中心销孔一般情况下应开设在下架体上，其长度根据跨装车组是否使用车钩缓冲停止器和有无中间游车确定，具体要求是：跨装车组使用车钩缓冲停止器，不加挂中间游车时，不得小于180 mm；跨装车组使用车钩缓冲停止器，加挂中间游车时，不得小于300 mm；跨装车组不使用车钩缓冲停止器，也不加挂中间游车时，不得小于300 mm。

⑤ 货物转向架沿车地板横向长度一般不大于 3 000 mm；当超过 3 000 mm 时，应保证不超限。

⑥ 货物转向架下架体支重面长度应符合《加规》的有关要求。

⑦ 货物转向架的高度应根据负重车的车型、跨装车组有无中间游车、货物超过转向架中心销外方的长度，以及货物底面是否有突出部分等因素计算确定。

⑧ 当货物转向架使用旁承时，应保证其有良好的滑动性动能；在负载情况下，两侧旁承游间之和不应大于 10 mm，且任何一侧不得压死。

2. 车钩缓冲停止器

跨装货物应使用车钩缓冲停止器。车钩缓冲停止器由钢板、木板和螺旋杆等部件组成，其钢板厚度不得小于 20 mm，连接螺杆的直径不得小于 16 mm，置于冲击座和钩头背之间的钢板，在冲击座一侧，应制作成梯形或圆弧形（圆弧半径不大于 100 mm），宽度 B（最宽处）应小于冲击座至钩头背间距离的 3～5 mm。车钩缓冲停止器应在车钩自然状态下，安装在车辆端梁的冲击座和车辆的钩头背之间，用以限制列车运行和车组连挂过程中车辆间相互距离的急剧变化。卸车后或回送前，应拆卸车钩缓冲停止器。

3. 货物支架、座架

货物支架、座架用钢、木制作，用于支撑球形、卧装圆柱形及支重面需使用支架、座架的货物。应根据货物形状、重量、使用车辆等条件制作货物支架、座架，其强度、规格、防滑及加固措施应能满足安全运输的要求。

4. 专用货车配备的装载加固装置

（1）SQ$_1$ 型运输小汽车双层平车止轮器。

止轮器是 SQ$_1$ 型双层平车配备的专用加固装置，分为滑槽式止轮器、螺旋摆动止轮器、钢丝绳紧固器 3 种。

① 滑槽式止轮器。该止轮器由定位销、止轮座、连杆等组成。定位销插入地板孔内，止轮座与小汽车轮接触，起到对小汽车的定位作用。止轮座沿连杆横向移动。

② 螺旋摆动止轮器。该止轮器由止轮板、固定轴、座、调整丝杆、调整螺母等组成。旋转调整螺母可使止轮板与汽车车轮接触，起到定位作用。止轮板、调整丝杠、调整螺母可横向移动。

③ 钢丝绳紧固器。钢丝绳紧固器由导轨、轴、座、销、棘轮、棘爪、钢丝绳、绳钩等组成。导轨上钻有定位孔，使用时将紧固器移至小汽车车轮前后，用销将其固定在导轨上，钢丝绳绕过小汽车车轮，用销将绳钩固定在导轨上，形成八字形，旋转轴可调整钢丝绳的拉力。

使用注意事项。运汽车时必须用止轮器与拉牵联合加固，汽车的每个车轮要配有一个止轮器和紧固器，汽车轮胎处必须垫橡胶垫或紧固器钢丝绳上套有胶套，防止钢丝绳打滑和破坏轮胎。

（2）SQ$_3$ 型运输小汽车双层平车加固装置。

① 掩挡与尼龙带组合式装置分 3 个主要部分：掩块、底座和尼龙带。其中，掩块和底座由钢板焊接而成，尼龙带用于捆绑车轮。

掩块最大高度 124 mm，与车轮接触面的倾角为 45°；掩块可以在底座上滑动 110 mm。滑道长度为 160 mm；掩块上的限制轴 M、N 既是掩块与底座的连接件，又不妨碍掩块在滑道内滑动，但可限制掩块的滑动距离；底座靠两个固定爪将装置固定在专用车底板上的固定孔内；尼龙带缠绕在棘轮所在轴上，尼龙带一端可以兜绕过 B、A 轴下压捆绑在轿车车轮上。尼龙带的抗拉力为 15 kN。

② 掩挡、尼龙带两件式装置（一个钢管焊制的掩挡及一条自带张紧装置的尼龙带）掩挡的结构，靠两个固定爪固定在专用车地板上。尼龙带的破断拉力为 10 kN，其两端各带一个固定爪，可固定在专用车地板上，一端带有类似棘轮的张紧装置。安装时，将尼龙带兜绕过轮胎两头绞绕一次，两端固定到专用车地板上，靠自带张紧装置张紧。

（三）超长货物的装载

1. 超长货物的装载方法

（1）一车负重加挂游车。

如图 4-5 所示，货物一端或两端突出车端并使用游车。

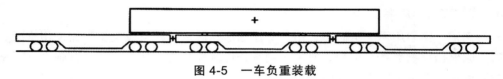

图 4-5　一车负重装载

（2）两车负重（即跨装）。

如图 4-6 所示，两负重车中间通常情况下可加挂一辆游车或不加挂游车，负重车的两端也可加挂游车。

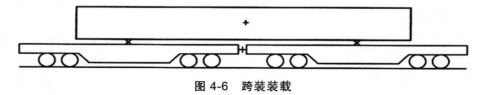

图 4-6　跨装装载

2. 超长货物装载的技术条件

（1）一车负重装载的技术条件。

一车负重按货物突出的状态可分为：一车负重，使用一辆游车，一端突出装载；一车负重，使用两辆游车，两端突出装载。

① 均重货物使用 60 t、61 t 平车装载，两端均衡突出时，其装载重量不得超过表 4-5 的规定。

② 货物一端突出端梁装载时，重心容许纵向偏移量应根据 $a_容$ 公式计算确定。

③ 横垫木或支座（架）的高度。当货车运行上下窜动及连挂车组通过变坡点时，为保证货物底部同游车地板不相接触，以保证行车安全和货物安全，垫木高度或支座（架）应通过计算得出最低高度，如图 4-7 所示。

表 4-5 60 t、61 t 平车两端均衡突出装载货车装载量

突出车端长度 L/mm	$L < 1\,500$	$1\,500 \leq L < 2\,000$	$2\,000 \leq L < 2\,500$	$2\,500 \leq L < 3\,000$	$3\,000 \leq L < 3\,500$	$3\,500 \leq L < 4\,000$	$4\,000 \leq L < 4\,500$	$4\,500 \leq L < 5\,000$
容许载重量 $Q_{容许}$/t	58	57	56	56	55	54	53	52

$$H_{垫} = 0.031a + h_{车差} + f + 80$$

式中　$H_{垫}$——横垫木或支座（架）的高度，mm；

a——货物突出端至负重最近轮轴轴心所在垂直面的距离，mm；

$$a = y_{端} + \frac{L_{车} - l - l_{轴}}{2}$$

$y_{端}$——货物突出端梁较长一段的长度，mm；

l——负重车转向架中心距，mm；

$l_{轴}$——负重车固定轴距，mm；

$h_{车差}$——游车地板高度与负重车地板高度之差，游车地板比负重车地板高时，取正值，反之取负值，mm；

f——货物突出端的挠度，mm，货物的挠度值一般很小，可忽略不计。

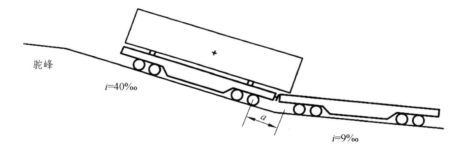

图 4-7　横垫木或支架高度计算

若货物突出车端部分低于其支重面时，垫木高度还应加该突出部分低于货物支重面的尺寸；如果货物突出车端部分底部高于货物支重面时，垫木高度应减去货物突出车端部分高于货物支重面的尺寸。

④ 共用游车时，两货物突出端间距不小于 500 mm，如图 4-8 所示。

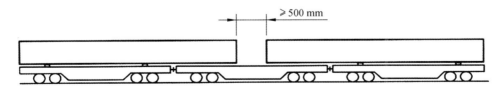

图 4-8　共用游车货物间距

⑤ 游车上装载货物时，装载的货物与超长货物突出端间距不小于 350 mm，超长货物突出部分的两侧不得装载货物，如图 4-9 所示。

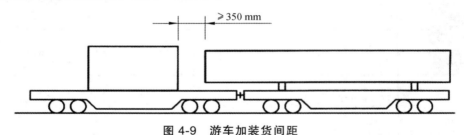

图 4-9　游车加装货间距

【案例 4-3】　某站装运一件长为 167 000 mm，直径为 3 000 mm，重 28 t 的均重货物，使用 N_{16} 型 60 t 平车一车负重装运，货物一端突出车辆端梁 200 mm，另一端突出车辆端梁 3 500 mm，加挂一辆游车，试确定横垫木高度，重车重心高和运行条件。

【解】　N_{16} 型技术参数：$l_{车}=13\,000$ mm，$l=9\,300$，$l_{轴}=1\,750$ mm，$Q_{车}=19.7$ t，$h_{车}=730$ mm，车地板高 $=1\,210$ mm，车地板宽 $=3\,000$ mm

横垫木高度：$H_{垫}=0.031\times[3\,500+(13\,000-9\,300-1\,750)/2]+80=219$ (mm) ≈ 220 (mm)

重车重心高：$H=[19.7\times730+28\times(1\,500+220+1\,210)]/(19.7+28)\approx 2\,021$ (mm)

因为 2 000 mm < 2 021 mm < 2 400 mm，所以运行条件为区间限速 50 km/h，通过侧向道岔限速 15 km/h。

（2）跨装装载的技术条件。

跨装运送时，货物的重量由两辆负重车共同负担。按其使用游车的情况可分为：两车负重，不使用游车；两车负重，一端加挂一辆或两端各加挂一辆游车；两车负重，中间加挂一辆游车；两车负重，中间加挂一辆游车，一端加挂一辆或两端各加挂一辆游车。

① 只准两车负重。两辆负重车地板高度应相等，如高度不等时，需要垫平。

对未达到容许载重量的货车，可以加装货物，但不得加装在跨装货物的两侧，与跨装货物端部间距不小于 400 mm。

② 在两辆负重车的中间只准加挂一辆游车。

③ 跨装货物应使用货物转向架。

货物转向架的强度和刚度应与所承受的实际载荷相适应，货物转向架的支重面长度应遵守避免集重装载的有关规定。货物转向架下架体的重心投影应位于货车纵、横中心线的交叉点上，必须纵向偏离时，要使移动后负重车每个车辆转向架负担的重量不得超过货车容许载重量的 1/2，同一负重车两个车辆转向架负担的重量之差不得大于 10 t。

④ 货物转向架上架体与跨装货物、下架体与车辆分别固定在一起。

对货物及货物转向架的加固不得影响车辆通过曲线，并将提钩杆用镀锌铁线捆紧。

⑤ 中间加挂游车的跨装车组通过 9 号及其以下道岔时不得推送调车。遇设备条件不容许或尽头线时，可以不超过 5 km/h 的速度匀速推进。

⑥ 跨装车组应使用车钩缓冲停止器，安装应在车钩自然状态下进行。

当列车起动、变更运行速度或制动时以及在进行调车作业时，由于车钩缓冲弹簧的伸缩作用，会造成跨装货物在货物转向架上前后移动，损害加固材料，危及行车安全。因此必须在车钩头与冲击座之间安装车钩缓冲停止器，限制车钩缓冲弹簧的伸缩作用，保证跨装超长货物的稳定。

⑦ 跨装车组禁止溜放。

（四）超长货物运费核收

计算超长货物运费时，除计算主车的运费外，还应按下列规定核收所使用游车的运费：

（1）游车不装货物时，游车运费按主车货物运价率和游车标重计费。

（2）利用游车装运货物。所装货物运价率高于主车货物运价率时，按所装货物的运价率核收游车费用。

（3）两批货物共同使用游车时，游车运费各按主车货物的运价率及游车标重的 1/2 计费。

（4）运输超限货物或需要限速运行的货物使用游车时，游车运费不加成。

（5）自轮运转的轨道机械，以企业自备货车或租用铁路货车作游车时，按整车 7 号运价率核费，用铁路货车作游车时，按整车 6 号运价率和游车标重核收游车费用。

（6）D 形长大货物车运输货物需用隔离车时，隔离车不另核收费用。隔离车加装货物时，按所加装货物适用的运价率核收运费。

【案例 4-4】 山海关站发图们站桥梁架一件，长 15 000 mm，货重 20 t，使用一辆 60 t 平车装运，装后一端突出，另用一辆 60 t 平车作游车，试计算运费。

【解】 运价里程：1 351 km；桥梁架：5 号运价率。

分析：因游车上未装载货物，则游车运费按主车货物的运价率和游车标重计费，主车和游车计费重量均为 60 t。

主车运费：$(18.6 + 0.103 \times 1\ 351) \times 60 = 9\ 465.2$（元）

游车运费：$(18.6 + 0.103 \times 1\ 351) \times 60 = 9\ 465.2$（元）

$$运费 = 主车运费 + 游车运费 = 9\ 465.2 + 9\ 465.2 = 18\ 930.4（元）$$

【案例 4-5】 牡丹江站发丹东站皮带输送机一件，货重 7 t，货物长 15 500 mm，使用一辆 60 t 普通平车装运，装后一端突出 2 500 mm，另一批钢铁构件货重了 30 t，货物长 15 000 mm，使用一普通 60 t 平车装运，装后一端突出 2 000 mm，两辆共用一辆普通平车作游车，试计算运费。

【解】 运件里程：1 179 km。

分析：共用游车时，游车运费各按主车货物的运价率及游车标重的 1/2 计费。

皮带输送机：6 号运价率

主车运费：$(26 + 0.138 \times 1\ 179) \times 60 = 11\ 322.1$（元）

游车运费：$(26 + 0.138 \times 1\ 179) \times 30 = 5\ 661.1$（元）

$$运费 = 主车运费 + 游车运费 = 11\ 322.1 + 5\ 661.1 = 16\ 983.2（元）$$

钢铁构件：5 号运价率

主车运费：$(18.6 + 0.103 \times 1\ 179) \times 60 = 8\ 402.2$（元）

游车运费：$(18.6+0.103×1\,179)×30=4\,201.1$（元）

运费＝主车运费＋游车运费＝$8\,402.2+4\,201.1=12\,603.3$（元）

【案例 4-6】 湛江站发福州东站合金钢管一批，管长 15\,000\,mm，货重 30\,t，使用一辆普通 60\,t 平车作游车，托运人利用游车装载一箱汽车零件，货重 5\,t，计算运费。

【解】 运价里程：2\,054\,km。

分析：利用游车装运货物，所装货物运价率高于主车货物时，按所装货物的运价率核收游车运费。

合金钢管：5 号运价率；汽车零件：6 号运价率

主车运费：$(18.6+0.103×761)×60=5\,819$（元）

游车运费：$(26+0.138×761)×60=7\,861.1$（元）

运费＝主车运费＋游车运费＝$5\,819+7\,861.1=13\,680.1$（元）

三、任务实施

【实训项目】

超长货物运输组织。

【实训目标】

① 掌握超长货物装载方法及运行条件；② 能绘制超长货物装载示意图并会计算超长货物运费。

【实训内容与要求】

均重预应力钢梁一件，重 48\,t，长 15\,000\,mm，宽 2\,900\,mm，货物重心高 1\,290\,mm。使用 N_{17} 型平车（自重数种可自选）装载。试确定该货物装载方法及运行条件，并绘制货物装载示意图。

【成果与检测】

① 绘制货物装载加固示意图；② 计算超长货物运费。

四、拓展训练

均重预应力钢梁一件，重 52\,t，长 24\,000\,mm，宽 2\,930\,mm，货物重心高 1\,290\,mm。使用 N_{17} 型平车（自重数种可自选）装载。试确定该货物装载方法及运行条件，并绘制货物装载示意图。

知识点 3 超限超重货物运输

一、学习目标

了解铁路限界的要求；熟悉超限货物的定义、种类和等级；掌握超限货物的测量；熟知超限超重货物托运的过程；会组织装车，会核收超限货物的运费。

二、知识引导

（一）超限超重货物概述

随着国民经济的发展，经由铁路运输的大型设备运量日益增加，准确确定货物的超限等级，并按照规定的技术要求组织运输，对于保证车辆、货物及线路附近固定设备的安全至关重要。

1. 铁路限界

为了确保机车车辆运行的安全，铁路沿线的建筑物和设备必须与线路保持一定的距离，以防止机车车辆（包括装载的货物）与邻近的建筑物或其他设备相互碰触。铁路规定了各种限界，主要有：机车车辆限界、货物装载限界、超限限界和建筑限界等。

（1）机车车辆限界。

机车车辆限界系指机车、车辆在设计制造时，机车车辆各部位距钢轨面最高和距线路中心线最宽的距离，是机车车辆横断面的最大轮廓图，如图 4-10 所示。

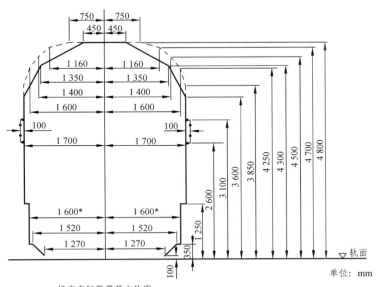

单位：mm

———— 机车车辆限界基本轮廓

- - - - 电气化铁路干线上运用的电力机车

•—•—• 列车信号装置限界轮廓

*电力机车在距轨面高350~1 250 mm范围内为1 675 mm

图 4-10 机车车辆限界图

（2）货物装载限界。

《加规》规定的货物装载限界，是指除超限货物外货物装载的最大轮廓图，如图 4-11 所示。

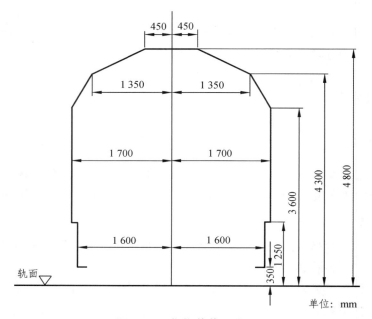

图 4-11　货物装载限界图

（3）《超规》规定的各级限界。

① 一级限界。一级超限货物装载的最大轮廓图，超过此限界即为二级超限。其最大半宽为 1 900 mm，最大高度 4 950 mm，如图 4-12 所示。

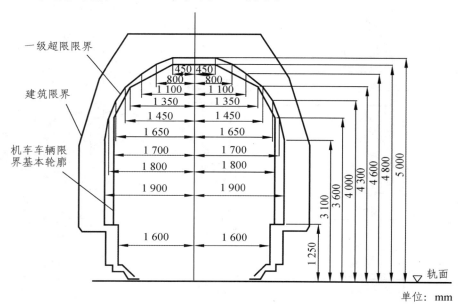

图 4-12　一级超限限界图

② 二级限界。二级超限货物装载的最大轮廓图，超过此限界即为超级超限。其最大半宽为 1 940 mm，最大高度为 5 000 mm，如图 4-13 所示。

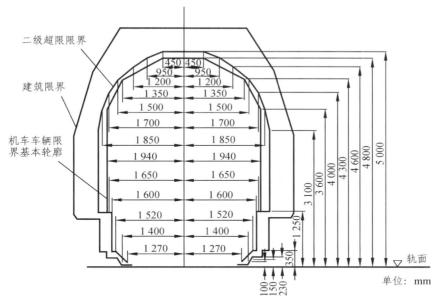

图 4-13 二级超限限界图

（4）建筑接近限界。

建筑限界系指线路两侧及上部的建筑物、设备距钢轨面最低和距线路中心线的垂直面最窄尺寸的轮廓图。其最大半宽为 2 440 mm，最大高度为 5 500 mm。国家标准基本限界最大高度：5 500 mm；现行《超规》采用的建筑限界尺寸比国家标准要小，其最高点距轨面为 5 150 mm，由轨面起在 1 100 ~ 3 090 mm 的高度之间是最大宽度，每侧宽为 2 100 mm。

（5）特定区段装载限界。

对于小于《超规》规定的建筑接近限界的个别区段称为特定区段。装运通过特定区段的货物应按特定区段的装载限界办理。特定区段装载限界，如表 4-6 和表 4-7 所示。

表 4-6 特定区段装载限界

序号	线 名	区 段	限制事项		附 记
			装载限界	车体自重加实际重最大吨位	
1	京包线	南口—西拨子	装载货物高度和宽度按表 4-7 规定		
2		运往朝鲜的货物	按货物装载限界装载，但最高不得超过 4 750 mm		
3	广九线	经深圳北运往九龙的货物	装载货物中心高度由钢轨面起 360 ~ 3 600 mm 处左右宽度不得超过 1 550 mm，其他部位按货物装载限界		
4	京广线	坪木线		90	坪石站出岔
5	丰沙线	沙城—三家店上行线	装载货物中心高度由钢轨面起不得超过 4 600 mm		

表 4-7　京包线南口—西拨子装载限界

由钢轨面起算的高度/mm	由车辆纵中心线起算每侧的宽度/mm	全部宽度/mm
4 300	1 050	2 100
4 200	1 150	2 300
4 100	1 250	2 500
4 000	1 350	2 700
3 900	1 450	2 900
1 250 以上至 3 600	1 600	3 200

2. 超限货物

（1）超限货物的定义。

货物装车后，车辆停留在水平直线上，货物的任何部位超出机车车辆限界基本轮廓或者车辆行经半径 300 m 的曲线时，货物的计算宽度超出机车车辆限界基本轮廓者，均为超限货物。具体可分为下列两种情况：

① 货物装车后，在平直线路上停留时，货物的任何部位超出机车车辆限界基本轮廓，称为超限货物。

② 货物装车后，在平直线路上停留虽不超限，但行经半径为 300 m 的曲线线路时，货物的计算宽度超出机车车辆限界基本轮廓时，亦为超限货物。

（2）超限货物的种类。

① 超限货物根据其超限部位，按照安装车站列车的运行方向，以线路中心线为标准，分为左侧超限、右侧超限和两侧超限。

② 按货物超限部位所在的高度，超限货物分为上部超限、中部超限和下部超限。

上部超限：自轨面起高度超过 3 600 mm，任何部位超限者；

中部超限：自轨面起高度在 1 250 ~ 3 600 mm，任何部位超限者；

下部超限：自轨面起高度在 150 ~ 1 250 mm，任何部位超限者。

（3）超限货物的等级。

划分超限货物等级的目的是具体说明超限货物的超限程度。可按超限等级确定超限货物的运送条件，确定请示范围及文电内容，同时超限等级也是发站计算核收超限货物运费的依据。

根据货物的超限程度，超限货物分为 3 个等级：一级超限、二级超限和超级超限。

① 一级超限：自轨面起高度在 1 250 mm 及其以上超限但未超出一级超限限界者。

② 二级超限：超出一级超限限界而未超出二级超限限界者，以及自轨面起高度在 150 mm 至未满 230 mm 之间超限但未超出二级超限限界者。

③ 超级超限：超出二级超限限界者，以及自轨面起高度在 230 mm 至 1 250 mm 之间超限者。

3. 超重货物

超重货物是指货物装载后，重车总重活载效应超过桥涵设计活载标准（中—活载）效应者。

根据货物的超重程度，超重货物分为一级超重、二级超重和超级超重。设 Q 为活载系数，则

一级超重：$1.00 < Q \leqslant 1.05$

二级超重：$1.05 < Q \leqslant 1.09$

超级超重：$Q > 1.09$

超重货物分级如表 4-8 所示。

表 4-8　超重货物分级表（摘录）

等级项目	长大货车型号	重车总重 P/t	长大货车型号	重车总重 P/t
一　级	D_2	$314 < P$	D_{28}	$369 < P \leqslant 388$
	D_{2A}	$P > 329$	DK_{29}	$370.8 < P > 389.5$
	D_{2G}	$326 < P \leqslant 342$	D_{30G}	$437 < P \leqslant 459$
	D_{18A}	$P > 310$	D_{32}	$491 < P \leqslant 515$
	D_{K23}	$P > 296$	350 t 落下孔车	$490 < P \leqslant 514$
	D_{23G}	$310 < P \leqslant 326$	D_{Q35}	$P > 508$
	D_{25A}	$P > 374$	D_{K36}	$P > 545.7$
	D_{A25}	$P > 361$	D_{K36A}	$P > 521.3$
	D_{32A}	$P > 545$	D_{38}	$543 < P \leqslant 571$
	D_{26}	$371 < P \leqslant 390$	D_{45}	$580 < P \leqslant 609$
	D_{26AK}	$P > 332$	D_{A37}	$P > 542.2$
	D_{26B}	$371 < P \leqslant 390$	D_{Q45}	$585t < P \leqslant 615t$
二　级	D_{2G}	$342 < P < 355$	350 t 落下孔车	$P > 514$
	D_{23G}	$P > 326$	D_{32}	$515 < P \leqslant 535$
	D_{26}	$P > 390$	D_{38}	$571 < P \leqslant 592$
	D_{26B}	$P > 390$	D_{45}	$609 < P \leqslant 632$
	D_{28}	$P > 388$	D_{Q45}	$615t < P \leqslant 638$
	D_{30G}	$P > 459$	D_{K29}	$P > 389.5$
超　级	D_{2G}	$P > 355$	D_{45}	$P > 632$
	D_{32}	$P > 535$	D_{Q5}	$P > 638$
	D_{38}	$P > 592$		

以上均为货物装载无偏心情况，如有偏心，则应按实际装载偏心另行计算等级。

4．超限货物的测量

超限货物尺寸测量直接关系货物超限等级和重车运行条件的确定。当测量的尺寸不准，有误差时：若其尺寸大于实际，就会把一般货物误认为超限货物或将超限等级低的提级，从严了运输条件，造成不必要的限速、禁止会车、误收运费等；若测得的尺寸小于实际，就可能将超限货物误认为一般货物或降低超限等级，从而降低了运输条件，易于酿成事故，造成损失。

（1）测量的基本要求。

在测量超限货物时，应认真细致，尺寸测量准确，记录完整，并应满足下列基本要求：

① 测量前要合理选择计划装载方案，这是装车前进行测量工作的基础，要考虑尽量缩小货物的超限程度。

② 装载货物的高度包括垫木的高度，宽度应包括铁线、钢丝绳、腰箍等加固材料在内，测量要有完整的记录，数据必须齐全。测量结果应与"托运超限货物说明书"中的有关数据进行核对。

③ 装车后按实际装载状态进行测量，高度从轨面起算；宽度从车辆纵中心线所在的垂直平面起算，并测量检定断面（确定超限等级所在的垂直横断面）距车辆横中心线间的水平距离。

④ 超限货物的测量尺寸，均以毫米为单位。

（2）装车前测量。

装车前测量是对货物的测量，应按计划的装载加固方案测量。

① 长度。测量其最大长度、支重面长度、重心至端部的距离、检定断面至重心的距离。

② 高度。自支重面起，测量其中心高度、侧高度和重心高度。

中心高度：自支重面起至最大高度处的高度为中心高度。

侧高度：中心高度以下各测点至支重面的高度。如有数个不同侧高度时，应由上至下测出每一个不同的侧高度。

③ 宽度。由货物的重心所在的纵向垂直平面起，测量中心高度处的宽度和不同的侧高度处的宽度，如图 4-14 所示。

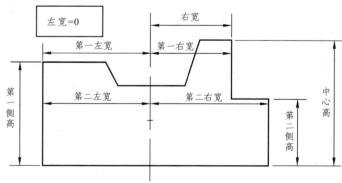

图 4-14　装车前宽度的测量

中心高度处的宽度：中心高度处，是货物重心所在纵向垂直平面左侧和右侧的最大宽度。

侧高度处的宽度：每一侧高度处，是货物重心所在纵向垂直平面左侧和右侧的最大高度。

其他情况的宽度：货物为圆形，中心高度为直径，中心宽左右为零，最大宽度为半径。货物上部为圆弧形，应测量并记录为自 h（mm）以上半径为 R（mm）的圆弧。货物上部为椭圆形，可选定几个高度分别测量其不同高度和宽度。

（3）装车后测量。

装车后测量是按实际的装载加固状态测量（含加固材料）。超限货物装车后应进行复测，其目的是检查装载状态是否与上级批准指示的装运办法相符，按照装载实际情况填写"超限超重货物运输记录"。

① 长度。

a. 跨装：测量支距和两支点外方的长度。

b. 突出装载：测量突出车辆端梁的长度；如两端突出不相等时，应分别测量。

② 高度。自轨面起测量其中心高度和侧高度。

③ 宽度。自车辆纵中心线所在垂直平面起，分别测量中心高度和不同侧高度处在其左侧和右侧的宽度。

（二）超限等级的确定

确定超限等级是确定装运办法、运输条件及核算运输费用的依据。

超限等级是以计算点所在检定断面的计算宽度（或实宽）和相对应的计算高度，查超限等级表而确定（《超规》附件 4）。

计算点指超限货物任意一个部位，需要计算超限等级的点。此点是以计算点至线路中心线垂直面的宽度和至钢轨平面的高度而确定的。

检定断面指计算点所在的与线路中心线垂直的横断面，是以钢轨平面为横坐标，以线路中心线的垂直线为纵坐标的坐标轴，它是确定超限等级的横断面。

当超限货物车行经在平直线路上时，确定超限等级的宽度是实测宽度；当超限货物车行经在曲线线路上时，确定超限等级的宽度是计算宽度。

1. 确定计算宽度的主要因素

确定计算宽度（X）的主要因素有货物检定断面的实测宽度（B）、货物偏差量（C）、偏差量增大值（K）、曲线线路建筑限界内外侧水平距离的加宽值。

（1）货物检定断面的实测宽度。

货物检定断面的实测宽度系指计算点至负重车纵中心线垂直面的水平距离。通常用米尺测量而定。

（2）货物偏差量。

当超限车行经在平直线路上时，两转向架中心销的垂直投影落在线路中心线上，货车纵中心线与线路中心线相重合。当超限车行经在曲线线路上时，两转向架中心销的垂直投影落在线路中心线上，而货车纵中心线在两销间偏向内方，称为内偏差；在两销之外偏向外方，称为外偏差。此值可计算确定。

（3）货物偏差量增大值。

货物偏差量增大值是当车辆走行部分游间和曲线处轨距加宽及转向架中心销偏离线路中心所产生的偏差量。此值仅在计算外偏差量时才计算。

（4）曲线线路建筑限界内外侧水平距离的加宽值。

《超规》所采用的曲线内、外侧水平距离加宽值为 36 mm，它是以车长为 13.2 m，销距为 9.35 m 的平车，行经半径为 300 m 的曲线线路时，所产生的内、外偏差量（均为 36 mm）作为曲线线路建筑接近限界内外侧水平距离的加宽值。在确定曲线线路建筑接近限界的实际宽度时，已考虑了该值，所以确定计算宽度时，需减去 36 mm。

计算宽度为上述因素的代数和。

2. 货物偏差量 C

当货物的检定断面位于装载车两转向架中心销之间任何部位时，称为内偏差，以"$C_内$"表示。当货物的检定断面位于装载车两转向架中心销之间的中央部位时为最大。当货物的检定断面位于装载车两转向架中心销外方货物的任何部位时，称为外偏差，以"$C_外$"表示。当货物的检定断面位于装载车两转向架中心销外方的端部时为最大。

（1）一车负重时偏差量的计算。

$$C_内 = \frac{l^2 - (2x)^2}{8R} \times 1\,000 \quad （mm）$$

$$C_{内最大} = \frac{l^2}{8R} \times 1\,000 \quad （mm）$$

$$C_外 = \frac{(2x)^2 - l^2}{8R} \times 1\,000 \quad （mm）$$

式中　l——销距，m；

　　　R——取 300 m 的曲线半径；

　　　x——计算点所在检定断面至车辆横中心线所在断面的距离，m。

偏差量的计算结果精确到 mm。

（2）使用普通平车跨装时，偏差量的计算。

使用两辆以上平车跨装运送超限货物，当超限车行经在曲线线路上时，由于跨装负重车上货物转向架中心销的中心销向曲线内方位移，货物在曲线内侧的偏差量将有所增大。其数值取决于负重车销距的长度及货物转向架的跨装支距长度。

① 当货物检定断面位于两货物转向架中心销之间时，其内偏差用"$C_{跨内}$"表示。

$$C_{跨内} = \frac{L^2 + l^2 - (2x)^2}{8R} \times 1\,000 \quad （mm）$$

② 当货物检定断面位于两货物转向架中心销外方时，其外偏差用"$C_{跨外}$"表示。

$$C_{跨外} = \frac{(2x)^2 - L^2 - l^2}{8R} \times 1\,000 \quad （mm）$$

式中　L——跨装支距，m；

l——负重车的转向架中心距，m；

x——货物检定断面至跨装支距中心线的距离，m。

（3）使用六轴以上长大货物车装载时，偏差量的计算。

使用多层转向架的特种平车装载超限货物，当超限车行经在曲线线路上时，由于特种平车转向架群的中心销向曲线内方位移，货物在曲线内侧的偏差量将有所增大。其数值取决于负重车销距的长度及特种平车转向架群的支距长度。

① 当货物的检定断面位于大底架两心盘中心之间时，其计算公式为

$$C_{内} = \frac{L_1^2 + \cdots + L_n^2 - (2x)^2}{8R} \times 1\,000 \quad （mm）$$

② 当货物的检定断面位于大底架两心盘中心外方时，其计算公式为

$$C_{外} = \frac{(2x)^2 - L_1^2 - \cdots - L_n^2}{8R} \times 1\,000 \quad （mm）$$

式中　$L_1, \cdots, L_n$——长大货物车由上向下各层底架心盘中心距，m，其中 n 为长大货物车底架层数；

　　　x——货物检定断面至车辆横中心线的距离，m。

3. 货物偏差量增大值 K

超限车行经在曲线线路上时，还必须考虑由于车辆走行部分的游间、曲线线路轨距的加宽、车辆在线路上蛇行运动的摆动量及转向架中心销偏离线路中心而产生的偏差量，称为货物偏差量增大值。K 的计算如下：

（1）用一辆六轴及以下货车装载时。

$$K = 75\left(\frac{2x}{l} - 1.4\right) \times 1\,000 \quad （mm）$$

（2）用普通平车跨装时。

$$K = 75\left(\frac{2x}{L} - 1.4\right) \times 1\,000 （mm）$$

（3）用 6 轴以上长大货物车装载时。

$$K = 75\left(\frac{2x}{L_1} - 1.4\right) \times 1\,000 （mm）$$

式中　x——货物检定断面至车辆横中心线的距离，m；

　　　l——车辆转向架中心距，m；

　　　L——跨装支距，m；

　　　L_1——为长大货物车上层底架心盘中心距，m。

注：当 $\frac{2x}{l} \leqslant 1.4$、$\frac{2x}{L} \leqslant 1.4$、$\frac{2x}{L_1} \leqslant 1.4$ 时，货物附加偏差量不计算：同一件货物，计算点不同时，K 值亦不同。

4．确定计算宽度

（1）用一辆 6 轴及以下货车装载货物计算宽度。

当货物的检定断面位于车辆两心盘中心之间时，其计算公式为

$$X_内 = B + C_内 - 36 = B + \frac{l^2 - (2x)^2}{8R} \times 1\,000 - 36 \;（mm）$$

当货物的检定断面位于车辆两心盘中心外方时，其计算公式为

$$X_外 = B + C_外 + K - 36 = B + \frac{(2x)^2 - l^2}{8R} \times 1\,000 + 75\left(\frac{2x}{l} - 1.4\right) - 36 \;（mm）$$

（2）用普通平车跨装货物计算宽度。

当货物的检定断面位于车辆两心盘中心之间时，其计算公式为

$$X_{跨内} = B + C_{跨内} - 36 = B + \frac{L^2 + l^2 - (2x)^2}{8R} \times 1\,000 - 36 \;（mm）$$

当货物的检定断面位于车辆两心盘中心外方时，其计算公式为

$$X_{跨外} = B + C_{跨外} + K - 36 = B + \frac{(2x)^2 - L^2 - l^2}{8R} \times 1\,000 + 75\left(\frac{2x}{L} - 1.4\right) - 36 \;（mm）$$

（3）用 6 轴以上长大货物车装载货物计算宽度。

当货物的检定断面位于大底架两心盘中心之间时，其计算公式为

$$X_内 = B + C_内 - 36 = B + \frac{L_1^2 + \cdots + L_n^2 - (2x)^2}{8R} \times 1\,000 - 36 \;（mm）$$

当货物的检定断面位于大底架两心盘中心外方时，其计算公式为

$$X_外 = B + C_外 + K - 36 = B + \frac{(2x)^2 - L_1^2 - \cdots - L_n^2}{8R} \times 1\,000 + 75\left(\frac{2x}{L_1} - 1.4\right) - 36 \;（mm）$$

式中　B——实测宽度，即货物检定断面的计算点至车辆纵中心线所在垂直平面的距离，mm。

5．超限等级的确定

超限等级是以计算点所在检定断面的计算点宽度及相对应的计算点高度的数值，查《超规》附件 4 "机车车辆限界基本轮廓、各级超限限界与建筑限界距离线路中心线所在垂直平面尺寸表"确定。

（1）超限等级的确定方法。

① 标点——标出需要计算的点。在端视图上标出不同高度、不同宽度的点。

在等宽条件下，计算点在 1 250 mm 以上时，标高不标低；不足 1 250 mm 时，标低不标高。

② 选面——选择检定断面。在主视图上选出与所标出的点相对应的检定断面，当高度和宽度相同时，应选偏差量大检定断面。

在两转向架中心销之间，应选近（靠近货车横中心线），不选远；在两转向架中心销外方选远（距转向架中心销），不选近。

③ 计算——确定计算点高度、宽度。计算点高度（h）一般包括货车地板高度、垫木（或转向架）高度和计算点至货物支重面时高度，即 $h_计 = h_{车地版} + h_垫 + h_{货计}$。

计算点宽度即由线路中心线的垂直面至计算点的宽度。在直线线路上为货物的实测宽度 B；在曲线线路上为货物的计算宽度 X。

④ 查表。根据计算点高度和计算点宽度查《超规》附件 4，确定超限等级。

（2）计算点的选择。

① 当车辆转向架中心销距小于等于 9 350 mm 时，$C_内 \leqslant 36$ mm，按实测宽度确定超限等级。

② 当货物为等断面体时，只需计算最大的 $C_内$ 或 $C_内$：若 $\frac{2x}{l} \leqslant 1.4$ 时，计算 $C_内$；$\frac{2x}{l} > 1.4$ 时，计算 $C_外$。货物长度较小时，计算 $C_内$，选用销距较小的车辆可以降低超限程度；货物度较长时，计算 $C_外$，选用销距较大的车辆可以降低超限程度。

③ 当使用一辆普通平车装运超限货物时，其检定断面位于两转向架中心销之间（中央部位除外）任何部位时，一般不需计算 $C_内$ 和 $X_内$，可直接按货物的实测宽度确定超限等级和运输条件。

④ 当使用平车装运超限货物时，只有在下列条件下，方需计算除中央部位外的 $C_内$：

a. 货物转向架中心销（或车辆主梁中心销）间（车辆中央部位除外）有突出部分。

b. 货物突出部分的实测宽度大于其在车辆横中心线处的实测宽度。

c. 有数个突出部分，其突出部分相近，应计算确定计算宽度。

d. 有数个突出部分，其高度、宽度相等时，应以距车辆横中心线最近的突出点作为计算点。

⑤ 当使用平车装运超限货物时，只有在下列条件下，方需计算除货物端部外的 $C_外$：

a. 货物在两转向架中心销（或车辆主梁中心销）外方任何部位（货物端部除外）有突出部分时。

b. 货物突出部分的实测宽度大于货物端部的实测宽度，若货物有数个突出部分，其高度不同、实测宽度相等时，应以高度最高，距车辆横中心线最远的突出点作为计算点。

c. 当货物外形较为复杂时，应自上而下分别计算数个 $X_内$、$X_外$ 后进行比较，确定超限等级。

6. 超限等级计算实例

【案例 4-7】 木箱装均重货物一件，重 45 t，长 9 000 mm，宽 3 600 mm，高 1 400 mm，使用 N$_{17}$ 型 60 t 平车装运，货物直接装在车地板上，货物中心落在车辆纵横中心线交叉点上，试确定超限等级。如图 4-15 所示。

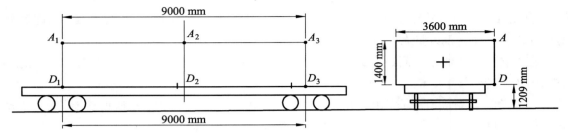

图 4-15　木箱装载示意图

【解】　N_{17} 型车数据：$l=9\,000$ mm，$h_{车地板}=1\,209$ mm

（1）标计算点。

在等条件下，计算点在 1 250 mm 以上时，标高不标低；不足 1 250 mm 时，标低不标高。所以在端视图上标货物最高点 A 和最低点 D 两点。

（2）选择检定断面。

因为货物为等断面体，在两转向架中心销之间，应选近，不选远。所以标记的点在主视图上相对应的检定断面应在两销间中央部位 A_2 处。应计算 $C_{内}(x=0)$。

$$C_{内}=\frac{l^{2}-(2x)^{2}}{8R}\times1\,000=34\ （mm）$$

（3）确定计算点的高度和宽度。

计算点的高度：

$$h_{A}=h_{车地板}+h_{A货}=1\,209+1\,400=2\,609\ （mm）$$
$$h_{D}=h_{车地板}=1\,209\ mm$$

A_2、D_2 点应计算 $X_{内}$：

$$X_{内}=B+C_{内}-36=B+34-36=1\,798\ （mm）$$

计算宽度小于实测宽度时，按实测宽度 B 取 1 800 mm。

（4）确定超限等级。

根据计算点的高度和宽度查《超规》附件 4，$h_{A}=2\,609$ mm，$X_{内}=1\,800$ mm，超出机车车辆限界 1 700 mm，但未超出一级限界 1 900 mm，在 A_2 点为中部一级超限；$h_{D}=1\,209$ mm，$X_{内}=1\,800$ mm，超出二级限界 1 650 mm，在 D_2 点为下部超级超限。综述该货物为下部超级超限。

为消除下部超限，可垫高度为 140 mm 横垫木两块。

在等宽条件下，因 A'、D' 两点均在 1 250 mm 以上，标高不标低，计算点确定为 A'，检定断面仍在两销间中央部位 A_2'。查《超规》附件 4，$h_{A'}=2\,749$ mm，$X_{内}=1\,800$ mm，超出机车车辆限界 1 700 mm，但未出一级限界 1 900 mm，仍为中部一级超限。所以该货物为中部一级超限。综合来看，在货物装车后高度不足 1 250 mm，而宽度超出车地板宽度时，应加横垫木以免下部超限，降低货物的超限等级。

（三）超限超重货物运输组织

托运超限超重货物时，托运人除了应根据批准的要车计划向车站提出货物运单外还应提供的资料：

（1）超限超重货物托运说明书（见表4-9），货物外形的三视图。图中应标明货物的有关尺寸，支重面长度，并以"＋"号标明重心位置。

（2）自轮运转货物，应有自重、轴数、轴距、固定轴距、长度、转向架中心销间距离、制动机形式和运行限制条件。

（3）申请使用的车种、车型及车数，计划装载加固方案。

（4）其他规定的资料。

托运人应在托运超限超重货物说明书、计划装载加固方案和所提供的资料上盖章或签字，并对内容的真实性负完全责任。

表 4-9 超限超重货物托运说明书

发　局		到　局		预计装后尺寸/mm			
发　站		到　站				由车辆纵中心线起	
装车地点		卸车地点		由轨面起高度		左　宽	右　宽
品　名		件　数					
每件重量		总重量		重心位置		中心高	
货物长度		支重面长度				侧高	
高度	中心高		宽度	左	右	侧高	
	侧高			左	右	侧高	
	侧高			左	右	侧高	
	侧高			左	右	侧高	
要求使用车种		标记载重				侧高	
卸车时的要求							
其他要求				车地板高度			
				垫木、支架（座架）或转向架高度			
				预计装在车上货物重心位置距轨面的高度			
				重车重心高度			
	注：	粗线栏内由铁路填记					
	发货单位　　　　戳记				年　月　日提出		

195

1．填写说明

（1）"每件重量、总重量"栏：以"吨"为单位，吨以下四舍五入。

（2）长、宽、高以毫米为单位。

（3）预计装后尺寸"测高"栏：第一行填记"一侧高"、第二行填记"二侧高"，以下依此类推。

2．资料受理

（1）审核托运人提供的资料，符合《超规》规定。

（2）给予受理范围。

（3）受理货物，对货物进行确定，核查及相关准备工作。

（4）订单（运单）受理。

（5）审核服务订单，审查货物运单，并检查有关证明文件资料。

（6）按规定计算各项收费并准确报价。

3．选择装载方案

受理后，发站须认真审查资料，必要时应组织有关部门共同研究；对照资料核查实际货物，复核货物重量，测量核对货物外形尺寸和重心位置；拟订使用货车的车种、车型及车数，拟订货物装载加固方案。

4．安排进货、验收货物

（1）在货物运单上填写指定搬入货物日期，安排托运人进货（含加固材料，装置）。

（2）验收货物。

5．超限超重货物运输请示电报

方案拟订后，车站应向铁路局集团公司超限超重货物运输主管部门提报铁路特种车使用计划、拍发超限超重货物运输请示电报。

（1）请示电报主送单位。

车站请示电报主送铁路局集团公司货运处。铁路局集团公司请示电报主送国铁集团运输局营运部。

（2）内容。

① 发站、到局、到站。

② 货物概况：品名、件数、重量（货物重量含装载加固装置和材料等重量）、全长、支重面长度、货物重心高度、货物的重心位置。货物重心高度含垫木或支架等高度，必须注明其中垫木或支架高度为××mm。支重面长度为垫木或支架等之间距离时，须注明两横垫木或支架之间的距离为××mm。

③ 货物外形（包括固定包装和加固装置）尺寸。高度自货物支重面或货物底部开始计算，宽度自货物重心所在的纵向垂直平面开始计算，不同高度处的宽度自上而下顺序排列，尺寸均以 mm 为单位。

④ 拟使用车种、车型及辆数。

⑤ 装载方法：包括不突出车端板装载、突出车端板装载、两车跨装。

⑥ 预计装后尺寸：装后尺寸高度自轨面开始计算，宽度自车辆纵中心线所在的垂直平面开始计算。

⑦ 其他特批运输条件要求。

【案例 4-8】 铁路传真电报

签发：　　　　　　　　　　　　　核稿：　　　　　　　　　　　　　拟稿人：

会签：　　　　　　　　　　　　　　　　　　　　　　　　　　　　　电话：

发报所名	电报号码	等级	受理日	时分	收到日	时分	值机员

主送单位：沈阳局集团公司货运处

抄送单位：

报文：

我站发成都局漫水湾站变压器 4 件，各重 145 t，各长 6 400 mm，各支长 5 000 mm，货物尺寸中心高 3 950 mm 处宽各 800 mm，一侧高 3 300 mm 处宽各 1 650 mm，二侧高 2 900 mm 处宽各 1 780 mm，三侧高 0～350 mm 处宽各 1 600 mm。货物重心高 1 800 mm。

拟各使用（D_2）凹 1 辆，大车前后各挂空隔离车 1 辆。装后中心高 4 900 mm 处宽各 800 mm。一侧高 4 250 mm 处宽各 1 650 mm，二侧高 3 850 mm 处宽各 1 780 mm，三侧高 930～1 300 mm 处宽各 1 600 mm。装车后重车重心高 1 831 mm。

装运办法：请批示。

沙岭站超限超重 00006 号

××年××月××日

【案例 4-9】 沙岭站发到漫水湾变压器 4 件，超级超限，拍发铁路超重超限货物运输请示电报。

分析：到站跨及 4 个及其以上铁路局集团公司的超级超限货物由发站所在铁路局集团公司审查后报国铁集团审批。

铁路传真电报

签发：　　　　　　　　　　　　　核稿：　　　　　　　　　　　　　拟稿人：

会签：　　　　　　　　　　　　　　　　　　　　　　　　　　　　　电话：

发报所名	电报号码	等级	受理日	时分	收到日	时分	值机员

主送单位：国铁集团运输局专业运输处

抄送单位：

报文：

沙岭站经山海关、临清、梁堤头、西斋、秀水到漫水湾站变压器 4 件，各重 145 t，各长 6 400 mm，各支长 5 000 mm，各使用（D_2）凹 1 辆，大车前后各挂空隔离车 1 辆。装后中心高 4 900 mm 处宽各 800 mm，一侧高 4 250 mm 处宽各 1 650 mm，二侧高 3 850 mm 处各宽 1 780 mm，三侧高 930～1 300 mm 处宽各 1 600 mm。装车后重车重心高 1 831 mm。

货物尺寸中心高 3 950 mm 处宽各 800 mm，一侧高 3 300 mm 处宽各 1 650 mm，二侧高 2 900 mm 处宽各 1 780 mm，三侧高 0～350 mm 处宽各 1 600 mm。货物重心高 1 800 mm。

装运办法：请批示。

沈超限超重 384 号

沈阳局集团公司货运处

××年××月××日

6. 超限超重货物运输批示电报

铁路局集团公司接到发站请示电报后，应及时审查批示或向国铁集团拍发超限超重货物运输请示电报。

接到国铁集团或兄弟铁路局集团公司批示的电报后，应及时结合管内实际向管内有关站段批示通行条件，管内通行有困难时，应立即以电报和电话通知电报批示单位和发局。

（1）批示电报主送、抄送单位。

国铁集团批示电报主送发站所在铁路局集团公司货运处，抄送经由和到达铁路局集团公司货运处。

（2）超限超重货物运输电报管理审批权限。

① 各铁路局集团公司间运输的一、二级超限货物和到站跨及 3 个及其以下铁路局集团公司的超级超限货物由发站所在铁路局集团公司审批。

② 到站跨及 4 个及其以上铁路局集团公司的超级超限货物由发站所在铁路局集团公司审查后报国铁集团审批。

③ 到站跨及 3 个及其以上铁路局集团公司的超重货物由发站所在铁路局集团公司审批。

④ 到站跨及 4 个及其以上铁路局集团公司的超重货物由发站所在铁路局集团公司审批后报国铁集团审批。

⑤ 超重同时又超限的货物，同超重货物审批权限规定。

（3）批示文电内容。

① 发站、经由、到站。

② 货物概况。

③ 使用车种、车型及辆数。

④ 装载方法。

⑤ 装后尺寸。

⑥ 装运办法。

【案例 4-10】 本溪发西安西锅筒一件，铁路局集团公司拍发的超限超重货物运输批示电报。

铁路传真电报

签发：　　　　　　　　　核稿：　　　　　　　　　拟稿人：

会签：　　　　　　　　　　　　　　　　　　　　　电话：

发报所名	电报号码	等级	受理日	时分	收到日	时分	值机员

主送单位：沈阳车辆段、本溪车务段、局调度所、本溪站、沈阳南站

抄送单位：

报文：

依据部超限超重01号：×××站经沈阳、沈阳西、揽军屯、通辽、隆化到西安局西安西站锅筒1件，货物重180 t，全长22 800 mm，支重面长(两座架间)1 800 mm，重心高1 300 mm，使用210 t（D_{2G}）凹型车1辆装运（利用D_{2G}车辆两转向架上方台车负重），托运人：本溪板材有限公司，收货人：西安重型机械厂。

装后尺寸：

中心高4 960 mm处宽各550 mm；

第一侧高4 250～4 880 mm处为宽1 340 mm的半径圆弧（圆心高度为3 590 mm）；

第二侧高2 800～3 300 mm处宽各1 950 mm；

第三侧高2 380 mm处宽各1 680 mm；

第四侧高900 mm处宽各1 450 mm；

以上高度未衔接处为加固斜拉线。

装运办法：

a. A超限超重；

b. Z一级超重；

c. R1300 mm；

d. S2436 mm；

e. G40 km；

f. L20 km；

g. W15 km；

h. KMNO；

i. 挂运时重车前后各挂空车一辆作隔离车；

j. 通过局管内桥梁时按公务检算条件办理；

k. 通过××、××、××隧道时限速××km；

l. 沈阳到四平间需苫盖绝缘软盖板；

m. 管内双线区间禁止会车。

沈超限超重02号

沈阳局集团公司货运处

××年××月××日

199

7. 装车组织

（1）装车前工作。

装车前，发站应做好以下准备工作：

① 应严格按批复的文电内容和要求选择车辆。装车前应通知车辆部门进行技术检查合格，并经货运人员确认符合批示电报和装车要求，方能使用。

② 选择在平直的线路上进行超限车的测量。测量内容包括车地板的高度、长度和宽度。

③ 确认加固材料和加固装置的规格、数量及质量符合装载加固方案规定。

④ 在负重车上标画车辆纵横中心线。

⑤ 在货物上标明重心位置（投影）、索点。货物装车前按货物重心的位置，在货物的两端或两侧，标画货物纵、横重心的垂直线。货物重心的垂直线是确定货物重心装载位置的主要依据。

⑥ 开好装车前的会，向装车人员布置装车事项。

（2）装车作业。

装车时，站段超限超重运输和装载加固主管人员须到装车现场进行指导。装载和加固作业必须严格按装载加固方案进行。

① 将装车车号、货物品名、数量及开始装车作业时间等信息向货调汇报。

② 测量车地板的长度和宽度，在负重车上画好纵横中心线和计划装载货物的位置线，标出货物重心投影点和加固位置等。

③ 测量车地板高度，要求如下：

a. 车辆应停于平直线路上。

b. 测量工具为钢卷尺、水平尺和吊锤。

c. 普通平车或敞车车地板高度的确认办法为：分别测量出车地板四角至轨面的高度，然后取其平均值为车地板高度。

d. 凹型平车应取车地板中部为车地板高度；若货物装在两端大底架悬臂上，应以悬臂高度为准。

e. 球形心盘的 D 形车应分别测量出车地板中部到两侧钢轨面的高度，取其平均值为车地板高度。

（3）装车后工作。

① 装车后检查确认的内容：

a. 检查货物装载状态。

b. 检查货物加固状态。

c. 跨装车组连接处的提钩杆应捆绑好；须使用车钩缓冲停止器的，按《加规》要求办理。

d. 装载带有制动装置、变速器和旋转装置的货物，应检查、确认制动装置全部制动，变速器置于初始位置，旋转部位锁定牢固。

e. 用醒目的油漆标画货物检查线。

f. 在货物上拴挂或书写超限超重货物标示牌。

g. 按规定在车辆上插挂货车表示牌。

h. 按规定进行装车质量签认。

i. 填发超限超重货物运输记录，会同车辆等相关部门进行会签，一式两份，一份留站存查，一份随票据递送到达站。

j. 检查货物运单、票据封套、编组顺序表，运单、封套和顺序表填写齐全正确。

② 装车后尺寸复核。装车后，须检查、确认货物装载加固是否符合规定要求。重点检查、确认：

a. 货物突出车端的尺寸符合规定或批示电报要求。

b. 货物突出端底部与游车车地板的距离、货物突出端与游车上所装货物的距离符合规定。

c. 超限货物装后各部位的尺寸（高度与宽度）符合批示电报。

d. 重车重心高、货物支重面长度（跨装货物支距）等符合批示电报。

e. 其他各有关数据和要求符合批示电报。

对照批示电报复核后，如发现货物装后尺寸、重车重心高度等数据和要求超出批示电报条件的，发站则须重新向铁路局集团公司拍发超限超重货物运输请示电报。

（4）标记。

装车完毕，确认符合批示电报条件后，按规定需要"禁止溜放"的货车，应在货车两侧插挂表示牌。在货物上书写（刷印）或拴挂超限超重货物检查表示牌，如在货物两侧标示"×级超限"，书写困难时亦可挂"×级超限货物检查牌"。用油质颜料在超限超重货车车地板上标画货物检查线。

（5）超限超重货物运输记录。

车站装车后要以批示文电为依据进行复测，复测应与上级批准的计划装车尺寸相符。对复测后各超限部位的尺寸，以及运输有关事项，车站应会同工务、车辆等有关部门确认与实际情况相符无误后，填入"超限超重货物运输记录"，否则应另行请示。途中货物检查时，应将检查结果填记在"超限超重货物运输记录"乙页（即背面）。

8. 核收超限货物的运费

由于超限货物和需限速运行的货物运输条件特殊，办理手续复杂，影响铁路运输效率，增加运输成本，因而运输这类货物时，发站应将超限货物的超限等级在货物运单货物名称栏内注明。承运人记载调度命令号，其运费按下列规定计算：

① 一级超限：按运价率加 50% 计费。

② 二级超限：按运价率加 100% 计费。

③ 超级超限：按运价率加 150% 计费。

④ 限速运行（不包括仅通过桥梁、隧道、出入站线限速运行）的货物，按运价率加 150% 计费。需限速运行的超限货物，只核收 150% 的加成运费，不另核收超限货物加成运费。

【案例 4-11】 天津站发沈阳东站机械零配件一批，货重 48 t，为一级超限货物，以一辆 60 t 普通平车装运，试计算运费。

【解】 一级超限货物，运价率加成 50%；

运价里程：718 km；机械零配件：6 号运价率

运费：$(26+0.138×718)×(1+50\%)×60 = 11\ 257.6$（元）

【案例 4-12】 佳木斯站发苏家屯站机床一台，货重 28 t，为二级超限货物，需限速运行，使用一辆 60 t 普通平车装运，计算运费。

【解】 限速运行的货物，按运价率加 150% 计费，不另核收超限货物加成运费。

运价里程：1 080 km；机床：6 号运价率

运费：$(26+0.138×1\,080)×(1+150\%)×60=26\,256$（元）

9. 超限车、超重车运行

（1）选择挂运方案。

① 绕路运输。

② 反方向行车。

③ 改变建筑物和固定设备。

④ 安装检查架试运。

为确保特大型超限货物运输安全，可采用检查架等方式检查确认运输线路或区段的限界能否通过。检查架的尺寸应与货物检定断面的实际尺寸相同，安装检查架的车辆应与拟用车辆的车型相同，检查架应安装在货物检定断面所在的位置。

当使用其他车辆安装检查架时，应安装在车辆转向架中心销所在横断面位置，检查架的尺寸应考虑拟用车辆的偏差量和倾斜量等。

（2）超限车的挂运。

① 运行上有限制条件的超限超重车，除有特别指示外，禁止编入直达、直通列车。对限期到达、反方向行车和特别批准的超限车，允许专开超限列车。

② 发站装车完毕并复核确认符合批示电报条件后，应及时向铁路局集团公司调度所拍发超限超重车辆挂运请示电报（条件不具备时也可电话请示）。

③ 当接到调度所下达的调度通知时，应交给列车乘务员。

【案例 4-13】 沙岭站发漫水湾站变压器 4 件，铁路超限超重货物运输挂运请示电报。

铁路传真电报

签发：　　　　　　　　核稿：　　　　　　　　拟稿人：

会签：　　　　　　　　　　　　　　　　　　　电话：

发报所名	电报号码	等级	受理日	时分	收到日	时分	值机员

主送单位：沈阳局集团公司调度所

抄送单位：沈阳局集团公司货运处

报文：

依沈阳超限超重 386 号电报（部超限超重 442），沙岭站发漫水湾站变压器 4 件，使用 D_2×××××××，D_2×××××××，D_2×××××××，D_2×××××××共 4 辆装运，超级超限，已于××月××日××时转载（检查）完毕，经复测（检查），货物装后尺寸符合批示电报要求，车辆状态及装载加固状态良好。

现已具备挂运条件，请示挂运。

（3）调度指挥工作。

① 铁路局集团公司调度所接到发站挂运请示后，特训调度员须根据批示电报核对发站的挂运请示内容；核对无误后，根据批示电报和管内实际情况制订会车、限速等具体运行条件，填写超限超重车辆挂运通知单，交计划调度员纳入日（班）计划，由列车调度员以调度命令下达有关站段。

② 跨及两个调度所时，挂运车次、办法应征得相邻调度所的同意，双方需核对确定相关内容无误。

③ 相邻调度所间的预确报内容应包括挂运车次、批示文电号码、车种、车号、到站、品名、超限等级和有关注意事项。

（4）超限车的运行。

① 车站固定到发线。超限列车应按车站行车工作细则内规定的线路到发或通过。若变线路，须得到列车调度员的同意。

② 超限列车的会车条件。挂有超限车的列车运行在复线、多线或并线单线的直线地段与临线列车会车时，应遵守下列规定：

a. 临线列车运行速度小于 120 km/h 的，两运行列车之间的最小距离大于 350 mm 者不限速；300 mm 至 350 mm 之间者运行速度不得超过 30 km/h；小于 300 mm 者禁止会车。

b. 邻线列车运行速度大于 120 km/h 小于 160 km/h 的，两运行列车之间的最小距离大于 450 mm 者不限速；400 mm 至 450 mm 者运行速度不得超过 30 km/h；小于 400 mm 者禁止会车。

c. 邻线列车运行速度大于 160 km/h 小于 200 km/h 的，两运行列车之间的最小距离大于 550 者不限速；500 mm 至 550 mm 者运行速度不得超过 30 km/h；小于 500 mm 者禁止会车。

d. 曲线地段与临线列车会车，必须根据规定相应地加宽。

e. 挂有超限车的列车在 CTCS-2 级区段的区间禁会动车组。

③ 超限列车与建筑限界间距离对运行速度的影响。超限车在运行过程中，如超限货物的任何部位接近建筑物或设备时，应遵守下列规定：

a. 超限货物的任何超限部位与建筑界限之间的距离（以下简称界限距离），在 100 mm 至 150 mm 时，速度不得超过 15 km/h。

b. 界限距离大于 150 mm、小于 200 mm 时，速度不得超过 25 km/h。

c. 界限距离不足 100 mm 时，由铁路局集团公司根据实际情况规定运行办法。

（5）途中检查。

超限超重车的途中检查是确保超限超重货物运输安全的重要措施，铁路局集团公司必须加强对超限超重车运行途中的检查。落实区段负责制。途中检查站应按下列内容检查超限超重车，并记录检查结果。

① 有无超重超限货物运输记录及其填写是否完整。

② 货物两侧明显位置，是否有超限超重等级标识。

③ 是否标画有检查线，货物有无移动，加固材料是否有松动和损坏。

④ 车辆转向架左右旁承游间不得为零（结构规定为常接触式及球形心盘除外）。

（6）超限超重货物到达作业。

超限超重货物到站应根据批示电报正确选择、确定卸车地点和货位，科学制订卸车方案，严格加强卸车组织，确保安全。

收货人组织自卸的，车站应与收货人签订自卸车协议，明确安全责任，并在卸车前与收货人办理完货物交付手续。

三、任务实施

【实训项目】

超限超重货物运输组织。

【实训目标】

① 会选择超限超重货物装载方案；② 会拍发超限、超重货物运输请示电报。

【实训内容与要求】

托运人需要托运超限超重货物，请独立进行资料受理，选择合适的装载方案，安排进货、验收货物，并拍发超限、超重货物运输请示电报。

【成果与检测】

① 情境模拟超限超重货物的托运与承运过程；② 课后与同学们进行交流与讨论；③ 绘制超限超重货物运输作业流程图。

四、拓展训练

托运人 B 在甲站托运重 40 t、长 15 m、直径 3 200 mm 的均重圆柱形货物一件，自带鞍座高 200 mm，使用 N$_{17}$ 型普通平车装运。假设你是甲站工作人员，试确定经济合理的装载方案，并向托运人 B 说明你的理由。

扫码下载
4.2 节 PPT

学习子情境 4.2　鲜活货物运输组织

📖 任务描述

某站 12 月 12 日装冻肉一车到广州西站（运价里程 2 206 km），12 月 21 日该车到达广州西站后，托运人要求变更到三水西站，广州西站能否受理？为什么？

知识点 1　鲜活货物概述

PPT 讲解视频
鲜活货物运输组织

一、学习目标

熟悉鲜活货物的概念及分类；掌握鲜活货物运输的特点和要求。

二、知识引导

（一）鲜活货物的概念及分类

鲜活货物是指在铁路运输过程中需要采取制冷、加温、保温、通风、上水等特殊措施，以防止出现腐烂、变质、冻损、生理病害、病残死亡等问题的货物以及托运人认为须按鲜活货物运输条件办理的货物。鲜活货物分为易腐货物和活动物两大类：

1. 易腐货物

易腐货物是指在一般条件下保管和运输时，极易受到外界气温以及湿度的影响而腐败变质的货物。包括肉、蛋、乳制品、速冻食品、冻水产品、鲜蔬菜、鲜水果等，常见品名见"易腐货物机械冷藏车运输条件表"。按其热状态分为冻结货物、冷却货物和未冷却货物。

（1）冻结货物是指经过冷冻加工成为冻结状态的易腐货物，其温度范围为 $-18 \sim -8\,^\circ\text{C}$ 的货物（冰除外，冰的温度在 $-1\,^\circ\text{C}$ 以下）。

（2）冷却货物是指经过冷却处理，温度在冻结点以上的易腐货物。对大多数易腐货物来说，冷却的温度范围为 $0 \sim 4\,^\circ\text{C}$。

（3）未冷却货物是指未经过任何冷处理完全处于自然状态的易腐蚀货物。如采摘后未经冷处理的水果、蔬菜等。

2. 活动物

铁路运输的活动物包括禽、畜、兽、蜜蜂、活水产品等。

（二）鲜活货物运输的特点

我国幅员辽阔，物产丰富，几乎各个季节都出产有品类繁多的鲜活货物。同时我国地处温带和亚热带，夏季普遍高温，冬季各地气温相差悬殊。因此我国铁路鲜活货物运输有着鲜明的特点。

1. 季节性强，运量波动大

鲜活货物大部分是季节性生产的农副产品，水果集中在三、四季度，南菜北运集中在一、四季度，水产品集中在春秋汛期，从而形成了鲜活货物运输的旺季和淡季：旺季运量集中，运输时间紧迫；淡季运量减少，专用设备利用率低。

2. 品种多，运输工作复杂

我国出产鲜活货物有几千种之多，性质各不相同，加之南北方气温相差大，不仅同一地区在不同季节需要不同的运输条件，就是在同一季节，当车辆行经不同地区时，也要变换运输条件。在一次运送过程中，可能兼有冷藏、保温和加温3种运送方法。鲜活货物的组织工作与普通货物相比要复杂得多。

3. 运距长，运输时间紧迫

鲜活货物本身的特点是新鲜、成活。鲜活性质能否保持与运输时间的长短密切相关。铁路在运输鲜活货物时，虽然使用了特种车辆，采取了特殊措施，若是运输时间过长，还是会影响鲜活货物原来的质量。

4. 批量小，去向分散

近年来，鲜活货物市场总体需求量增大，但各地市场则呈现需求品种多、批量小的特点，除少数大宗鲜活货物的流向、流量较为明显和稳定外，多数货物的流向、流量都较为分散。

5. 货物质量易受外界气温、湿度和卫生条件的影响

鲜活货物较一般货物最大的不同是具有鲜活的特性，其质量易受外界气温湿度和卫生条件的影响。尤其是易腐货物，热了容易腐烂，冷了容易冻坏，干了容易干缩，湿了容易发霉，对温度湿度有特殊的要求。活动物则要注意热天防暑降温，冷天防寒防冻。另外储运环境卫生条件不好，鲜活货物受到污染，不仅直接影响到了货物的质量和外观，也使货物易被微生物侵害而腐烂变质或病残死亡。

6. 货物品质要求高

随着社会和经济的发展，人们生活水平不断提高，对鲜活货物质量的要求也越来越高，更加注重食品的营养价值、风味口感、色泽外观和卫生条件。

（三）鲜活货物的运输要求

1. 承运货物要符合运输条件的规定

易腐货物的热状态、承运质量、承运温度、包装和容许运输期限等要符合运输条件的规定。活动物应无病残，有规定的检疫证明，需要的容器、饲料和装车备品也应符合运输安全和卫生要求。

2. 需配备相应的运输车辆、运载器具和运输设施

为保证鲜活货物的运输质量，需要有冷藏车、保温车、家畜车、活鱼车等专用货车和保温汽车、冷藏集装箱等运输车辆、运载器具以及为鲜活货物运输服务的预冷、上水、供电等设施。

3. 运输时需保持适宜的温度和湿度

易腐货物在贮运过程中，需要始终保持适宜的温度和湿度。例如香蕉贮运最适宜的温度为 11.7 ℃，相对湿度为 80%～85%，用机械冷藏车装运时，运输过程中车内保持的温度要求控制在 11 ～15 ℃。

4. 要有良好的卫生条件和通风条件

鲜活货物的贮运环境应符合卫生防疫的要求，必须按规定严格对货车货位进行清扫、洗刷除污和消毒，使用的装卸搬运机具用品应清洁，运输需要的饮用水要卫生，防止货物受到污染和微生物侵害，还要有良好的通风条件，便于散热降温，排除有害气体、异味和多余水汽，保持空气清新适宜。

5. 做到灵活、快速运输

为适应鲜活货物运输去向分散、批量小的发展趋势，需要增加单节式机械冷藏车、保温车、冷藏集装箱等专用车辆和运载工具，采用灵活多样的运输组织方式。针对鲜活货物运输季节性强、运量波动大、时间要求快的特点，必须加强运输组织工作，做到快速运输，积极组织开行快运货物列车、鲜活货物直达列车，发展鲜活货物行包快运和绿色通道等多种快运形式。

6. 提供冷藏物流服务

为高度保持货物的鲜活特性，铁路应以冷藏运输为主体，逐步构建和拓展易腐货物产、储、运、销一体化的冷藏链，实现运输网络与冷藏仓储配送网络无缝对接，形成具有铁路特色的冷藏物流网络体系，为易腐货物的物流过程提供更优质的物流服务。

三、任务实施

【实训项目】

鲜活货物运输组织。

【实训目标】

掌握鲜活货物运输的特点及要求。

【实训内容与要求】

查阅资料，根据鲜活货物运输的特点，分析总结运输鲜活货物的相关要求。

【成果与检测】

① 个人通过查资料，写出分析报告；② 课后与同学们进行交流与讨论；③ 由教师根据分析报告与讨论表现评估打分。

四、拓展训练

采用列表的方式将鲜活货物分类，并总结其运输特点。

知识点 2　易腐货物的冷藏方法和运输设备

一、学习目标

掌握易腐货物的冷藏方法和运输设备。

二、知识引导

（一）易腐货物的保存方法

低温是防止易腐货物发生腐烂的重要条件。大部分易腐货物适宜的运输温度都低于外界气温，需要在技术设备上提供适合货物性质的低温环境，进行冷藏运输。常用的保存方法有以下几种：

1. 气调法

气调法是通过调节密闭储运环境中气体的氧和一氧化碳含量，抑制水果、蔬菜等植物性易腐货物的呼吸作用和肉类等动物性易腐货物的氧化、脱水，提高货物的鲜度，减少损耗。

2. 减压法

减压法是通过降低易腐货物包装容器的气压，使之成为低压密闭状态，抑制水果、蔬菜的呼吸作用和微生物的生长繁殖，保持湿度，减少货物干耗，较好地保持货物的质地、鲜度、风味、颜色和质量。

3. 电离子法

电离子法是利用高压电离空气产生正、负离子，使水果蔬菜中的电荷得到中和而处于休眠状态，极少消耗或不消耗营养物质，延长保藏时间。

4. 表面涂层法

表面涂层法是在水果蔬菜表面涂抹或喷洒由蛋白质、淀粉和油脂等物质特制的高分子水溶液，使水果、蔬菜表面形成一层薄膜，起到抑制呼吸作用，防止水分蒸发和阻止生物侵入的作用。

5. 辐射处理法

辐射处理法是用射线杀死货物表面及深层的微生物，抑制微生物的繁殖，但会使易腐货物的色泽、香味、营养成分发生变化，维生素 E 易受到破坏。

6. 冰膜储藏法

冰膜储藏法是在蔬菜表面喷水后置于 $-0.8\ ℃$ 的环境中，使蔬菜表面结成 $1 \sim 2\ mm$ 的冰膜，以隔绝空气，起到限制呼吸和防止干耗的作用。

7．冻结真空干制法

冻结真空干制法是将含有大量水分的易腐货物速冻后密封，在真空包装内低温升华脱水，可抑制微生物繁殖，又能使货物有良好的复水性。

8．冷藏法

冷藏法是通过降低货物的温度来抑制微生物的生长繁殖，降低酶的活性，减缓呼吸、氧化作用。

（二）易腐货物的冷藏方法

导致易腐货物腐烂的主要原因是微生物作用、呼吸作用和氧化作用。微生物的繁殖速度与温度密切相关，多数细菌在温度低于 25 ℃ 时，繁殖速度都会减慢；温度为 $-18 \sim -12$ ℃ 时，繁殖基本停止；-18 ℃ 以下，繁殖完全停止。由于微生物作用、呼吸作用和氧化作用的强弱均与温度高低有关，温度是造成易腐货物腐烂的重要条件。因此，采用冷藏法，保持适度的低温，既可有效地抑制微生物的繁殖，又能减弱呼吸、氧化作用，对防易腐货物腐烂是相当有效的，而且较其他保藏方法，冷藏法通常以空气为热交换的介质，不会给易腐货物带来有害的化学物质，有利于保护消费者的健康。

冷藏方法按其降低温度的程序分为冻结和冷却两种。

1．冻结方法

冻结方法是将易腐货物的温度降低到使货物中大部分水变成冰的低温，在冻结状态下储运，采用冻结方法运输的易腐货物通常称为冷冻货物，冷冻加工方法有 2 种，一种是慢速冻结，另一种是快速冻结，快速冻结的效果比慢速冻结好。

（1）快速冻结，易腐货物液汁中的水能很快结冰析出，迅速形成分布均匀的微水冰晶体，不致损伤细胞组织结构，能增大变化的可逆性，解冻后液汁溶化后能充分地渗回到细胞组织中，货物的营养成分和滋味都能得到较好的保持。

（2）慢速冻结，易腐货物液汁中的水结晶过程长，形成的冰晶体大，破坏了细胞组织结构，解冻后液汁融化后不能充分地渗回到细胞组织中，甚至有部分液汁流出，形成不可逆过程，使货物的品质下降。

冻结方法能做到在低于 0 ℃ 的低温下储藏易腐货物，可取得较理想的保质效果。在冻结货物中，一般还将经过深度冷冻（温度在 -18 ℃ 以下）的冻结货物称为深度冷冻货物，经普通冷冻（温度高于 -18 ℃）的冻结货物称为普通冷冻货物。动物性易腐货物含水量小，耐冻性强，适宜用冻结的方法冷藏，特别是冻鱼、冰激凌等易腐货物，采用深度冷冻运输，能更好地保持货物的品质和风味；水果蔬菜等植物性易腐货物的含水量大，如用冻结的方法冷藏应用快速冻结，以免破坏细胞组织结构。

2．冷却方法

冷却方法是将易腐货物的温度降低到适宜储藏又不至于使货物冻结的低温，植物性食品为了保持其新鲜状态，一般多采用冷却状态下储藏。采用冷却方法运输的易腐货一一般称为低温货物，虽然降低温度可有效地抑制微生物的繁殖，减弱氧化、呼吸作用，有利于保持货物的质量，但对水果、蔬菜等植物性易腐货物，温度又不宜过低，温度低于 0 ℃ 易造成货物发生冷害冻损的变质，通常是将货物冷却到适宜的温度进行储运。多数水果、蔬菜的适宜冷藏温度为 0 ~ 4 ℃。

（三）冷藏运输

用冷藏方法来运输易腐货物时，温度是保证货运质量的主要条件，除此之外，湿度、通风、卫生也直接影响货运质量。

1. 冷藏运输技术要求

冷藏车运输最重要的技术要求是保持适当的低温。铁路冷藏车运输主要是使用冷藏车和冷藏集装箱等运输车辆、运载器具，采用冷板制冷机械制冷等技术，将易腐货物置于适宜的低温防护下进行运输，以保持货物的质量，防止腐烂变质。此外，采用预冷技术，运输前在预冷站或冷库将易腐货物降温处理成冻结或冷却货物，装车前对车辆原装箱进行预冷，运输时能将温度尽快降到适宜的运输温度，更有利于保持易腐货物的质量。

运输过程中调湿也是一项关键的技术条件。湿度过大，微生物繁殖快，呼吸作用强，货物容易腐烂；湿度过小，水分蒸发快，货物干耗增大，使货物失去新鲜状态，质量和数量都受到损失。目前铁路冷藏车运输车辆、运输器具仍缺乏自动调湿功能，一般是通过降低温度，使空气中的水蒸气冷凝，降低空气的湿度，而采用洒水来增大湿度。

冷藏运输还应注意及时通风换气，排除热量、有害气体和多余水汽，补充新鲜空气，并保持良好的卫生环境，防止易腐货物受到污损和被微生物浸染。冷藏运输如果能有选择地结合使用其他保藏技术，可更有效地保持易腐货物的品质。

2. 冷藏运输组织方法

冷藏运输尽管采取了低温和其他特殊的防护措施来保持易腐货物的质量，但也只能延缓而不能停止货物的物理、化学、生物变化过程，货物质量仍有缓慢的降低，如营养成分减少，水分干耗增大，色泽风味改变，等。运输时间越长，质量降低的程度越大。因此，应积极组织快速运输，尽量缩短运输时间，以利于保证易腐货物的初始质量。

3. 冷藏链与保鲜链

铁路冷藏运输只是易腐货物整个物流过程中的一个环节，如采用冷藏链技术，将易腐货物从生产加工、分拣、贮存、运输、配送、销售乃至消费的全过程，均置于低温防护下，可最大限度地保护易腐货物的原有质量。而进一步采用保鲜链技术，综合运用各种适宜的无污染的保鲜方法和手段，则可以使易腐货物最大限度地保持鲜活的特性和品质。确保易腐货物运输质量的另一个条件是必须连续冷藏，这就要求铁路运输企业配备一定数量的冷藏设备，来满足连续冷藏的需要。

（四）易腐货物的冷藏设备

1. 冷藏车

冷藏车是运输易腐货物的专用车，车体采用夹层结构和隔热材料。铁路易腐货物冷藏运输的车辆包括机械冷藏车和冷板冷藏车。

（1）机械冷藏车。

机械冷藏车采用机械制冷，制冷量大、制冷速度快、调温范围宽、控温稳定可靠，其基本性能如表 4-10 所示。车组技术含量高，维修复杂，需配专业乘务人员负责操作和维护，设置专门的车辆段负责维修、运用和管理。铁路使用过 JB_5、B_{16}、B_{17}、B_{18}、B_{19}、B_{20}、B_{21}、B_{22}、B_{23} 型的机械冷藏车组和 B_{10}、B_{10A}、B_{10B}、B_{10BT} 型的单节式机械冷藏车，其中大部分已淘汰。目前铁路主要使用 B_{22}、B_{10BT} 型机械冷藏车，2010 年以后 B_{23}、B_{10B} 型机冷车作为普通棚车使用。

B_{22} 型机械冷藏车组，由 1 辆发电乘务车和 4 辆货物车组成。发电乘务车在车组中部，两端各连挂 2 辆货车。

机械冷藏车车组采用成组集中供电、单车制冷、加温控温的形式。发电乘务车上设有机械间、变配电间和乘务员工作生活设施。发电乘务车的两套柴油发电机，分别为两端的装货车供电。装货车的两端各设一套制冷机组、电加热器，对空气进行冷却、加温，用循环风机将冷热空气从出风口吹入车顶棚与循环挡板间的通风道，沿两侧通风条吹到车地板上，从底格板（离水格子）吹出，在车内进行热交换，使车内获得均匀稳定的温度，然后从两端通风隔墙回到循环机的进风口，再次循环。车内温度可通过测温、控温装置进行测温、控温，控温范围：$-24 \sim 14\ \text{℃}$。车上设有通风换气装置，需要时可对车内进行通风换气。

B_{10BT} 型为单节式机械冷藏车，也可连节用，设有发电工作间为装货间供电，控温范围 $-24 \sim 14\ \text{℃}$。单节式机械冷藏车较之机械冷藏车组，具有单车运用、灵活方便的优点，能更好地适应易腐货物运输去向分散、批量小的发展趋势。

（2）冷板冷藏车。

冷板冷藏车顶部安装有多块冷板，利用冷板制冷。冷板为密封的钢制板状容器，内设成排蒸发管，管内可通过制冷剂，管外与容器内壁之间的空隙充满低共晶液。将液体制剂压入蒸发管内汽化吸热，低共晶液便被冷却冻结成固体状态，形成一块储存冷量的冷板。在运输中利用冷板中的低共晶液吸热，为车内制冷。低共晶液可在冷板内反复冻结融化，循环使用。

冷板冷藏车可由发站或中途充冷站充冷，配备制冷机组和充冷系统的冷板冷藏车可自行充冷。一次充冷，一般能连续运行 100 h，冷量用完后，可再次充冷。车内温度可通过调整冷板下调温板调节窗的开度来调节，控温范围 $-8 \sim 5\ \text{℃}$。

冷板冷藏车具有制冷剂可循环使用、耗能少的优点，运输成本低，使用期长。

目前铁路冷板冷藏车数量较少，有单节冷板冷藏车和 4 辆冷板冷藏车组两种。4 节式冷板冷藏车组由 4 辆冷板车组成，其中 1 辆设有乘务室。设乘务室冷车有 10 块冷板，载重 30 t，容积 63 m³；其他 3 辆冷板车有 14 块冷板，载重 38 t，容积 87 m³。

表 4-10 机械冷藏车基本性能表

车型	自重	载重	容积/m³	装货面积/m²	车内装载尺寸/（长×宽×高，m×m×m）	最大外部尺寸/（长×宽×高，m×m×m）	门孔尺寸（宽×高，mm×mm）	车组自重/t	车组载重/t	车组全长/m	车内可保持温度/°C	特点
B_{21}	38.5	45	92	45.9	18×2.55×2.0	21 938×3 035×4 325	2 700×1 900	208	180	107.7	−22～14	5 节机械冷藏车组，1 辆工作车，两端各 2 辆货物车
B_{22}	38	46	105	46	18×2.558×2.3	21 938×3 020×4 670	2 700×2 300	206	184	107.7	−24～41	同上
B_{23}	38.2	45.5	105	46	18×2.560×2.3	21 938×3 134×4 640	2 702×2 306	206	182	110.1	−24～14	同上
B_{10BT}	41.1	38	100	43.6	17.3×2.56×2.3	21 938×3 094×4 700	2 700×2 300	—	—	—	−24～14	单节式机械冷藏车

2. 冷藏集装箱

冷藏集装箱是具有良好隔热、气密，且能维持一定低温要求，适用于各类易腐货物的运送、贮存的特殊集装箱，是专为运输要求保持一定温度的冷冻货或低温货而设计的集装箱。它分为带有冷冻机的内藏式机械冷藏集装箱和没有冷冻机的外置式机械冷藏集装箱，适用装载肉类、水果等货物。冷藏集装箱造价较高，营运费用较高，使用中应注意冷冻装置的技术状态及箱内货物所需的温度。

冷藏集装箱除具有载货量相对小、运用灵活、市场适应性强、"门到门"运输的优点外，还能减少易腐货物在不同运输工具间换装和在待装、待搬、装卸、搬运中转、配送等作业过程中的暴露时间，使货物免受外温影响导致的温升软化变质或发生低温冷害冻费，也减少了货物被污染的可能性，有利于保持货物的质量。

目前铁路冷藏集装箱有 20 ft 机械冷藏集装箱和 20 ft 冷板冷藏集装箱，控温范围 −18 ~ 16 ℃，主要技术参数如表 4-11 所示。

表 4-11　冷藏集装箱技术参数表

冷藏箱类型	箱型	外部尺寸/（mm×mm×mm）	内部尺寸/（mm×mm×mm）	容积/m³	总重/kg	自重/kg	载重/kg
机械	20 ft	6 058×2 438×2 591	5 278×2 286×2 265	27.3	24 000	3 600	20 400
冷板	20 ft	6 058×2 438×2 591		20.55	24 000	9 000	15 000

三、任务实施

【实训项目】

易腐货物的冷藏方法。

【实训目标】

掌握易腐货物的冷藏方法。

【实训内容与要求】

某托运人在湛江站托运未冷却的甜椒和未冷却的半熟番茄至天津站，要求同批托运，分析其冷藏的方法及运输组织的方法。

【成果与检测】

写出分析说明报告。

四、拓展训练

易腐货物的运输设备有哪些？请分析其特点。

知识点 3　易腐货物冷藏运输基本条件

一、学习目标

了解易腐货物运输条件的判定；熟悉易腐货物的运输种类；掌握易腐货物的装载方法和运输方式。

二、知识引导

（一）易腐货物的运输条件

托运人、收货人和承运人在办理易腐货物运输时均应遵守《鲜规》"易腐货物机械冷藏车运输条件表"（见表 4-12）的规定。该表以品类序号、货物品类对各类易腐货物的感官质量、承运温度、运输温度、适用包装号或包装、装载方式等做了具体规定。

表 4-12　易腐货物机械冷藏车运输条件表（摘录）

品类序号	货物品类	货物品名	货物热状态	装车时货物质量要求		运输温度/℃	适用包装号或包装	装载方式		说明
				感官质量	承运温度/℃			装载要求	装载号	
1	速冻食品									
1.1	速冻水果	速冻荔枝、速冻草莓等	冻结	果面洁净，无不洁物污染。结冻良好，无结霜或粘连。无异味。产品包装完好无破损。无复冻现象	－18 ℃以下	－15 ℃以下	3	紧密堆码		
1.2	速冻蔬菜	速冻叶菜类（菠菜、梗菜、白菜、甘蓝、辣椒叶等）	冻结	成品外观平面形状规则、匀称，棱角分明，冻结良好。单冻产品色泽符合本产品应有色泽，无粘连；块冻产品色泽鲜亮，镀冰衣完整、清澈。无皇橘叶、褐边叶。产品包装完好无破损。无复冻现象	－18 ℃以下	－15 ℃以下	3	紧密堆码		

（二）易腐货物的运输种类

易腐货物通常可办理整车运输，也可用冷藏集装箱或保温集装箱运输，经铁路局集团公司确定，在一定季节和一定区域内不易腐烂的货物也可用通用集装箱运输。铁路不办理鲜活货物零担运输。

按一批托运的相关规定如下：

1. 不同热状态的易腐货物不得按一批托运

不同热状态的易腐货物运输条件区别较大。例如禽蛋中，冰蛋是冻结货物，外温高于－6 ℃就需用冷藏车冷藏运输；冷却蛋是冷却货物，只有外温在 7 ℃ 以上时，才需用冷藏车冷藏运输；鲜蛋是未冷却货物，仅在外温高于 20 ℃ 时，才须使用冷藏车保持 5～12 ℃ 冷藏运输。另外，易腐货物的热状态不同，对运输成本和货物质量的影响也较大。经冻结和冷却的货物运输时，不但可以减少制冷量或冰盐消耗量，提高货物装载量，降低运输成本，也易于将货温尽快降低到规定的运输温度，有利于保持易腐货物的质量。因此，不同热状态的易腐货物运输条件不同，不得按一批托运。

2. 使用机械冷藏车时，按一批托运的易腐货物，一般限同一品名

不同品名的易腐货物，如运输温度要求接近、货物性质允许混装的，可按一批托运，在同一机械冷藏车内组织混装运输。一般情况下，下列货物不得混装运输：

（1）具有强烈气味的货物和容易吸收异味的货物。
（2）易产生乙烯气体的货物和对乙烯敏感的货物。
（3）水果和肉类，蔬菜和乳制品。

（三）易腐货物的质量、温度和包装

托运人托运易腐货物时，货物的质量、温度和包装必须符合《鲜规》"易腐货物机械冷藏车运输条件表"和"易腐货物包装条件表"的规定。

1. 易腐货物的质量、温度和包装要求

托运的易腐货物应有良好的初始质量，必须品质新鲜。冻肉、冻禽、鱼虾、贝类等动物性易腐货物必须色泽新鲜、气味正常、无腐烂变质现象。植物性易腐货物中，水果必须色泽新鲜，无虫害、破裂、过熟、腐烂等现象；蔬菜必须色泽新鲜，无雨湿、水渍、腐烂等现象，瓜类无破裂。

承运温度是指装车时货物的温度。提交运输时，易腐货物的温度必须符合规定。冻结货物的承运温度，除冰为 0 ℃ 外，其他在 －10 ℃ 以下。冷却货物的承运温度，除冷却的香蕉为 11～15 ℃、菠萝为 7～11 ℃ 外，其他为 0～7 ℃。

易腐货物的包装分为箱类、筐类、袋类和桶类。编为 9 个包装号，分别为木箱（1 号）、花格木箱（2 号）、纸箱（3 号）、钙塑箱（4 号）、塑料箱（5 号）、竹筐（6 号）、条框（7 号）、编织袋（8 号）、桶（9 号）。包装材料、包装要求及包装规格具体见《鲜规》"易腐货物运输包装表"。易腐货物的包装适合货物性质并能保证铁路运输安全。包装材料应质量良好无污染，结构和性能能适应货物体积、形状的要求，便于装卸、搬运、堆码和装载。包装强度和性能须适应货物的性质：怕挤压的货物，包装必须坚固，能承受货物堆码的压力；需要通风的货

物，包装应有适当的缝隙或通风孔。体大坚实的货物，如冻肉、冻鱼和西瓜、哈密瓜可不要包装。

2. 易腐货物的质量、温度和包装检查

托运人要落实货源，备齐单证，准备好必要的货物安全防护用品。发站应认真抽查托运货物的质量、包装及安全防护用品是否符合要求，对冻结货物和冷却货物还应抽查货物的温度。使用机械冷藏车装运时，发站应在装车时会同乘务组对货物的温度、质量、包装和安全防护用品进行抽查，并将抽查情况记录在"机械冷藏车作业单"内。检查货物的质量，目前基本上仍采用看、闻、触摸等感官观察的方法，有待研究科学实用的检测仪表，以保证检测的客观性和准确性。检测货物的温度，体大冻结的货物、货件可在货物、货件上钻一深孔，深度以达到货物、货件中心部位为宜，插入温度计，并保持 5 ~ 6 min 后抽出确定温度；松散有缝隙的货物、货件可将温度计直接插入货物、货件中心部位测温。货物质量、包装、温度达不到要求时，承运人有权拒绝承运货物。

（四）易腐货物的装载方法

鲜活货物的装载与加固应该符合《加规》《超规》等有关技术要求。但易腐货物装车时，应该根据货物的性质、热状态、包装、运输方式以及使用的车种，采用相应的装载方法。易腐货物的装载方法基本可以分为 2 类。

1. 紧密堆码装载法

由于货件之间尽可能不留间隙，节省了车内空气在货物间流通，货物内部积蓄的冷量不易散失，有利于保证货物质量，也能充分利用货物车载重量。其主要适用于冻肉、冻鱼、冰激凌、雪糕等冻结货物和夹冰鱼虾、贝类等冷冻货物。

2. 通风装载法

各货物之间留有通风空隙和通风道，以利于冷空气在货件间的流通，使每件货物均能接触冷空气，以便货物降温和排除货物散发的热量。其适用于具有包装且有热量散发的冷却货物和未冷却货物或者有呼吸作用的货物。例如水果、蔬菜采用留空隙的装载方法，可增大货物的散热面积，以利用车内冷空气在货件货物间通畅循环，散发货物的田间热和呼吸热。

（1）品字形装载法。

奇数层与偶数层货件交错，骑缝装载。特点是在货件间形成纵向通风道，车内空气能沿车辆纵向循环，但不能上下流通，装载较牢靠，如图 4-16 所示。

（2）"一二三、三二一"装载法。

第一层按间隔一件、二件、三件留空隙，第二层按间隔三件、二件、一件留空隙，再往上的奇数层同第一层，偶数层同第二层。特点是车内空气只能纵向流通，而且通风道相对较少，空气循环差，但可提高装载量，如图 4-17 所示。

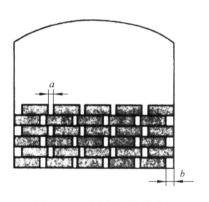

图 4-16　品字形装载法

注：空隙值 $a = 4 \sim 5$ cm、$b = 4 \sim 5$ cm。

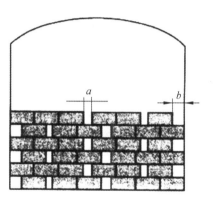

图 4-17　"一二三、三二一"装载法

注：空隙值 $a = 3 \sim 4$ cm、$b = 5 \sim 6$ cm。

（3）井字形装载法。

上、下层货物纵横交错放，配置呈井字形，特点是上下纵横均有通风道，空气循环较好，装载稳固，如图 4-18 所示。

（4）筐式装载法（筐口对装法一）。

底层两侧的箩篓筐大口朝下，中间的大口朝上，第二层则方向相反。特点是货件与车墙间和两侧货件有纵向通风道，货件上下及横向有间隙，车内空气循环较好，如图 4-19 所示。

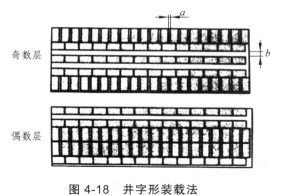

奇数层

偶数层

图 4-18　井字形装载法

注：空隙值 $a = 3 \sim 4$ cm、$b = 3 \sim 4$ cm。

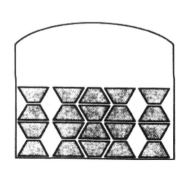

图 4-19　筐口对装法一

（5）筐式装载法（筐口对装法二）。

底层及奇数层全部箩篓筐大口朝下，第二层及偶数层全部箩篓筐大口朝上，特点是货件间未设通风道，只有通风间隙，车内空气循环较差，但可多装货。为增大通风，筐内可加通风筒。本方法运装叶菜时筐内可以加通风筒或夹碎冰。如图 4-20 所示。

（6）筐式装载法（筐式顺装法）。

每层的箩篓筐大口均朝上，特点是货件间纵横向均有通风道，上下间隙，车内空气条件最好，但对车辆容积的利用差，如图 4-21 所示。

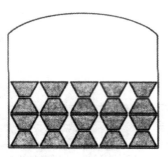

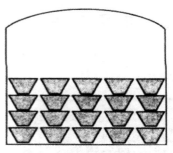

图 4-20　筐口对装法二　　　　　　图 4-21　筐式顺装法

以上装载方法中"品字形""一二三，三二一""井字形"装载法适合用于木箱、纸箱、钙塑箱、塑料箱等箱类包装货物。筐式装载法则适用于竹筐、条筐等筐类包装货物，也适用于梯形塑料箱类包装。未留通风道或仅有纵向通风道的装载方法，较适用于有强制循环装置的机械冷藏车。

（五）易腐货物的运输方式

易腐货物在不同外界气温条件下，需要采用不同的运输方式。

1．冷藏运输

冷藏运输是指由冷藏车、冷藏集装箱提供冷源，保持车内箱内温度低于外界温度来运输易腐货物。大部分易腐货物适宜的运输温度多数情况下都低于外界温度，需要冷藏运输。冷藏运输是易腐货物运输的主要方式。

2．保温运输

保温运输是指不采用任何制冷、加温措施，仅利用车体、箱体的隔热性能和货物本身的冷量或热量来保持运输温度在适宜范围内运输易腐货物。

3．防寒运输

防寒运输是指保温运输还不能使车内温度维持在货物容许的最低温度以上时，须采取补充的防护措施来运输易腐货物，防止货物遭受冷害冻损。

防寒措施一般是在车墙上加挂棉被、草帘，在车门附近加挂棉帘、草帘，在车地板上及四角填铺稻草、稻壳，用稻草、棉絮堵塞加冰冷藏车的排水管、泄水孔等。

4．加温运输

加温运输是指由运输工具提供热源保持车内温度高于外界温度来运输易腐货物。当防寒措施仍不能防止易腐货物遭受冷害冻损时，可采取加温运输，机械冷藏车采用开启车内的电热器加温，加冰冷藏车、棚车采用安装火炉生火加温。目前铁路运输采用开启机械冷藏车的电热器使车内温度保持在规定范围内的加温方法。

5．通风运输

通风运输是指在运输全程或部分区段需开启冷藏车的通风口盖进风阀门、排气口或开启棚车门窗或吊起敞车侧板对车内进行通风来运输易腐货物。

通风运输主要用于加冰冷藏车、棚敞车运输水果蔬菜，通风的目的在于散发货物的田间热、呼吸热，排除二氧化碳、乙醇等，避免货物积热不散、缺氧呼吸或被乙醇催熟而导致腐烂。

（六）商定条件运输与试运

1. 商定条件运输的情形

（1）不同品名的易腐货物如运输温度要求接近、货物性质允许混装的，按一批托运，在同一机械冷藏车内组织混装运输的，托运人应与发站和乘务组商定运输条件，签订运输协议，并将运输条件记录在货物运单"托运人记载事项"栏和"机械冷藏车作业单"内。

（2）使用机械冷藏车运输进口易腐货物，以及经过基因修改、非正常天然繁殖、使用过生长激素和经过化学药物处理降低了耐储运性的易腐货物运输，托运人应与发站和乘务组商定运输条件，签订运输协议，并将运输条件记录在货物运单"托运人记载事项"栏和"机械冷藏车作业单"内。

（3）使用机械冷藏车运输易腐货物，托运人要求不按《鲜规》规定条件办理时，应在确认货物不致出现腐烂、变质、冻损等问题的前提下，与发站和乘务组商定运输条件，签订运输协议，并将运输条件记录在货物运单"托运人记载事项"栏和"机械冷藏车作业单"内。

（4）使用机械冷藏车运输易腐货物，装车时的温度高于"易腐货物机械冷藏车运输条件表"规定或商定的运输温度的上限时，经托运人确认不影响货物质量的，可以组织运输，但托运人应与发站和乘务组签订运输协议并支付有关费用。

承运人按与托运人商定的运输条件或签订的运输协议组织运输，除承运人责任外，货物质量由托运人负责。

2. 试运的条件及规定

使用机械冷藏车装运《鲜规》"易腐货物机械冷藏车运输条件表"中未列入品名的易腐货物时，应按如下规定试运：

（1）试运前，托运人应与发站商定运输条件，提出"铁路易腐货物试运申请表"一式三份，托运人、发站、发送铁路局集团公司各一份，如表 4-13 所示。

表 4-13　铁路易腐货物试运申请表

货物品名		货物别名	
货物性质			
申请试运起止时间			
托运时热状态（冻结、冷却、未冷却）			
果蔬采摘时间及前 10 天内天气情况			
托运时温度			
托运时外观和质量			
内包装		外包装（材质、尺寸）	

要求车内保持的温度范围		货物容许运输期限（天数）	
装运车辆要求			
装载条件			
运输条件			
其他需要说明的情况（可另附页）			
托运人签字：		（盖章） 年　月　日	
铁路局主管部门意见	试运批准号：	（盖章） 年　月　日	

（2）发站将"铁路易腐货物试运申请表"报铁路局集团公司，经批准后组织试运，铁路局集团公司将有关情况上报国铁集团备案并抄送相关铁路局集团公司。

（3）托运人应将试运批准号和运输条件记录在货物运单"托运人记载事项"栏和"机械冷藏车作业单"内。

（4）发站在确认首批试运货物安全抵达到站后，方可发出次批试运货物，同一发站、品名、运输条件的货物，首批试运不得超过 4 车，试运期不得超过 1 年。

（5）试运期间如货物在运输过程中出现腐烂、变质、冻损等问题，须立即停止试运，发站应组织有关人员分析事故原因，并将结果报铁路局集团公司。需要继续试运的必须制定改进措施，重新办理试用手续。

（6）试运结束后，发站应将试运总结报铁路局集团公司，铁路局集团公司将有关情况报国铁集团。

三、任务实施

【实训项目】

易腐货物的装载。

【实训目标】

掌握易腐货物的装载方法。

【实训内容与要求】

某托运人在湛江站托运未冷却的甜椒和未冷却的半熟番茄至天津站，要求同批托运，指出未冷却甜椒在机械冷藏车内的装载要求和具体装载方法。

【成果与检测】

① 在实训室模拟易腐货物的装载方法；② 课后与同学进行交流与讨论；③ 由教师根据选择的方法及课堂表现评估打分。

四、拓展训练

托运人要求从上海铁路局集团公司萧山站发运柑橘一车，到站是乌鲁木齐，分析其装载方法及要求。

知识点 4　易腐货物运输组织

一、学习目标

了解易腐货物的托运与受理；掌握车辆选择和使用；掌握易腐货物的装车条件和承运过程。

二、知识引导

（一）托运与受理

1. 运单填写

（1）货物品名。托运易腐货物时，托运人应在货物运单"货物名称"栏内填记货物名称，注明品类序号及热状态。

（2）货物容许运输期限。"托运人记载事项"栏内注明易腐货物容许运输期限（日数）。易腐货物容许运输期限须大于铁路规定的运到期限 3 日以上。

（3）冷藏车的运输方式。使用机械冷藏车运输易腐货物时，托运人应按"易腐货物机械冷藏车运输条件表"规定或与承运人商定的运输条件，在货物运单"托运人记载事项"栏内具体注明装载货物的运输温度要求和"途中控温""途中不控温""途中通风""途中不通风"等字样。

（4）押运事宜。需浇水运输的鲜活植物，托运人必须派押运员押运。需通风运输的易腐货物，托运人要求派人押运时，经车站同意，也可派人押运。押运人数除特定者外，每批不应超过 2 人。托运人要求增派时，须经车站确认。托运人应在运单"托运人记载事项"栏内注明押运人的姓名、证件名称及号码。

（5）运输标记。发站承运易腐货物后，应在货物运单上加盖红色"易腐货物"、⚠（⚠表示须快速挂运的货车）戳记，以引起各环节运输工作人员的重视，防止易腐货物车辆在途中发生挤压或滞留。

（6）检疫证明书。为防止病虫害的传播，控制疫情的蔓延，经由铁路运输的动植物产品和鲜活植物，应是无病和符合检疫要求的。例如需检疫运输的肉、油脂、内脏、生皮毛、血液、骨、蹄等畜禽产品，稻麦、瓜果、蔬菜的种子和中药材等植物产品，以及苗木、盆景等鲜活植物，应凭检疫合格证明办理运输。

托运需检疫运输的易腐货物时，托运人应按国家有关规定提供检疫证明，在货物运单"托运人记载事项"栏内注明检疫证明的名称和号码，并将随货同行联牢固地粘贴在运单背面。车站凭此办理运输。

（7）商定条件运输的货物和试运的易腐货物。在实际运输工作中还不能完全排除某些环节或自然条件影响易腐货物运输条件的执行，例如水果、蔬菜在短途搬运中淋雨。遇有诸如此类情况，托运人认为货物运至到站不致腐烂变质，作为权宜之计，托运人可与车站商定条件运输，以托运人的责任承运。商定的运输条件应记入货物运单的"托运人记载事项"栏内。

不按规定条件运输和组织试运的易腐货物，车站与托运人商定运输协议，当使用机械冷藏车装运时，要通知乘务组，并在乘务报单和机械冷藏车作业单内注明商定的运输条件。

2. 托 运

使用机械冷藏车运输的货物，同一到站、同一收货人可以数批合提一份运单。

3. 受 理

车站受理托运人提出的货物运单时，应认真审查货物运单内填写的事项是否符合铁路运输条件，审查的主要内容有：

（1）有无违反一批托运的限制。

（2）托运易腐货物，其内容是否符合要求。应记明货物的容许运输期限，容许运输期限至少须大于货物运到期限3天。

（3）需要声明事项是否在"托运人记载事项"栏内注明，如派有押运人的货物，托运人应在"托运人记载事项"栏内注明押运人姓名、证件名称和号码。

（二）车辆选择和使用

选用的车辆必须符合易腐货物运输条件表的规定，装运易腐货物应按规定使用冷藏车，确因冷藏车不足时，承运人可根据托运人的要求，按《鲜规》"使用棚敞车运输易腐货物的措施"规定使用棚敞车运输。

1. 冷藏车使用规定

冷藏车是运输易腐货物的专用车，应用于装运易腐货物。使用机械冷藏车（包括空车回送和回空代用），应由发站逐级上报国铁集团调度部门，经国铁集团调度命令承认后方可使用。车站应将调度命令号码填记在"机械冷藏车装车通知单"（见表4-14）内。

表 4-14　接卸冷藏装车通知单

车号	装车地点	货物品名及热状态	重量/t	到站	计划装车时间	附注

注：机械冷藏车装车通知单一式两份，一份交乘务组作为准备装货的通知，一份发站存查。

装车站货运员（签字）站戳

年　月　日

机械长（签字）列车戳

年　月　日

（1）无包装的水果、蔬菜（西瓜、哈密瓜、南瓜、冬瓜除外）等易污染、损坏车内设备的易腐货物不得用冷藏车装运。

（2）冷藏车严禁用于装运易污染、腐蚀和损坏车辆的易腐货物。

（3）机械冷藏车装载货物的重量，不得超过车辆的标记载重量。

（4）机械冷藏车组，可组织同一到站卸车的两站分装，或同一发站装车的两站分卸。但两分装或分卸站应为同一径路，距离不超过 200 km。第一装车站的装车数或第二卸车站的卸车数不得少于全组车的一半（枢纽地区除外）。两站分装（卸）是指机械冷藏车组中不同货物车在不同车站装（卸）车，同一货物车只能在一个车站装（卸）车。

（5）机械冷藏车组中不同的货物车，可以装运温度要求不同的货物。

（6）托运人用冷藏车装运货物时，应在"托运人记载事项"栏内注明具体要求，作为铁路运输服务的依据。

2．棚车、敞车使用规定

冷藏车不足时，在一定的运输期间和区域范围，可有条件地使用棚车、敞车代替冷藏车装运易腐货物。易腐货物是否适合棚车、敞车运输，由托运人确定。托运人要求使用棚车、敞车代替冷藏车装运易腐货物时，应在提出的铁路货物运输服务订单上注明"如无冷藏车也可拨配棚车或敞车"。在运单的"托运人记载事项"栏内记明要求使用的车种和容许运输期限（日数）。

使用棚车、敞车运输易腐货物，托运人应与发站商定运输条件，签订运输协议，并将运输条件记录在货物运单"托运人记载事项"栏内。承运人应尽量满足托运人需要的车种和车数，承运人可根据托运人的要求，按以下规定办理：

（1）货物品类限制。

易腐货物的质量是否适合棚车、敞车运输，货物是否需要押运，由托运人负责确定。货物品名类应限于易腐货物使用棚车、敞车运输条件表中明确规定的货物。运输未规定具体运输条件易腐货物，托运人应事先与发站商定试运条件，报铁路局集团公司批准。

（2）包装的规定。

用棚车、敞车装运易腐货物，货物包装应符合易腐货物使用棚车、敞车运输条件表的规定。承运人应对包装进行定期检查、鉴定，防止因包装材料、构造、强度不符合要求造成易腐货物腐烂。例如，叶菜类货物使用通风不良、支撑力不足的编织袋包装，易造成集热不散，下层和底层货物被挤压损伤，导致货物腐烂。

（3）车辆使用及装载要求。

装车单位装车前要认真检查棚车、敞车的货运状态和卫生条件，状态不良不能保证货物安全的车辆，承运人应予以调换，不符合卫生条件的车辆要进行洗刷除污。降温用的冰和采取防寒、保温、隔热措施所用的稻草、棉被、草帘、薄膜等材料应清洁，避免货物受到污染、滋生细菌或感染疫病源。货物应稳固装载，需要通风运输的水果、蔬菜要留有足够的通风空隙。

（4）编组隔离要求。

敞车装运的蔬菜、水果等，使用易燃材料做防寒覆盖时，应苫盖货车篷布运输。无法苫盖货车篷布时，应按《危规》"铁路车辆编组隔离表"中的规定进行隔离。

（5）快速运输要求和运输组织。

托运人应在运单"托运人记载事项"栏内记明货物的容许运输期限，容许运输期限至少须大于铁路规定的运到期限 3 天时，发站方可承运。发站承运后在运单、货票上注明"易腐货物"字样和△红色标记（△表示须快速挂运的货车）。发站和编组站、区段站要将△符号转记在列车编组顺序表内。

（6）防寒、保温、隔热措施。

运输途中各地区的外温低于 –10 ℃ 时，使用棚车装运玻璃瓶装的酒、罐头、饮料类货物必须采取保温措施。采取防寒、保温、隔热措施时，所用材料应清洁无污染。车内铺砌的冰墙和直接加入菜内的冰要清洁无污染，冰的数量、形状、大小要满足运输要求。车内铺砌冰墙的，应确保冰墙融化后货物码放稳固，不倒塌、不坠落。

（7）装卸车作业要求。

易腐货物装卸车作业时，要做到轻拿轻放。

（8）通风。

对需要通风运输的水果、蔬菜等易腐货物要留有足够的通风空隙。同时可将车辆门窗开启固定，或将敞车下门吊起，翻转到最大限度并捆绑牢固，用栅栏将货物挡住。开启的门窗和吊起的小门最外突出部位不得超限。

（9）押运人。

使用棚敞车运输易腐货物时，是否需要押运由托运人确定。

（三）易腐货物装车前准备

1. 装车前对车辆的检查

承运人应调配技术状态良好、干净清洁的车辆，装车单位应在装车前认真检查。对状态不良不能保证货物安全和运输质量的车辆，承运人应予调换。对不清洁的车辆，车站要组织清扫、洗刷。按规定需要消毒的，由托运人委托有资质的单位对车辆和货位进行消毒。

2. 装车前检查货物质量

托运人托运易腐货物，应按照《鲜规》所规定的质量要求，必要时车站应会同托运人抽查货物质量。对于未冷却货物，主要检查货物表面是否有污染、发霉、腐烂，色泽是否新鲜，有无不正常气味，植物类鲜活货物有无机械伤，成熟度是否适合于运输以及有无不必要的"拖泥带水"等情况。

对于冷却和冷冻货物，除应注意上述有关情况外，还应测定货物温度是否符合规定的标准范围。在检查货物质量的同时，还应检查货物的热状态及卫生状态。

3. 车辆预冷

用冷藏车运输易腐货物时，在装车前必须预冷，待车内温度降低到规定温度后，方可装车。机械冷藏车车内预冷温度：冻结货物为 – 3 ~ 0 ℃；香蕉为 11 ~ 15 ℃；菠萝、柑橘为 9 ~ 12 ℃；其他易腐货物为 0 ~ 3 ℃。

（四）易腐货物的装车

1. 装卸车责任的划分

冻结的易腐货物，不论是在车站公共装卸场所内还是其他场所，均由托运人或收货人负责。

发站应与托运人商定易腐货物进货、装车等事项，将计划装车时间、装车地点、货物品名及热状态、重量、到站等事项填记在机械冷藏车装车通知单内，于装车前 12 h 内交给乘务组，两站分装的，第二装车站应在车辆到达后及时交给乘务组。乘务组应在装车前做好上水、补足油料、预冷车辆等工作。

2. 装车作业的基本要求

易腐货物应按易腐货物机械冷藏车运输条件表和易腐货物装载方法表规定的方法装载。

装车注意事项：

（1）保持车内低温。经过预冷的冷藏车装车时，应采取措施保持车内温度，避免降低预冷效果。

（2）不损坏车辆。在装卸车作业中应使用不致损坏车内设备的工具，不得挤碰循环挡板和挤占车体压筋之间的空隙，上层货物距离循环挡板至少应留出 50 mm 的空隙，不得在货物分层间使用影响通风的隔板。货物在车内的堆码，应当保证两侧车门能够方便开启。开关车门时，严禁乱砸硬撬。在采取保温、防寒、防湿等措施时，严禁以钉钻、铆等方式损坏冷藏车车体。

（3）装卸时间的规定。车站、机械冷藏车乘务组和托运人、收货人应加强装卸车组织工作，缩短装卸时间。易腐货物作业车停站时间原则上不得超过该站的货车停留时间。

单节机械冷藏车每辆装卸车作业时间（不包括洗车和预冷时间，下同）不得超过 3 h。货物车为 4 辆的机械冷藏车组，每组装卸车作业时间不得超过 6 h，每车的装卸车作业时间不得超过 3 h。装卸车期间需要制冷的，要在机械冷藏车作业单中注明起止时间，车站按规定核收有关费用。由于托运人、收货人的责任超过规定的装卸车时间，也应核收货车使用费。

车站货运员和机械冷藏车乘务员应对装卸车作业进行指导，发现问题及时联系托运人、收货人共同解决。货物装车完毕，机械冷藏车乘务员应检查车门是否关闭严密，及时记录车内温度并开机调温。

3. 施　封

使用冷藏车、棚车运输的易腐货物应施封，但派有押运人的货物和需要通风运输的货物可不施封。

4. 填写冷藏车作业单

使用机械冷藏车时，对同一到站、同一收货人和同一热状态、要求同一温度的货物可不限车数合填冷藏车作业单一式三份，交一份与机械冷藏车乘务组递交到站。冷藏车作业单是掌握易腐货物质量的原始记录，是改进易腐货物冷藏运输质量、分析事故原因、划分承运人与托运人之间以及铁路内部相互间责任的依据，所以装车单位必须按要求认真填写冷藏车作业单。

车站、铁路专用线（专用铁路）、机械冷藏车乘务组要认真按车填写"机械冷藏车作业单"（见表 4-15），并做好传递交接工作。

表 4-15　机械冷藏车作业单

No.000000

始发站作业记录

1. 发站_____到站_____车种、车型、车号_____货票号_____。
2. 货物品名、热状态_____；包装种类、状态_____。
3. 货物质量抽查情况：_____。
4. 货物装载方法_____。
5. 商定的运输条件_____。
6. 车辆预冷时间_____小时，车内预冷温度_____摄氏度
7. 货物进站时间_____月_____日_____时。装车时间_____月_____日_____时_____分开始到_____月_____日_____时_____分止，其中制冷时间_____月_____日_____时_____分开始到_____月_____日_____时_____分止。
8. 装车时车内温度_____摄氏度，车外温度_____摄氏度，货物的承运温度_____摄氏度。
9. 试运批准号：_____。
10. 其他需说明情况：

　　托运人或经办人签字（盖章）_____　　　机械冷藏车机械长签字（盖章）____
　　铁路专用线（专用铁路）签字（盖章）_____　　发站货运员签字（盖章）_____

（五）易腐货物的承运

1. 填制货票，核收运杂费

（1）计费重量。

机械冷藏车运送易腐货物按规定计费重量计费（见表4-16），超过时按货物重量以吨为单位按四舍五入计费。

表 4-16　冷藏车规定计费重量表

车种、车型		计费重量/t	附注
机械冷藏车	B_{21}	42	4 辆装货
	B_{10}、B_{10A}、B_{10B}	44	单节
	B_{22}、B_{23}	48	4 辆装货
冷板冷藏车	BSY	40	
冷藏车改造车	B_{15E}	56	
自备机械冷藏车		60	
自备冷板冷藏车		50	
代替其他货车装运非易腐货物铁路冷藏车		冷藏车标重	

（2）运价率的确定。

以冷藏车运送货物，按货物运价率表中不同车型的冷藏车的运价率计算运费，特殊情况按下述方法办理：

① 途中不需要加温（或托运人自行加温）或制冷的机械冷藏车按机械冷藏车的运价率减 20% 计算。

② 使用铁路机械冷藏车运输，要求途中保持温度 – 12 ℃（不含）以下的货物，按机械冷藏车运价率加 20% 计算。

③ 自备冷藏车、隔热车（即无冷源车）和代替其他货车装运非易腐货物的铁路冷藏车，均按所装货物适用的运价率计费。

（3）运价计算公式。

整车货物按重量计费：运费 =（基价 1 + 基价 2 × 运价里程）× 计费重量或运费 =（基价 2 × 运价里程）× 轴数。

（4）快运货物运费。

按快运办理的货物的运费计算同不按快运办理的货物，但需加收快运费。快运费的费率为该批货物运价率的 30%。

【案例 4-14】　桂林北发往沈阳南蔬菜一批，重 20 t，用 B_{10Bt} 车一辆装运，试计算其运费。若办理的是快速运输，快运费又是多少？

【解】　查货物运价里程表可知最短径路运价里程为 2 962 km，运价率按该批货物适用的冷藏车运价计费，计费重量为规定计费重量 44 t。

$$运费 = (20 + 0.140 \times 2\,962) \times 44 = 19\,126 \quad （元）$$

若货物办理快运时，除核收运费外，需计算该批货物快运费：

$$快运费 = (20 + 0.140 \times 2\,962) \times 44 \times 30\% = 5\,737.8 \quad （元）$$

2. 易腐货物的押运

由于易腐货物的性质特殊，在运输过程中需要加以特殊防护和照料，否则，不能保证易腐货物运输安全，因而需派押运员押运。需派人押运的情况有：

（1）需要浇水运输的鲜活植物。需要专门人员根据气温条件定时、定量地浇水、照管。

（2）需要生火加温运输的货物。需要有人照看火炉，并适时调节车内温度、湿度。

3. 装车后票据、封套的填写

发站承运易腐货物应在货票、封套上分别加盖红色"易腐货物"、△（△表示须快速挂运的货车）戳记。发站、列车编组站要将△符号转记为在"列车编组顺序表"记事栏内。

（六）易腐货物车辆挂运

在鲜活货物运量集中的区段，应开行鲜活货物或以鲜活货物为主的班列、直达、快运等快速货物列车。在其他区段，应积极组织挂运快速货物列车。

承运人应根据鲜活货物季节性强、运量波动大、时间要求快的特点，加强运输组织工作，坚持优先安排运输计划、优先进货装车、优先配空、优先取送、优先编组、优先挂运。

各级调度对装有鲜活货物的列车、车辆应重点掌握，防止途中积压。对装有鲜活货物的车辆，除中间站装（卸）车可编入摘挂、小运转列车外，均应编入快运列车或直通、直达、区段列车。车辆在编组站、区段站的中转停留时间，原则上不得超过车站有关去向的货车中转停留时间。

（七）易腐货物途中作业

1. 机械冷藏车控温

机械冷藏车乘务组应按《鲜规》"易腐货物机械冷藏车运输条件表"规定或商定的温度要求保持车内温度，对未冷却的易腐货物应在最短时间内将车内温度降到规定的范围。同时定期对车内温度状况进行监控，在装车后及运输途中，每隔 2 h 记录一次各车内的温度，每 6 h 填写一次"机械冷藏车作业单"（见表 4-17）。

注：① 未冷却货物不可填记货物的承运温度。

② 冷却及未冷却的货物以卸车时车内温度为货车交接温度。

③ 机械冷藏车温度记录填满时，可在本页反面画表格填写。

④ "机械冷藏车作业单"一式三份，一份由发站保存，一份随车递送到站保存，一份由机械冷藏车乘务组交配属单位存档。

表 4-17　接卸冷藏车作业单

接卸冷藏车温度记录							
日/时分							
外温							
日/时分							
外温							
日/时分							
外温							
日/时分							
外温							

机械冷藏车机械长签字（盖章）_____　列车戳_____

2．通风作业

全程或部分区段需通风运输的易腐货物，或运输一段距离后需要对车内通风换气的易腐货物，应根据外界气温情况进行适当的通风。通风分为停站通风和在途通风。

机械冷藏车的通风是由专门的通风装置实现的，它可根据车内所装货物的需要随时进行。使用机械冷藏车装运水果、蔬菜和其他需要通风运输的货物时，应根据具体情况定期进行通风作业。

装运易腐货物的棚车、敞车需要通风换气时，可以将车门、车窗开启固定或侧板吊起，但必须注意安全。吊起的敞车侧板要用铁线进行加固，并用栅栏将货物挡住。开启的车窗或吊起的侧板最外边的部位从车辆纵中心线起不得超过 1 700 mm。

3．上水预报

需途中上水的机械冷藏车应编在列车中部，乘务组应提前拍发电报将有关情况通知前方上水站。机械冷藏车需要上水时，各车应予以支持并免费供水。

为便于检查和管理，机械冷藏车临时备用时，应停留在有上水条件的枢纽地区或车站。

4．货物运输合同的变更

易腐货物原则上不办理变更到站，确需变更时，可变更到站一次，且容许运输期限要大于重新计算的运到期限 3 天以上。

托运人要求变更易腐货物到站时，受理站应对该批货物的运到期限重新计算，只有容许运输期限仍然大于新的运到期限 3 天以上时方能受理，计算新的运到期限时应扣除已发生了的运输时间，托运人原提出的容许运输期限也应扣除已发生的运送日数，或由托运人另提容许运输期限。

5．车辆滞留时的处理

装有易腐货物的车辆，在运行途中不得保留积压。遇有特殊情况需要保留时，保留站应立即向铁路局集团公司调度、货运部门报告，同时采取措施妥善处理，并在货票记事栏内记明滞留原因和时间。

装有易腐货物的车辆因技术状态不良等原因发生滞留不能继运时，滞留站应及时报告铁路局集团公司调度、货运部门，并尽量组织按原运输条件倒装。由于气温、技术条件等限制不能倒装又不宜在当地处理的货物，滞留站应通知发、到站及时联系托运人、收货人，并限时提出处理办法。超过要求时间未接到答复或因等候答复使货物造成损失时，由发生地铁路局集团公司与发送铁路局集团公司协商处理。

机械冷藏车组中的部分车辆发生故障不能继运时，乘务组应立即电告发生铁路局集团公司并抄报国铁集团。发生局应尽快抢修、继运。

6. 变质事故处理

运输途中发现易腐货物腐烂、变质、冻损、污染、生理病害、病残死亡等问题时，发现单位应立即通知车站联系托运人、收货人并妥善处理，防止货物损失扩大。处理货物腐烂、变质情况时，应扣除运输途中的合理损耗。

（八）易腐货物到达作业

1. 卸　车

车站、机械冷藏车乘务组和托运人、收货人应加强（装）卸车组织工作，缩短装卸时间。易腐货物作业车停站时间原则上不得超过该站的货车停留时间。收货人领取货物时，必须将货物的装车备品、防护用品、衬垫物品等全部搬出。

车站货物员和机械冷藏车乘务员应对装卸车作业进行指导，发现问题及时联系托运人、收货人共同解决。

2. 交　付

易腐货物运抵到站，联系不到收货人或收货人拒绝领取时，到站应自发出催领通知次日起（不能实行催领通知时，为卸车完了的次日）或收货人拒绝领取之日时起，1日内及时通知发站和托运人，征求处理意见。托运人自接到通知之日起，2日内提出处理意见答复到站。对于超过容许运输期限仍无人领取的货物，或收货人拒领而托运人又未按规定期限提出处理意见的货物，或虽未超过上述期限，但是货物已开始腐坏、变质时，到站可按无法交付货物或依据有关规定处理。

到达货物出现腐烂、变质、冻损、污染、生理病害、病残死亡等问题时，到站应立即组织卸车并规定编制货运记录，使用机械冷藏车的应会同乘务组组织卸车。收货人有异议的，不得拒绝卸车或中途停车卸车，否则因此造成的扩大损失由收货人承担。

（1）编制变质事故货运记录的重点要求。

编制变质事故货运记录重点包括运单上货物的容许运输期限，货物包装堆码方式，变质货物位置及损失数量和程度，加冰冷藏车车型、车号，车内外温度，中途站加冰盐情况，冰箱内残存冰量，以及冰箱、排水管等设备的技术状态。机械冷藏车乘务员出具的普通记录证明和车站提交的冷藏车作业单记录。

（2）承运人变质事故责任的划分。

在查明事故情况和原因的基础上，依据《中华人民共和国合同法》《中华人民共和国铁路法》和《货规》及其引申规则办法的有关规定，划分承运人与托运人、收货人之间的责任。

属于铁路内部各单位间需要划分责任时，根据不同情况，参照有关规章妥善处理，并依照下列各项规定划分铁路内部责任：

① 货物质量、包装、装载方法不符合要求时，如属铁路责任由发站负责。

② 发站违反车辆使用限制，未按规定加冰盐或未在运单上注明加冰要求，未通知加冰站以及货物装载不当，如属铁路责任时，由发站负责。

中途加冰站未按规定加冰盐或漏加以及未通知下一站加冰，分别由各违反站负责。

因误编挂车辆造成未办理加冰，由该编挂站负责。

货物运到逾期，由积压站共同负责，按积压天数比例分摊损失。

同时存在上述多种原因，除分担承担经济损失外，事故列主要责任站。

③ 机械冷藏车违反易腐货物控温规定，造成货物腐烂，由该机械冷藏车所属段负责。

3. 货车、货位清扫和除污

卸车单位负责将卸后的车辆和货位清扫干净。

被动物、动物产品等污染的车辆、货位，卸车单位要彻底洗刷除污，保证没有残留的污水、秽物。按规定需要消毒的，由收货人委托有资质的单位进行消毒。车辆洗刷除污、消毒后适当通风，晾干后再关车门。机械冷藏车洗刷除污、消毒后须经车站和乘务组检查验收，棚车、敞车洗刷除污、消毒后须经车站检查验收。

4. 冷藏车的回送与保管

卸车单位没有货车洗刷除污条件的，车站应根据调度命令填写"特殊货车及运送用具回送清单"，向铁路局集团公司指定的洗刷除污站回送。清扫、洗刷除污费用由收货人承担。清洗干净的加冰冷藏车应填写"特殊货车及运送用具回送清单"向局指定的冷藏车保管部回送，或按调度命令向装车站回送（见表4-18）。

表 4-18 机械冷藏车作业单

到站作业记录
1. 到站车次_____ 次，时间_____月_____日_____分。 2. 车辆调入时间_____月_____日_____时_____分。卸车时间_____月_____日_____时_____分开始到_____月_____日_____时_____分止，其中制冷时间_____月_____日_____时_____分开始到_____月_____日_____时_____分止。 3. 卸车时温度：车内温度_____摄氏度，车外温度_____摄氏度。 4. 货物质量：感官观察_____，冻结货物温度_____摄氏度。 5. 车内洗刷情况：_____。 6. 其他需说明情况： 收货人或经办人签字（盖章）_____　　　　机械冷藏车机械长签字（盖章）_____ 铁路专用线（专用铁路）签字（盖章）_____　　到站货运员签字（盖章）_____

三、任务实施

【实训项目】

易腐货物运输组织。

【实训目标】

① 掌握易腐货物运输过程；② 会填写货票，计算运费。

【实训内容与要求】

集宁站发运开封站冻羊肉 120 t，用 B$_{22}$ 型机械冷藏车组装运（4 辆装货）。要求：① 途中制冷（运输温度 – 14 ℃），试计算其运费；② 途中不制冷，试计算其运费。

【成果与检测】

① 计算货物运费；② 课后与同学进行交流与讨论。

四、拓展训练

某托运人欲从甲站托运一批易腐货物到乙站（运价里程为 1 293 km），托运人在运单"托运人记载事项"栏中注明"允许运输期限 4 天"。甲站可否承运？为什么？

知识点 5　活动物运输组织

一、学习目标

熟知活动物的托运与承运过程；熟悉活动物装车要求；熟悉活动物运输途中作业注意事项；熟悉活动物到达作业流程。

二、知识引导

（一）活动物发送作业

1. 活动物的托运与承运

（1）活动物运输种类。

活动物一般按整车运输。未装容器的活动物、蜜蜂限按整车运输。活动物可用活动物专用集装箱运输，但不能用通用集装箱运输。

（2）活动物运输证明。

托运活动物时，托运人应按国家有关规定提出检疫证明，在货物运单"托运人记载事项"栏内注明检疫证明的名称和号码，并将检疫证明书随货同行，牢固地粘贴在运单背面。对承运的活动物，发站应在货物运单、货票、封套上注明"活动物"和"禁止溜放"字样。没有检疫证明书的活动物，发站不得承运。

蜜蜂运输时，托运人要按车填写物品清单（一式三份，一份留站存查，一份随票递送到站，一份交托运人）。物品清单要记明蜜蜂的空箱数、有效箱数、押运人所带的生活用品、饲养工具及蜜蜂饲料等。

（3）猛禽、猛兽商定条件运输。

托运猛禽、猛兽时，托运人应与发站商定运输条件和运输防护方法，报发送铁路局集团公司批准。跨局运输时，发送铁路局集团公司应将商定的事项报相关铁路局集团公司。托运人应在货物运输单"托运人记载事项"栏内注明商定运输条件和运输防护方法。

（4）活动物押运事宜。

活动物运输的最大特点是运输过程中要同时进行饲养工作，养运难以分离。装运活动物时，托运人必须派熟悉活动物特征的押运人随车押运，并在"托运人记载事项"栏内注明押运人的人数和押运人的姓名、证件名称及号码。

押运人的人数，每车以 1~2 人为限，托运人要求增派时，须经车站承认，但增派人数一般不得超过 5 人。鱼苗每车押运人不超过 8 人，蜜蜂每车押运人不得超过 9 人，租用的家畜、家禽车回空时每次准许 2 个人押运。

押运人携带物品必须符合要求，只限于途中生活用品以及途中需要的饲料和饲养工具，数量在规定期限内。

（5）活动物运输标记。

对承运人的活动物，发站应在运单、货票、装载清单和票据封套上注明"活动物"字样，以引起各环节运输工作人员注意，做好沿途服务工作，及时办理运输作业，缩短在途时间。

2. 活动物装车

（1）活动物运输车辆。

装运活动物应用专用车辆、敞车或有窗的棚车。活动物运输车的车辆有如下几种：

① 家畜、家禽车。家畜、家禽车是运输猪、牛、羊、鸡、鸭、鹅等家畜、家禽专用车。其主要车型有 J_1、J_2、J_3、J_4、J_5、J_6 型，载重量分别为 10 t、15 t、10 t、18 t、20 t、16.6 t，其中 J_6 型为活牛专用车。

家畜、家禽车的车墙和车门设置有调节箱、端窗、通风窗等通风调温装置。车内一般分为 2~3 层，设有押运人休息室和饲料用具存放架。车上安装水箱、水管等储给水设备，有的还备有饲料槽。从 2008 年起，家畜、家禽车基本退役，被改造成具有别种用途的车辆。

② 活鱼车。活鱼车是运输活鱼、鱼苗的专用车。车内设有水槽、水泵循环水流系统和储水箱等设备。使用时，鱼、鱼苗盛放在水槽内。水槽内的水在水泵的作用下，通过水循环装置流动，经水槽上的喷雾喷入空气中再落入水槽，将氧气带入水中，不断循环，给水增氧。

③ 棚车、敞车。棚车、敞车属通用货车。在活动物专用车不足的情况下，可有条件地

选用棚敞车装运活动物。使用时，根据需要增设装载装置、装车备品，并采取相应的防护措施，可用于装运马、牛、羊、猪等活动物。

④ 动物集装箱。动物集装箱是为装运活动物而特别设计的，设有外置式食槽，能遮蔽阳光直射，具有良好的通风条件，用于装运鸡、鸭、鹅等家禽和马、牛、羊等家畜。

（2）车辆选用。

装运活动物必须选用家畜、家禽车，活鱼车，以及清扫干净、未受污染的棚车、敞车，但不得使用无车窗的棚车。拨配的车辆是否适合装运活动物由托运人检查确定，并在运单"托运人记载事项"栏记明同意使用车辆的车型、车号。托运人认为车辆不适合时，承运人应予以调换。

① 装运牛、马、骡、驴、骆驼等大牲畜，应使用带有×标记的木地板货车；因木地板货车不足而需要使用其他货车时，应采取衬垫等防滑措施。

② 发往深圳北的活牛不得使用敞车装运。

③ 装运活鱼不得使用全钢棚车及车窗不能开启的棚车（采取增氧机运输的除外）。托运人随车携带增氧机时，必须携带 1～2 个灭火器。随车携带的动力用柴油不得超过 100 kg。柴油应装于小口塑料桶内，口盖必须拧紧，严密不漏。严禁使用汽油动力增氧机，严禁携带汽油上车。

（3）活动物装车。

未装容器的活动物、蜜蜂、鱼苗，不论是在车站公共装卸场所内还是在其他场所，均由托运人或收货人负责装车，应认真检查车辆的货运状态、卫生条件是否适合装运活动物。装车时，应按以下规定的方法和要求装载：

① 禽、畜可单层或多层装载，每层的装载数量由托运人根据季节、运输距离、活动物的体积及选用的车种、车型等情况确定。装运活动物的车辆可开启门窗，但应采取措施防止大牲畜头部伸出。对开启的车门应捆绑牢固，并用栅栏将活动物挡住。开启的门窗最外突出部位不得超限。

② 棚车装活鱼、鱼苗应使用木箱、鱼篓、帆布桶、帆布槽等容器。使用帆布槽盛装时，应用坚固的金属支架支撑，支架的高度不得超过 1.7 m，帆布应牢固、不渗水，装入鱼苗后，槽内水位不得超过 1.5 m。禁止托运人在车体上钻孔安装支架。

活鱼、鱼苗运输中的生存环境，与自然的生长、养殖生态环境不同。在运输中必须不断补充氧气，才能提高存活率。因此，活鱼、鱼苗装载密度不宜过大，鱼与水的比例以 1：10～1：12 为宜，运输用水必须清洁卫生，发现容器中的污物、残饵、死鱼应及时清除和换水。

③ 蜜蜂进站时，托运人必须在蜂箱巢门处安装好纱罩，防止蜜蜂飞出蜇人、遮蔽信号，影响车站作业和行车安全。蜂箱巢门未安装纱罩的，发站不得承运。

蜜蜂的装载，应纵向排列、稳固堆码，并留有足够的通风道，预留押运人休息的位置。在顶部蜂箱上不准坐人员，不准装载自行车和其他杂物。使用敞车装运的，高度不得超过4 600 mm，高出端、侧板的蜂箱要适当起脊堆码、捆绑牢固，避免超限和运行中蜂箱倒塌、坠落，保证安全。

④ 使用棚车、敞车装运活动物时，为了通风散热，可开启门窗或吊起侧板，但应采取

设置栅栏等措施防止活动物头脚伸出或坠落，避免活动物发生伤残死亡和引发行车事故。棚车开启的车门窗和敞车吊起的侧板不得超限并捆绑牢固，敞车上搭盖防晒防雨棚应稳固不超限，以保证安全。

3. 核算运费

整车货物装车后，货运员将签收的运单移交货运室填制货票，核收运杂费。对于标重不足 30 t 的家畜车，计费重量按 30 t 计算，货物重量超过规定计费重量的按货物重量计算。

4. 活动物车辆的调车限制和编组隔离要求

（1）调车限制。

活动物装车后插挂"禁止溜放"表示牌，车站在调车作业时严禁溜放。

（2）编组隔离要求。

① 禽、畜、鱼苗装车后应在货物运单、票据封套、装载清单上用红色记明编组隔离标记，并记在货车表示牌上。

② 装载活动物的车辆原则上不得与乘客旅客的车辆编挂在同一列车内。如确需编挂在同一列车内时，应与乘坐旅客的车辆隔离 1 辆以上。

③ 装蜜蜂的车辆与装载农药的车辆原则上不得编挂在同一列车上。如因车流不足、分别挂运有困难，在本次列车运行全过程内不发生列车折角转向运行的条件下，可编入同一列车内，但应将蜜蜂车挂在农药车的前部，并隔离 4 辆以上。

④ 蜜蜂车与生石灰车编在同一列车内时应隔离 2 辆以上，并将蜜蜂车挂在生石灰车的前部。

（二）活动物途中作业

1. 活动物车辆的运行

装有活动物的车辆、车站应及时组织挂运，除在中间站有装卸作业的可编入摘挂列车外，其他站均应编入快运列车或直达、直通列车。在编组站、区段站中转停留的时间，原则上不得超过本站方向别的中转站停留时间。将活动物车辆编入快运货物列车、鲜活货物直达列车，更有利于压缩活动物车辆的在途时间。

2. 活动物车辆途中上水

活动物车辆在中途上水，由铁路指定的上水站免费供应。上水用具由托运人或押运人自备。车站对挂有活动物车辆的列车，应接入备有上水设备的股道。上水站上水后应按规定用电报依次向前方上水站进行预报，上水预报电文内容和代号见表 4-19。

表 4-19　上水预报电文

内容	开车月、日	车次	车型车号	货物品名	到站	收货人
代号	（1）	（2）	（3）	（4）	（5）	（6）

注：① 在电文首部冠以"上水预报"字样。
　　② 整列运输时，代号（3）只报车型、车数、不报车号；代号（6）由最后一个上水站向到站预报。

3. 活动物押运

活动物（包括活鱼、鱼苗、蜜蜂、家畜等）需要专门人员供应饮水和照料，因此运输活动物时，必须由熟悉动物特性的押运人随车押运，负责做好动物的饲养、饮水、换水、洒水、看护和安全工作。托运人应在货运单内注明凭证文件的名称、号码和押运人姓名。

押运人每车 1~2 人，托运人要求增派押运人时，需经发站承认，但合计人数不得超过 7 人。押运人应遵守"押运人须知"和铁路的有关规定，途中不得吸烟、生火、做饭、用明火照明。

押运人携带物品只限途中生活用品以及途中需要的饲料和饲养工具。为放蜂需要的狗必须装在铁笼内，并交验检疫证明。押运人不得携带危险品和违反政令限制的物品。

运输过程中发现活动物染疫、病毒或死因不明时，押运人应及时通知车站。车站发现上述情况时，应及时向当地动物防疫部门报告并按动物防疫部门的规定妥善处理，同时拍发电报通知发、到站和上级主管部门。严禁乱扔染疫、疑似染疫的活动物，病死或死因不明的活动物尸体。

活动物的排泄物以及垫料、包装物、容器等污染物应由押运人和收货人在铁路指定站或到站清除，并按动物防疫部门的规定处理，不得中途随意向车外抛撒，不得违规在中途站清扫和冲洗。

4. 蜜蜂运输不办理变更到站

为保证铁路作业安全，蜜蜂在车站和运输过程中不得放蜂。蜜蜂到达到站后，要尽快办理卸车、交付手续，并及时搬出货场。

（三）活动物到达作业

活动物车辆到达后，到站负责卸车的应及时组织卸车和交付，收货人负责卸车的应及时办理送卸和交接。卸车时要采取必要的措施防止活动物发生伤残死亡等事故。

装过活动物、鲜鱼苗的车辆，除清扫干净外，还要由铁路相关部门负责洗刷、除污，并向收货人核收费用。装过病死动物的车辆还应该进一步按规定或依照防疫部门的处理意见进行消毒。清除和洗刷消毒产生的废水，需要进行无害化处理，不得污染环境。活动物车辆的洗刷除污、消毒及回送办法，参照易腐货物的相关规定办理。

三、任务实施

【实训项目】

活动物运输组织。

【实训目标】

掌握活动物运输组织的过程。

【实训内容与要求】

西安北站发深圳北外贸出口活牛一车，托运人张三，收货人李四，使用 P₆₄ 木低棚车装运，该车 2009 年 7 月 5 号装车完毕，并于次日由 12008 次列车挂出，中途需要在郑州北站和株洲北站上水。要求：① 会办理活动活动物运输，确定调车作业限制条件；② 明确相关运输票据上需要注明哪些特殊标记或文字；③ 会拟发活动物上水预报。

【成果与检测】

① 完成实训内容的要求；② 课后与同学进行交流与讨论；③ 由教师根据任务完成情况与讨论表现评估打分。

四、拓展训练

某生猪场向中国香港运输 500 头生猪，可以用哪种铁路货运方式？可采用何种车进行运输？

学习子情境 4.3 危险货物运输

扫码下载
4.3 节 PPT

📖 任务描述

托运人山东某化工厂，在济南局集团公司临沂站托运罐装硝酸一车，收货人为哈尔滨某化工材料国铁集团储运分公司，到站哈尔滨局集团公司哈尔滨东站。通过学习：
（1）了解铁路危险货物的判定。
（2）了解危险货物的性质。
（3）熟知危险货物运输设备。
（4）熟知危险品托运和承运过程。
（5）掌握危险品装卸作业、途中作业和到达作业。

PPT 讲解视频
危险货物运输

知识点 1 危险货物的判定

一、学习目标

了解危险货物定义；熟悉判定危险货物的方法；熟悉铁路危险货物的分类；熟悉铁路危险货物的编号和分级。

二、知识引导

在铁路运输中,危险货物具有与一般货物不同的特性,它们除本身具有的主要危险特性外,还兼有其他危险性,其中一些货物与其他货物在相互接触后会发生强烈的反应。为了安全地运输这些货物,在铁路运输中,必须严格执行国家和国铁集团关于危险货物运输的有关规定。

(一)危险货物定义

在铁路运输中,凡具有爆炸、易燃、毒害、感染、腐蚀、放射性等特性,在运输、装卸和储存保管过程中,容易造成人身伤亡和财产毁损而需要特别防护的货物,均属危险货物。

一种货物是否属于危险货物必须符合危险货物的定义。该定义的具体内容包括以下3个方面:①具有危险特性;②可能造成危害后果;③可以采取特别的防护措施。

危险货物的危险性主要取决于货物本身的理化性质,但是与外界的环境条件也密切相关。只要严格按章办事,以科学的态度掌握危险货物的性质和变化规律,认真做好危险货物的运输、搬运、装卸、保管、防护等各项工作,控制可能导致危险货物发生事故的外界条件,就能实现危险货物的安全运输。

(二)判定危险货物的方法

危险货物的运输条件比非危险货物要求更严格、更复杂,如果把危险货物误认为普通货物,就会降低危险货物的运输条件,如不采取特殊措施,就有可能酿成事故;如果把普通货物误认为危险货物,在运输过程中就会增加不必要的防护措施,延误货物的运送,影响铁路运输效率。

危险货物的具体判定方法,可按下述步骤进行:

(1)《危规》附件"铁路危险货物品名表"见表4-20)中列载的品名,均属危险货物(特殊规定可按普通货物运输条件运输的品名除外),均按危险货物运输条件运输。

表4-20 铁路危险货物品名表(摘录)

铁危编号	品名	别名	信息化品名	主要特性	包装标志	包装类	包装方法	灭火方法	洗刷除污编号	急救措施	特殊规定	联合国及国标编号
1	2	3	4	5	6	7	8	9	10	11	12	13
41511A	萘	粗萘,精萘,萘饼,工业萘	萘(固)	无色或白色结晶或粉末,有特殊气味,密度1.16,熔点80℃,闪点79℃,易挥发	8	Ⅲ	10,11,13,21,22,24	水、砂土、泡沫、干粉、熔融萘着火不能用水	3		6,29	1334

危险货物品名表由13个栏目组成:

第1栏:铁危编号,由5位阿拉伯数字及英文大写字母组成。第2栏:品名,为危险货物的正式运输名称及附加条件。第3栏：别名，为危险货物正式运输名称以外的其他名称。第4栏：信息化品名，为危险货物运输运单、货票填写以及货运管理使用名称。第5栏：主要特性，为危险货物的主要物理、化学性质及危险性。第6栏：包装标志，为危险货物包装标志。第7栏：包装类，为按危险货物的危险程度划分的包装类。第8栏：包装办法，为危险货物包装表的包装号及特定的包装办法。第9栏：灭火方法，为推荐的灭火剂及灭火禁号。第10栏：洗刷除污编号，为洗刷污方法编号及特殊洗刷除污方法。第11栏：急救措施，为建议的临时急救措施。第12栏：特殊规定，为该品名执行有关铁路危险货物运输特殊规定的顺序号。特殊规定的内容必须认真查看，严格执行。第13栏：联合国及国标编号，联合国编号为联合国危险货物运输专家委员会《关于危险货物运输的建议书》中该品名的编号（仅供参考用），国标编号是《危险货物品名表》（GB 12268—2012）（以下简称《品名表》）中的编号。

（2）未列入《品名表》中，但国铁集团已确定并公布为危险货物的品名时，按国铁集团规定办理。

（3）在《品名表》中未列载的化工原料、化工产品，可按《危规》中新产品的有关条件办理运输。

（三）铁路危险货物的分类

1. 危险货物分类

经由铁路运输的危险货物品类繁多、性质复杂、要求运输条件各异，根据国家公布的《危险货物分类和品名编号》和《品名表》，结合铁路运输实际情况，铁路运输危险货物按其主要危险性和运输要求划分为9类，各类危险货物按其性质又划分为若干项。

2. 易燃普通货物

不属于上述9类危险货物，但易引起燃烧、在铁路运输过程中需采取防火措施的货物，如棉花、麻类、牧草等，属易燃普通货物。

注：① 用敞、平、砂石车装运易燃普通货物时，应用篷布苫盖严密，在调车或编入列车时，应进行隔离。但对干树皮、干树枝、干树条和带叶的竹枝，由于干湿程度、带叶多少不同，是否应苫盖篷布，由发站根据气温和运输距离在确保运输安全的原则下负责确认。

② 腐朽木材喷防火涂料或采取其他防火措施后，可不苫盖篷布。

③ 《品名表》未列的品名，是否也属于易燃普通货物，由发站报铁路局集团公司确定。

④ 以易燃材料作包装、捆扎、填塞物，以竹席、芦席、棉被等苫盖的非易燃货物，以及用木箱、木桶、铁桶包装的易燃普通货物，均按普通货物运输。以敞车装运时，是否应苫盖篷布，由托运人根据货物的运输安全情况负责确定，并在运单托运人记事栏内注明。

3. 铁路危险货物的编号和分级（简称铁危编号）

铁危编号是判断货物是否为危险货物的重要标志，是办理承运、配放，确定运输条件的主要依据，也是发生事故时判定货物性质、采取施救措施的依据。

铁危编号由5位阿拉伯数字及英文大写字母组成。第1位数字表示该危险货物的类别；

第 2 位数字表示该危险货物的项别；后 3 位数字表示该货物品名的顺序号。其中类别和项别的号码顺序并不完全代表货物的危险程度顺序，后 3 位顺序号 001 ~ 500 为一级，501 ~ 999 为二级（第三类二级除外）。如萘，铁危编号为 41511A，第一个"4"表示该物品为危险货物的第四类，第二个"1"表示该物品为第四类中的第一项，"511"表示萘为该项的顺序号为 511。

同一品名编号具有不同运输条件时，在数字编号后用英文大写字母（如 A，B，C 等）表示。如焦油（编号 31292A）又称煤膏，是煤干馏过程中得到的一种黑色或黑褐色黏稠状液体，具有特殊臭味，可燃并有腐蚀性，密度通常在 0.95 ~ 1.10 g/cm³，闪点 100 ℃，是一种高芳香度的碳氢化合物。限使用钢制企业自备罐车装运，钢桶包装的可用敞车运输。

煤焦油（编号 31292B）是黑色黏稠液体，有特殊臭味，相对密度小于 1，闪点 15.6 ~ 25 ℃，能刺激皮肤，有毒，易燃。限使用钢制企业自备罐车装运，钢桶包装的可用敞车运输。

松焦油（编号 31292C）是黑色黏稠液体，有特殊臭味，相对密度小于 1，闪点 15.6 ~ 25 ℃，能刺激皮肤，有毒，易燃。钢制包装的可用敞车运输。

三、任务实施

【实训项目】

判定危险货物。

【实训目标】

掌握判定危险货物的方法。

【实训内容与要求】

托运人××物流有限责任公司在兰州局集团公司兰州西站托运硅铁一车（成分是：硅 44% ~ 48%，铝 7% ~ 12%，钙 6% ~ 8%，钡 16% ~ 20%），塑料编织袋包装，收货人为××钢铁股份有限公司，到站郑州局集团公司安阳西站。

① 判定这批硅铁是否属于危险货物。

② 如果这批硅铁是危险货物，请确定铁危编号及类项名。

③ 确定该批货物发站、到站、专用线及办理危险货物的品名是否符合相关办理规定。

④ 确定这批硅铁应该使用的车辆。

【成果与检测】

① 完成上述实训内容的要求；② 课后与同学进行交流与讨论；③ 由教师根据任务完成情况评估打分。

四、拓展训练

查阅学习《铁路危险货物品名表》。

知识点 2　危险货物的性质

一、学习目标

熟知爆炸品、气体、易燃液体、易燃固体、易于自燃的物质和遇水放出易燃气体的物质的性质。

二、知识引导

（一）爆炸品

在国防建设、开山筑路、房屋爆破等方面都要大量用到爆炸品，因此，掌握爆炸品的性质，确保爆炸品的运输安全具有重要的意义。

按引起爆炸的原因可将爆炸分为化学爆炸、物理爆炸和核爆炸 3 种。原子弹、氢弹的爆炸属于核爆炸；装有压缩气体的钢瓶受热爆炸属于物理爆炸；化学爆炸，如炸药及爆炸性药品的爆炸、可燃性气体（石油液化气）与空气混合达到爆炸极限时遇明火发生的爆炸、可燃性粉末（面粉厂粉尘）与空气混合遇明火发生的爆炸等。危险货物中爆炸品的爆炸一般都属于化学爆炸。

1. 爆炸品的定义

爆炸品系指受到高热、摩擦、撞击、震动或其他外界作用，能迅速发生剧烈化学反应，瞬间产生大量气体和热量，形成巨大的压力而发生爆炸，对周围环境造成破坏的物品。

2. 爆炸品的性质

（1）爆炸性。

爆炸品的爆炸具有反应速度快、释放大量热量、产生大量气体的特点。如 1 kg TNT 炸药完全爆炸仅需 10^{-5} s，放出热量 3 997 kJ，生成气体 690 L，爆速为 6 990 m/s，气体被加热到 2 000 ~ 3 000 ℃，压力达到 10.1 ~ 40.5 GPa。所以，爆炸品一旦发生爆炸，会对周围的环境造成严重破坏。

爆炸的反应速度通常用爆炸速度（简称爆速）表示，爆速一般以 8 000 m/s 为界限，高于此限的为烈性炸药，低于此限的为一般炸药。

（2）敏感性。

在外界能量作用下，炸药发生爆炸的难易程度，称为炸药的敏感度。由于各种炸药的成分不同，其敏感度也不一样。敏感度一般以引起炸药爆炸所需要的最小外界能量来度量，这种能量称为起爆能。炸药的起爆能越小，其敏感度越高。在铁路运输中，炸药遭受撞击、摩擦、加热、遇火、遇光都有可能引起爆炸，所以在炸药的保管、列车运行、调车作业及装卸作业过程中必须按章办事，防火花、防撞击、防摩擦，同时还要防止杂质（如沙石、金属屑等物）混入炸药，以免提高炸药的敏感度。

过分敏感或反应性很强以致可能产生自发反应的爆炸性物质禁止运输。

（二）气　体

气体通常应以耐压的气瓶装运，部分沸点高于常温的气体，可用安瓿瓶或质量良好的玻璃、塑料、金属容器盛装，个别气体亦可采用特殊容器装运。它们在受热、撞击等作用时易引起爆炸，加之这些气体具有易燃、助燃、有毒等特性，在运输中应当引起高度重视。

1. 气体的定义

本类气体系指符合下述两种情况之一的物质：

（1）在 50 ℃ 时，蒸气压大于 300 kPa 的物质。

（2）在 20 ℃ 及 101.3 kPa 标准压力下完全是气态的物质。

本类气体包括：压缩气体、液化气体、溶解气体、冷冻液化气体、气体与其他类别物质的蒸气的混合物，充有气体的物品和烟雾剂。

对一定量的气体，在温度不变的条件下，对其加压越大它的体积就会变得越小，利用气体的这个特性，通过用高压的方式把气体压缩到钢瓶内储运。如果钢瓶内装有一定的气体，这个钢瓶内的气体压力会随着温度的升高而增大，当钢瓶内气体的压力增大到超过钢瓶所能承受的程度，这时就会发生钢瓶的胀裂或爆炸，这就是为什么装有气体的钢瓶严禁接触火种、热源的道理。

处于压缩状态的气体称作压缩气体。如果对压缩气体继续施压，压缩气体就会转化为液体，这就是铁路运输中的液化气体。但是有些气体仅仅使用加压的办法并不能使其变为液体，还必须在加压的同时降低其温度。例如氧气，必须把温度降到 – 118.8 ℃，施加 5.04 MPa 的压力，才能液化。若温度未达到此值，无论施加多大的压力都不能使其液化。这个能使气体液化的最高温度称作临界温度。不同气体，其临界温度也不相同。在临界温度时，使气体液化所需要的最小压力称作临界压力。

2. 气体的危险性质

压缩气体和液化气体使用高压和低温压缩与液化，气体分子处于压缩状态，存在很大动能。充装在钢瓶内的气体当其温度升高时，压力将随之增大。当压力大致超过钢瓶所能承受的程度时，就会导致钢瓶爆炸。例如一个氧气钢瓶的爆炸威力相当于 5 t TNT 炸药的爆炸威力。

易燃气体和一些毒性气体很容易燃烧，如氢气、甲烷、磷化氢等，遇火即能燃烧。

有些气体是剧毒气体，如氰化氢气体、氯气、氨气等，对人、牲畜都有很大的毒害性。当空气中含有 0.01% ~ 0.02% 的氯化氢气体时，吸入人体内即能引起人体中毒。当充装有毒气体的钢瓶泄漏时，有毒气体就会扩散到空气中，造成大面积的空气污染，由于多数有毒气体比空气重，短时间内不易扩散到高空，被污染的空气长时间与人接触，将会引起人体中毒甚至死亡。

当有大量的不燃气体（如二氧化碳）扩散到空气中时，会使人体因缺氧而窒息死亡。

（三）易燃液体

易燃液体均为有机化合物，其中不少属于石油化工产品。该类货物除具有一般液体的性质外，还具有易燃、易爆、易挥发等性质。

1. 易燃液体的定义

易燃液体系指闭杯闪点不高于 60.5 ℃ 或开杯闪点不高于 65.5 ℃ 的液体或液体混合物，或在液体及悬浮液体中含有固体的液体。

易燃液体在常温下易挥发，其蒸气与空气混合能形成爆炸性混合物，部分易燃液体还具有毒性或麻醉性。某些易燃液体，易自行聚合，放出热量和气体，导致容器胀裂。

易燃液体的闪点是用闪点测定仪器测定的。在盛有易燃液体的容器中，液体表面上的蒸气和空气形成的混合物与火焰接触初次发生蓝色火焰时的温度，即为该液体的闪点。根据测定仪器的不同，闪点又分为开杯闪点和闭杯闪点两种。开杯闪点是将易燃液体放在敞开的容器中加热所测定（简称开杯法）的闪点；闭杯闪点是将易燃液体放在一个特定的密闭容器中加热所测定（简称闭杯法）的闪点。

2. 易燃液体的性质

（1）高度的易燃性。

易燃液体的沸点比较低，如汽油、醇、苯等在常温下能不断地挥发蒸气，挥发程度随温度的升高而增大，这些蒸气一旦接触明火甚至与火焰相隔一定距离就会燃烧，甚至爆炸。

（2）蒸气的易爆性。

由于易燃液体都有很强的挥发性，当其挥发的蒸气和空气混合达到一定比例范围时，遇明火或火花后就会发生爆炸，这种比例范围称为该液体的爆炸极限。爆炸极限通常用蒸气在混合物中的体积百分比来表示，能引起燃烧爆炸的最低浓度称为爆炸下限，能引起燃烧爆炸的最高浓度称为爆炸上限。如乙醇的爆炸极限为 3.3%~19%，环氧氯丙烷的爆炸极限为 5.2%~17.5% 等。下限越低，爆炸极限范围越大，其危险性越大。蒸气的浓度低于或高于爆炸极限浓度范围，都不会发生爆炸。部分易燃液体极限如表 4-21 所示。

易燃液体除了上述主要特性外，还具有高度的流动扩散性、较大的蒸气压、遇强酸及氧化剂等能发生剧烈反应而引起燃烧等特性。有的易燃液体还具有毒性，如甲醇、苯、二硫化碳，人体吸入较多后能引起急性中毒。大多数易燃液体不溶于水，且密度小于 1，所以在灭火时不应使用水扑救。

表 4-21　几种易燃液体的闪点和蒸气的爆炸极限

液体名称	闪点/°C	蒸气的爆炸极限		
		下限/%	上限/%	爆炸范围/%
乙　醚	−45	1.85	36.5	34.65
二硫化碳	−30	1.3	50	48.7
苯	−11	1.3	7.1	5.8
甲　醇	11.11	6.7	36	29.3
煤　油	>37.78	0.7	5.0	4.3
苯乙烯	31.1	1.1	6.1	5.0

（四）易燃固体、易于自燃的物质和遇水放出易燃气体的物质

和其他类危险货物相比，该类货物运量较小。由于易燃固体中的金属粉末燃烧时温度高，与空气混合达到爆炸极限时容易引起粉尘爆炸；易于自燃的物质，特别是黄磷，不少经办站都发生过自燃着火；遇水放出易燃气体的物质在受潮、雨淋或遇水接触过程中会燃烧甚至爆炸。该类货物和一般货物的性质有根本区别，所以应该引起我们足够的重视。

本类物品易于引起和促成火灾，按其燃烧特性分为易燃固体、易于自燃的物质和遇水放出易燃气体的物质 3 类。

1. 易燃固体

（1）易燃固体的定义。

燃点低，对热、撞击、摩擦均较敏感，易被外部火源点燃，燃烧迅速，并可散发出有毒烟雾或气体的固体，称为易燃固体。

本项包括：在运输环境和条件下容易燃烧或由于摩擦可能引燃或助燃的固体；可能发生强烈放热反应的自反应物质；不充分稀释可能发生爆炸的固体退敏爆炸品。

（2）易燃固体的性质。

易燃固体主要有含磷化合物、硝基化合物、易燃金属粉末等，此外，它们之中有的是含过量水分或小包装的爆炸性物品。其主要特性有：

① 燃点低，在高热、明火、摩擦作用下易燃烧。

易燃固体的着火点都比较低，一般在 300 °C 以下，在常温下只要有能量很小的着火源与之作用即能引起燃烧。如镁粉、铝粉只要有 20 mJ 的点火能即可点燃；硫黄、生松香只需 15 mJ 的点火能即可点燃；有些易燃固体在储存、撞击等外力作用时也能引发燃烧，例如赤磷、闪光粉等受摩擦、震动、撞击等也能起火燃烧甚至爆炸。所以易燃固体在储存、运输、装卸过程中，应当注意轻拿轻放，避免摩擦撞击等外力作用。

② 遇酸、氧化剂易燃易爆。

绝大多数易燃固体具有还原性，与酸、氧化剂接触，尤其是强氧化剂，能够立即引起着火或爆炸。如 H 发孔剂与酸性物质接触能立即起火；萘与发烟硫酸接触反应非常剧烈，甚至引起爆炸；红磷与氯酸钾、硫黄与过氧化钠或氯酸钾相遇，都会立即引起着火或爆炸。

③ 可分散性。

固体具有可分散性，一般来讲，物质的颗粒越细，其表面积越大，分散性就越强。当固体粒度小于 0.01 mm 时，可悬浮于空气中，这样能充分与空气中的氧接触，发生氧化作用。易燃固体中的金属粉末如铝粉、镁粉等，燃烧时不仅温度很高，而且粉尘极易飞扬，与空气混合达到爆炸极限时，遇明火可引起粉尘爆炸。

④ 热分解性。

某些易燃固体受热后不熔融，而是发生分解现象，有的受热后边熔融边分解。一般来说，热分解的温度高低直接影响危险性的大小，受热分解温度越低的物质，其火灾爆炸危险性就越大。

⑤ 毒害性。

许多易燃固体有毒，或燃烧产物有毒，或有腐蚀性，如二硝基苯、二硝基苯酚、硫黄、五硫化二磷等。

2. 易于自燃的物质

（1）易于自燃的物质的定义。

自燃点低，在空气中易于发生氧化反应放出热量而自行燃烧的物质，称为易于自燃的物质。

本项包括：发火物质和自热物质。

（2）易于自燃的物质的性质。

① 极易氧化。自燃的发生是由于物质的自行发热和散热速度处于不平衡状态而使热量积蓄的结果。自燃物品多具有空气氧化、分解的性质，且燃点较低。在未发生自燃前，一般都经过缓慢的氧化过程，同时产生一定热量，当产生的热量越来越多，积热使温度达到该物质的自燃点时，便会着火燃烧。

凡能促进氧化的一切因素均能促进自燃。空气、受热、受潮、氧化剂、强酸、金属粉末等能与自燃物品发生化学反应或对氧化反应有促进作用，它们都是促使自燃物品自燃的因素。例如油布、油纸等在常温、潮湿的环境中能缓慢氧化，并且不断放出热量，当积热不散，达到一定温度时，也会引起自燃。

② 易分解。某些自燃物质的化学性质很不稳定，在空气中会自行分解，积蓄的分散热也会引起自燃，如硝化纤维素胶片、赛璐珞等。

3. 遇水放出易燃气体的物质

（1）遇水放出易燃气体的物质的定义。

遇水或受潮时发生剧烈化学反应，放出大量易燃气体和热量的物质，称为遇水放出易燃气体的物质。

本项物质与水接触或受潮可能放出易燃气体，这种气体与空气混合能够形成爆炸性混合物。这种混合物极易被引燃，所产生的冲击波和火焰可能对人和环境造成危害。

（2）遇水放出易燃气体的物质的性质。

① 遇水后发生剧烈的化学反应使水分解，夺取水中的氧与之化合，放出可燃气体和热量。当可燃气体在空气中达到燃烧范围时，或接触明火，或由于反应放出的热量达到引燃温

度时就会发生着火或爆炸。如金属钠等遇水反应剧烈，放出氢气多，产生热量大，能直接使氢气燃爆。

遇水后反应较为缓慢，放出的可燃气体和热量少，可燃气体接触明火时才可引起燃烧。电石、碳化铝等遇湿易燃物质盛放在密闭容器内，遇湿后放出的乙炔或甲烷及热量逸散不出来而积累，致使容器内的气体越积越多，压力越来越大，当超过了容器的强度时，就会胀裂容器以致发生化学爆炸。

② 遇氧化剂和酸着火爆炸。遇湿易燃物质除遇水能反应外，遇到氧化剂、酸也能发生反应，而且比遇到水反应得更加剧烈，危险性更大。有些遇水反应较为缓慢，甚至不发生反应的物质，当遇到酸或氧化剂时，也能发生剧烈反应。如锌粒在常温下放入水中并不会发生反应，但放入酸中，即使是较稀的酸，反应也非常剧烈，放出大量的氢气。这是因为遇水易燃物质都是还原性很强的物质，而氧化剂和酸类等物质都具有较强的氧化性，所以两类物质相遇后反应更加剧烈。

③ 毒害性和腐蚀性。有一些遇水易燃物质与水反应生成的气体是易燃有毒气体，如电石放出的乙炔气。碱金属及其氢化物类、碳化物类与水作用生成强碱，都具有很强的腐蚀性，还必须注意防腐。

（五）氧化性物质和有机过氧化物

氧化性物质和有机过氧化物是化学性质比较活泼的一类物质，在工农业生产中常常用到，不少人错误地认为其危险性较爆炸品要小，所以在作业过程中，往往未能引起注意，反而成了危险货物中最容易发生事故的一类货物。因此，必须了解它的性质，保证该类货物的安全运输。

氧化性物质和有机过氧化物具有强氧化性，易引起燃烧、爆炸，本类物质按其组成分为氧化性物质和有机过氧化物2类。

1. 氧化性物质

（1）氧化性物质的定义。

氧化性物质是指易分解并产出氧和热量的物品，其本身不一定可燃，但能导致可燃物的燃烧，与粉末状可燃物能组成爆炸性混合物，对热、震动或摩擦较敏感。

（2）氧化性物质的性质。

① 很强的氧化性。氧化剂中的无机过氧化物均含有过氧基，很不稳定，易分解放出原子氧，其余的氧化剂则分别含有高价态的氯、溴、氮、硫、锰、铬等元素，这些高价态的元素都有较强的获电子能力。因此，氧化剂最突出的性质是遇易燃物品、可燃物品、有机物、还原剂等会发生剧烈的化学反应，引起燃烧或爆炸。

② 遇热分解性。氧化剂遇高温易分解出氧和热量，极易引起燃烧或爆炸。

③ 撞击、摩擦敏感性。许多氧化剂如氯酸盐类、硝酸盐类等，对摩擦、撞击、震动极为敏感，储运中要轻装轻卸，以免增加其爆炸性。

④ 与酸作用分解。大多数氧化剂，特别是碱性氧化剂，与酸反应剧烈，甚至爆炸。例如，过氧化钠（钾）、氯酸钾、高锰酸钾等，遇硫酸立即发生爆炸。这些氧化剂不得与酸类接触，也不可以用酸碱灭火剂灭火。

⑤ 与水作用分解。有些氧化剂，特别是活泼金属的过氧化物，如过氧化钠（钾）等，与水分解出氧气和热量，有助燃作用，使可燃物燃烧，甚至爆炸。这些氧化剂应防止受潮，灭火时严禁用水、酸碱、泡沫、二氧化碳灭火扑救。

⑥ 毒性和腐蚀。有些氧化剂具有不同程度的毒性和腐蚀性。例如铬酸酐、重铬酸盐等既有毒性，又会烧伤皮肤；活性金属的过氧化物有较强的腐蚀性，操作时应做好个人防护。

⑦ 强氧化剂与弱氧化剂之间的反应。有些氧化剂与其他氧化剂接触后能发生复分解反应，放出大量热而引起燃烧、爆炸。如亚硝酸盐、次亚氯酸盐等，遇到比它强的氧化剂时显示还原性，发生剧烈反应而导致危险。因此，氧化剂也不能混合储存。

2. 有机过氧化物

（1）有机过氧化物的定义。

有机过氧化物系指分子组成中含有过氧基（—O—O—）的有机物质，属热不稳定物质，可能发生放热自加速分解等，主要特性有：可能发生爆炸性分解；迅速燃烧；对碰撞或摩擦敏感；与其他物质起危险反应；损害眼睛。

有些有机过氧化物在常温或常温下会自行加速分解，所以必须控温运输；有的则需要加入一定的稳定剂方能运输。

如过氧化二苯甲酰干品极不稳定，受撞击易燃爆炸，运输中要求含水量不少于30%。

（2）有机过氧化物的性质。

① 分解爆炸性。由于有机过氧化物都含有过氧基—O—O—，而—O—O—基是极不稳定的结构，对热、震动、冲击或摩擦都极为敏感，所以当受到轻微的外力作用时即分解。如过氧化二乙酰，纯品制成后存放24 h就可能发生强烈的爆炸；过氧化二苯甲酰当含水在1%以下时，稍有摩擦即能爆炸；过氧化二碳酸异丙酯在10 ℃以上时不稳定，达到17.22 ℃时即分解爆炸；过氧乙酸纯品极不稳定，在 – 20 ℃也会爆炸，浓度大于45%时就有爆炸性，作为商品制成含量为40%的溶液时，在存放过程中仍可分解出氧气，加热至110 ℃时即爆炸。不难看出，有机过氧化物对温度和外力作用是十分敏感的，其危险性和危害性比其他氧化剂更大。

② 易燃性。有机物一般都易燃，而有机过氧化物更容易燃烧，如过氧化叔丁醇的闪点为26.67 ℃，过氧化二球丁酯的闪点只有12 ℃，闪火即可燃烧。有机过氧化物受热或与杂质（如酸、重金属化合物、胺等）接触或摩擦、碰撞而发热分解，产生有害或易燃气体，当封闭受热时迅速由燃烧转为爆炸。所以扑救有机过氧化物火灾时应特别注意爆炸的危险性。

③ 人身伤害性。过氧化物容易伤害人的眼睛，如过氧化环己酮、过氧化氢叔丁基、过氧化二乙酰等都对眼睛有伤害作用，其中某些过氧化物即使与眼睛短暂地接触，也会对眼角膜造成严重的伤害。因此，应避免眼睛接触过氧化物。

（六）毒性物质和感染性物质

该类物质不仅是化工生产的重要原料与产品，而且是农业生产中不可缺少的重要物资（如农药等）。然而，毒性物质在危险货物品名中所占比例比较大，也是铁路运输中造成人、畜中毒的主要物质，车辆污染的主要污染源。本类货物分为毒性物质和感染性物质2项。

1．毒性物质

（1）毒性物质的定义。

毒性物质是指进入人体后累积达到一定的量，能与体液组织发生生物化学作用或生物物理变化，扰乱或破坏机体的正常生理功能，引起暂时性或持久性的病理状态，甚至危及生命安全的物质和物品。

毒性物质在吞食、吸入或与皮肤接触后可能损害人体健康，造成严重损伤甚至死亡。毒性物质毒性的大小通常用半数致死量（LD_{50}）或半数致死浓度（LC_{50}）表示，其含义是指在一群实验动物中，一次染毒后引起半数动物死亡的剂量（mg/kg）或浓度（mg/L）。

毒品物质包括：急性经口毒性 $LD_{50} \leqslant 200$ mg/kg 的固体和 $LD_{50} \leqslant 500$ mg/kg 的液体；急性皮肤接触毒性 $LD_{50} \leqslant 1\,000$ mg/kg 的物质；急性吸入毒性 $LC_{50} \leqslant 10$ mg/L（蒸气、粉尘、烟雾）的物质。本项划分为一级毒性物质（剧毒品）和二级毒性物质（有毒品），如表 4-22 所示。

（2）毒性物质的性质。

① 毒害性。毒害性主要表现对人体及其他动物的伤害，引起人体及其他动物中毒的主要途径是呼吸道、消化道及皮肤 3 个方面。

表 4-22　毒性物质分级表

分　级	经口摄取半数致死量 $LD_{50}/$（mg/kg）	经皮肤接触 24 h 半数致死量 $LD_{50}/$（mg/kg）	粉尘、烟雾或蒸气吸入半数致死浓度 $LC_{50}/$（mg/L）
一级毒性物质（剧毒品）	$\leqslant 50$	$\leqslant 200$	$\leqslant 2$
二级毒性物质（有毒品）	固体：50～500 液体：50～2 000	200～1 000	2～10

呼吸道中毒：在毒害品中，挥发性液体的蒸气和固体粉尘最容易通过呼吸道进入人体，尤其在工作现场，接触毒品时间较长，很容易引起呼吸道中毒。如氢氰酸、苯胺、1605、西力生、赛力散、三氧化二砷等，进入人体后，随着血液循环还可以扩大中毒。

消化道中毒：毒害品侵入人体消化道引起的中毒，主要是在进行毒品作业后，未经漱口、洗手、更换工作服等就喝水、饮水、吸烟，或操作中误将毒品服入消化器官，进入胃肠溶解，被人体吸收后引起人身中毒。

皮肤中毒：一些能溶解于水或脂肪或毒物接触皮肤后侵入人体内引起中毒，如 1605、1059、硝基苯等。尤其通过皮肤破裂的地方侵入人体，并随着血液循环而迅速扩散。特别是氰化物的血液中毒导致很快死亡。此外，氯苯乙酮等对眼角膜等人体的黏膜有较大的危害。

② 易燃性。在毒害品中，约 89% 都具有火灾的危害性。无机毒害品中的金属氰化物和硒化物大都本身不燃，但都有遇水、遇湿易燃性（如氰化钠、氰化钾等），它们遇水、遇湿后放出极毒的氰化氢气体是易燃气体；锑、汞、铅等金属氧化物，硝酸铊，硝酸汞，五氧化二钒等大都本身不燃，但都有氧化性，能在 500 ℃ 以下分解，当与可燃物接触时易引起着火或爆炸。

③ 易爆性。毒害品中的叠氮化钠，芳香族 2，4 位两个硝基的氯化物、苯酚、酚钠等化

合物，遇热撞击等都能引起爆炸，并分解有毒气体。如 2，4-硝基氯化苯，毒性大，遇明火和受热至 150 ℃ 以上即可以燃烧或爆炸。

2．感染性物质

含有病原体的物质，包括生物制品，诊断制品，基因突变的微生物、生物体和其他媒介，如病毒蛋白等，称为感染性物质。

感染性物质少量误服、皮肤接触后，能与体液和组织发生生物化学作用或生物物理变化，扰乱或破坏肌体正常生理功能，引起暂时性或持久性的病理状态，甚至危及生命。

（七）放射性物质

1．放射性物质的定义

单个放射性核素大于或等于《危规》附录 7 中放射性核素 A1、A2 相应限制，或放射性核素混合物大于《危规》附录 8 中未知放射性核素或混合物的放射性核素的基本限值相应限制的属放射性物质。

此类物质能自发地、不断地放出 α、β、γ 射线或中子流，具有不同的穿透能力，过量的射线照射对人体细胞有杀伤作用。有些放射性物质还具有易燃、易爆、腐蚀和毒害等危险性。A1、A2 是 A 型包装中容许装入的放射性活度限值。

2．射线特性

（1）α射线。

α射线是带正电的粒子流，带两个单位的正电荷，电离能力强；射程很短，穿透能力很弱，用一张纸、衣服或几十厘米的空气就能"挡住"。但因其电离能力强，一旦进入体内，会引起较大的伤害。

（2）β射线。

β射线是高速运动的电子流，由于它的速度高，所以它的能量也较大，穿透能力较强，但可被几毫米厚的铝片、塑料板"挡住"。β射线的电离能力较弱。

（3）γ射线。

γ射线是一种波长较短的电磁波（即光子流），不带电，而以光的速度（3×10^8 m/s）在空间传播。射线穿透能力很强，而电离能力很弱。

（4）中子流。

中子流是不带电的中性粒子束。在自然界里，中子并不单独存在，只有在原子核分裂时才能从原子核里释放出来。中子流的穿透能力很强，容易被含有很多氢原子的物质和碳氢化合物所吸收，如水、石蜡、水泥。相反却能通过很重的物质，如铁、铅等。

3．半衰期和放射性活度

（1）半衰期。

放射性元素因放射出射线而变成另一种新元素的有规律的核变化，称为放射性元素的衰变。放射性物质的原子数因衰变减少到原来一半所需要的时间，称为半衰期。每一种放射性元素都有一定的半衰期，如镭的半衰期是 1 620 年，碘的半衰期是 8.04 天，在铁路运输中，通常把半衰期少于 15 天的放射性元素称为短寿命放射性物品。

（2）放射性活度。

放射性活度是放射性物质放出射线的一种物理量，单位为 Bq（贝可）。

在铁路货物运输中，常用放射性比活度表示单位物质中所含放射性的强弱。其含义是，单位质量的固体物质中所具有的放射性活度，常用单位有 Bq/kg，kBq/kg。

4. 剂量当量及剂量当量率

剂量当量是人对一切射线所吸收能量的剂量，单位为 Sv（希沃特）。

单位时间内所受的剂量当量，称为剂量当量率，国际单位制规定单位为 Sv/s，常用单位为 mSv/h。

5. 放射性物品的形式

放射性物品有下列 6 种形式：

① 低比活度放射性物质（LSA），此类物质放射性比活度较低，包括一类、二类和三类低比活度放射性物质。

② 表面污体（SCO），包括一类和二类表面污染物体。

③ 带有放射性物质的仪器或仪器等制品。

④ 放射性同位素。

⑤ 易裂变的物质。

⑥ 其他放射性物质，不包括在上述 5 种形式内的放射性物质。

（八）腐蚀性物质

硫酸、硝酸、盐酸、烧碱等腐蚀性物质，是化工生产的基本产品，也是化工业的重要原料。在铁路运输中与其他危险货物相比，也是运量较大的一类危险货物。

1. 腐蚀性物质的定义

腐蚀性物质系指与完好皮肤接触不超过 4 h，在 14 h 的观察期中发现引起皮肤全厚度损毁，在 55 ℃ 时，对 S235JR + CR 型或类似型号钢或覆盖层铝的表面均匀年腐蚀率超过 6.25 mm/年的物质。

2. 腐蚀性物质的性质

腐蚀品的化学性质比较活泼，能与金属、有机物及动植物机体发生化学反应，并具有毒害性及易燃性。

（1）腐蚀性。

腐蚀品对人体造成灼伤，如硝酸、硫酸等对人体的皮肤、眼睛及黏膜具有破坏作用。酸、碱都能与金属材料发生不同程度的反应，对金属容器、货物包装、车辆、仓库地面等造成腐蚀，如：硫酸与铁反应，使铁质包装造成锈蚀；氢氧化钠与铅发生反应生成铅酸钠和氢；等。此外，酸、碱对棉、麻、纸张、木材等发生作用，使它们脱水碳化，从而失去使用价值。

（2）氧化性。

有些酸类具有很强的氧化性。有的自身分解，释放出氧气；有的在与其他物质作用时，可以从其他物质中获得电子，将其氧化。如硝酸置于空气中，就会分解放出氧气。

（3）毒害性。

腐蚀性物质中的一些强酸还具有不同程度的毒性。如发烟硝酸、发烟硫酸、氢氟酸等易挥发出有毒气体，能引起人体的局部或全身中毒。

（4）易燃性。

有些有机腐蚀性物质本身易燃烧，如甲酸、乙酸等接触火源时，会立即引起燃烧。

（九）杂项危险物质和物品

本类物质和物品是指第 1 类至第 8 类未包括的物质和物品。如干冰（CO_2 固体），按某性质归纳在前 8 类中任何一类都是不恰当的。还有其他一些物质，如锂电池组、多卤联苯或多卤三联苯（液体和固体）和石棉类等，这些物质都是对环境有害的。随着我国和世界各国对环境保护认识的提高，面对各种公害事件的不断发生，血的教训唤起了人们对环境的重视。为了自身的生存和发展，维持正常的生态平衡变得非常重要。因此，增设第 9 类，共列 9.1 项、9.2 项和 9.3 项，都是对生态和环境有害的物质和物品。

1. 危害环境的物质

凡是能对地球生物生存环境（如温度、大气成分、水质、土壤、声音强度）造成危害的物质，都可以称作危害环境的物质。如 CO_2 被联合国环境规划署列为全球最有害的化学品之一。在产生温室效应加剧的原因中 CO_2 占 56%，氯氟烃占 24%，CH_4 占 11%，N_2O 占 6%。

2. 高温物质

这些物质是温度 ≥100 ℃的液体（包括熔融金属和熔融盐）和≥240 ℃的固体。高温物质出事故后会直接伤害人体和各种生物体，直接影响周围环境。如改质的煤焦沥青，原来煤焦沥青中的有害成分已改变，软化点在 100 ℃以上，经鉴定不属于前 8 类危险货物，但超过 100 ℃运输时，按第 9 类危险货物办。

3. 经过基因修改的微生物和组织

该项是经过基因修改的微生物或组织，能够以非正常的繁殖结果的方式改变动物、植物或微生物的原有特性。这类物质会影响生物体的遗传混乱引起变异，破坏生态平衡。

三、任务实施

【实训项目】

危险货物的性质。

【实训目标】

熟知各种危险货物的性质。

【实训内容与要求】

根据所学内容，列表对比各种危险货物的特点及性质。

【成果与检测】

① 危险货物特点及性质的对比列表；② 课后与同学进行交流与讨论；③ 由教师根据完成任务情况评估打分。

四、拓展训练

查阅资料，了解各种危险货物的危害性。

知识点 3　危险货物运输设备

一、学习目标

了解危险货物办理站种类；熟知危险货物场库设备；熟知危险货物运输车辆及集装箱。

二、知识引导

各种危险货物具有不同的危险性质，为了完成危险货物的运输任务，应在危险货物运量较大及具备安全运输条件的地方设立危险货物办理站，并配备必要的专用仓库、车辆、装卸工具等运输设备。

（一）危险货物办理站

危险货物办理站系指站内、专用线、专用铁路办理危险货物发送、到达作业的车站。按类型分为 5 种：

（1）专办站：指主要办理危险货物发到、承运、装卸、保管及交付的车站。

（2）兼办站：指主要办理普通货物运输，兼办危险货物发送和到达作业的车站。

（3）集装箱办理站：指在站内办理危险货物集装箱运输的车站。

（4）专用线接轨站：指仅在接轨的铁路专用线、专用铁路办理危险货物作业的车站。

（5）综合办理站：指包含以上 2 项以上的车站。

其中绝大部分办理站为专用线接轨站。目前，全路约有 1 700 个危险货物运输办理站，其中专用危险货物的 210 个左右，专用危险货物集装箱的 60 个左右，专办剧毒品的 34 个左右，还有约 1 640 个车站衔接约 3 250 条企业专用线。这些办理站的数量是变化的，经国铁集团批准可以新开办增加或关闭停用。取得办理资质的车站、专用线（专用铁路）将在《铁路危险货物办理站（专用线、专用铁路）办理规定》（以下简称《办理规定》）上公布。

（二）危险货物场库设备

1. 危险货物办理站

危险货物办理站和装卸场所应设在安全地点，并且相对集中。危险货物专办站应远离市区和人口稠密的居民点。铁路新建危险货物专办站时，应与发展危险货物集装箱运输配套考虑，同时应与省、自治区、直辖市人民政府商定合乎安全要求的危险货物办理地点，并根据运量大小和实际需要设立危险货物作业场所。

经常办理危险货物的车站应建造具备通风、报警、消防、防爆、避雷、消除静电等安全设施的专用仓库。危险货物专用仓库、站台、雨棚要与所办理的危险货物品类型和运量相适应。

2. 危险货物专用线

专用线（专用铁路）运输时应与设计时办理危险货物运输内容一致，装运和接卸危险货物运输品类，要有专门设备、栈桥、鹤管（见图4-22）、输送管道、消防设施、安全检查及报警设备、防雷防静电设备等。

图 4-22　栈桥、鹤管

① 装卸设备。液体类、气体类危险货物的装卸，常见的设备设施有栈桥、鹤管、移动泵及输送管道。此类设施作为专用线主要附属设备设施，生产安装、施工必须由具备国家相关资质的单位承担，装卸机具有防爆功能，接地良好，日常要加强设备设施的维护检修工作，装卸作业前必须检查设施的完好性，并在装卸作业区及储存区增设可燃气体检测报警仪、火灾报警仪等。

气体类危险货物的装卸，在充装前必须对空车进行检衡，充装后对重车进行复检，办理气体类危险货物的运输单位必须配置轨道衡，轨道衡必须经过国家轨道衡计量站检验合格后方可投入使用。

② 消防、安全设施。专用线应配置与办理危险货物性质相符合的消防、安全设施和器材，并设有安全防护标志。消防设备设施应经当地公安消防部门验收合格并出具验收意见书，消防通道应保持通畅。运输单位应根据危险货物的运量、品类等，配备如具备防静电功能的防护服、防护手套、防毒面具等防护用品，以及必要的应急救援药品和器材。

③ 专用线库房、栈桥等设施。专用线库房、栈桥等设施，应安装防雷保护装置，并经当地气象部门验收，验收合格并出具合格证书，每年进行复检。

（三）危险货物运输车辆及集装箱

危险货物在运输过程中，根据货物的性质不同，选用不同的运输车辆，除棚车以外，使用数量最大的是铁路罐车。在积极推进铁路危险货物现代科技手段的开发和应用之际，同时应大力发展危险货物集装箱运输。

1. 危险货物运输车辆

装运危险货物的车辆有罐车、棚车、敞车、平车、矿石车及其他特种车等。但由于危险货物的货物特性要求，在铁路运输中，除袋装、箱装、桶装等危险货物使用铁路棚车、敞车外，危险货物绝大多数使用的是罐车，而且多数使用的是企业自备罐车。

（1）罐车。

罐车主要是用来装载液态、气态及粉末状货物的，其中一部分属于普通货物，另一部分属于危险货物。危险罐装货物主要包括易燃液体（如汽油、煤油、苯等）、毒害性及腐蚀性液体（如浓硝酸、浓硫酸等）和气体（如液氯、液氨）。危险货物罐车按用途可分为轻油类罐车（用来运送汽油、煤油等黏度较小的石油产品及其他液态货物）、黏油类罐车（用来运送石油、润滑油等黏度较大的货物）、酸碱类罐车、液化气体罐车。铁路产权罐车允许装运的品名为：原油、汽油、煤油、柴油、石脑油及非危险货物的重油、润滑油。

企业自备罐车装运液体危险货物时，应符合《品名表》第 12 栏特殊规定，运输时由铁路局集团公司批准，未做规定的报国铁集团批准。企业自备货车一般在车辆中部涂有"×××企业自备车"字样及过轨站站名而无铁路路徽，其中企业自备罐车的罐体标识如表 4-23 所示。

表 4-23　危险货物自备罐车罐体标识表

罐体本底色		罐体两侧纵向中部涂刷一条宽 300 mm 表示货物重要特性的水平环形色带	
一般	银灰色	易燃性为红色	氧化性为绿色
		毒性为黄色	腐蚀性为黑色
		环带 300 mm 为全蓝色时表示非易燃无毒气体	
		环带上层 200 mm 宽涂蓝色，下层 100 mm 宽涂红色表示易燃气体	
		环带上层 200 mm 宽涂蓝色，下层 100 mm 宽涂黄色表示毒性气体	
特殊	装运酸、碱类（全黄色）	黑色	
	装运煤焦油、焦油（全黑色）	红色	
	装运黄磷（银灰色）	不涂打环形色带，在罐体中部喷涂 9 号自燃物品标志和 13 号剧毒品标志	

注：① 环形色带中部（有扶梯时在扶梯右侧）以分子、分母形式书写货物名称及其危险性，如苯：苯/易燃、有毒。对遇水会剧烈反应的，还应在分母内喷涂"禁水"二字，如硫酸：硫酸/腐蚀、禁水。
② 在罐体两端头两侧环形色带下方喷涂相应危险货物包装标志，规格：400 mm × 400 mm。

（2）其他车辆及使用要求。

危险货物限使用棚车装运，但《品名表》第12栏内有特殊规定的除外。

2. 危险货物集装箱

危险货物集装箱运输是货运工作的一项重大改革，是危险货物运输的发展方向。用集装箱运输危险货物，能减少作业环节，改善工作条件，加快货物的接取送达，提高工作效率，避免了人工直接搬运危险货物所带来的不安全因素，有利于提高危险货物运输的整体管理水平。

危险货物的到发作业应在危险货物集装箱办理站之间进行，并符合办理规定的要求。

危险货物集装箱办理站应设置专用场地，并按货物性质和类型划分区域；场地须具备消防、报警和避雷等必要的安全设施；配备必要的防爆机具及检测仪器。

危险货物集装箱办理站办理的危险货物品名：

（1）铁路通用箱。

二级易燃固体（41501～41559）；

二级氧化性物质（51501A～51530）；

二级无机酸性腐蚀性物质（81501～81535）；

二级有机酸性腐蚀性物质（81601A～81647）；

二级碱性腐蚀性物质（82501～82526）；

二级其他腐蚀性物质（83501～83515）。

（2）自备危货箱。

铁路通用箱中所列品名。

毒性物质（编号为61501～61940）。

危险货物集装箱仅限装运同一品名的危险货物。

3. 其他危险品运输

（1）毒品运输车又可称为毒品车，用来运输有毒农药、放射性矿石以及矿砂等危险物料。

在我国铁路发展初期，有毒物品的运输是使用通用的棚车或敞车来进行的。在运输过程中由于包装或装运不当，经常发生毒品漏撒的现象，从而引起车体的污染，虽然车辆用后要经过冲洗，但往往不易洗刷干净。当车辆再次投入使用时，则会引起其他货物的污染。如货运部门就曾出现过食品、粮食被污染及牲畜被毒死的情况。

为了解决这一问题，铁路部门从1980年11月起，开始从一批旧型棚车（主要是P_1、P_2型）中选出2 000辆作为运送毒品的专用车辆，即当时的P_{d3}，P_{d4}型毒品专用车。当时的毒品专用车车辆内部为木地板、木墙板或铆接结构，因此板缝中极易残留毒物，而且不易洗刷干净，当时车辆进行检修时，特别是高温作业的情况下（如用乙炔切割），残留的毒物极易挥发，对人体产生危害。另外，这些毒品车的结构都不合理，如车门较小、地板面过高、车内死角过多、车内无排水口等，给运用部门增加了困难。国铁集团为了彻底解决毒品运输中的上述问题，责成齐齐哈尔制造厂设计试制新型的毒品专用车辆，以满足毒品运输的需要。

齐齐哈尔制造厂选用了P_{62}型棚车的结构形式作为毒品车的基本结构，在此基础上进行改进，研制并投产使用了新型毒品专用车P_{D5}。P_{D5}是全钢焊接结构单层墙板的4轴承，载重量50 t，其结构设计有利于毒害品的运输和清洗。

近年来，国铁集团重新规定了货车主要车种基本记号，毒品车的基本标记是 W，原来的 P_{D5} 标记为了 W_5 车型。目前，毒品车主要有 5 个车型：W_5、W_{5A}、W_6、W_{5s}、W_{6s}。最新生产的是 W_6 型毒品车，可装运农药及《危规》中第 6 类毒性物质，载重 60 t，容积 126 m³，结构速度达到 120 km/h。W_{5s} 和 W_{6s} 是 W_5 和 W_{A6} 的派生产品，增加了押运室（即守车功能），"S"是"守"的拼音声母的简写。为显示醒目，毒品车车厢上标有毒品专用车字样，一般车厢颜色为黄色。

（2）罐式集装箱是专用以装运油类（如动植物油）、液体食品以及化学品等液体货物的集装箱。还可以装运酒类及其他液体的危险货物。

罐箱的罐体采用不锈钢制成，嵌于低碳钢框架内，并配以蒸汽和电加热系统以用于运输敏感产品，容量由 14 000 L 到 25 000 L 不等。罐箱通常用于危险液体货物及食品类液体货物的全球化运输，也可用来运输压缩气体。目前，我国市场上流行 2 种型号罐箱：1CC 和 1D。

罐式集装箱主要由罐体和箱体框架两部分构件组成。框架一般用高强度钢制成，其强度及尺寸应符合国际标准的要求，角柱上也装有国际标准角件，装卸时与国际标准集装箱相同；罐体的材料有钢和不锈钢 2 种，视所装货物的需要而定。如罐体全部采用不锈钢，则价格昂贵。目前，有的在钢板上包一层不锈钢，或在罐内壁涂一层环氧树脂。为了防止罐内货物残留于壁面上，罐体的内壁最好进行研磨抛光。罐体外壁采用保温材料，形成双层结构，使罐内液体与外界充分隔热。对装载随外界温度变化而增加黏度的货物，装卸时需要加温，故在罐体下部设有加热器。在运输途中为了能从外面随时观察罐内的货温，罐上还装有温度计。

罐体顶部设有人孔（即装货口），用于货物装卸，装货口的盖子必须水密，罐底设有排出阀。罐的结构应便于拆卸和容易清扫。此外，罐上还应设有安全阀和梯子，罐顶最好有踏脚板，便于人员在顶上操作。下面介绍几种常见罐式集装箱。

J_{24A} 型集装箱为上装上卸式液体式集装箱，为 1CC 型国际标准箱，长×宽×高 = 6 058 mm × 2 438 mm × 2 591 mm。罐体材料可为低合金钢或不锈钢，自重为 4.17 t，总容积为 24.86 m³，最大载重为 26 t。该产品应用面广，可用于国内或国际水路、铁路、公路联运，运输及吊装方式与干货集装箱相同。罐体上设有内径为 $\Phi 500\,\text{mm}$ 的人孔一个，液位观察计一个，聚液窝一个，呼吸式安全阀一个，并配有端梯和操作台。人孔开启方便，无须使用扳手以及其他工具；液位计操作简单，站在箱体的任意一侧，均可观察液面的上升情况，安全阀的工作压力可根据装载液体的性质而设置。

J_8 黄磷罐式集装箱为装运黄磷的非标专用集装箱，用于铁路、水路、公路运输。罐体内径 2 000 mm，上装下卸，罐内黄磷水封后再氧封。罐体外部下半部设有用于装卸作业时加热封水或黄磷的蒸汽加温套。

1CC 液化石油气罐式集装箱为 20 ft 国际标准箱，适用于装运液化气体类介质，可用于公路、铁路、水路之间的联运。该罐箱由框架和罐体通过连接板组焊而成。框架由角件、立柱、边梁、端梁组成。罐体一端封头上设加排装置及安全附件，其外围设保护罩；罐体顶部设有人孔及安全阀，罐体设有内梯及防波板。框架端部设端梯，上部设走台。

三、任务实施

【实训项目】

危险货物运输设备。

【实训目标】

① 了解危险货物办理站；② 熟悉危险货物运输设备。

【实训内容与要求】

查阅图书馆资料及电子资料，查找你所在城市管辖的铁路局集团公司办理危险货物运输的办理站，并绘图标注站点。

【成果与检测】

① 办理危险货物运输的办理站总结；② 绘制所在城市管辖的铁路局集团公司线路图，并标注办理危险货物运输的办理站。

四、拓展训练

根据已知条件确定下列危险货物编号并指出应按何类、何项办理运输：① 高氯酸（浓度41%）。② 高氯酸（浓度 64%）。③ 硫酸氢钾（5 件，每件 20 kg，箱内每小件 0.5 kg）。④硝化纤维素，含氮量 10%。⑤ 三硝基苯酚，含水量 25%。

知识点 4　危险品托运与承运

一、学习目标

了解承运人和托运人资质，熟悉托运受理和承运主要工作。

二、知识引导

（一）承运人和托运人资质

1. 承运人资质

铁路危险货物承运人是指办理危险货物运输的铁路运输企业，如铁路车站。

（1）申请铁路危险货物承运人资质的，应当具备下列条件：

① 危险货物办理站的储运仓库、作业站台、专用雨棚等专用设备要与所办理危险货物的品类和运量相适应。耐火等级、防火、防爆、防雷、防静电、污水排放和污物处理等应符合国家有关规定及技术标准。

② 危险货物专用线（专用铁路）办理的地点、场所应配备有关检测设备和报警装置；作业人员应配备相应的防护用品；装卸设备应具有防爆、防静电功能；装卸能力、计量方式、消防设施、安全作业防护应符合规定要求；专用线、专用铁路接轨方式、线路作业条件等铁路运输安全基本设施设备，必须符合国铁集团规定。

③ 货运人员、技术管理人员、装卸及驾驶人员应经过铁路危险货物运输业务知识培训，熟悉本岗位的相关危险知识，掌握铁路危险货物运输规定。

④ 建立健全危险货物受理、承运、装卸、储存保管、消防、劳动安全防护等安全作业规程及管理制度。

⑤ 有铁路危险货物运输事故处理应急预案，匹配应急救援人员和必要的救器材和设备。

（2）申请铁路危险货物承运人资质时，应当提交下列材料：

① 行政许可申请书。

② 国家安全生产监督管理部门认定的安全评价机构对专用线、专用铁路及其附属装置和设施做出的安全评价报告。

③ 申请人所在地设区的市级人民政府安全生产监督管理部门审查的意见。

④ 国铁集团认定的培训机构对货运人员、技术管理人员、装卸及驾驶人员进行铁路危险货物运输培训的合格证明。

⑤ 国铁集团认定的专业技术机构对危险货物办理站（专用线、专用铁路）做出的运输安全综合分析报告。

⑥ 危险货物运输事故处理应急预案。

行政许可申请书应采用格式文本，格式文本由铁路管理机构提供。

铁路管理机构收到全部材料后，应及时对申请人提交的材料进行审查，必要时可组织专家评审。对材料齐全、符合法定形式的申请，应在 20 日内（专家评审时间不计，但应将所需时间书面通知申请人）做出批准或者不予批准的决定。批准的，自做出决定之日起 10 日内颁发"铁路危险货物承运人资质证书"。不予批准的，书面通知申请人并说明理由。

铁路管理机构应将已批准的危险货物承运人资质许可证明文件及时抄报国铁集团备案。由国铁集团统一公布取得资质许可的危险货物承运人名录及相关内容。

被许可人应按照国铁集团的规定，严格细化安全管理措施，严格执行《危规》及有关规章文件规定。

（3）铁路管理机构应加强对被许可人行为的监督检查。实施监督检查时，被许可人应如实反映情况并提供相关材料。铁路管理机构监督检查时，发现有下列情形之一的，应责令承运人暂停办理危险货物运输业务，并限期整改：

① 设施设备存在安全隐患的。

② 相关从业人员配备不齐或未取得培训合格证的。

③ 危险货物运输管理制度不健全、不完善，存在严重漏洞的。

④ 事故处理应急预案不完备的。

（4）发现有下列情形之一的，铁路管理机构可撤销危险货物承运人资质：

① 涂改、倒卖、出租、出借"铁路危险货物承运人资质证书"，或以其他形式非法转让"铁路危险货物承运人资质证书"的。

② 弄虚作假或违反规定承运危险货物、造成严重后果的。

③ 设施、设备不符合危险货物运输安全要求的。

④ 存在重大隐患，要求限期整改而未整改，或整改后仍不合格的。

⑤ 造成危险货物运输安全重大责任事故的。

⑥ 法律、法规、规章规定的其他违法行为。

2. 托运人资质

铁路危险货物托运人，是指经国家有关部门认定，取得危险货物生产、储存、使用、经营资格，从事铁路危险货物运输托运业务的单位。

（1）申请铁路危险货物托运人资质的运输企业或单位，应向有管辖权的铁路管理机构（铁路安全监督管理办公室）申请取得资质许可，应具备下列条件：

① 具备国家规定的危险物品生产、储存、使用、经营的资格。

② 危险货物自备货（罐）车、集装箱等运输工具的设计、制造、使用、充装、检修等符合国铁集团的安全管理规定。

③ 危险货物容器及包装物的生产符合国家规定的定点生产条件并取得产品合格证书。

④ 需加固运输的危险货物，应按《加规》制订加固技术方案。

⑤ 装运压缩气体的，应按国家规定安装轨道衡等安全计量设备。

⑥ 办理危险货物作业场所的消防、防雷、防静电、安全检测、防护、装卸、充装等安全设施、设备应符合国家有关规定。储存仓库的耐火等级、防火间距应符合《建筑设计防火规范》等有关国家标准。

⑦ 相关专业技术人员、运输经办人员和押运人员应经过铁路危险货物运输业务知识培训，熟悉本岗位的相关危险货物知识，掌握铁路危险货物运输规定。

⑧ 有铁路危险货物运输事故处理应急预案，配备应急救援人员和必要的救援器材及设备。

（2）申请铁路危险货物托运人资质时，应当提交下列材料：

① 行政许可申请书。

② 申请办理危险化学品、爆炸品、放射性物品托运人资质的，提供相应生产许可证或经营许可证。

③ 营业执照（副本）。

④ 国铁集团或铁路管理机构认定的培训机构对专业技术人员、运输经办人员、押运人员进行培训的合格证明；申请办理压缩气体和液化气体托运人资质的，还需提交轨道衡年检合格证。

⑤ 危险货物运输事故处理应急预案。

行政许可申请书应当采用格式文本，格式文本由铁路管理机构提供。

（3）铁路管理机构监督检查时，发现有下列情形之一的，应责令托运人暂停办理危险货物托运业务，并限期整改：

① 设施设备存在安全隐患的。

② 有关专业技术人员、运输经办人员、押运人员配备不齐或未取得培训合格证的。

③ 危险货物托运业务安全管理制度不健全、不完善，存在严重漏洞的。

④ 事故处理应急预案不完备的。

（4）发现有下列情形之一的，铁路管理机构可撤销危险货物托运人资质：

① 涂改、倒卖、出租、出借"铁路危险货物托运人资质证书"（以下简称"托运人资质证书"），或以其他形式非法转让"托运人资质证书"的。

② 弄虚作假或违反规定办理危险货物托运，造成严重后果的。

③ 设施、设备不符合危险货物运输安全要求的。

④ 存在重大安全隐患，要求限期整改而未整改，或者改后不及格的。

⑤ 造成危险货物运输安全重大责任事故的。

⑥ 法律、法规、规章规定的其他责任事故的。

3. 资质证书的编号、内容以及形式

"铁路危险货物承运人资质证书"（以下简称"承运人资质证书"）编号由 5 位阿拉伯数字组成，前两位代表铁路局集团公司编号，后 3 位代表车站分配号码。

铁路局集团公司编号：哈尔滨 23，沈阳 21，北京 11，太原 14，呼和浩特 15，郑州 41，武汉 42，西安 61，济南 37，上海 31，南昌 36，广州 44，柳州 45，成都 51，昆明 53，兰州 61，乌鲁木齐 65，青藏 63。

车站分配：3 位数 001～999，例如北京局集团公司××站为 11001，其他车站顺序分配号码。

"托运人资质证书"编号由 8 位数组成，其中前两位代表铁路局集团公司编号，中间 3 位代表车站分配号码，后 3 位代表托运人分配号码。

证书内容分为 4 部分：说明和要求、批准栏、年检栏、违反规定记录。证书分为正本与副本 2 种，证书正面右上角印有正本、副本字样以示区别，正副本具有同等效力。副本数量可根据需要确定。"承运人资质证书"和"托运人资质证书"有效期为 5 年，每年需要进行年检，加盖铁路安全监督管理办公室印章有效。

（二）托运受理工作

正确办理危险货物的托运和受理，是保障危险货物运输安全的重要环节。危险货物仅办理整车和 10 t 以上集装箱运输。国内危险货物严禁代理。

1. 托运人主要工作

（1）对货物进行符合运输需要的包装。

为了保证货物的运输安全，充分利用货车的载重量和容积，便于货物的装载作业，托运人托运货物，应该根据货物的性质、重量、运输种类、运输距离、气候状况以及货车装载等条件，使用符合运输要求的包装。

（2）备齐托运证明文件。

托运人托运需凭证明文件运输的货物，必须在托运货物前备齐相应的证明文件。如托运

爆炸品时，托运人需要出具到达地县级人民政府公安部门批准的货物民用爆炸品运输许可证，托运烟花爆竹时需出具烟花爆竹道路运输许可证，并注明许可证的名称和号码。

（3）向车站提供填写正确的货物运单。

托运人托运货物应向车站提供货物运单一份。

2. 承运人主要工作

发站对托运人提出的货物运单，经审查符合运输规定后，在货物运单"货物指定于×年×月×日搬入"栏内，填写搬入或装车日期。受理工作是承运人在发送作业环节应做的主要工作之一，具体包括以下内容：

（1）审查托运人提交的相关资料是否符合要求。

危险货物运输审查的主要内容有：

① 审查资质。受理货运员根据国铁集团近期公布的"资质一览表"确认托运人资质，审查经办人、押运人的身份证、押运人的"培训合格证"和"押运员证"，确保"托运人资质证书"、经办人身份证和"培训合格证"与运单记载一致，证件不齐或不符合规定不得办理运输。

② 审查办理站。根据国铁集团《办理规定》审查到站的营业办理限制和起重能力，包括到站、专用线（专用铁路）、收货人名称及办理品名等是否符合规定。

③ 审查品名。货物名称关系着货物运输条件、安全和运费计算。审查填报的危险货物品名是否符合发到站办理的品名范围；审查运单记载的品名、类项、编号等内容与《品名表》的规定是否一致；核查《品名表》第 12 栏内有无特殊规定，确定所运货物的运输条件。

特别注意，运单记载的品名与"托运人资质证书"规定的范围、《品名表》《办理规定》中记载的发到站品名必须一致。

④ 审查包装及车辆。审查危险货物的运输包装和内包装是否符合《品名表》和《危规》附件 3 "铁路危险货物包装表"的规定，是否具有危险货物运输包装检测合格证明，不符合时是否按"试运包装"办理。

使用企业自备车时，审查车辆的使用是否符合"四个统一"的要求。

气体类危险货物：罐车产权单位为托运人的，"托运人资质证书"的单位名称必须与"危货车安全合格证""押运员证""培训合格证"的单位名称相统一；罐车产权单位为收货人的，罐车产权单位名称必须与"危货车安全合格证""押运员证""培训合格证"的单位名称相统一；货物品名、托运人、收货人、发到站、专用线（专用铁路）等须与《办理规定》中公布的相统一；货物品名须与"危货车安全合格证"中的品名及罐体标记品名相统一。

非气体类液体危险货物：非气体类液体危险货物运输时比照气体类规定办理，但不审核"押运员证"，有押运规定的，须审核"培训合格证"。

⑤ 审查托运人记载事项栏内内容。需要凭证明文件运输的危险货物，应审查证明文件中的品种、数量、运入地、货主及收货人是否相符，证件是否齐全有效。派有押运员的货物，应审查押运人员的身份证、"培训合格证"或"押运员证"是否有效。托运"短寿命"放射性物质时，其容许运输期限至少须大于货物运到期限 3 天。

⑥ 审查运单右上角内容。审查托运人在运单右上角是否用红色戳记标明类项名称。

（2）填写运单相关内容。

针对危险货物运输，承运人应重点填写运单右上角的以下内容：

① 针对货物查《危规》附件1：危险货物特殊规定第12栏中规定停止制动作用的货车，在运单右上角用红色记明"停止制动作用"的字样。

② 针对货物查《危规》附件7：铁路车辆禁止溜放和限速连挂表，在运单右上角用红色戳记标明"禁止溜放"或"限速连挂"的字样。

③ 针对货物查《危规》附件6：铁路车辆编组隔离表，在运单右上角用红色戳记标明规定的三角标记。

④ 派有押运人的成组危险货物车辆，运单右上角注明"成组连挂，不得拆解"。

（3）受理完毕，在铁路危险货物发送作业签认单上签字。

（三）危险货物运输包装

根据包装的主要目的，包装可分为运输包装（也称外包装）和销售包装（也称为内包装）。运输包装是指以满足运输储存要求为主要目的包装，它具有保障产品的运输安全，方便装卸，加速交接、点验等作用。销售包装是指以促进销售为主要目的的包装，这种包装的特点是外形美观，有必要的装潢。

1. 包装的作用

危险货物的运输包装除了具有一般货物包装的作用以外，还具有以下特殊作用：

① 能防止被包装的危险货物因接触雨雪、阳光、潮湿空气和杂质而变质，或产生剧烈的化学反应而造成事故。

② 可以减少货物在运输过程中所受到的碰撞、震动、摩擦和挤压，使危险货物在包装的保护下保持相对稳定状态，从而保证运输安全。

③ 可防止因货物洒漏、挥发以及与性质相悖的货物直接接触而发生事故，或污染运输设备、其他货物。

④ 便于储运工程中的堆垛、搬动、保管，提高运载效率和工作效率，提高操作的安全性。

2. 包装的分类

（1）按危险货物的种类分类。

① 通用包装：适用于第三、第四、第五、第六类危险货物和第一、第八类中的某些货物。

② 专用包装：常见的有2种，一种是爆炸品专用包装，因为不同的爆炸品其物理、化学性质各个不同，这类包装甚至在爆炸品之间都不能通用。另一种是一些特殊的危险货物，由于某种特殊性质而需采用专门包装，例如：过氧化氢（双氧水）专用包装、二硫化碳专用包装、黄磷专用包装、碱金属专用包装、电石专用包装等。

③ 气瓶包装：这是第二类危险货物的专用包装。此类包装物最显著的特点是能承受一定的内压力，所以又称压力容器。

④ 抗辐射包装：由于放射性物品本身的放射性污染和广泛的辐射作用，包装材料和结构应具有封严、抗压、抗腐蚀和抗辐射线穿透（即屏蔽作用）的化学和物理性能。

⑤ 腐蚀包装：腐蚀性物品由于其对材料的腐蚀性，需用不同的耐腐蚀材料来包装各种腐蚀品。

（2）按包装材料分类。

按制作包装的材料可以分为：木制包装、金属制包装、塑料制包装、编制材料包装、玻璃陶瓷包装和棉麻织品包装等。在进行危险货物的包装时，应根据危险货物的性质，选择合适的包装材料，确保危险货物的安全运输。

（3）按包装类型分类。

危险货物按包装类型分为桶、箱、袋 3 大类。桶类包装通常使用的有铁桶、铝桶、铁塑复合桶、木板桶、胶合板桶、纤维板桶、厚纸板桶、塑料桶等，主要用来运输液态的危险货物；箱类包括集装箱、铁皮箱、危险货物保险箱、密木箱、胶合板箱、纤维板箱、刨花板箱、瓦楞纸箱、钙塑箱、条板花格木箱、编制箱等；袋类包括棉布袋、麻袋、乳胶布袋、塑料袋、纸袋、集装袋等，此类包装物一般用来做外包装或衬里用。

（4）按包装结构强度分类。

危险货物在国际运输中，按照包装的结构强度和防护性能及内装物的危险程度将包装分为 3 个等级：

Ⅰ类包装：货物具有较大危险性，包装强度要求高。

Ⅱ类包装：货物具有中等危险性，包装强度要求较高。

Ⅲ类包装：货物具有危险性小，包装强度要求一般。

3. 适用包装的确定

为了托运、承运使用方便，根据运输包装设计及实验要求而编制的"铁路危险货物包装表"（《危规》附件 3）列载了各种包装的编号、内外包装的要求以及每种包装的重量限制等内容。包装编号分为 26 个，1 号为钢质气瓶，2～9 号为各种材质的桶类包装，10～11 号为袋类包装，12～23 号为箱类包装，24～25 号为纸箱包装，26 号为放射性物品包装，经由铁路运输的危险货物包装必须符合包装规定的要求及"铁路危险货物品名表"内特定的要求。各类危险货物适用包装号，在"铁路危险货物品名表"内均有列载，托运人可根据危险货物品名方便地确定其适用的包装。

4. 试运包装

托运人拟试用的包装未按照该货物品在《品名表》中确定的包装号及"铁路危险货物包装表"中该包装号对应的包装运输，则必须按改变运输包装办理。托运人提出改变包装时，应填写"改变运输包装申请表"及"铁路危险货物运输技术说明书"，经国铁集团认定的包装检测机构进行包装性能实验，出具运输安全综合分析报告，铁路局集团公司批准后，进行试运，试运期两年；改变氯酸盐、高氯酸盐、高氯酸、黄磷等包装的需经国铁集团批准；铁路运输危险货物需要改变包装时，《危规》有明确规定，总结起来，主要需要准备以下的资料：

（1）改变运输包装单位的申请报告。

（2）"改变运输包装申请表"（一式四份）。

（3）国铁集团认定的包装检测机构出具的包装检测实验合格证明和运输安全综合分析报告。

（4）承运人、托运人双方签订的安全运输协议。

改变包装企业向发站提出申请后，车站上报所在铁路局集团公司，经所属铁路局集团公司批准后，可在指定的时间和区段内进行试运。跨局试运时由主管铁路局集团公司以电报形式通知有关铁路局集团公司和车站。

危险性较大的货物，应进行可行性研究或论证后，经过性能试验，方可试运。试运前，承运人、托运人双方应协定安全运输协议。

试运时，托运人应在货物运单托运人记载事项栏内注明"试运包装"字样。试运时间2年。试运结束时车站应会同托运人将试运结果报主管铁路局集团公司。铁路局集团公司对试运结果进行研究后，提出试运报告报国铁集团。国铁集团根据试运报告进行必要的复验，达到要求后正式批准。未经批准或超过试运期间未总结上报的，必须立即中止试运。

5. 其他包装规定

（1）使用旧包装：危险货物的包装一般不得使用旧包装。如需使用旧包装，例如钢瓶等按有关规定办理。

（2）使用集合包装：采用集装化运输的危险货物集合包装必须有足够的强度，能够承受堆码和多次搬运，并便于机械装卸。集合包装中的单件应符合《危规》危险货物包装表中的规定。

6. 危险货物包装标志

为了迅速明确危险货物的性质，保证装卸、搬运、储存、保管、送达的安全，保证一旦发生事故能尽快判定危险货物的性质，采用相应的施救方法，托运人应根据危险货物的特性，在每件货物包装上牢固、清晰地标明危险货物包装标志（GB 190—2009）和包装储运图示标志。必要时再加以文字说明，并附上与货物运单相同的危险货物品名。

（1）包装标志图样。

危险货物包装标志有9类21个。每种危险的货物包装件应按其类别粘贴相应的标志。

（2）包装标志的使用方法。

① 标志的标打，可采用粘贴、钉附及喷涂等方法。

② 标志的位置规定如下：箱状包装，位于包装端面或侧面的明显处；袋、捆包装，位于包装明显处；桶形包装，位于桶身或桶盖；集装箱、成组货物，粘贴四个侧面。

③ 每种危险品包装应按其类别粘贴相应的标志。但如果某种物质或物品还有属于其他类别的危险性质，包装上除了粘贴该类标志作为主标以外，还应粘贴表明其他危险性的标志作为副标志，副标志图形的下角不应标有危险货物的类项号。

④ 储运的各种危险货物性质的区分及其应标打的标志，应按《危险货物分类和品名编号》（GB 6944）、《品名表》及有关国家运输主管部门规定的危险货物安全运输管理的具体办法执行，出口货物的标志应按我国执行的有关国际公约（规则）办理。

⑤ 标志应清晰，并保证在货物储运期内不脱落。

⑥ 标志应由生产单位在货物出厂前标打，出厂后如改换包装，其标志由改换包装单位标打。

（3）危险货物集装箱包装标志的规定。

使用集装箱运输危险货物时，托运人应根据危险货物类别在箱体上拴挂相应危险货物包装标志。拴挂位置：箱门把手处各 1 枚，共计 6 枚，须拴挂牢固，不得脱落。标志采用塑料双面彩色印刷，规格为：100 mm × 100 mm。

（四）站内验收和保管工作

1. 站内验收工作

货物搬入指定地点（货位）后，货运员按照运单的记载认真检查现货。进货验收是为了保证货物运输安全、完整以及划清承运人与托运人之间责任。

危险货物品名繁多，性质不一，仅《品名表》所列的"铁危编号"就有 2 000 多个，且新的化工品名不断出现，为了防止匿报品名等事项的发生，对托运人第一次来托运的货物或无法判明货物性质的，车站应要求托运人进行货物性质鉴定，根据鉴定情况按相应的规定运输。对有些危险货物和普通货物外形等差别不大的货物，为防止企业谎报品名运输，车站应建立抽验制度，杜绝违法运输的发生。

核对现货与运单记载的品名、件数是否相符；货物的状态是否良好；核对包装是否符合《危规》的规定要求。验货后，企业运输员与货区运货员现场交接签认。

2. 保管工作

（1）危险货物保管总要求。

危险货物应按其性质和要求存放在指定的仓库、雨棚等场地。遇潮或受阳光照射容易燃烧或产生易燃、易爆、有毒气体的危险货物不得在雨棚和露天存放。存放保管危险货物时，应符合"铁路危险货物配放表"〔以下简称"配放表"（见表 4-24）〕的要求。编号不同的爆炸品不得同库存放。放射性物质须建专用仓库，并与爆炸品仓库保持 20 m 以上的安全距离。

堆放危险货物的仓库、雨棚等场地必须清洁干燥、通风良好，配备充足有效的消防设施。货场应设置明显的安全警示标志，须建立健全值班巡守制度。仓库作业完毕后应及时锁闭，剧毒品须加双锁，做到双人双发、双人保管。进入货场的机动车辆必须安装防火帽（罩）。

（2）危险货物保管的具体要求。

第一类：爆炸品。必须存放在专库内，库房应有避雷装置、防爆灯及低压防爆开关。仓库应由专人负责保管。库内应保持清洁，并隔绝热源与火源，在温度 40 ℃ 以上时，要采取通风和降温措施。爆炸品的堆垛间及堆垛与库墙间应有 0.5 m 以上的间隔。要避免日光直晒。

第二类：气体。应存放于阴凉通风场所，防止日晒、油污，隔绝热源与火种，当库内温度超过 40 ℃ 时，应采取通风降温措施。气瓶平卧放置时，堆垛不得超过 5 层，瓶头要朝向同一方，瓶身要填塞妥实，防止滚动；立放时要放置稳固，防止倒塌。

第三类：易燃液体。存放于阴凉通风场所，避免日晒，隔绝热源和火种。堆放要稳固，严禁倒置。库内温度超过 40 ℃ 时，应采取通风降温措施。容器受热膨胀时，应浇冷却水冷却，必要时应移至安全通风处放气处理。

第四类：易燃固体、易于自燃的物质、遇水放出易燃气体的物质。应存放于阴凉、通风、干燥场所，防止日晒，隔绝热源和火种，与酸类、氧化剂必须隔离存放。严禁露天存放遇水易燃物质。

表 4-24　铁路危险货物配放表

危险货物的种类和品名		品名编号	配放号	1	2	3	4	5	6	7	8	9	10	11	12	13	14	15
气体	易燃气体	21001~21061，21063~21064	1		△													
	非易燃无毒气体（氧、空气、一氧化二氮（氧及氧气钢瓶不得与油脂在同库配放））	22001，22003，22017	2					×	×	×	△	△		△	△	×		
	其他非易燃无毒气体	22005~22016，22018~22055	3							×	△							
	有毒气体（液氯及液氨不得在同库配放）	23001~23052，23053	4					×	×	×	△	△						
易燃液体		31001~31055，31101~31302，32001~32150	5							×		×		×	×	×		
易燃固体、易自燃物质、遇水放出易燃气体的物质	易燃固体（发孔剂H不得与酸或易燃醋类危险物品配放）	41001~41062，41501~41553	6							×	△	△		△	△	×		
	一级易于自燃的物质	42001~42040	7								△	△		△	△	×	×	
	二级易于自燃的物质	42501~42526	8									×		△	△	×		
	遇水放出易燃气体的物质（不得与含水货物在同库配放）	43001~43051，43501~43510	9											△	△	×		
氧化性物质和有机过氧化物	过氧化氢	51001，51501	10															
	亚硝酸盐、亚氯酸盐（注2）	51043，51046，51071~51074，51509，51525	11												×	△		△
	其他氧化性物质（配放号15所列品名除外）	51002~51042，51044，51045，51047~51067，51069，51070，51080~51083，51502~51508，51510~51524，51526，51527	12													△	×	×
	硝酸胍、高氯酸醋溶液、过氧化氢尿素、二氯异氰尿酸、氯异氰尿酸、过氧化氢、四硝基甲烷等有机氧化物	51068，51075~51079，52001~52103	13														×	△
毒性物质	氧化物	61001~61005	14															△
	其他毒性物质（注6）	61006~61034，61051~61139，61501~61520，61551~61924	15															

危险货物的种类和品名			品名编号	配放号	1	2	3	4	5	6	7	8	9	10	11	12	13	14	15	16	17	18	19	20	22	24	23	24
危险货物	腐蚀性物质	酸性腐蚀物质	溴	81021	16	△	△	△	△	△	△	×	×	△	△	△	×	×	×	△	△								
			发烟硝酸、硝酸、废硝酸、硝化酸混合物、废硝酸、发烟硫酸、硫酸、含铬硫酸、废硫酸、渣硫酸、氯磺酸	81001～81004，81006～81009，81023	17	×	×	△	×	△	△	×	×	△	×	×	注1	×	△	×	×	×							
			其他酸性腐蚀物质	81005，81010～81020，81022，81024～81067，81101～81135，81501～81531，81601～81647，81532～81534	18	△	△	△	△	△	△	△	×	△	△	△	△	△	×	△	△	△	×						
		碱性腐蚀物质（水合肼、氨水不得与氧化物配放）机不过氧化物配放 其他碱性腐蚀性物质			19	×	△			△				△								×		△					
	普通货物	易燃普通货物		82001～82033，82501～82524，83001～83021，83501～83514	20	×	×		×	△	△	△	△	△	△	△	△	△	×	△	△	△	△	△	△				
		饮食品、粮食、饲料、药品、药材类（注3）（注4）			21	△	△	△	△	△	△	△	△	△	△	△	△	×	×	×	×	×	×	△	△		△		
		非食用油脂			22	×	×	×	×	×	×	×	×	△	△	△	×	×	×	×	×	×	×	×	×	×			×
		活动物（注3）			23	×	×	×	×	×	×	×	×	△	×	×	△	△	△	×	×	×	×	△	△	△	×	×	
		其他（注3）（注4）			24	×	△									△						18	19						19

说明：

一、配放符号

1. 无配放符号表示可以配放；
2. △表示可以配放，堆放时至少隔离2 m；
3. ×表示不可以配放；
4. 有"注1"、"注2"……等注释时按注释规定办理。

二、注释

1. 除硝酸盐（如硝酸钾或硝酸铵等）与硝酸、发烟硝酸可以混存外，其他情况皆不得混存；
2. 氧化性物质不得与粉状可燃物（如煤粉、焦粉、炭末、糖、淀粉、锯末等）混存；
3. 饮食品、粮食、饲料、药品、药材有贴有6号、13号、14号、15号、16号句表标志的物品，以及有恶臭易能使货物污染异味的物品，以及畜禽产品中的生皮张、生毛皮（包括碎皮）、畜禽毛、骨、蹄、角、鬃等物品混存；
4. 饮食品、粮食、饲料、药材类、药品与普通货物运输应按普通货物运输，食用油脂与按普通货物应隔离2米以上；与饮食品、化学试剂、化工原料、香精、香料应隔离1米以上；
5. 饮食品与易燃物、易燃物应隔离2米以上；与饮食品、粮食、饲料、药品、药材类，食用油脂，活动物不得混存；
6. 贴有7号句表标志的液态态志水态态物药不得与氧化性物质和有机过氧化物混存。

第五类：氧化性物质和有机过氧化物。应存放于阴凉通风场所，防止日晒、受潮，远离酸类和可燃物，特别要远离硫磺、硝化棉、金属粉等还原性物质。亚硝酸盐类与其他氧化性物质应分库和隔离存放。堆垛不宜过高、过大，注意通风散热。库内货位应保持清洁，对搬出后货位应清洁干净。

第六类：毒性物质和感染性物质。应存放在阴凉、通风、干燥的库内，不得露天存放。与酸类应隔离存放，严禁与食品同库存放。必须加强管理，严防丢失和发生误交付。

第七类：放射性物质。必须专库专用，仓库应通风良好、干燥、地面平坦，应有专人管理，按规定码放。遇到燃烧、爆炸可能危及放射性物质安全时，应迅速转移至安全处，并派专人看管。

第八类：腐蚀性物质。应存放在清洁、通风、阴凉、干燥场所，防止日晒、雨淋。堆码应整齐稳固，不得与可燃物、氧化剂等混存。

（3）危险货物配放表。

危险货物存放时要求按类、项区别专库专用，如不同类项的危险货物确需同库混合存放，须符合《配放表》的规定。

（五）制票承运工作

整车危险货物在装车完毕后，集装箱危险货物在验收完毕后，托运人应向车站货运室交付运输费用，并办理制票和承运作业。

1. 制　票

根据运单填记货票，核收运费。并将运单上的有关内容转记到货票上。在记事栏内需选择"危险品"或"危险品加成××%"。

整车货物按重量计费：运费 =（基价1 + 基价2 × 运价里程）× 计费重量

集装箱货物：运费 =（基价1 + 基价2 × 运价里程）× 箱数

爆炸品、一级易燃液体（代码表02石油类除外）、一级易燃固体、一级易于自燃的物质、一级遇水发出易燃气体的物质、一级氧化性物质和有机过氧化物、二级毒性物质、感染性物质、放射性物质按运价率加50%。罐式集装箱按"铁路货物运价率表"中规定的运价率加30%计算。装运爆炸品、气体、一级易燃液体（代码表02石油类除外）、一级易燃固体、一级易于自燃的物质、一级遇水发出易燃气体的物质、一级氧化性物质和有机过氧化物、放射性物质的集装箱按"铁路货物运价率表"中规定的运价率加50%计算。装运危险货物的集装箱适用2种加成率时，只适用其中较大的一种加成率。

2. 承　运

发站在货物运单上加盖承运日期戳记。作业完毕，在"危险货物（罐车）发送作业程序签认单"签认。

3. 签认制度

危险货物运输管理工作要求高，安全责任重大，必须认真落实领导负责制、专业负责制、岗位负责制、逐级负责制。实行危险货物运输作业签证制度，是确保危险货物安全运输的一项举措。危险货物运输作业过程应按规定的程序和作业标准由责任人进行签认，以对作业过程内容的完整性和真实性负责，严禁漏签、补签和代签。

爆炸品、剧毒品（非罐装、有特殊规定 67 号）、气体类和其他另有规定的危险货物运输作业实行签认制度。危险货物作业签认单包括铁路危险货物运输作业签认单（硝酸铵、爆炸品等袋装危险货物）；铁路剧毒品运输作业签认单（非罐装，需跟踪管理的剧毒品货物）；危险货物罐车作业签认单（气体类货物）。签认单保存期半年。

三、任务实施

【实训项目】

危险货物的托运与承运。

【实训目标】

掌握危险货物的托运与承运工作。

【实训内容与要求】

两人一组，分别扮演铁路工作人员和托运人，完成危险货物的托运与承运工作。

【成果与检测】

拍摄视频，采用角色扮演法，完成危险货物的托运与承运工作。

四、拓展训练

查阅铁路危险货物配放表，完成危险货物的配放判定工作。

知识点 5　危险品装卸作业

一、学习目标

熟悉危险品装卸车基本要求及装卸与搬运注意事项。

二、知识引导

（一）装卸车基本要求

（1）装运危险货物应快装、快卸、快取、快送，优先编组，优先挂运。

（2）托运人、收货人有专用铁路、专用线的，整车危险货物的装车和卸车必须在专用线、专用铁路办理；托运人、收货人提出专用铁路、专用线共用时，需经铁路局集团公司批准。

车站应同各专用铁路、专用线所有人签订运输协议，商定货车交接地点、货车取送、货车装卸、货车和备品交接等有关事项，并报主管铁路局集团公司备案。由托运人或收货人组织装车或卸车的货车，车站应在货车调到前，将调到时间通知托运人或收货人。托运人或收货人在装卸作业结束后，应将装车结束或卸车结束的时间通知车站。

（3）站内停放危险货物车辆时，要采取安全措施；对重点危险货物，由车站通知公安部门派人看护巡守，并要合理组织劳动力和装卸机械。

（4）危险货物装卸作业使用的照明设备及装卸机具必须具有防爆性能，并能防止由于装卸作业摩擦、碰撞产生火花。

装卸作业前，应对车辆和仓库进行必要的通风和检查，向装卸组说明货车品名、性质、作业安全事项并准备好消防器材和安全防护用品。作业时要轻拿轻放，堆码整齐稳固，防止倒塌，严禁倒放，卧装（钢瓶等特殊容器除外）。

（二）装卸车作业要求

1. 充装量的确定

（1）气体类危险货物。

气体类危险货物装车单位应具有轨道衡计量设备，装运气体类危险货物的罐车标记容积在 80 m^3 以上的，应安装 3 台面轨道衡。

气体类危险货物在充装前应对空车进行检衡。充装后，需用轨道衡再对重车进行计量，严禁超装。充装量应按计算公式计算，但不得大于标记载重量；计算的充装量大于标记载重量时，充装量以标记载重量为准。

允许充装量的计算方法如下：

$$W_{计算} = \Phi \cdot V_{标}$$

当 $W_{计算} \geqslant P_{标}$ 时，$W_{许装} = P_{标}$

当 $W_{计算} < P_{标}$ 时，$W_{许装} = W_{计算}$

式中　$W_{计算}$——根据重量充装系数确定的计算充装量，t；

$W_{许装}$——允许充装量，t；

Φ——重量充装系数（见表 4-25），t/ m^3；

$V_{标}$——罐车标记容积，m^3；

$P_{标}$——罐车标记载重，t。

表 4-25　常见介质的重量充装系数表

充装介质种类	重量充装系数 $\varPhi$ /(t/m³)
液　氨	0.52
液　氯	1.20
液态二氧化硫	1.20
丙　烯	0.43
丙　烷	0.42
混合液化石油气	0.42
正丁烷	0.51
异丁烷	0.49
丁烯、异丁烯	0.50

检衡复核充装量公式如下：

$$W_{空检} \geqslant W_{自重}\ \text{时，}\quad W_{实装} = W_{总重} - W_{自重}$$

$$W_{空检} < W_{自重}\ \text{时，}\quad W_{实装} = W_{总重} - W_{空检}$$

式中　$W_{实装}$——实际充装量，t；

　　　$W_{自重}$——罐车标记自重，t；

　　　$W_{总重}$——重罐车检衡重量，t；

　　　$W_{空检}$——罐车空车检衡重量，t。

要求 $W_{实装}$ 不得大于 $W_{许装}$，即 $W_{实装} \leqslant W_{许装}$。

（2）液态危险货物。

充装液体危险货物时，应根据液体货物的密度、罐车标记载重量、罐车标记容积确定充装量。充装量不得大于罐车标记载重量。同时，要留有膨胀余量，充装量上限不得大于罐体标记容积的 95%，下限不得小于罐体标记容积的 83%。即允许充装量应同时符合以下重量和体积要求：

允许充装体积：　$0.83V_{标} \leqslant V_{许装} \leqslant 0.95V_{标}$

允许充装重量：　$W = \rho \cdot V_{许装} \leqslant P_{标}$

式中　W——允许充装量，t；

　　　P——充装介质的密度，t/m³；

　　　$V_{标}$——罐车标记容积，m³；

　　　$P_{标}$——罐车标记载重量，t；

$V_{许装}$——罐车允许充装体积，m^3。

2. 装卸作业要求

装车单位要严格执行铁路罐车允许充装量的规定，防止超装超载。各铁路局要作出规划，加大安全检测设备的投入，防止罐车装运的液体危险货物超装超载，确保运输安全。

装运危险货物的罐车重车重心限制高度不得超过 2 200 mm。

装车前，托运人应确认罐车是否良好，罐体外表应保持清洁，标记、文字应能清晰易辨。罐体有漏裂，阀、盖、垫及仪表等附件、配件不齐全或作用不良的罐车禁止使用。

气体类危险货物充装前应有专人检查罐车，按规定对罐体外表面、罐体密封性能、罐体余压等进行检查，不具备充装条件的罐车严禁充装。罐车充装完毕后，充装单位应会同押运员复检充装量，检查各密封件和封车压力状况，认真详细填记"充装记录"，符合规定时，方可申请办理托运手续。

危险货物罐车装、卸车作业后，应及时关严罐车阀件，盖好人孔盖，拧紧螺栓，严禁混入杂质。

气体类危险货物罐车卸后罐体内应留有不低于 0.05 MPa 的余压。

气体类危险货物罐车运输不允许办理运输变更或重新托运，如遇特殊情况需要变更或重新托运时，需经铁路局集团公司批准。

危险货物运输变更或重新托运应符合本规则有关要求。

3. 危险货物集装箱装卸要求

车站办理危货箱时，应对品名、包装、标志、标记等进行核查，防止匿报、谎报危险货物或在危货箱中夹带违禁物品。严禁在站内办理危货箱的装箱和掏箱作业。

危货箱装卸车作业前，货运员须向装卸工组说明货物性质及作业安全事项，作业时应做到轻起轻放，不得冲撞、拖拉、乱碰。

（三）装卸与搬运注意事项

1. 第 1 类：爆炸品

开关车门、车窗不得使用铁撬棍、铁钩等铁质工具，必须使用时，应采取防火花涂层等防护措施。装卸搬运时，不准穿铁钉鞋，使用铁轮、铁铲头推车和叉车，应有防火花措施。禁止使用可能发生火花的机具设备。照明应使用防爆灯具。作业时应轻拿轻放，不得摔碰、撞击、拖拉、翻滚。有整体爆炸危险的物质和物品、有迸射危险但无整体爆炸危险的物质和物品的装载和堆码高度不得超过 1.8 m。车、库内不得残留酸、碱、油脂等物质。发现跌落破损的货件不得装车，应另行放置，妥善处理。

2. 第 2 类：气体

作业时，应使用抬架或搬运车，防止撞击、拖拉、摔落、滚动。防止气瓶安全帽脱落及损坏瓶嘴。装卸机械工具应有防止产生火花的措施。气瓶装车时应平卧横放。装卸搬运时，气瓶阀不要对准人身。装卸搬运工具、工作服及手套不得沾有油脂。装卸有毒气体时，应配备防护用品，必要时使用供氧式防毒面具。

3. 第3类：易燃液体

装卸前应先通风，开关车门、车窗时不要使用铁制工具猛力敲打，必须使用时应采取防止产生火花的防护措施。作业人员不准穿铁钉鞋。装卸搬运中，不能撞击、摩擦、拖拉、翻滚。装卸机具应有防止产生火花的措施。装载钢桶包装的易燃液体，要采取防磨措施，不得倒放和卧放。

4. 第4类：易燃固体、易自燃的物质、遇水放出易燃气体的物质

作业时不得摔碰、撞击、拖拉、翻滚，防止容器破损。装卸搬运机具，应有防止产生火花的措施。雨雪天无防雨设备时，不能装卸遇水易燃物质。

5. 第5类：氧化性物质和有机氧化物

装车前，车内应打扫干净，保持干燥，不得残留有酸类和粉状可燃物。卸车前，应先通风后作业。装卸搬运中不能摔碰、拖拉、翻滚、摩擦和剧烈震动。搬运工具上不得残留或沾有杂质，托盘和手推车尽量专用，装卸机具应有防止发生火花的防护措施。

6. 第6类：毒性物质和感染性物质

装卸车前应先行通风。装卸搬运时严禁肩扛、背负，要轻拿轻放，不得撞击、摔碰、翻滚，防止包装破损。

装卸易燃毒害品时，机具应有防止发生火花的措施。作业时必须穿戴防护用品，严防皮肤破损处接触毒物，作业完毕及时清洁身体后方可进食和吸烟。

7. 第7类：放射性物质

装卸车前应先行通风，严禁肩扛、背负，不得撞击、翻滚货件。堆放时应将辐射水平低的放射性包装件放在辐射水平高的包装件周围。在搬运Ⅲ级放射性包装件时，应在搬运机械的适当位置上安放屏蔽物或穿防护围裙，以减少人员受照剂量。装卸、搬运放射性矿石、矿砂时，作业场所应喷水防止飞尘，作业人员应穿工作服、工作鞋，戴口罩和手套，作业完毕应全身清洗。

8. 第8类：腐蚀性物质

作业前应穿戴耐腐蚀的防护用品，对易散发有毒蒸气或烟雾的腐蚀性物质，必须通风作业，并使用防毒面具。货物堆码必须平稳牢固，严禁肩扛、背负、撞击、拖拉、翻滚。装车前卸车后必须清扫车辆，不得留有稻草、木屑、煤炭、油脂、纸屑、碎布等可燃物。

三、任务实施

【实训项目】

危险货物的装卸作业。

【实训目标】

掌握危险货物装卸车的要求及搬运的注意事项。

【实训内容与要求】

兰州西站需要运送一批放射性物质，到站集宁站，请你结合所学知识，谈谈在装卸车和搬运过程中都有哪些注意事项。

【成果与检测】

① 根据任务要求，写出注意事项；② 课后与同学进行交流与讨论；③ 由教师根据完成任务情况评估打分。

四、拓展训练

湛江站运送一批爆炸品到站西安站，请你结合所学知识，谈谈在装卸车和搬运过程中都有哪些注意事项。

知识点 6 危险品途中作业

一、学习目标

了解车辆的编挂要求及特殊防护事项；熟悉危险货物押运要求；熟悉危险品的途中作业要求。

二、知识引导

（一）车辆的编挂要求及特殊防护事项

根据危险货物特殊性质，在调车作业和运输编组隔离、车辆技术检查、整备、检修等技术作业中须采取特殊防护事项，要有明确规定，必须书面通知有关单位和人员。

1. 车辆编组隔离的确定

由于挂有危险货物车辆的列车在运行中接触的外界条件复杂，编入同一列车的危险货物性质也各不相同，列车中除了货物以外还有乘务人员。为保证人身、货物安全以及发生事故易于施救，危险货物车辆在编入列车时需用普通货物车辆进行隔离。为了指导编组、调车作业，在车辆编组时，应认真按"铁路车辆编组隔离表"（见表4-26）中的规定执行。

表 4-23　铁路车辆编组隔离表

货物种类（品名编号）	隔离对象	距牵引的内燃机车、电力机车、推进运行或最后部补机及使用火炉的车辆 ①	距乘坐旅客的车辆	距装载雷管及导爆索车辆 11001,11002,11007,11008 ⑦ △	除雷管及导爆索以外的爆炸品 ⑧ △	距敞车、平车装载的易燃普通货物	距装载高出车帮易窜动的货物	备注
气体（含空罐车） 易燃气体（21001~21072）非易燃无毒气体（22001~22069）毒性气体（23001~23077）	① △	4	4	4	4	2	2	运输气体类危险货物重、空罐车时，每列编挂不得超过 3 组。每组间的隔离车不得少于 10 辆
一级易燃液体（31001~31085, 31101~31302）一级易燃固体（41001~41074）一级易于自燃的物质（42001~42052）一级氧化性物质（51001~51086）有机过氧化物（52001~52123）一级毒性物质（剧毒品）（61001~61204）一级感染性物质（81001~81067, 81101~81135）一级碱性腐蚀性物质（82001~82041）一级其他腐蚀性物质（83001~83029）	② △	2	3	3	4	2		运输原油时，与机车及使用火炉的车辆可不隔离。运输硝酸铵时，与机车及使用火炉的车辆隔离不少于 4 辆
放射性物质（矿石、矿砂除外）	③ △	2	4	×	×	2	1	×标记表示不能编入同一列车
七〇七 一级	④ △	4	4	4	4	4	2	一级与二级编入同一列车时，相互隔离 2 辆以上，停放车站时相互靠近 10 m 以上，严禁火源靠近
二级	⑤ △	4	4	4	4	4	2	
散、平车车装载的易燃普通货物及敞车装载的散装硫磺	⑥ △	2	2	2	2	2		装载未涂防火剂的腐朽木材的车辆，运行在规定的区段和季节时须与车引机车隔离 10 辆，如隔离有困难准则时，各铁路局与邻局协商规定隔离办法
雷管及导爆索（11001, 11002, 11007, 11008）	⑦ △	4	4	4	4	2	2	
除雷管及导爆索以外的爆炸品	⑧ △	4	4	4	4	2	2	

注：1. 小运转列车及调车隔离规定，由铁路局自行制定。
2. 有 △ 标记的车辆与装载蜜蜂的车辆运输时按有关规定办理。
3. 空罐车可不隔离（气体类危险货物除外）。

275

2．几个重要概念

（1）停止制动。

铁路车辆的制动是通过闸瓦与车辆轮箍的摩擦产生的摩擦力来阻止车辆的运行，车辆制动因摩擦冒出的火星产生高温，严重时可将轮箍烧红，烧坏车地板。有的危险货物对火和热非常敏感，为保证货物完整和行车安全，在《铁路危险货物品名表》的特殊规定"栏中规定：装有电引爆雷管、导爆索、三硝基甲苯等有整体爆炸危险的物质和物品，限使用停止制动作用的棚车。在特殊规定第 26 条中规定：含氮量小于等于 12.6%，含水或其他润湿剂小于 32% 的硝化纤维素，限按整车办理，并限使用停止制动作用的棚车装运。全列车中停止制动的货车辆数比重不得大于 6%。

装运需停止制动作用的货车时，车站应书面通知车辆部门，由货车车辆段派就近的列检作业场人员到站确定后关闭截断塞门并施封；到站卸车后，应通知车辆部门派人员到站检查拆封，开启截断塞门。车站及车辆部门应认真登记并做好记录。

（2）禁止溜放和限速连挂。

调车作业是铁路运输过程中一个重要环节。调车连挂速度的高低、冲击力大小与货物安全有密切关系，装有危险货物的车辆尤为重要，若把所有装有危险货物的车辆一律禁止溜放或限速连挂，就会大大降低作业效率，延缓货物的送达。

"铁路车辆禁止溜放和限速连挂表"（见表 4-27）详细规定了禁止溜放品类、品名，限速连挂的物质和物品。禁止溜放和限速连挂的原则是：

① 货物的性质对机械冲击比较敏感，经撞击、摩擦能引起燃烧、爆炸的货物，如雷管等。

② 经撞击能使容器破漏，造成严重伤亡事故，且不易施救的货物，如液氨、放射性同位素等。

③ 受冲击后容器破损造成脱水，从而引起危险货物自燃或溢出的液体遇火星立即燃烧的货物，如黄磷、乙醚、甲苯等，以及具有强烈腐蚀性，极易伤害人体的货物，如硝酸、硫酸等。

④ 按组级代号办理的特殊货物。

⑤ 有些危险货物由于较稳定或包装比较坚固，调车时允许溜放，但连挂时限速在 2 km/h 以下。

⑥ 除爆炸品、气体、特种车辆、特种货物或搭乘旅客的车辆，其他"禁止溜放"的货物可向空线溜放。

表 4-27　铁路车辆禁止溜放和限速连挂表

顺号	种　类	禁止溜放 （调动这些车辆时禁止溜放和 由驼峰上解体）	限速连挂 （溜放或由驼峰上解体调车，车辆 连挂速度不得超过 2 km/h）
1	爆炸品	有整体爆炸危险的物质和物品；有进射危险，但无整体爆炸危险的物质和物品；有燃烧危险并有局部爆炸危险或局部进射危险或这两种危险都有，但无整体爆炸危险的物质和物品	不呈现重大危险的物质和物品；有整体爆炸危险的非常不敏感物质；无整体爆炸危险的极端不敏感物品
2	气体	罐车（含空罐车）和钢质气瓶装载的易燃气体、毒性气体	① 非易燃无毒气体 ② 钢质气瓶以外其他包装装载的气体类危险货物

顺号	种类	禁止溜放 （调动这些车辆时禁止溜放和 由驼峰上解体）	限速连挂 （溜放或由驼峰上解体调车，车辆 连挂速度不得超过 2 km/h）
3	易燃液体	乙醚，二硫化碳，石油醚，苯，丙酮，甲醇，乙醇，甲苯	① 除禁止溜放栏内规定以外的装入玻璃或陶瓷容器的易燃液体 ② 汽油
4	易燃固体、易于自燃的物质、遇水放出易燃气体的物质	硝化纤维素，黄磷，硝化纤维胶片	三硝基苯酚[含水≥30%]，六硝基二苯胺[含水＞75%]，三乙基铅，浸没在煤油或密封于石蜡中的金属钠、钾、铯、锂、铷、硼氢化物
5	氧化性物质和有机过氧化物	过氧化氢，过氧化钠，过氧化钾，氯酸钠，氯酸钾，氯酸铵，高氯酸钠，高氯酸钾，高氯酸铵，硝酸胍，漂粉精和有机过氧化物	除禁止溜放栏内规定以外的装入玻璃容器的氧化性物质和有机过氧化物
6	毒性物质和感染性物质	玻璃瓶装的氯化苦、硫酸二甲酯、四乙基铅（包括溶液）、一级（剧毒）有机磷液态农药、一级（剧毒）有机锡类、磷酸三甲苯酯、硫代膦酰氯	① 禁止溜放栏内的货物装入铁桶包装时 ② 除禁止溜放栏内规定以外的装入玻璃或陶瓷容器的毒害性物质
7	放射性物质	二、三级运输包装或气体的放射性货物	
8	腐蚀性物质	罐车装载以及玻璃或陶瓷容器盛装的发烟硝酸、硝酸、发烟硫酸、硫酸、三氧化硫、氯磺酸、氯化亚砜、三氯化磷、五氯化磷、氧氯化磷、氢氟酸、氯化硫酰、高氯酸、氢溴酸、溴	除禁止溜放栏内规定以外的装入玻璃或陶瓷容器的腐蚀性物质
9	特种车辆	非工作机车，轨道起重机，机械冷藏车，大型的凹型和落下孔车，空客车及特种用途车（发电车、无线电车、轨道检查车、钢轨探伤车、电务试验车、通信车），检衡车	
10	特种货物	按规定"禁止溜放"的军用危险货物和军用特种货物	
11	其他车辆	搭乘旅客的车辆，国铁集团临时指定的货物车辆	乘有押运人员的货车
12	贵重、精密货物	由发站和托运人共同确定的贵重的以及高级的精密机械、仪器仪表	电子管、收音机、电视机以及装有电子管的机械
13	易碎货物	易碎的历史文物，易碎的展览品，外贸出口的易碎工艺美术品，易碎的涉外物资（指各国驻华使、领馆公用或个人用物品，外交用品，国际礼品，展品，外侨及归国华侨的搬家货物）	鲜蛋类，生铁制品，陶瓷制品，缸砂制品，玻璃制品以及用玻璃、陶瓷、缸砂容器盛装的液体货物

注：除顺号 1、2、9、10、11"禁止溜放"外，其他"禁止溜放"的货物车辆可向空线溜放。

3. 特殊防护事项

对运送有调车作业限制、编组隔离限制和需要停止制动作用的货车，应按特殊防护事项表的规定办理。特殊防护事项如表 4-28 所示。

表 4-28　特殊防护事项表

特殊防护事项	货车上的表示	运输单据上的表示
"铁路车辆禁止溜放和限速连挂表"（附件 7）中规定禁止溜放和限速连挂的货车	在货车两侧插挂"禁止溜放"或"限速连挂"的货车表示牌	在运单右上角、票据封套上用红色记明"禁止溜放"或"限速连挂"的字样
《铁路技术管理规程（普速铁路部分）》中规定编组需要隔离的货车	① 在货车表示牌上要记明三角标记。 ② 未限定"禁止溜放"或"限速连挂"的货车可在货车表示牌背面记明三角标记，并插于货车两侧	在运单右上角、票据封套上用红色记明规定的三角标记
铁路危险货物品名表"特殊规定"栏中规定停止制动作用的货车	在货车表示牌上记明"停止制动作用"字样	在运单右上角、票据封套上用红色记明"停止制动作用"的字样

4. 危险货物车辆的挂运

危险货物车辆，在始发站或编组站必须以最近车次挂出。货运员或车站货调应及时向站调报告危险货物的车种、车号、装完时间、存放地点，以便站调对危险货物车辆重点掌握，安排最近车次挂出。各中间站装完的车辆，则由车站值班员报告列调，由列调掌握最近车次挂出。

（二）危险货物押运

铁路在承运性质特殊的货物时，为了使货物完整、安全地到达目的地，并确保铁路运输安全，按《货规》和《危规》规定，托运人必须派遣押运人员，保证货物在运输途中的安全。

1. 押运基本要求

运输爆炸品（烟花爆竹除外）、硝酸铵、剧毒品（铁路危险货物品名表"特殊规定"栏有第 67 条特殊规定的）、罐车装运气体类（含空车）危险货物实行全程押运。装运剧毒品和罐式箱不需要押运。其他危险货物需要押运时可按有关规定办理。

2. 押运员要求

押运员应当掌握所押运危险货物的性质、危害特性、包装容器、载运工具的使用特性和发生意外的应急措施。押运员押运时应携带培训合格证明，并符合下列规定：

（1）押运员在押运过程中应遵守铁路运输的各项安全规定，并对自身安全和所押运货物的安全负责。

（2）押运员应了解所押运货物的特性，押运时应携带所需安全防护、消防、通信、检测、维护等工具以及生活必需品，应按规定穿着印有红色"押运"字样的黄色马甲，不符合规定的不得押运。押运员执行押运任务期间，严禁吸烟、饮酒及做其他与押运工作无关的事情。

（3）押运员在途中要严格执行全程押运制度，认真进行签认，严禁擅自离岗、脱岗。严禁押运员在区间或站内向押运间外投掷杂物。对押运期间产生的垃圾要收集装袋，到沿途有关站后，可放置车站垃圾存放点集中处理。

（4）押运员应熟悉应急预案及施救措施，在运输途中发现异常现象时，应及时采取应急措施并向铁路部门报告。

3. 押运管理

（1）气体类危险货物押运员应对押运间进行日常维护保养，破损严重的要及时向所在车站报告，由车站通知所在地货车车辆段按规定予以扣修。对门窗玻璃损坏等能自行修复的，应及时修复。押运员应按《气体类罐车押运员携带工具备品及证件资料目录》携带相关工具备品及证件。

押运间仅限押运员乘坐，不允许闲杂人员随乘。运行时，押运间的门不得开启。押运间内应保持清洁，严禁存放易燃易爆物品及其他与押运无关的物品。对未乘坐押运员的押运间应锁闭，车辆在沿途作业站停留时，押运员应对不用的押运间进行巡检，发现问题，及时处理。

（2）发站要对押运工具、备品、防护用品以及押运间清洁状态等进行严格检查，不符合要求的禁止运输。

（3）车辆在检修时，要严格按有关规程加强对押运间检查、修理。在接到押运员的故障报告后要及时修理。气体类危险货物罐车检修完毕出厂前，罐车产权单位应主动到检修单位，按规程标准对押运间检修质量进行交接签认，并做好记录，确保气体类危险货物罐车押运间状态良好。

（4）押运管理工作实行区段签认负责制。货检人员应与押运员在所押运的车辆前签认，签认内容见"全程押运签认登记表"。托运人再次办理运输时（含应押运的气体类罐车返空）应出具此登记表，并由车站保留 3 个月。对未做到全程押运的，再次办理货物托运时车站不予受理。

（5）运输时发现押运备品不符合要求，押运员身份与携带证件不符或押运员缺乘、漏乘时应及时甩车，做好登记，并通知发站或到站联系托运人、收货人补齐押运员或押运备品，编制普通记录后方可继运。

（6）同一托运人、同一到站押运方式、车辆及人数规定：

① 气体类 6 辆重（空）罐车（含带押运间车辆）以内编为 1 组，每组押运员不得少于 2 人。每列编挂不得超过 3 组。每组间的隔离车不得少于 10 辆（原则上需要用普通货物车辆隔离）。

② 剧毒品（铁路危险货物品名表"特殊规定"栏有第 67 条特殊规定的）4 辆（含带押运间车辆）以内编为 1 组，每组 2 人押运；2 组以上押运人数由铁路局确定。

③ 硝酸铵 4 辆以内编为 1 组，每组 2 人押运；2 组以上押运人数由铁路局确定。

④ 爆炸品（烟花爆竹除外）每车 2 人押运。

上述车辆编组隔离除符合本条规定外，还应符合《铁路技术管理规程（普速铁路部分）》关于铁路车辆编组隔离的规定。

派有押运员的车辆，成组挂运时，途中不得拆解。

（三）货物的途中作业

货物在运输途中需要进行货物的交换、检查、换装整理和运输签认，可能还涉及货物运输变更或运输阻碍等问题的处理。

1. 货物运输合同的变更处理

气体类危险货物罐车运输不允许办理运输变更或重新托运，如遇特殊情况需要变更或重新托运时，需经铁路局集团公司批准。

特殊情况时，如在铁路运输中，经常遇到危险货物重车因车辆故障，不能继续运行，需要途中变更卸车站。确因车辆故障等特殊原因需要办理危险货物运输变更时，车站应审核变更到站和收货人是否符合相关办理规定以电报抄报相关铁路局集团公司货运处、运输处、调度所、车辆处等，跨局运输时，须请示国铁集团运输局，经审核同意后，由铁路局集团公司调度所下达变更命令。根据现行国铁集团《货运日常工作组织办法》中的规定，遇特殊情况货物需变更卸车站时，必须遵守下列规定：

（1）必须由托运人或收货人提出书面申请。

（2）必须和原到站在同一径路上。

（3）因自然灾害影响变更卸车地点时，应及时通知收货人。

（4）局管内变更卸车站，以铁路局集团公司调度命令为准。

（5）跨铁路局集团公司变更卸车站原则上不办理，确需变更时以国铁集团调度命令为准。

各级货运调度人员负责电传、接受"停限装请求报告"。铁路局集团公司经运输处货工科长批准，国铁集团经运输局调度部货工处长批准，发布停限装调度命令。

2. 途中危险货物的签认

危险货物作业签认单又分为发送作业签认单、途中作业签认单和到达作业签认单。需要进行途中签认的车站应在"途中作业签认单"相应栏内签认。

途中签认的车站指《铁路货运检查管理规则》中确定的路网性货检站和区域性货检站；无改编作业时，货检站根据车辆决定在站停留时间，若进行货检作业，则按规定进行签认；派有押运员的，车辆有异状的，增轴或补轴的车辆，必须进行单独签认；货检作业分到、发场作业时，可以各场分别使用签认单签认，分别保管；各货检站必须认真按照规定进行检查，不得简化作业程序，对检查有问题的车辆必须按车签认，做好记录。

货检站无改编作业时，由各铁路局集团公司结合实际情况确定签认方式。

三、任务实施

【实训项目】

危险货物途中作业。

【实训目标】

掌握危险货物途中作业注意事项及要求。

【实训内容与要求】

包头站某托运人需要运送羊毛至江西赣州，途中因车辆故障，不能继续运行。请对货物运输合同进行变更处理。

【成果与检测】

① 对货物运输合同进行变更处理；② 课后与同学进行交流与讨论；③ 由教师根据任务完成情况评估打分。

四、拓展训练

总结危险货物途中作业注意事项及要求，写出分析总结报告。

知识点 7　危险品到达作业

一、学习目标

了解专用线卸车凭证、方法及地点；掌握货物的交付过程；掌握货位、货车的清理。

二、知识引导

对到达的危险货物要及时取送车辆，及时组织卸车，及时通知收货人。

（一）专用线卸车

专用线、专用铁路承担着 95% 的罐车和 65% 非罐车的装卸任务，组织好专用线、专用铁路的危险货物的装卸工作，具有重要意义。

托运人，收货人自行装卸的货物，除派有押运员以外，承运人，托运人和收货人之间应进行交接。目的是确认货物状况，分清责任。

1. 交接凭证

由企业在专用线、专用铁路上交接货物时，使用的交接凭证为"货车调送单"。

2. 交接方法

（1）施封的货车、集装箱，凭封印交接。

（2）不施封的货车、集装箱凭门窗关闭状态，敞车、砂石车不苫盖篷布的凭货物装载状态和规定标记交接，苫盖篷布的凭篷布现状交接。

3. 交接地点

（1）专用线的交接地点在货物的装卸地点。

（2）专用铁路的交接地点为双方协议中指定的交接地点。

（二）货物的交付

到站向运单内所记载的收货人进行货物交付，是承运人履行货运合同的重要义务，货物交付包括票据交付和现货交付。

1. 票据交付（内交付）

收货人持领货凭证和规定的证件到货运办公室办理货物领取手续，在支付费用和货票的丁联上盖章（签字）后，留下领货凭证。到站在运单和货票上加盖到站交付日期戳，然后将运单交给收货人，凭此领取货物。

2. 现货交付（外交付）

现货交付即承运人向收货人点交货物。收货人持货运室交回的运单到货物存放地点领取货物，货运员向收货人点交货物完毕后，在运单上加盖"货物交讫"戳记，并记明交付完毕的时间，然后将运单还给收货人。

由收货人在专用线、专用铁路组织卸车时，将货物送到专用线、专用铁路的交接地点即可。作业完毕后，按规定签认危险货物作业签认单。

（三）货位、货车的清理

1. 货位清理

车站对清空后的货位，须及时清扫、洗刷干净。对漏的危险货物及废弃物，应及时通知收货人进行处理。对危险性大，撒漏严重的，要会同卫生防疫、环保和消防等部门共同处理。

2. 车辆的洗刷除污

装过危险货物的货车，卸后必须清扫干净。下列情况必须进行洗刷除污：

（1）装过剧毒品的毒品车。

（2）发生过撒漏，受到污染（包括有刺激异味）的货车。

（3）送回检修运输危险货物的货车。

未经洗刷除污的货车严禁使用或排空。

3. 危险品集装箱的洗刷除污

收货人应负责危货箱的洗刷除污，并负责撤除危险货物标志。无洗刷能力时，可委托铁路部门洗刷，费用由收货人负担。洗刷除污不符合规定要求的不得再次使用。

（四）临时停限装处理

车站应按照"货物运价里程表"规定的营业范围办理货运业务。遇有特殊情况（施工、设备大修、改建）等原因需要临时加以限制时，应提前一个月办理手续，报请国铁集团运输局营运部有关部门批准。同时，车站应在营业场所对外通告。

由于重车积压卸车困难，短时间（原则上不超过一个月）要求发站必须停装或限装时，由车站逐级上报国铁集团运输局调度部有关部门批准。具体流程如下：

（1）卸车站要求发站停装和限装时，应说明原因和要求停限装的具体时间，并标明是否为"五定"班列或大宗货物直达列车的卸车站，以"停限装请求报告"逐级上报；铁路局集团公司报国铁集团的"停限装请求报告"，须由货工科长或调度所主任批准。

（2）各级货运调度收到"停限装请求报告"后，有关人员应及时处理。

（3）发站、到站为同一铁路局集团公司管辖内的停限装由铁路局集团公司批准；跨局的由国铁集团批准；国际联运和出口的货物必须经国铁集团批准。

（4）"五定"班列、口岸站进口物资原则上不准停装，特殊情况必须停装时，须报国铁集团批准。

（5）停装或限装必须以调度命令批准，逐级下达。车站接到停装或限装命令后，要及时将停限的原因和具体时间通知发货单位。

（6）对已到达卸车站收货人拒卸的重车，车站应查明原因协调解决，未经国铁集团批准，任何单位不得原车退回发站。

三、任务实施

榜样人物

【实训项目】

危险货物到达作业。

【实训目标】

掌握危险货物到站后主要作业内容及注意事项。

【实训内容与要求】

托运人湖南某公司，托运非灌装烟花一车，到站为哈尔滨局集团公司加格达奇站。根据所学内容，完成危险货物的交付，货位、货车的清理工作。（其他未尽事宜自行假设）

【成果与检测】

① 采用角色扮演法，一人扮演铁路工作人员，一人扮演收货人，完成危险货物的交付作业；② 小组成员互相叙述货位、货车清理工作的主要内容。

四、拓展训练

由于重车积压卸车困难，短时间（原则上不超过一个月）要求发站必须停装或限装时，由车站逐级上报国铁集团运输局调度部有关部门批准。请绘制具体的流程图。

学习情境五　货物配送

一、情境描述

作为某铁路局集团公司货运车站的一名货运员，要完成普通货物的配送运输作业，工作内容包括配送系统规划设计、配送线路设计、配送车辆调度等。

二、素质目标

（1）养成铁路货物配送路线优化、成本节约的理念。
（2）养成恪尽职守、敬业乐业、严于律己的工作作风。
（3）以"一带一路"中欧班列为背景，增强学生爱国、爱党、爱路情怀。

三、知识目标

（1）掌握配送和配送中心概念及其内涵。
（2）了解并掌握配送中心的类型及功能。
（3）掌握配送的环节与模式。
（4）熟悉配送设施设备选择。
（5）掌握配送运输线路选择及车辆配装。

四、能力目标

（1）具备配送系统规划的能力。
（2）具备检查不同性质商品包装是否合理的能力。
（3）具备配送运输线路选择的能力。
（4）具备解决货物在配送过程中出现异常情况的能力。

🖊 五、知识点导入

学习情境	子情境	知识点
学习情境五　货物配送	5.1 配送系统规划设计	1. 配送中心 2. 配送的环节与模式
	5.2 配送运输管理	1. 配送运输路线选择 2. 配送货物包装 3. 车辆配装

学习子情境 5.1　配送系统规划设计

扫码下载　　　　　PPT 讲解视频
5.1 节 PPT　　　　配送系统规划设计

📖 任务描述

本次任务旨在让学生掌握配送中心系统规划、配送环节与模式相关内容，包括配送中心分类与功能、配送中心设计原则与设计步骤、配送的环节与模式等。

案例分析

海尔集团创立于 1984 年，其物流配送中心被中国物流与采购联合会定为"中国物流示范基地"，这是中国第一个物流示范基地。物流配送中心在海尔集团实施的以"市场链"为纽带的业务流程再造过程中扮演了重要角色。

海尔国际物流配送中心立体仓库高 22 m，拥有原材料、成品标准托盘位共 18 056 个。该物流配送中心采用了以激光导引无人运输车系统为代表的一系列先进技术，实现了物流的自动化和智能化，所有货物从入库到出库中间的一切活动均实现无人操作，而且出入库信息经由条形码和红外线扫描信息终端，同步传送到了物流管理系统。该中心 7 200 m² 的货区，完成的吞吐量相当于普通平面仓库的 30 万 m²，而整个物流配送中心的操作人员却仅有 10 名。

为确保配送中心实现高效运转，并为管理系统提供及时、准确的物流数据，配送中心日常作业必须改变传统手工作业的方式，建设一套高效和准确的数据采集系统。便携式数据终端作为集成条形码扫描和移动计算功能的高科技产品，在海尔各地的配送中心获得了良好应用。

请根据以上案例回答下列问题：

1. 物流配送中心在海尔公司的发展过程中起到了什么作用？
2. 海尔物流配送中心作业特点是什么？

知识点 1　配送中心

一、学习目标

理解配送中心的定义；掌握配送中心的功能；熟悉配送中心的主要类型；能利用相关知识区分不同的配送中心。

二、知识引导

（一）配送中心的概念

随着现代物流和供应链的发展，配送中心（Distribution Center，DC）在经济生活中承担了越来越重要的作用。随着我国经济体制改革的深入，传统的流通模式越来越不能满足市场多品种小批量的需求，一些商业或流通企业纷纷准备或开始筹建配送中心，以降低成本、提高服务质量和水平。通过建设配送中心，可以扩大经营规模，改进物流与信息流系统，满足用户不断发展的多样化需求，使物流供应链管理更加合理。

不同的物流、供应链管理专家和组织给配送中心下了几个不同的定义：

（1）配送中心是指位于物流节点上、专门从事货物配送活动的经营组织。其实质是集货中心、分货中心和流通加工中心为一体的现代化的物流基地。

（2）从供应者的手中接受多种大量的货物，进行倒装、分装、保管、流通加工和信息处理等作业，然后按照众多需求者的订单要求备齐货物，以令人满意的服务水平进行配送的设施。

（3）接收并处理末端用户的订货信息，对上游运来的多品种货物进行分拣，根据用户订货要求进行分拣、加工、组配等作业，并进行送货的设施和机构。

（4）配送中心是从事货物配备（集货、加工、分货、储存、拣选、配货）和组织对用户的送货，以高水平实现销售和供应的流通设施。

以上表述虽然不完全一致，但是可以从中了解到配送中心的基本概念。简单地说，配送中心就是从事配送业务的场所或组织，它综合了传统与现代运输和仓储业务的优点，是现代物流和供应链管理发展的产物。配送中心是基于物流合理化和发展市场两个需求而发展的，是以组织配送式销售和供应，执行实物配送为主要功能的流通型物流节点。它很好地解决了用户多样化需求和厂商大批量专业化生产之间的矛盾，因此，逐渐成为现代物流的标志。配送与运输的区别如表 5-1 所示。

表 5-1　配送与运输的区别

内　容	运　输	配　送
运输性质	干线运输	支线运输、区域内运输、末端运输
货物性质	少品种、大批量	多品种、小批量
运输工具	大型货车或铁路运输，水路运输	小型货车
管理重点	效率优先	服务优先
附属功能	装卸、捆包	装卸、保管、包装、分拣、流通加工订单处理

（二）配送中心的类型

配送中心是一种新兴的经营管理形态，具有满足多量少样的市场需求及降低流通成本的作用，但是，由于企业的背景不同，其配送中心的功能、构成和运营方式就有很大区别，因此，在配送中心规划时应充分注意配送中心的类别及其特点。

根据不同的分类方法，配送中心可以进行如表 5-2 所示的分类。

表 5-2　配送中心的分类

分类标准	类　型	特　点
内部特征	储存型配送中心	具有很强的储存功能
	流通型配送中心	以暂存或快进快出方式进行配送
	加工型配送中心	具有加工职能，先加工再配送
经营主体	制造型配送中心	以制造商为主体的配送中心，为降低流通成本，提高竞争力，由制造商自行成立的配送中心
	批发型配送中心	由批发商或代理商所产生的配送中心，先把制造厂商的物品集中，再按零售商需求进行配送
服务范围	零售型配送中心	以零售业为主的，由零售商向上整合所面对的配送中心
	专业配送中心	以第三方物流企业为主体的配送中心
	城市配送中心	以城市范围为主的配送中心
	区域配送中心	具有较强的辐射和库存能力，可向省、全国进行配送
配送对象	专业配送中心	配送对象、配送技术属于某一专业范畴，综合该专业的多种物资进行配送
	柔性配送中心	以强调市场适应性为主，能根据市场和客户的需求变化，对客户要求有很强适应性

（三）配送中心的功能

1. 配送中心的基本功能

配送中心是专门从事货物配送活动的经济组织，也是集加工、理货、送货等诸多功能于一体的物流据点，综合了集货中心、分拣中心和加工中心的功能。从理论上说，配送中心具备以下一些基本功能。

（1）集散功能。配送中心凭借在物流网络中的枢纽地位和拥有的各种先进设施设备，将各地生产厂商的产品集中到一起，经过分拣、配装后向众多用户发送。与此同时，配送中心也可以把各个用户所需的多种货物进行有效的组合、配载，形成经济合理的货运批量。

（2）衔接功能。通过开展货物配送活动，配送中心把各种产品运送到广大用户手中，客观上起到了产品传输的衔接作用，在其间架起了相互沟通的桥梁。

（3）运输功能。配送中心拥有一定规模的运输工具，具有竞争优势的配送中心不只是一个点，而是一个覆盖全国的网络。因此，配送中心首先应该为客户选择满足客户需要的运输方式，然后具体组织网络内部的运输作业，在规定的时间内将客户的货物运抵目的地。

（4）储存功能。为了顺利而有序地完成向用户配送货物的任务，配送中心要兴建现代化的仓库并配置一定数量的仓储设备，用于存储一定数量货物。

（5）分拣功能。由于不同客户的经营特点和货物的物流方式不一，在订货或进货时会对货物的种类、规格、数量等提出不同的要求。因此，为了能有效地开展配送活动，配送中心必须采取适当的方式、技术和设备对配送货物进行分拣作业，以便向不同的用户配送多种货物。

（6）装卸、搬运功能。为了加快货物在配送中心的流通速度，配送中心应该配备专业化的装载、卸载、提升、运送、码垛等装卸搬运机械，以提高装卸、搬运作业效率，减少作业对货物造成的破损。

（7）包装功能。配送中心的包装作业不是要改变商品的销售包装，而是通过对销售包装进行组合、拼配、加固，形成适合于物流和配送的组合包装单元。

（8）流通加工功能。为了扩大经营范围和提高配送水平，许多配送中心都配备了各种加工设备，由此形成了一定的加工能力。按照用户的要求与合理配送的原则，将组织进来的货物加工成一定规格、尺寸和形状，这样有利于提高资源利用率和配送效率。

（9）物流信息处理功能。配送中心利用计算机将各个物流环节中各种物流作业的信息进行实时采集、分析、传递，并向货主提供各种作业明细信息及咨询信息。

2. 配送中心的增值性功能

从一些发达国家的配送中心的具体实践来看，配送中心还具有增值性功能，如结算功能、需求预测功能、物流系统设计咨询功能、物流教育与培训功能等。

随着信息技术的普遍应用。现代物流中心应该更多地考虑如何提供增值性物流服务，这些服务是物流中心基本功能的合理延伸，其作用主要是加快物流过程、降低物流成本、提高物流作业效率、增加物流的透明度等。

三、任务实施

【实训项目】

配送中心概览。

【实训目标】

① 增进学生对配送中心的了解；② 激发学生的学习兴趣；③ 提高学生分析问题的能力和实际操作能力；④ 培养学生的团队合作精神。

【实训内容与要求】

内容：学生可参观或调查当地某配送中心，还可通过各种途径查找某配送中心的介绍等；所收集资料主要包括配送中心的建筑规模、主要功能、经营的商品品种、活动范围及经营模式等。

要求：每名学生单独收集某一配送中心的资料，所收集资料须真实、全面，避免空泛。

【成果与检测】

① 汇总成 500 字报告并上交；② 由教师根据分析报告与讨论表现评估打分。

四、拓展训练

上网或通过其他途径了解配送中心的功能（包括基本功能与增值功能），有机会去相关企业进行现场参观和学习，进一步强化和提高学习效率。

知识点 2　配送的环节与模式

一、学习目标

熟悉配送的基本环节和各项服务；掌握各种配送模式的概念、作用及形式；能区分不同配送中心采用的配送模式。

二、知识引导

（一）配送的基本环节

从总体上看，配送实际上是一个物品集散过程，是由备货、理货和送货 3 个基本环节组成的，其中每个环节又包含着若干项具体的活动。配送作业流程如图 5-1 所示。

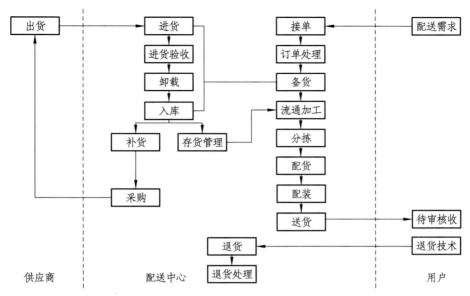

图 5-1 配送中心作业流程

1. 订单处理

订单是配送中心开展配送业务的依据，配送中心接到客户订单以后需要对订单加以处理，据以安排分拣、补货、配货、送货等作业环节。配送业务活动是以客户发出的订货信息作为其驱动源，在配送活动开始前，配送中心根据订单信息，对客户的分布、所订商品的品名、商品的特性和订单数量、送货频率和要求等资料进行汇总和分析，依次确定所要配送的货物种类、规格、数量和配送时间，最后由调度部门发出配送信息（如拣货单、出货单）。订单处理是调度、组织配送活动的前提和依据，是其他各项作业的基础。订单处理步骤如图 5-2 所示。

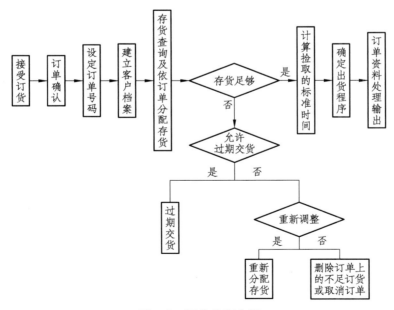

图 5-2 订单处理步骤

2. 备货

备货即指准备货物的系列活动，是配送的准备工作或基础工作，包括筹集货物、订货、集货、进货及有关的质量检查、结算、交接等。

（1）筹集货物。

集货是配送的首要环节，是将分散的、需要配送的物品集中起来，以便进行分拣和配货。接受订单后，配送中心需向供货厂商或制造厂商订购商品。集货包括商品数量需求统计，向供货厂商查询交易条件，然后根据所需数量及供货厂商提供的经济订购批量提出采购单。

（2）进货入库。

进货是配送中心根据客户的需求，为配送业务的顺利实施，而从事的组织商品货源和进行商品储存的一系列活动。进货是配送的准备工作或基础工作，通常包括制订进货计划、组织货源、储存保管等基本业务。

3. 储存货物

储存货物是购货、进货活动的延续，配送中的储存有储备及暂存 2 种形态。

（1）储备。

配送储备是按一定时期的配送经营要求形成的对配送的资源保证。这种类型的储备数量较大，储备结构也较完善，视货源及到货情况，可以有计划地确定周转储备及保险储备的结构及数量。配送的储备保证有时在配送中可单独设库解决。储备形态的储存是按照一定时期配送活动的要求和根据货源的到货情况有计划地确定的，它是使配送持续运作的资源保证。用于支持配送的货物储备有两种具体形态，即周转储备和保险储备。然而不管是哪一种形态的储备，相对来说，数量都比较多。所以，货物储备合理与否，会直接影响配送的整体效益。

（2）暂存。

暂存是在具体执行"日配"时，按分拣、配货的要求，在理货场地所做的少量储存准备。这部分暂存数量只会对工作方便与否造成影响，不会影响储存的总效益，因而在数量上控制得并不严格。

4. 理货和补货

理货是配送的一项重要内容，也是配送区别于一般送货的重要标志。理货包括货物分拣、配货和包装等。

货物分拣是将货物按品名、规格、出入库先后顺序进行分门别类的作业过程。拣货过程是配送不同于一般形式的送货以及其他物流形式的重要的功能要素，也是配送成败的一项重要的支持性工作。它是完善送货、支持送货的准备性工作，是不同配送企业在送货时进行竞争和提高自身经济效益的必要延伸，所以，分拣及配货是决定整个配送系统水平的关键要素。

补货是通过统计客户的订单了解商品真正的需求量而进行适当的补充调整。在出库日，当库存数满足出货需求量时，即可根据需求数量打印出库拣货单及各项拣货提示，进行拣货区域的规划布置，使拣货不至于缺货。此外，还包括补货量及补货时点的确定、补货作业调度和补货作业人员调派。

5. 配装及送货服务

配装也称配载，指充分利用运输工具的载重量和容积，采用先进的装载方法，合理安排货物的装载。在配送中心的作业流程中安排配载，把多个用户的货物或同一用户的多种货物合理地装载于同一运输工具上，不但能降低送货成本，提高企业的经济效益，还可减少交通流量，改善交通拥挤状况。配装是配送系统中具有现代特点的功能要素，也是配送与送货的重要区别之一。

配送业务中的送货作业包含将货物装车并实际配送，而达到这些作业则需要事先规划配送区域的划分或配送线路的安排，由配送路线选用的先后次序来决定商品装车顺序，并在商品配送途中进行商品跟踪、控制，制订配送途中意外状况及送货后对文件的处理办法。

6. 退　货

退货是指配送中心办理出库手续并已发货出库，因某种原因未使用而又将货物退回到仓库的过程。退货或换货在经营物流业中不可避免，但应尽量减少，因为退货或换货的处理，只会大幅增加物流成本，减少利润。发生退货或换货的主要原因包括：瑕疵品回收、搬运中的损坏、商品送错退回、商品过期退回等。

7. 会计核算

商品出库后可根据出货数据制作应收账单，并将账单转入会计部门作为收款凭据；商品入库后，则由收货部门制作入库商品统计表，以作为供货厂商催款稽核之用，并同会计部门制作各项财务报表以供制订经营政策及管理的部门参考。

（二）配送模式

配送模式是指企业在组织配送活动的过程中所采用的基本服务模式。根据国外的配送理论以及我国配送产业发展的实践经验，目前主要采用的配送模式有以下几种类型。

1. 自营配送模式

自营配送模式是指配送活动的各个环节由企业自身筹建并组织管理的服务模式。这种模式有利于企业供应、生产和销售的一体化作业，系统化程度较高。它既可以满足企业内部原材料、半成品及产成品的配送需要，又可协助企业对外进行市场开拓。当然，这种配送模式也有其明显的不足之处，因为如果企业采用这种配送模式，就必须花费巨额投资用于配送体系的建设，如果此时的配送业务量规模不大，就会导致配送成本或费用的增加。

一般而言，采用自营配送模式的企业大都是规模较大的集团公司，其中比较典型的是连锁零售企业。

2. 共同配送模式

共同配送是指为了提高配送作业效率，满足配送合理化要求，而将2个或2个以上的配送任务合并在一起进行的配送模式，也指为了达到上述目标而共同建设、使用部分配送设施或设备的经营模式。根据我国的国家标准定义，共同配送就是"由多个企业联合组织实施的配送活动"。

3. 互用配送模式

互用配送模式是指多家企业以契约形式达成协议，通过互相使用对方的配送作业系统来拓展自身的配送业务能力，降低配送经营成本的一种配送模式。这种配送模式的优点在于，企业不需要投入更多的人力和物力就可以扩大自身的配送规模和范围，但这种配送模式同时也需要企业具有较强的组织协调能力。与共同配送模式相比，互用配送模式的主要特点是：

（1）共同配送模式旨在建立配送联合体，以提高全社会的配送效率为目标；而互用配送模式旨在强化自身的配送功能，以提高企业自身的服务能力为目标。

（2）共同配送模式的稳定性较强，而互用配送模式的稳定性较差。

（3）共同配送模式的参与方主要是经营配送业务的企业，而互用配送模式的参与方则可能是经营配送业务的企业，也可能不是。

4. 第三方配送模式

第三方配送模式是指商品供需的双方把配送业务委托给处于第三方地位的专业配送企业来完成的一种配送模式。随着物流产业的不断发展以及第三方配送体系的不断完善，第三方配送模式已经成为工商企业和电子商务网站进行货物配送的首选服务模式。

随着现代物流理念的不断传播，第三方配送模式在我国得到了较快的发展。我国大量的传统运输企业、仓储企业或电子商务企业在经过合并改造等转型过程之后，已经形成了一大批有实力的第三方配送企业。

三、任务实施

【实训项目】

模拟配送各环节作业。

【实训目标】

① 检查学生对配送环节的掌握情况；② 激发学生的学习兴趣；③ 提高学生分析问题的能力和实际操作能力；④ 培养学生的团队合作精神。

【实训内容与要求】

内容：学生通过各种途径查找某配送中心配送作业情况，并绘制其作业流程图。
要求：所整理资料需真实、全面，避免空泛；学生分小组完成配送作业流程图的绘制。

【成果与检测】

① 汇总成 800 字报告并上交；② 课后在班级组织一次交流与讨论；③ 由教师根据分析报告与讨论表现评估打分。

四、拓展训练

上网查询资料——"7-11"便利店的配送模式，思考以下问题：① "7-11"目前采用的是什么配送模式？有何优势？② "7-11"配送作业有何特点？

学习子情境 5.2　配送运输管理

扫码下载　　　PPT 讲解视频
5.2 节 PPT　　配送运输管理

📖 任务描述

配送中心为了顺利、有序地向众多客户配送货物，依据订单要求对货物进行整理和组合，因此，有效地组织货物运输，可以加大车辆配载率，使空置、闲置的资源得到全面利用，从而保证货流畅通。

案例分析

近年来，××集团的葡萄酒市场需求量逐年上升，这一方面给××集团带来了良好的发展机遇，另一方面也使××集团的物流和销售部门面临严峻的挑战。如何改善集团的物流配送模式，及时将葡萄酒送达用户，成为集团亟待解决的问题。

××集团生产的葡萄酒采用的是定时定量配送模式，即按固定的时间和客户订单的数量进行送货，对于一些需求量较小的客户也要单独组织车辆进行送货。以山东省的客户需求为例，××集团仅在烟台市设有仓库，客户分散在全省的各个县区，并且需求量大小差别很大，按此配送模式，经常造成过高的运输成本，分析其原因可归纳为几个方面：配送模式不适应集团发展要求，特别是对于即时性需求，不能及时响应；配送路线的选择不合理，没有得到优化；车辆调度不合理，没有充分利用车辆配载容积。

根据上述案例，请说明：

1. 如何确定配送运输线路？

2. 车辆配装如何进行？

知识点 1　配送运输线路选择

一、学习目标

了解配送运输线路确定原则；熟悉配送运输线路的类型；掌握配送运输线路优化方法；能对配送运输线路进行优化。

二、知识引导

（一）配送货物由一配送中心直送某客户

直送问题的优化是要寻找物流网络中的最短线路问题，解决的方法有很多，破圈法较常用。

破圈法的"圈"指的是回路，其基本思想是：在给定的图中任意找出一个回路，删去该回路中权最大的边，然后在剩余的图中任意找出一个回路，再删去这个新找出回路中权最大的边，一直重复上述过程，直到剩余的图中没有回路。这个没有回路的剩余图便是最小路径。

例：某货物从 V_1 配送中心到 V_6 客户，具体线路如图 5-3 所示。

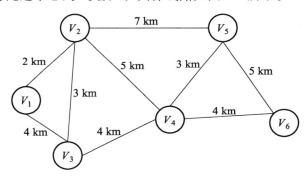

图 5-3　某配送中心到客户的路线图

根据破圈法去掉回路可以得到图 5-4，于是得到最短配送线路为 $V_1 \rightarrow V_2 \rightarrow V_4 \rightarrow V_6$，则配送里程为：$2 + 5 + 4 = 11$（km）。

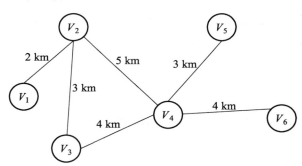

图 5-4　破圈后图形

（二）配送货物由一配送中心送多个客户

1. 节约里程法的基本思路

节约里程法又叫车辆调度程序法（Vehicle Scheduling Program，VSP），其基本原理是：根据配送中心的运输能力和配送中心到各个客户以及各个客户之间的距离，来制订使总的车辆运输的吨公里数最小的配送方案。为达到高效率的配送，使配送的时间最小、距离最短、成本最低，而寻找的最佳配送线路。

设 P 为配送中心，分别向客户 A 和客户 B 送货。设 P 点到客户 A 和客户 B 的距离分别为 a 和 b，客户 A 和客户 B 之间的距离为 c，两种送货方案配送距离越小说明配送方案越合理。在三角形 PAB 中，显然 $a+b>c$，选择方案 2 可以节约 $(a+b-c)$ 的里程，如图 5-5 所示。

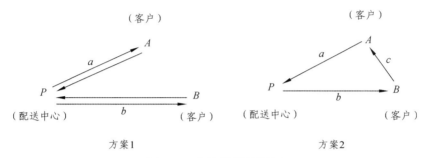

图 5-5　节约里程法图示

利用节约里程法制订出的配送方案除了使配送总吨公里数最小外，还应满足以下条件：

（1）满足所有用户的需求。

（2）不使任何一辆车超载。

（3）每辆车每天的总运行时间或行驶里程不超过规定的上限。

（4）用户到货时间要求（不得超过规定时间）。

2. 配送线路选择实例

已知配送中心 P_0 向 5 个客户配送货物，其配送线路网络、配送中心与用户的距离以及用户之间的距离如图 5-6 所示。图 5-6 中括号内的数字表示客户的需求量（单位：t），线路上的数字表示两结点之间的距离（单位：km），配送中心有 3 台 2 t 卡车和 2 台 4 t 两种车辆可供使用。

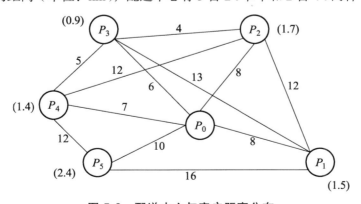

图 5-6　配送中心与客户距离分布

（1）试利用节约里程法制订最优的配送方案。

（2）设卡车行驶的速度平均为 40 km/h，试比较优化后的方案比单独向各客户分送可节约多少时间？

第一步，做运输里程表，列出配送中心到用户间的最短距离，如表 5-3 所示。

表 5-3　运输里程表

需要量	P_0					
1.5	8	P_1				
1.7	8	12	P_2			
0.9	6	13	4	P_3		
1.4	7	15	9	5	P_4	
2.4	10	16	18	16	12	P_5

第二步，按节约里程公式求得相应的节约里程数，如表 5-4 所示"（ ）"内的数字为节约里程数。

表 5-4　节约里程表

需要量	P_0					
1.5	8	P_1				
1.7	8	（4）12	P_2			
0.9	6	（1）13	（10）4	P_3		
1.4	7	（0）15	（6）9	（8）5	P_4	
2.4	10	（2）16	（0）18	（0）16	（5）12	P_5

第三步，将节约里程按从大到小顺序排列，如表 5-5 所示。

表 5-5　节约里程排序表

序号	路线	节约里程（s_{ij}）	序号	路线	节约里程（s_{ij}）
1	P_2P_3	10	6	P_1P_5	2
2	P_3P_4	8	7	P_1P_3	1
3	P_2P_4	6	8	P_2P_5	0
4	P_4P_5	5	9	P_3P_5	0
5	P_1P_2	4	10	P_1P_4	0

第四步，确定单独送货的配送线路，如图 5-7 所示。得初始方案配送距离 = 39 × 2 = 78（km）。

第五步，根据载重量约束与节约里程大小，顺序链接各客户结点，形成两个配送线路。即 A、B 两个配送方案，如图 5-8 所示。

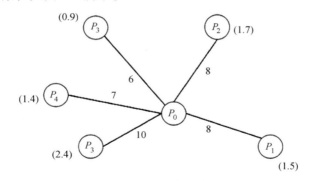

图 5-7　配送线路

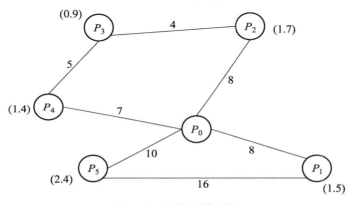

图 5-8　优化配送方案

① 配送线路 A：$P_0 \rightarrow P_2 \rightarrow P_3 \rightarrow P_4 \rightarrow P_0$

运量 $q_A = q_2 + q_3 + q_4 = 1.7 + 0.9 + 1.4 = 4$（t）

用一辆 4 t 车运送，节约距离 $S_A = 10 + 8 = 18$（km）

② 配送下路 B：$P_0 \rightarrow P_5 \rightarrow P_1 \rightarrow P_0$

运量 $q_B = q_5 + q_1 = 2.4 + 1.5 = 3.9 \, t < 4$（t）

用一辆 4 t 车运送，节约距离 $S_B = 2$（km）

第六步，与初始单独送货方案相比，计算总节约里程与节约时间。

总节约里程：$\Delta S = S_1 + S_B = 20$（km）

与初始单独货送方案相比，可节约时间：$\Delta T = \Delta S / V = 20 / 40 = 0.5$（h）

三、任务实施

【实训项目】

配送中心配送线路优化实训。

【实训目标】

① 增进学生对配送中心运输线路设计的了解；② 激发学生的学习兴趣；③ 提高学生分析问题的能力和实际操作能力；④ 培养学生的团队合作精神。

【实训内容与要求】

内容：某一配送网络如图 5-9 所示，P 为配送中心所在地，A~J 为客户所在地，括号内的数字为配送量，单位为 t，线路上的数字为道路距离，单位为 km。为了尽量缩短车辆运行距离，必须求出最佳配送路线。现有可以利用的车辆最大装载量为 2 t 和 4 t 的两种厢式货车，并限制车辆一次运行距离在 30 km 内。

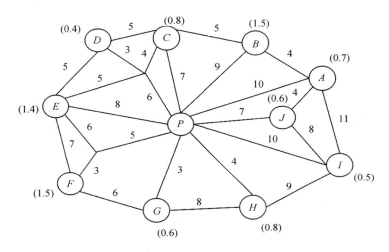

图 5-9　配送网络图

要求：（1）利用节约里程法制订最优的配送路线。
　　　（2）最优配送方案需要运输车辆各几辆？

【成果与检测】

① 设计最优化方案；② 课后在班级组织一次交流与讨论；③ 由教师根据分析报告与讨论表现评估打分。

四、拓展训练

上网或通过其他途径了解配送中心线路设计依据及设计方法，也可去相关企业进行现场参观和学习，进一步强化和提高学习效率。

知识点 2　配送货物包装

一、学习目标

熟悉运输包装标记；掌握包装技术要求；理解包装的过程；能针对不同货物采用合适的包装技术。

二、知识引导

包装是对即将装车的货物进行保护，是配货作业的重要环节，也是保证送货作业安全的关键作业。对配送货物进行包装，可以起到保护货物、降低货损、提高运输效率、便于收货人识别等作用。包装作业的基本流程如表 5-6 所示。

表 5-6　配送货物包装操作流程

流程编码	流程节点	流程说明	注意事项	目　　的
1	核单	包装员接到仓管员移交的商品后，立即按"销售发货单"（简称"销售单"）对商品进行逐一核对	确保发货商品实物与单的一致性，"销售单"需要而库存商品没有的，必须立即通知销售员，由销售员处理	确保销售发货的商品就是客户所需要的
2	验货	包装员对销售发货待包装的商品必须做质量的检验	发现待发货的商品存在有质量瑕疵或疑似质量瑕疵的，必须立即征求销售员的意见	确保销售发货的商品质量符合销售发货标准
3	贴标	准备发货的商品都必须贴上本公司的防伪标签	单件商品上的其他供应商的标识及信息必须清除干净	确保本公司销售业绩，不被市场淘汰
4	装箱	整理好待发货的商品逐件装箱，装箱同时再次清点商品数量	重不压轻、大不压小、金不压胶、胶不压塑、最好相同材质的商品集中装箱，每件商品都应采取必要的防护措施	力保商品经长途转运不受商品本身即装箱实物的损害，减少物流疏忽而导致货损
5	封箱	商品装箱后，包装员在"销售单"签字，应折叠整齐放入箱内	一家客户同时发货有两箱以上的，必须在箱头注明"销售单"所在的箱	避免疏忽忘记放单，减少客户寻找单据的时间
6	钉箱	根据商品需防护的标准进行选择性钉箱	为有效控制包装成本，对易碎易变形易被划伤的商品进行钉箱防护	可以有效保护易碎、易变形、易擦伤商品，减少货损

流程编码	流程节点	流程说明	注意事项	目 的
7	标识	封箱、钉箱后，包装员必须在包装箱外正上面醒目位置贴上发往目的地的标识	发运标识必须确保贴于商品包装的正上面	符合物流行业的规则，以包装标识判断物品的方向，减少商品包装被倾覆的机会
8	交付发运	物流代理到公司提货或本公司送到物流点发运	发运管理员根据商品包装面头上贴的发运标识进行配发，并向物流代理商索要委托凭证	以最快捷、便利、安全并且物流成本最低的物流方式发运商品
9	回单	商品转移转交的各环节产生的单据凭证移交给数据员	"销售单"从仓管员备货起到最后发运交接，各个商品转移转交的环节，都必须请相关人员签字确认	各职能人员都必须确保自己的工作是无瑕疵的，并确保本部员工敢于面对问题，敢于承担责任

（一）接受包装任务

包装人员接受包装任务时，必须了解货物包装的具体要求，明确该批货物需要什么样的包装材料与包装技术。

1. 包装材料要求

包装材料要求包括包装材料的特点、使用特性等。配货作业过程中常用的包装材料及其特点如表 5-7 所示。

表 5-7　配货作业中常用的包装材料及其特点

序号	包装材料	主要特点	包装举例
1	纸	耐冲击、耐摩擦、重量轻、成本低，但难以封口、受潮后牢度下降	瓦楞纸箱、纸盒、纸袋及纸桶等
2	塑料	耐折叠、耐摩擦、耐冲击、抗震动、抗压、防潮、防水，并能阻隔气体，但高温下会软化，低温下会变脆，强度下降	塑料桶、塑料瓶、塑料箱、塑料袋等
3	木	强度高、坚固、耐压、耐冲击，化学、物理性质稳定，易于加工，但成本高	木箱、木桶、胶合板箱、木制托盘等
4	金属	牢固结实、耐碰撞，不透气，防潮、耐光，但在潮湿环境中易锈蚀	金属桶、金属盒、油罐和钢瓶等

2. 包装技术要求

一般来说，配货作业中常用的包装技术有一般包装技术和特殊包装技术 2 大类，具体技术及其作业如表 5-8 所示。

表 5-8　配货作业中常用的包装技术及其主要作用

包装技术		主要作用
一般包装技术	对内装物的合理放置、固定和加固	缩小体积、节省材料，减少损失
	对松泡货物进行压缩包装	缩小体积，节约容器空间，降低运输和储存费用
	合理选择内、外包装的形状和尺寸	避免过高、过扁、过大、过重包装，方便堆码和装卸
	包装外的捆扎	便于储运和装卸，加固容器
特殊包装技术	防震包装技术	减轻冲击和震动，保护货物免受损坏
	防潮包装技术	防止水蒸气侵入包装件，保护货物质量
	防霉包装技术	抑制霉菌生长，防止包装和内装物霉变
	防锈包装技术	防止金属制品锈蚀
	集合包装技术	提高装卸效率，减轻装卸搬运的劳动强度，降低运输成本，保护货物，减少损耗

（二）领取包装材料

包装人员在接受包装任务后，需要到相关部门领取包装材料，其流程如下：

（1）填写领料单。包装人员按事先制订的材料消耗定额填写领料单（或材料请购单）；将领料单报相关人员审批后，交给包装材料仓库管理员。

（2）按领料单备料。包装材料仓库管理员接到领料单后，快速核对材料的库存量是否满足要求、检查领料单的审批手续是否齐全，按领料单备料。

（3）到仓库领料。包装人员接到领料通知后，到仓库领料，并将包装材料运至包装作业区。

（三）开展包装作业

包装人员在领取包装材料及相关用具后，即可开展具体的包装作业，其主要作业内容为装箱、填写包装清单和封装。

（1）装箱。即将货物装进包装容器，按一定的标准完成拼装、分装、换装、包扎、打捆、加固等作业。

（2）填写包装清单。装箱完毕后，包装人员应认真填写包装清单，并将其放进相应的包装容器内。

（3）封装。将包装件、包装清单放入包装容器后，应使用专业工具或封装设备将包装容器封口，确保货物在运输过程中的安全。

（四）贴标记及标志

封闭完毕后，需要在外包装上粘贴上印有文字或图形说明的标签，以便相关人员快速辨认、识别货物，方便货物的在途跟踪、运输、装卸搬运、核查清点等。常见的标志有以下 2 种：

1. 运输包装收发货标志

收发货标志是包装上的货物分类图标、文字说明、其他标志，以及排列格式的总称，是运输过程中用于识别货物的标志。

收发货标志主要包括货号、品名规格、数量、重量（毛重或净重）、生产日期、生产厂家、体积、有效期、收货地点和单位、发货单位、运输号码等。

2. 包装储运图示标志

包装储运图示标志是指根据不同货物对物流环境的适应能力，用醒目简洁的图形和文字标明的在运输、储存及装卸搬运过程中应注意的事项，如"小心轻放""放射性"等。

（五）包装检验

包装检验是根据订货单、相关包装的作业标准及其他规定，对货物的内外包装及包装标志等进行检验，具体工作流程如下：

1. 选择包装检验方式

在具体检验之前，应根据货物的品种、性质及有关规定选择合适的检验方式（如抽样检验、全灵敏检验等），以保证检验结果的准确性。

2. 核对包装信息

核对外包装上的包装标记、标志、编号等是否与订货单、配送运输要求相符。

3. 核查包装的完好性

检查外包装是否完好无损，包装材料、包装方式、衬垫物等是否符合配送要求及货物安全要求。对于外包装已有破损的货物，应配合相关部门做好验残工作，查明责任方，并确定内装货物是否残损；对于已有残损的货物，要查明是否由包装不良引起。

4. 检查包装的安全性

在确定外包装完好无损的情况下，要检查货物内外包装是否牢固、干燥、清洁，是否符合运输中保护货物质量的要求。

5. 出具包装检验报告

根据包装标记和标志的完好性、安全性的检查结果，出具配送包装检验报告。只有货物外包装符合运输、装卸搬运和送货等要求时，才可发货。

三、任务实施

【实训项目】

配送中心商品包装实训。

【实训目标】

① 对常见包装材料有一定认知；② 灵活运用各种包装技术；③ 掌握商品包装上的标志要求；④ 培养学生的团队合作精神。

【实训内容与要求】

内容：查阅资料后，选取某一商品进行包装，完成完整的包装作业流程。

要求：每名学生单独收集本次实训所需的材料并进行实训作业。

【成果与检测】

① 汇总成 800 字报告并上交；② 课后在班级组织一次交流与讨论；③ 由教师根据分析报告与讨论表现评估打分。

四、拓展训练

上网或在中国铁路××局集团有限公司货运营销中心进行现场参观和学习，进一步强化和提高学习效率。

知识点 3　车辆配装

一、学习目标

了解影响配送车辆配装的因素；了解车辆配装的原则；熟悉配送车辆装载与卸载；熟悉主要装卸搬运机械；掌握提高车辆装载效率的具体办法；能对货物配装进行优化。

二、知识引导

车辆配装是指车辆的载重和容积都能得到有效的利用。车辆配装技术要解决的主要问题就是在充分保证货物质量和数量的前提下，尽可能提高车辆在容积和载货两方面的装载量，以提高车辆利用率，节省运力，降低配送费用。

（一）影响配送车辆配装的因素

（1）货物特性因素，如轻泡货物，由于车辆容积的限制和运行限制（主要是超高），而无法满足吨位，造成吨位利用率降低。车辆装配如图 5-10 所示。

图 5-10　车辆配装

（2）货物包装情况，如车厢尺寸与货物包装容器的尺寸不成整倍数关系，则无法装满车厢。

（3）不能拼装运输，应尽量选派核定吨位与所配送的货物数量接近的车辆进行运输，或按有关规定必须减载运行，比如有些危险品必须减载运送才能保证安全。

（4）由于装载技术的原因，造成不能装足吨位。

（二）车辆配装的原则

（1）轻重搭配的原则。车辆装货时，必须将重货置于底部，轻货置于上部，避免重货压坏轻货，并使货物重心下移，从而保证运输安全。

（2）大小搭配的原则。货物包装的尺寸有大有小，为了充分利用车厢的内容积，可在同一层或上下层合理搭配不同尺寸的货物，以减少车厢内的空隙。

（3）货物性质搭配原则。拼装在一个车厢内的货物，其化学性质、物理属性不能互相抵触。如不能将散发臭味的货物与具有吸臭性的食品混装；不将散发粉尘的货物与清洁货物混装。

（4）到达同一地点的适合配装的货物应尽可能一次集载。

（5）确定合理的堆码层次及方法，可根据车厢的尺寸、容积及货物外包装的尺寸来确定。

（6）装载时不允许超过车辆所允许的最大载重量。

（7）装载易滚动的卷状、桶状货物时，要垂直摆放。

（8）货与货之间、货与车辆之间应留有空隙并适当衬垫，防止货物损坏。

（9）装货完毕，应在门端处采取适当稳固措施，以防开门卸货时，货物倾倒造成货物损坏。

（10）尽量做到后送先装。

（三）提高车辆装载效率的具体办法

（1）研究各类车厢的装载标准，根据不同货物和不同包装体积的要求，合理安排装载顺序，努力提高装载技术和操作水平，力求装足车辆核定吨位。

（2）根据客户所需要的货物品种和数量，调派适宜的车型承运，这就要求配送中心根据经营商品的特性，配备合适的车型结构。

（3）凡是可以拼装运输的，尽可能拼装运输，但要注意防止差错。

（四）配送车辆装载与卸载

所谓装卸是指物流过程中对于保管和运输两端物资的处理活动，具体来说，包括物资的装载、卸载、移动、堆码上架、取货、备货、分拣等作业以及附属于这些活动的作业。而配送车辆的装载与卸载是配送活动中出现频率最高的一项作业活动，装卸活动效率的高低，会直接影响到配送整体效率。虽然装卸活动本身并不产生效用和价值，但是由于装卸活动对劳动力的需求量大，需要使用装卸设备，因此配送成本中装卸费所占的比重较大。装卸活动的合理化对于配送整体的合理化至关重要。

1. 装卸的基本要求

装载卸载总的要求是省力、节能、减少损失、快速、低成本。

（1）装车前应对车厢进行检查和清扫。因货物性质不同，装车前需对车辆进行清洗、消毒，必须达到规定要求。

（2）确定最恰当的装卸方式。在装卸过程中，应尽量减少或根本不消耗装卸的动力，利用货物本身的重量进行装卸。同时应考虑货物的性质及包装，选择最适当的装卸方法，以保证货物的完好。

（3）合理配置和使用装卸机具。根据工艺方案科学地选择并将装卸机具按一定的流程合理地布局，以达到搬运装卸的路径最短。

（4）力求减少装卸次数。物流过程中，发生货损货差的主要环节是装卸，而在整个物流过程中，装卸作业又是反复进行的，从发生的频数来看，超过其他环节。装卸作业环节不仅不增加货物的价值和使用价值，反而有可能增加货物破损的概率和延缓整个物流作业速度，从而增加物流成本。

（5）防止货物装卸时的混杂、散落、漏损、砸撞，特别要注意有毒货物不得与食用类货物混装，性质相抵触的货物不能混装。

（6）装车的货物应数量准确，捆扎牢靠，做好防丢失措施；卸货时应清点准确，码放、堆放整齐，标志向外，箭头向上。

（7）提高货物集装化或散装化作业水平。成件货物集装化，粉粒状货物散装化是提高作业效率的重要手段。

（8）做好装卸现场组织工作。装卸现场的作业场地、进出口通道、作业流程、人机配置等布局设计应合理，使现有的和潜在的装卸能力充分发挥出来。避免由于组织管理工作不当造成装卸现场拥挤、紊乱现象，以确保装卸工作安全顺利完成。

2. 装卸的工作组织

配送运输工作的目的在于不断谋求提高装卸工作质量及效率、加速车辆周转、确保物流效率。因此，除了强化硬件之外，在装卸工作组织方面也要给予充分重视，做好装卸组织工作。

（1）制订合理的装卸工艺方案，用"就近装卸法"或"作业量最小法"。在进行装卸工艺方案设计时应该综合考虑，尽量减少"二次搬运"和"临时放置"，使搬运装卸工作更合理。

（2）提高装卸作业的连续性。装卸作业应按流水作业原则进行，工序间应合理衔接，必须进行换装作业的，应尽可能采用直接换装方式。

（3）装卸地点相对集中或固定装载、卸载地点相对集中，便于装卸作业的机械化、自动化，可以提高装卸效率。

（4）力求装卸设施、工艺的标准化。为了促进物流各环节的协调，要求装卸作业各工艺阶段间的工艺装备、设施与组织管理工作相互配合，尽可能减少因装卸环节造成的货损货差。

3. 主要装卸搬运机械

装卸搬运机械是指工厂内、仓库、货物中转中心、配送中心等物流现场用来从事装卸搬运的各种机械设备的总称。伴随着技术进步和机械工业的发展，在物流领域，人背、肩扛的原始作业方式逐渐被机械装卸搬运取代，现代装卸搬运机械的使用得到普及。装卸机械化成为实现装卸合理化、效率化和省力化的重要手段。具体来说，装卸机械化带来的益处是：

（1）依靠人力所难以完成的质量物体的移动和处理变得简单易行。

（2）依靠人工作业非常困难的散装货物、危险品货物等的处理变得容易、安全。

（3）可以进行比人工作业更大范围的作业。

（4）比人工作业速度快、效率高。

（5）使装卸作业的自动化、省力化成为可能。

但是，同时也应该考虑到机械使用的经济性问题。发达国家各行业包括物流领域在内，机械化程度高的重要原因是劳动力的费用高昂以及存在劳动力不足的问题。与其使用人工作业不如在作业机械上增加投资，通过机械的使用节约劳动力费用。因此，许多完全可以依靠人工或简单机械来完成的装卸作业，也由机械或自动化机械去完成。我国的企业不能盲目地同发达国家攀比，要充分考虑对物流费用的承受力。

在采用机械化作业和选用装卸机械时，要与作业环境、作业量及时间分布、货物特性以及使用机械的经济性等因素结合起来考虑，以便使机械发挥最大的效益。

三、任务实施

【实训项目】

进行车辆配装模拟。

榜样人物

【实训目标】

① 增进学生对车辆配装程序的了解；② 激发学生的学习兴趣；③ 提高学生分析问题的能力和实际操作能力；④ 培养学生的团队合作精神。

【实训内容与要求】

内容：假如你是一名货运中心的运输配载员，请对该货运中心某天的货物进行配装配载。

要求：该货运中心客户分布情况及货物具体情况自拟；小组完成本次任务，要求有任务描述及解决方案。

【成果与检测】

① 汇总成 800 字报告并上交；② 课后在班级组织一次交流与讨论；③ 由教师根据分析报告与讨论表现评估打分。

四、拓展训练

上网或通过其他途径熟悉铁路物流企业车辆配装流程，有机会去相关企业进行现场参观和学习，进一步强化和提高学习效率。

学习情境六 市场营销

✱ 一、情境描述

作为一名西安局集团公司货运营销中心市场部的员工，你将经历根据市场信息进行市场调研、确定和调整运输方案、采取灵活的营运方案和收费政策并执行、管理客户关系等工作。

💡 二、素质目标

（1）培养学生诚信为本、客户至上的职业操守，让学生深刻理解铁路运输市场营销不仅是业务拓展，更是践行"人民铁路为人民"宗旨的重要途径，树立以客户需求为导向的服务理念，在营销过程中坚守诚信原则，维护铁路行业的良好信誉。

（2）传承铁路人勇于开拓、积极进取的精神，以许幸妮、周俊琳等在货运营销中主动挖掘商机、创新服务模式的榜样为引领，激发学生的市场开拓意识和拼搏精神，敢于面对市场竞争中的困难与挑战，积极探索适合铁路运输的营销思路。

（3）增强学生的团队协作与沟通协调素质，使学生认识到铁路运输市场营销需要与内部各部门（如货运、调度等）及外部客户、合作伙伴密切配合，培养学生在团队中有效沟通、协同作战的能力，形成营销合力。

（4）树立学生的大局意识和社会责任担当，引导学生在营销工作中兼顾企业效益与社会价值，积极响应国家绿色发展、区域经济协调发展等战略，通过推广铁路运输的优势，为降低社会物流成本、促进可持续发展贡献力量。

🎓 三、知识目标

（1）掌握铁路运输市场营销的基本概念、特点及核心理念，理解铁路运输市场的构成要素及与其他运输方式的区别与联系。

（2）熟悉铁路运输市场调研与分析的相关知识，包括市场需求预测方法、客户群体细分标准、竞争对手分析维度等，了解不同行业的运输需求特点。

（3）了解铁路运输产品设计与组合策略，掌握铁路货运产品的特点及市场定位方法。

（4）了解铁路运输促销策略与渠道管理知识，包括广告宣传、公共关系、人员推销、线上线下营销渠道的构建与维护等内容，

（5）掌握客户关系管理的基本理念和方法。

四、能力目标

（1）具备铁路运输市场调研与分析能力，能运用问卷、访谈、数据分析等方法收集市场信息，准确识别目标客户群体的需求与痛点，分析市场竞争态势，为制定营销方案提供依据。

（2）掌握铁路运输产品设计与推广能力，能根据市场需求和铁路运输优势，设计差异化的运输产品组合，并制定有效的推广方案，通过合适的渠道向目标客户传递产品价值。

（3）具备客户开发与维护能力，能主动挖掘潜在客户，通过有效的沟通技巧了解客户需求，提供个性化的运输解决方案，建立长期稳定的客户关系，处理客户投诉与反馈，提升客户满意度和忠诚度。

（4）培养铁路运输营销方案制定与评估能力，能综合运用市场分析、产品设计、价格策略、促销渠道等知识，制定完整的营销方案，并对方案的实施效果进行跟踪、分析与评估，根据市场变化及时调整优化方案。

五、知识点导入

学习情境	子情境	知识点
学习情境六 铁路货物 运输市场营销	6.1 市场调研与分析	1. 市场调研概述 2. 市场调查的方法与过程
	6.2 营销战略与决策	1. 营销战略 2. 营销决策
	6.3 营销实现	1. 营销企划 2. 营销执行与营销控制
	6.4 客户管理	客户关系管理

学习子情境 6.1　市场调研与分析

扫码下载　　　　　PPT 讲解视频
6.1 节 PPT　　　市场调研与分析

陕西水果种类多、产量大、输出多，并且有来自新疆大量的水果在西安局集团公司管辖地区进行中转，西安局集团公司某车务段曾以"水果运输大户"的身份，受到各级领导的重视和关怀。近年来，尽管货源吸引区内，水果种植面积逐年扩大，产量逐年增长，但是西安局集团公司的水果运量却逐年减少。

作为西安局集团公司货运部门职工，你需要完成此调研任务，找出水果运量下滑的原因。那么，究竟应当开展哪些工作呢？

知识点 1　市场调研概述

一、学习目标

了解市场的概念；熟悉市场的构成；掌握市场营销和市场调研的概念；掌握市场调研的作用；能浅谈市场营销、市场调研的内容和作用。

二、知识引导

（一）市场的概念

市场这一概念是随着商品经济的产生而产生，并随着商品经济的发展而发展的，时至今日，人们对市场概念的理解，从狭义和广义角度出发，有以下定义。

1. 狭义的市场

狭义的市场是指商品交易的场所。无论地方大小，交易范围如何，只要是商品买卖的地方都可称之为市场。现代的农贸集市、百货市场、综合商厦、专业商店以及各种交易所等，都是狭义的市场，一般也称之为有形市场。

2. 广义的市场

广义的市场是指商品交换关系的总和。随着商品经济的发展，商品的数量、品种日益增多，商品交换的范围和规模日益扩展，商品交换的形式日益多样化、复杂化，特别是交换的当事人——生产者、经营者（转卖者）和消费者之间的关系日趋复杂，致使市场已脱离了实地、现货的范围，成了进行交易的代名词，并不断发展成为社会各部门之间经济联系的复杂而灵巧的联络系统，成为商品交换关系的总和。这种定义下的市场，主要是指无形市场，即没有固定交易场所，靠广告、中间商（转卖者）以及其他的交易方式，寻找货源和买主，沟通买卖双方，促成交易的过程。

（二）市场营销、运输市场营销的含义及内容

市场营销是企业通过市场交易满足现实的和潜在的需求，以实现企业目标的整体营销活动过程。不仅包括生产前的一系列具体的经营活动，如市场调研、分析市场机会、进行市场细分、选择目标市场、设计开发新产品等；而且包括生产过程完成之后的一系列具体活动，如制定价格、选择最佳分销渠道、做广告、推销等；还包括销售过程完成之后的一系列具体活动，如售后服务和信息反馈等。

运输市场营销是运输企业为促进其整体发展的系统活动过程，包括市场调查、产品开发、价格制定、产品分销和促销，以满足运输需求者现实的和潜在的运输需要的整体活动过程。

（三）市场调研的含义

市场调研是针对企业特定的营销问题，采用科学的研究方法，系统地、客观地收集、整理、分析、解释和沟通有关市场营销各方面的信息，为营销管理者制订、评估和改进营销决策提供依据。调研活动主要包括市场特性的确定、潜在市场的开发、市场占有率分析、销售分析、竞争对手分析等。

（四）市场营销数据的收集

企业首次亲自收集的数据，称为一手数据或原始数据；经过编排、加工处理的数据，称为二手数据。对于二手数据，需要进行评估后方可使用。评估二手数据的标准是公正性、有效性和可靠性。

收集原始数据的方法有 4 种，即观察法、实验法、调查法和专家评估法。

调研过程的主要步骤包括：确定研究目的、制订研究战略、收集数据、分析数据。

拓展阅读
收集原始
数据的方法

三、任务实施

【实训项目】

市场调研认知。

【实训目标】

增强对市场营销和市场调研的理性认识。

【实训内容与要求】

了解一下货运中心的情况，翻阅一下历年资料。

【成果与检测】

① 通过对历年资料的统计，对你所在铁路局集团公司现有的各类货运服务的市场占有率和竞争对手的市场情况进行调查分析，写成简要书面分析报告框架；② 课后与同学们进行交流与讨论；③ 由教师根据分析报告与讨论表现评估打分。

四、拓展训练

① 通过实地调研、网上搜集资料等方法对其他铁路局集团公司现有的货运市场情况进行调查分析。

② 对全国铁路现有的货运市场情况进行调查分析。

知识点 2　市场调查的方法与过程

一、学习目标

了解市场调查的基本方法；熟悉市场调查的内容；掌握市场调查的方法和步骤；能对选择的市场进行调查并编写调查报告。

二、知识引导

（一）市场调查的类型

根据市场调查所要达到的目的不同，市场调查可分为以下几种主要类型：

1. 探测性调查

当企业对所要调查的问题和范围尚不清楚，无法确定应当调查什么问题、调查哪些内容时，可采用探测性调查。探测性调查的资料来源可以从企业内部的资料中获得。探测性调查的目的主要是为了确定下一步调查的问题和范围。至于问题如何解决，尚需要采用其他调查来收集资料，为解决问题所用。

2. 描述性调查

描述性调查就是对企业需要调查研究的问题，进行如实的调查记录，了解与其相关的因素。描述性调查的任务是只要找出和说明其相关联的因素。例如，通过对企业近几个月销售量下降的调查，发现销售量与广告费用支出的多少有关，与价格高低有关。描述性调查所取得的市场信息十分重要，它是进行市场分析和预测的重要依据。由于这种调查注重事实资料的记录，故多采用询问法、观察法进行调查。

3. 因果性调查

因果性调查是在描述性调查的基础上，找到各个相关联因素之间的关系。例如，影响某企业销售量增长的因素很多，如产品质量、推销方式、产品价格、广告费支出等，因果性调查的任务就是要找出影响销售量增长的原因，究竟哪个因素是主因，其相互影响的程度又如何等等。因果性调查一般使用实验法收集资料。

以上3种调查在实际工作中往往结合进行。

4. 预测性调查

预测性调查是根据前3种调查所提供的各种市场情报资料，运用定性或定量的方法，估计未来一定时期内市场对某种产品的需求及变化趋势。这种调查对企业来说一般属于销售预测或需求预测。

（二）市场调查的内容

（1）国内外市场环境调查。主要包括政治法律环境、经济环境和社会文化环境等。

（2）技术发展调查。主要包括新技术、新工艺、新材料的发展趋势和发展速度；新产品的技术现状和发展趋势、发展速度以及新产品应用、新技术、新工艺、新材料的情况；新产品的国内外先进水平；等。

（3）市场需求容量调查。主要包括国内外市场需求的动向、现有的和潜在的需求量、某类产品的社会拥有量、整个行业的同类产品在市场上的供应量和销售量、本企业和竞争企业的同类产品的市场占有率等等。

（4）消费者与消费行为的调查。此类调查包括消费者类别、购买能力、购买欲望和购买动机、购买习惯等。

（5）竞争企业和竞争产品的调查。此类调查包括竞争对手分析和竞争产品分析。

市场调查还包括：对本企业已经采取的产品策略、价格策略、分销策略、促销策略及其组合在现行市场上的作用、效果，以及是否需要变化、改进等的调查。例如，对铁路运输市场营销活动的调查，就属于此类调查。

（三）市场调查的方法

1. 观察法

其分为直接观察和实际痕迹测量两种方法。

所谓直接观察法是指调查者在调查现场有目的、有计划、有系统地对调查对象的行为、言辞、表情进行观察记录，以取得第一手资料；实际痕迹测量是通过某一事件留下的实际痕迹来观察调查，一般用于对用户的流量、广告的效果等的调查。

2. 询问法

将所要调查的事项以当面、书面或电话的方式，向被调查者提出询问，以获得所需要的资料，它是市场调查中最常见的一种方法，可分为面谈调查、电话调查、邮寄调查、留置询问表调查 4 种。

3. 实验法

它通常用来调查某种因素对市场销售量的影响，这种方法是在一定条件下进行小规模实验，然后对实际结果做出分析，研究是否值得推广。它的应用范围很广，凡是某一商品在改变品种、品质、包装、设计、价格、广告、陈列方法等因素时都可以应用这种方法，调查用户的反应。

（四）市场调查的过程

市场调查一般包括预备调查、正式调查和调查结果处理 3 个阶段。

三、任务实施

【实训项目】

市场调查。

【实训目标】

① 增强对市场调查的理性认识；② 培养市场调查的能力。

【实训内容与要求】

完成西安局集团公司的水果货源的调研，找出水果运量下滑的原因，并提出应对策略。
① 请你将自己掌握的方法列出，并针对问题选取一种方法，并分析该方法的优缺点。② 设计调查问卷，并实地进行调研，再编写调研报告，最后制作 PPT 等演示文案进行汇报。

【成果与检测】

① 写成简要书面分析报告，编写调查问卷和调研报告，制作汇报 PPT；② 课后在班级组织一次交流与讨论；③ 由教师根据分析报告与讨论表现评估打分。

四、拓展训练

① 针对其他铁路局集团公司，是否能采用同样的方法？② 列出其他市场调查方法的优缺点。

学习子情境 6.2　营销战略与决策

扫码下载　　　　PPT 讲解视频
6.2 节 PPT　　　营销战略与决策

📖 任务描述

公路运输在方便、快捷、灵活上有自己的优势：一是招手就停，实行"门对门"服务；二是旅途时间较短，运输车辆越来越高档化；三是售票方式灵活，运价随行就市，营销手段较多。

如果你是铁路货运部门市场部的员工，你将提出怎样的营销战略与决策呢？

知识点 1　营销战略

一、学习目标

了解目标市场相关概念；熟悉目标市场营销策略和产品策略；能简单制定目标市场营销战略和产品策略。

二、知识引导

（一）目标市场营销战略

所谓目标市场营销，就是企业在其资源有限的条件下，根据市场需求的异质性，把整体市场划分为若干个子市场，并选择相应的子市场作为企业的目标市场，从而更有效地发挥自己的资源优势，更好地满足顾客的需要。目标市场营销战略具体包括市场细分、目标市场选择和市场定位 3 个步骤，因而又被称为 STP 战略。

1. 目标市场选择

目标市场选择是指估计每个细分市场的吸引力程度，并选择进入一个或多个细分市场。

目标市场选择标准包括：① 有一定的规模和发展潜力；② 细分市场结构的吸引力；③ 符合企业目标和能力。

2. 目标市场的选择形式

通常，企业选择目标市场有以下 5 种形式：市场集中化、产品专业化、市场专门化、选择专业化、市场全面化。

铁路作为一个大型运输企业，有自己的优势。但由于本身运输特点的局限，比如没有汽车运输灵活、机动性差、不太适合短途运输，还有运输成本等方面的因素，是否能将整个运输市场作为目标市场，生产适销对路的产品，就很值得研究。

3. 市场定位策略

市场定位是企业及产品确定在目标市场上所处的位置，其含义是指企业根据竞争者现有产品在市场上所处的位置，针对顾客对该类产品某些特征或属性的重视程度，为本企业产品塑造与众不同的、给人印象鲜明的形象，并将这种形象生动地传递给顾客，从而使该产品在市场上确定适当的位置。其关键是企业要设法在自己的产品上找出比竞争者更具有竞争优势的特性。

目前采用的定位策略主要有避强定位、迎头定位、创新定位、重新定位。

4. 铁路货运目标市场的选择及定位

铁路货物运输的特点是全天候、安全性好、运价适中、运量大，但同样存在托运和领取手续繁杂、不够机动灵活等缺陷。

从铁路自身及其货运情况看，铁路运输车种齐、载重大、容量大、品类多、安全可靠，同时具有点多线长、计划性较强的特点。公路运输则以其价格灵活、到发方便、运送快捷、到达准时等优势占领了一部分货运市场。因此，铁路运输企业的货运目标市场应该是以中长途为主，以短途为辅；以大宗稳定货源为主，以零星货物运输为辅；同时，大力拓展特殊货物运输、集装箱运输业务和快运货物运输，不断提高市场占有份额。

5. 目标市场营销策略

企业根据目标市场确定的营销策略有 3 种，即无差异性营销策略、差异性营销策略和集中性营销策略。

总之，企业应在了解各策略优缺点的基础上，通过对各因素的分析，反复权衡，最后决定在一段时期内的目标市场营销策略。

（二）产品战略

货运产品是指一切能满足货物欲望、需求和利益的部分，货运产品的核心部分是货物的位移，形式部分是运送货物的不同形式，附加部分是货主在货物运输过程中得到的附加服务或利益。

运输产品与一般产品的最大区别在于其核心部分的位移是一种劳务，也可以说铁路运输企业对运送货物、改变其空间位置所能提供的服务。铁路要提高市场的竞争能力必须依靠优质服务，通过服务推销产品，从服务质量中体现产品质量，提高货主的满意程度。

1. 产品整体质量策略

产品的质量包括 3 个层次：内在质量、外在质量和服务质量。

消费者的需求是多种多样的，即使是买同一种商品，也存在着多种需求，按照传统的质量观念办事，是难以满足这些需求的，因而必须树立新的质量观——整体质量观念。树立整体质量观念就是要求企业把产品的三层质量一起抓，有利于产品更好地适销对路。

2. 产品组合策略

产品组合是指一个企业生产经营的各种产品以及产品品种、规格的组合或相互搭配。

运输企业生产经营的产品往往不止一种，如何根据市场需求和自身情况对产品进行组合、调整和优化，对企业经营的成功起着决定性作用。常见的产品组合策略包括：扩大产品组合策略、延伸产品线策略、缩减产品线策略、产品线现代化策略。

有时，企业的产品线长度已经比较合适，但还需要采用新技术、新工艺等来改变产品线面貌，使之现代化。

3. 产品品牌策略

所谓品牌是指生产企业给自己的产品规定的商业名称，是一个名字、术语、符号、标记、图案或它们的组合，用以区别本企业或其他企业的产品劳务，以突出品牌产品品质的地位。

在铁路货运市场份额下降的情况下，铁路运输企业可以利用富裕的运输能力，打出名牌产品，树立市场形象。货运的品牌战略可以货物列车为中心，也可以货运站为中心。

三、任务实施

【实训项目】

搜集铁路货运目标市场营销战略和产品战略应用实例。

【实训目标】

① 增强目标市场营销战略和产品战略的感性认识；② 培养制定目标市场营销战略和产品战略的能力。

【实训内容与要求】

分组完成任务，搜集铁路货运目标市场营销战略或产品战略应用实例，并撰写报告。

【成果与检测】

① 写成简要书面分析报告；② 课后在班级组织一次交流与讨论；③ 由教师根据分析报告与讨论表现评估打分。

四、拓展训练

选择铁路运输目标市场，制订营销战略和产品战略。

拓展阅读
目标市场的
选择形式

知识点 2　营销决策

一、学习目标

了解营销决策的分类；熟悉各类营销决策的内容；能针对目标市场情况制定相应的营销决策。

二、知识引导

针对企业而言，市场营销决策是指对有关产品市场经营和销售活动的目标、方针、策略等重大问题进行选择和决断的过程。市场营销决策是企业市场营销中的核心问题，它必须建立在充分的市场调查和市场预测的基础之上。

其分类主要有产品决策、价格决策、分销渠道决策及促销决策。

（一）产品与服务决策

1. 产品决策

产品决策是企业为目标市场提供合适产品的有关策略，主要包括产品种类、质量、设计、性能、规格、产品线的宽度与深度、品牌名称、包装、安装、说明书、服务、保修以及退货等具体因素的决策安排。

2. 产品决策的基本内容

产品决策的基本内容包括：

（1）向市场投放适销对路的产品。

（2）企业应成立产品开发小组，合理组织新产品开发。

（3）控制产品淘汰计划，以有效利用企业的资源，取得较高的销售额，减少产品的库存量，提高利润。

（二）价格决策

1. 新产品定价策略

定价策略一般要随产品生命周期的变化而相应改变。在产品生命周期的各个阶段，处于投入期的新产品的定价策略，是一个十分重要的问题。

在激烈的运输市场竞争中，铁路运输企业为增强自身的竞争优势，提高自身的竞争能力，在不断改善原有运输产品的基础上，还必须根据运输市场的需要，研究、开发一些铁路运输新产品。例如，根据运输市场需要，在继续开好现有的站对站班列的基础上开行集结时间短、货源稳定的技术站间的"五定"班列，扩大开行车范围，在全路形成"五定"班列网络等。

常见新产品定价策略有高价策略和低价策略。

2. 价格调整策略

所谓价格调整策略就是铁路运输企业在不断变化的市场竞争环境中，采取价格调整方式（降价或提价、下浮或上浮），适应运输市场的一种价格策略。

铁路运价不可能是一成不变的，运输市场是动态的，铁路运价也应随着市场的变化而及时调整。这是价值规律在铁路运输生产经营活动中的具体体现，也是最基本的运输市场运动规律。因此，价格调整策略是铁路运输企业适应市场竞争的一种重要的价格策略。

价格调整的形式一般包括调低价格策略、调高价格策略、产品生命周期各阶段的调价策略。

但是应注意，由于铁路货运价格的调整需与整个社会化大生产和国民经济相适应，并考虑到货主、企业的生产经营状况和对货运产品的需求情况，不能盲目变价。

3. 心理定价策略

心理定价策略是运用心理学原理，根据不同类型的用户在购买运输服务时的不同消费心理来制定价格以诱导用户增加购买的定价策略。

其主要策略有分级定价策略、声誉定价策略。

4. 折扣定价策略

折扣定价策略是企业为了鼓励顾客大量购买、淡季购买、及早付清货款等，可酌情降低其基本价格。这种价格调整叫作价格折扣，主要有现金折、数量折扣、季节折扣、代理折扣、回程和方向折扣和复合折扣等。

5. 差别定价策略

差别定价是企业根据不同顾客群、不同的时间和地点对同一产品或劳务采用不同的销售价格。这种差别不反映生产和经营成本的变化，它有利于满足顾客不同需求和企业组织管理的要求。

6. 制止不合理价外收费，保持铁路运价价位优势

在市场经济条件下，铁路运输企业要在激烈的运输市场竞争中充分发挥运价的调节作用，发挥铁路运输的价位优势，一个重要而紧迫的问题就是整顿铁路货物运输收费，制止价外乱收费行为。采取积极有效的措施，努力整顿铁路货运收费，才能赢得货主的信赖，提高铁路运输市场占有率。

（三）渠道决策

1. 分销渠道的概念

分销渠道又称产品销售渠道、产品流通渠道。它是指某种产品或服务在从生产者向消费者转移的过程中所经过的路线。

分销渠道包括直接渠道和间接渠道、长渠道和短渠道、宽渠道和窄渠道等类型。

2. 铁路分销渠道策略

铁路货运产品的销售以承运为标志，铁路货运分销渠道是指铁路在什么样的网络中，以怎样的方式办理承运货物，其策略也可分为货运营销网络策略和货运办理方式策略。

（1）铁路货运营销网络策略。

铁路货源是分散在各个地方的，要把这些分散的货源吸引、组织到铁路货运站，装车发运，需要一定的网络。这个网络是由无数个铁路货运营业处或货运代办处构成的。由于各个货运营业处或货运代办处都有一定的辐射面，它们连在一起，便构成了对可运货源的网状覆盖。

（2）铁路货运办理方式策略。

货运办理方式是指运输部门如何承运货物、办理手续、接待托运人。这关系到铁路货运分销渠道能否畅通，货主是否愿意到铁路来发货。在货运办理方式上，主要有简化手续策略、完善服务设施策略、改进办理方式策略和改善服务态度等。

（3）运输代理。

在运输产品分销渠道中，同样存在着为运输生产者和运输需求者提供中介服务的运输中间商，运输企业一般都会选择运输代理商作为运输中间商。

货运代理的业务范围一般包括揽货、填制货物运单、托运、验货、装车、卸车、装箱、拼箱、仓储、预垫和结算运杂费、转运、送货等。

运输代理商通过代理业务，实现了运输企业的利益，应获得一定的代理服务报酬，运输代理的报酬应保证代理企业的设备使用费、劳务费或服务费、应交的营业税和所得税。

（四）促销决策

1. 促销概述

促销即促进销售，是指企业将其产品和企业有关信息通过各种方式传递给消费者和用户，激发顾客的购买欲望，影响并促成顾客购买行为，以达到扩大销售目的的全部活动的总称，是企业市场营销组合的一个重要内容。

2. 促销策略

促销策略由人员推销、广告、销售促进（或营业推广）和公共关系4种方式组成，因此也称促销组合策略，可分为人员推销和非人员推销两种类型。

（1）人员推销。

人员推销是一种既传统又现代的促销方式。它是指企业派出人员或委托推销人员，就商品或服务亲自向目标顾客进行介绍、推广宣传和销售。

（2）广告。

广告是指企业通过一定的媒介物公开而广泛地向社会介绍企业的营销形式和商品品种、规格、质量、性能、特点、适用方法和劳务信息的一种宣传方式。

（3）销售促进。

销售促进是指企业在比较大的目标市场中，为刺激早期需求而采取的能够迅速产生鼓励作用的促销商品的一种措施。销售促进的形式很多，大致可分为3类：第一类是直接对消费者的，如展销、现场表演、赊销、消费信贷、现场服务、有奖销售、赠送纪念品或样品等；第二类是属于促成与中间商交易的，如举办展览会、供货会、订货会、物资交流会、购货折扣、延期付款、补贴付息、联合广告等；第三类是鼓励推销人员的，如推销奖励、红利分成和销售竞赛等。

（4）公共关系。

公共关系是企业通过各种活动使社会各界公众了解本企业，以取得他们的信赖和好感，从而为企业创造一种良好的舆论环境和社会环境。

三、任务实施

【实训项目】

制订营销决策方案。

【实训目标】

① 增强对营销决策的感性认识；② 培养制订营销决策的能力。

【实训内容与要求】

对西安局集团公司渭南地区货物运输服务制订营销决策，并说明理由。

【成果与检测】

① 写成简要书面分析报告；② 课后在班级组织一次交流与讨论；③ 由教师根据分析报告与讨论表现评估打分。

四、拓展训练

对该铁路局集团公司其他货物运输服务制订营销决策，并说明理由。

学习子情境 6.3　营销实现

扫码下载　　　　　PPT 讲解视频
6.3 节 PPT　　　　　营销实现

📖 任务描述

短距离一直是公路引以为自豪的"强项"，作为渭南货场市场部的营销人员，请借鉴各铁路局集团公司应对策略，对此时并不完善的"门对门"服务做出更好的营销策略，并写出执行过程。

知识点 1　营销企划

一、学习目标

通过本学习任务的学习，你应当达到以下目标：了解营销企划的概念和内容；掌握营销企划书的结构；能编写营销企划书。

二、知识引导

（一）营销企划的概念和内容

营销企划是指在对企业市场营销环境进行调研分析的基础上，制订企业及各业务单位的营销目标以及实现这一目标所应采取的策略、措施和步骤的明确规定和详细说明。

营销企划的内容主要包括：

1. 分析营销机会

（1）管理营销信息与衡量市场需求。

（2）营销情报与调研。

（3）预测概述和需求衡量。

2. 评估营销环境

（1）分析宏观环境的需要和趋势。

（2）对主要宏观环境因素的辨认和反映，包括人文统计环境、经济环境、自然环境、技术环境、政治法律环境、社会文化环境。

3. 分析消费者市场和购买行为

（1）消费者购买行为模式。

（2）影响消费者购买行为的主要因素（包括文化因素、社会因素、个人因素、心理因素等）。

（3）购买过程（包括参与购买的角色、购买行为、购买决策中的各阶段）。

4. 分析团购市场与团购购买行为

（1）团购市场与消费市场的对比。

（2）团购购买过程的参与者、机构与政府市场。

5．分析行业与竞争者

（1）识别公司竞争者（行业竞争观念，市场竞争观念）。

（2）辨别竞争对手的战略。

（3）判定竞争者的目标。

（4）评估竞争者的优势与劣势。

（5）评估竞争者的反应模式。

（6）选择竞争者以便进攻和回避。

（7）在顾客导向和竞争者导向中进行平衡。

6．确定细分市场和选择目标市场

（1）确定细分市场的层次、模式、程序，细分消费者市场的基础，细分业务市场的基础，有效细分的要求。

（2）目标市场的选定，评估细分市场，选择细分市场。

（二）营销企划书的结构

营销企划书的一般结构包括以下方面：① 前言；② 企划摘要；③ 营销环境分析；④ SWOT 分析；⑤ 营销企划对象与目标界定；⑥ 营销策略；⑦ 实施计划；⑧ 效果预计；⑨ 建议。

三、任务实施

【实训项目】

制订营销企划。

【实训目标】

① 增强对营销企划的理性认识；② 培养制订营销企划的能力。

【实训内容与要求】

马上就要中秋节了，同时也到了临潼石榴的成熟期，今天，主管要求你对"铁路运输临潼石榴，省内外共度美好佳节"的活动写一个营销企划。

【成果与检测】

① 写成简要书面分析报告；② 课后在班级组织一次交流与讨论；③ 由教师根据分析报告与讨论表现评估打分。

四、拓展训练

对其他产品编写铁路运输营销企划。

知识点 2　营销执行与营销控制

一、学习目标

了解营销执行和控制的概念；熟悉营销执行的过程；熟悉营销执行存在的问题；掌握营销控制的类型和使用条件；能执行营销计划并加以控制。

二、知识引导

（一）营销执行

营销执行是指将市场营销计划转化为行动方案的过程，并保证这种任务的完成，以实现计划的既定目标。当不同企业采用相同或相似的策略，效果却大相径庭时，很大的可能是营销组织的执行能力存在差异。营销执行力已经成为企业营销成败的关键。

市场营销执行过程包括如下主要步骤：

1. 制订行动方案

为了有效地实施市场营销战略，必须制订详细的行动方案。这个方案应该明确市场营销战略实施的关键性决策和任务，并将执行这些决策和任务的责任落实到个人或小组。另外，还应包含具体的时间表，定出行动的确切时间。

2. 建立组织结构

企业的正式组织在市场营销执行过程中起决定性的作用，组织将战略实施的任务分配给具体的部门和人员，规定明确的职权界限和信息沟通渠道，协调企业内部的各项决策和行动。具有不同战略的企业，需要建立不同的组织结构。

3. 设计决策和报酬制度

为实施市场营销战略，还必须设计相应的决策和报酬制度。

4. 开发人力资源

市场营销战略最终是由企业内部的工作人员来执行的，所以人力资源的开发至关重要。在考核选拔管理人员时，要注意将适当的工作分配给适当的人，做到人尽其才；为了激励员工的积极性，必须建立完善的工资、福利和奖惩制度。此外，企业还必须决定行政管理人员、业务管理人员和一线工人之间的比例。

5. 建设企业文化

企业文化是指一个企业内部全体人员共同持有和遵循的价值标准、基本信念和行为准则。企业文化包括企业环境、价值观念、模范人物、仪式、文化网5个要素。企业文化体现了集体责任感和集体荣誉感，它甚至关系到职工人生观和他们所追求的最高目标，它能够起到把全体员工团结在一起的"黏合剂"作用。因此，塑造和强化企业文化是执行企业战略的不容忽视的一个环节。

（二）营销控制

所谓营销控制是指衡量和评估营销策略与计划的成果，以及采取纠正措施来确定营销目标的完成。控制总是针对动态过程而言的。从营销管理者制定目标到目标的实现通常需要一段时间，在这段时间里，企业内外部的情况可能会发生变化，影响到企业已定的目标，甚至有可能需要重新修改或变动以符合新情况。高效的营销控制系统，能帮助营销管理者根据环境变化情况，及时对自己的目标和计划作出必要的修正。

营销控制的类型包括以下几种：

1. 年度计划控制

年度计划控制是由企业高层管理人员负责的，旨在检查年度计划目标是否实现。一般可用销售差异分析、市场占有率分析、营销费用率分析和顾客态度追踪等4种方法检查计划执行绩效。

2. 盈利能力控制

盈利能力控制一般由财务部门负责，旨在测定企业不同产品、不同销售地区、不同顾客群、不同销售渠道以及不同规模订单的盈利情况的控制活动。盈利能力指标包括资产收益率、销售利润率和资产周转率、现金周转率、存货周转率和应收账款周转率、净资产报酬率等。

3. 营销效率控制

假如盈利分析发现公司在某些产品、地区或市场方面的盈利不佳，那接下来要解决的问题是寻找更有效的方法来管理销售队伍、广告、促销和分销。

任何一种营销控制模式都不是万能的，不可能适合于所有的管理环境。选择了恰当的营销控制模式，不但可以规范销售人员的行为，而且可以保证营销计划顺利实施，实现企业营销目标。

三、任务实施

【实训项目】

营销执行。

【实训目标】

① 增强对营销执行和控制的感性认识；② 培养营销执行和控制的能力。

【实训内容与要求】

今天，主管要求你回到你的母校执行你关于石榴营销活动的企划（或进行宣传），并总结执行过程中存在的问题。

【成果与检测】

① 写成简要书面分析报告；② 课后在班级组织一次交流与讨论；③ 由教师根据分析报告与讨论表现评估打分。

四、拓展训练

对执行营销企划与存在问题，列出你的解决方案。

学习子情境 6.4 客户管理

扫码下载
6.4 节 PPT

📖 任务描述

以客户为中心的市场营销理论是一种改善企业与客户关系的管理机制，发展新客户的同时，紧握手中的老客户。

作为渭南货场 CRM 员工的你，请根据货场的实际情况，编写一份服务调查表并完成此调查任务。请分析如何解决客户关系不稳定这一常态。

知识点 客户关系管理

PPT 讲解视频
客户管理

一、学习目标

了解客户关系管理的概念；了解客户关系管理出现的原因；掌握客户关系管理实施的主要步骤；能对客户关系进行管理。

二、知识引导

（一）客户关系管理概述

客户关系管理（Customer Relationship Management，CRM）是指企业为提高核心竞争力，利用相应的信息技术以及互联网技术来协调企业与顾客间在销售、营销和服务上的交互，从而提升其管理方式，向客户提供创新式的个性化的客户交互和服务的过程。其最终目标是吸引新客户、保留老客户以及将已有客户转为忠实客户，增加市场份额。

其核心思想就是：客户是企业的一项重要资产，客户关怀是 CRM 的中心，客户关怀的目的是与所选客户建立长期和有效的业务关系，在与客户的每一个"接触点"上都更加接近客户、了解客户，最大限度地增加利润和利润占有率。

CRM 的核心是客户价值管理，它将客户价值分为既成价值、潜在价值和模型价值，通过一对一营销策略，满足不同价值客户的个性化需求，提高客户忠诚度和保有率，实现客户价值持续贡献，从而全面提升企业盈利能力。

（二）客户关系管理的日常工作

1. 识别客户

（1）将更多的客户名输入到数据库中。

（2）采集客户的有关信息。

（3）验证并更新客户信息，删除过时信息。

2. 对客户进行差异分析

（1）识别企业的"金牌"客户。

（2）哪些客户导致了企业成本的发生？

（3）企业本年度最想和哪些企业建立商业关系？选择出几个这样的企业。

（4）上年度有哪些大宗客户对企业的产品或服务多次提出了抱怨？列出这些企业。

（5）去年最大的客户是否今年也订了不少的产品？找出这个客户。

（6）是否有些客户从你的企业只订购一两种产品，却会从其他地方订购很多种产品？

（7）根据客户对于本企业的价值（如市场花费、销售收入、与本公司有业务交往的年限等），把客户分为 A、B、C 3 类。

3. 与客户保持良性接触

（1）给自己的客户联系部门打电话，看得到问题答案的难易程度如何。

（2）给竞争对手的客户联系部门打电话，比较服务水平的不同。

（3）把客户打来的电话看作是一次销售机会。

（4）测试客户服务中心的自动语音系统的质量。

（5）对企业内记录客户信息的文本或纸张进行跟踪。

（6）哪些客户给企业带来了更高的价值？与他们更主动地对话。

（7）通过信息技术的应用，使得客户与企业做生意更加方便。

（8）改善对客户抱怨的处理。

4．调整产品或服务以满足每一个客户的需求

（1）改进客户服务过程中的纸面工作，节省客户时间，节约公司资金。

（2）使发给客户邮件更加个性化。

（3）替客户填写各种表格。

（4）询问客户，他们希望以怎样的方式、怎样的频率获得企业的信息。

（5）找出客户真正需要的是什么。

（6）征求名列前十位的客户的意见，看企业究竟可以向这些客户提供哪些特殊的产品或服务。

（7）争取企业高层对客户关系管理工作的参与。

三、任务实施

榜样人物

【实训项目】

管理客户关系。

【实训目标】

① 增强对客户关系管理的感性认识；② 培养管理客户关系的能力。

【实训内容与要求】

今天，主管要求你利用整理完的客户档案，对这些客户进行客户关系管理，首先给出方案，其次进行联系。

【成果与检测】

① 写成简要书面方案；② 与班级同学进行情景表演；③ 由教师根据分析报告与表演表现评估打分。

四、拓展训练

将情景表演录成视频，经剪辑后上交。

参考文献

[1] 《铁路货车概要》编委会. 铁路货车概要[M]. 北京：中国铁道出版社，2020.

[2] 《铁路货场管理与作业组织》编委会. 铁路货场管理与作业组织[M]. 北京：中国铁道出版社，2022.

[3] 戴实. 铁路货运组织[M]. 3 版. 北京：中国铁道出版社，2015.

[4] 王慧. 特殊条件铁路货运组织[M]. 北京：北京交通大学出版社，2019.

[5] 李玲，常利平. 铁路运输市场营销[M]. 成都：西南交通大学出版社，2023.

[6] 刘作义. 铁路货物运输[M]. 北京：中国铁道出版社，2022.

[7] 聂宏伟，秦绪涛. 货损规则条文释义[M]. 北京：中国铁道出版社有限公司，2019.

[8] 铁路货运票据电子化学习读本编委会. 铁路货运票据电子化学习读本[M]. 北京：中国铁道出版社有限公司，2020.

[9] 中华人民共和国铁道部. 铁路货物运价规则[M]. 北京：中国铁道出版社有限公司，2012.

[10] 中国国家铁路集团有限公司货运部. 铁路货物运输[M]. 北京：中国铁道出版社有限公司，2022.

[11] 左瑛，李延岭，刘丽. 铁路货运组织[M]. 成都：西南交通大学出版社，2023.

[12] 李树章，张向松. 铁路货运组织[M]. 北京：中国铁道出版社，2024.

[13] 余滢. 铁路货运组织[M]. 北京：高等教育出版社，2021.

[14] 曲思源. 铁路货运组织与物流管理[M]. 杭州：浙江大学出版社，2022.

[15] 黄兴建，吕燕梅，王苏林. 铁路货物运输组织[M]. 成都：西南交通大学出版社，2020.

[16] 孟维军，赵俊一. 铁路货运组织[M]. 北京：中国铁道出版社，2021.